Michael Losse

Burgen und Schlösser,
Adelssitze und Befestigungen in der

VULKANEIFEL

(Kreis Vulkaneifel, ehemals Kreis Daun)

MICHAEL IMHOF VERLAG

Für Ilga

Der Autor
Der Historiker, Kunsthistoriker, Burgen- und Festungsforscher Dr. Michael Losse M.A. war 1987–97 im Deutschen Dokumentationszentrum für Kunstgeschichte/Bildarchiv Foto Marburg am Kunstgeschichtlichen Institut der Universität Marburg tätig und 1997–99 Lehrstuhlvertreter am Lehr- und Forschungsgebiet Baugeschichte/Geschichte des Städtebaues/Denkmalpflege der Universität Kaiserslautern. Seit 1999 ist er als Dozent, Gutachter und Publizist aktiv. Er plante und realisierte 2001/02 den Burgenlehrpfad im Hegau und der angrenzenden Schweiz. 19 Jahre lang arbeitete er nebenberuflich als Studienreiseleiter in Malta, Griechenland und Wales. Michael Losse, der zahlreiche Fachbücher und -artikel sowie über 250 Lexikonartikel u.a. für das „Allgemeine Künstlerlexikon“ und das „Pfälzische Burgen-Lexikon“ vorlegte, war 1997–2006 Vizepräsident der Deutschen Gesellschaft für Festungsforschung; er ist Mitglied in mehreren Wissenschaftlichen Beiräten, so der Deutschen Burgenvereinigung, und im EUROPA NOSTRA Scientific Council.

Umschlag: vorne: Pelm, Kasselburg; hinten (v.l.n.r.): Lissingen, Burg; Dreis, Burghaus; Mürlenbach, Bertradaburg; Pelm, Kasselburg; Hillesheim, Stadtbefestigung (Fotos: Michael Losse)

Michael Imhof Verlag GmbH & Co. KG
Stettiner Straße 25
D-36100 Petersberg
Tel. 0661/9628286; Fax 0661/63686
www.imhof-verlag.de

Reproduktion und Gestaltung: Michael Imhof Verlag

Druck: B.o.s.s Druck und Medien, Goch

Printed in EU

ISBN 978-3-86568-399-1

INHALT

Abkürzungen

ahd.	althochdeutsch	Kr.	Kreis
AW	Kreis Ahrweiler	lat.	lateinisch
BIT	Kreis Bitburg-Prüm	mhd.	mittelhochdeutsch
COC	Kreis Cochem-Zell	OG	Obergeschoss
EG	Erdgeschoss	UG	Untergeschoss
EU	Kreis Euskirchen	TR	Kreis Trier-Saarburg
frz.	französisch	WIT	Kreis Bernkastel-Wittlich

I. Einführung

Alle Baukunst bezweckt eine Einwirkung auf den Geist, nicht nur einen Schutz für den Körper.

John Ruskin (1819–1900)

Die Vulkaneifel gehört, neben der Nord- und Südeifel sowie der Hoch- und der Schnee-Eifel zu den fünf geographischen Kerngebieten des zum Rheinischen Schiefergebirge zählenden Mittelgebirges Eifel, wobei sie, wie die Hoch- und die Schnee-Eifel, eine landschaftliche Besonderheit im Namen trägt und als die bekannteste Eifellandschaft gelten kann. „Aufgrund einer unterschiedlichen vulkanischen Entstehungsgeschichte unterscheiden die Geologen zwischen einem Westeifeler und einem Osteifeler Vulkangebiet. Das im Westen gelegene dehnt sich innerhalb des von Gerolstein, Daun, Ulmen, Bad Bertrich und Manderscheid umfaßten Karrees aus. Etwa 40 Maarkessel dokumentieren die hier stattgefundenen vulkanischen Aktivitäten" (Steinicke 2000, 14). Durch die Vulkaneifel fließt die Kyll, ein in der Schneifel (Schnee-Eifel) entspringender, 142 km langer Nebenfluss der Mosel, der bei Ehrang in diese einmündet. Am Ufer der Kyll stehen viele der in diesem Buch behandelten Burgen und Schlösser.

Spätestens seit dem 1. Viertel des 19. Jh. befassten sich viele renommierte Wissenschaftler – unter ihnen Alexander v. Humboldt, Jakob Nöggerath und Johann Steininger – mit der Vulkaneifel. Und auch einige namhafte, darunter englische Künstler „entdeckten" die Vulkaneifel während des 19. Jh. für sich (s. Kapitel II.10), ebenso wie Reiseschriftsteller; erwähnt sei hier v. a. das Buch von Katharine Macquoid „In the Volcanic Eifel" (London 1896). Und selbst in der spätrömischen Literatur fanden Bereiche der Vulkaneifel schon Erwähnung. So berichtet der am Kaiserhof in Trier wirkende Dichter Ausonius († nach 393), Erzieher Kaiser Gratians, vom „Flüßchen Kyll", das er „wegen seiner Wasserqualität und seines Fischreichtums" rühmte (Grommes 3).

Trotz des wissenschaftlichen und literarischen Interesses an der Vulkaneifel gibt es bislang keine zusammenfassende Untersuchung der mittelalterlichen Burgen oder gar der historischen Wehrbauten und Adelssitze von der Ur-und Frühgeschichte bis hin zur Neuzeit in dieser Region. Als beste Grundlage und Materialsammlung müssen daher immer noch die Inventare der Kunstdenkmäler (Kreis Prüm 1927; Kreis Daun 1928; Kreis Ahrweiler 1938; Kreis Mayen I 1941) gelten. Auch der hier vorgelegte Führer kann und soll diese Forschungslücke nicht schließen. Es ging bei seiner Erstellung primär um eine Überblicksdarstellung zu den Wehrbauten und Adelssitzen im Kreis Vulkaneifel (ehemals Kreis Daun, Rheinland-Pfalz), wobei in einzelnen Kapiteln ergänzend auch immer wieder Objekte aus der Vulkaneifel im geographischen Sinne, und darüber hinaus, heranzuziehen waren, um burgenkundliche Zusammenhänge besser darstellen zu können.

Unser Führer zu Burgen und Schlössern, Adelssitzen und Wehrbauten im Kreis Vulkaneifel geht auf eine Anregung von Prof. Dr. Klaus Tiepelmann, bis 2008 Besitzer der Bertradaburg in Mürlenbach, zurück. Spontane Unterstützung fand diese Idee durch den Landrat des Kreises Vulkaneifel, Herrn Heinz Onnertz. Dem Wunsch der Initiatoren entsprechend wird in diesem Buch der aktuelle Kenntnisstand zu den Burgen und Schlössern im Kreisgebiet zusammengefasst, wobei, den gewachsenen Interessen der Leser/-innen solcher „Burgenführer" – der Begriff „Burg" steht hier pars pro toto – entgegenkommend, die Darstellung von den ur- und frühgeschichtlichen Adelssitzen und Wehrbauten (u. a. keltische Befestigungen, Ringwälle, römische Kastelle und Höhenbefestigungen) über jene des Mittelalters (Burgen, Burghäuser, Orts- und Stadtbefestigungen, angebliche Wehrkirchen) und der Frühen Neuzeit (Schlösser, Festungen, Schanzen) bis hin zur Burgen-Romantik und -Rezeption des 19. und frühen 20. Jh. reicht. Letzteres schließt auch die Berücksichtigung einiger Burgensagen mit ein.

Nach einem historischen und burgenkundlichen Überblick, der auf der Auswertung der bekannten Quellen und der Literatur ebenso basiert wie auf eigenen Begehungen und teils Befundungen der Objekte innerhalb der letzten vier Jahre, werden die wichtigsten der bisher erfassten Bauten in einzelnen Kapiteln vorgestellt. Ein Literaturverzeichnis mit der Zusammenfassung der – sofern vorhanden – relevanten Literatur zu jedem einzelnen Objekt soll die Möglichkeit geben, sich intensiver mit den Anlagen zu beschäftigen. Mein Anliegen war es dabei, einen fachlich fundierten Überblick über den größten Teil des Bestandes an historischen Adelssitzen und Wehrbauten zu geben, denn nur, wenn der Gesamtbestand erfasst ist, können die einzelnen Objekte im Kontext interpretiert werden.

Im Kreisgebiet Vulkaneifel konnten im Rahmen meiner bisherigen Inventarisierung fast 100 Burgen, Schlösser, Ortsbefestigungen und Adelssitze – darunter mehrere Burgmannenhäuser (z.B. in Daun, Hillesheim, Kerpen) – sowie ur- und frühgeschichtliche (Wall-)Befestigungen festgestellt werden. Insbesondere unter den spätmittelalterlichen Burgen finden sich hier mehrere Neu- und Ausbauten des 13./14. Jh., denen ein hoher architektonischer Wert und eine weit überregionale burgenkundliche Bedeutung beigemessen werden muss, etwa der Bertradaburg in Mürlenbach, der Burg Densborn, der Kasselburg bei Pelm, der Burg Neublankenheim und der königlichen Burg Freudenkoppe bei Neroth.

Es ist davon auszugehen, dass es im Landkreis Vulkaneifel deutlich mehr Adelssitze und Burgen gab als bisher nachweisbar. So ist für manche Dörfer Ortsadel erwähnt, ohne dass sich dessen jeweiliger Sitz nachweisen ließe (z.B. Herren v. Deudesfeld). Forschungsbedarf besteht auch hinsichtlich einiger Burgplätze mit nur geringen sichtbaren Baurester und mehrerer „verdächtiger" Flurnamen, wie z.B. „Warth", „Wehrbüsch" (bei Daun), „Auf der Wacht" (ein Berg nordwestlich von Waldkönigen) oder „Auf der Schildwacht" (bei Kelberg), die auf abgegangene Befestigungen – welcher Zeit auch immer – verweisen könnten.

Zu mittelalterlichen Burgen gehörte ein infrastrukturelles Umfeld, das zumindest einen Wirtschaftshof umfasste und zu dem Baumgärten (mundartlich „Bongart", „Bungert" u.ä.) sowie oft auch Weinberge bzw. -gärten (mundartlich „Wingert") etwas abseits der Burg gehören konnten. Oft verweisen Flurnamen noch auf solche nicht mehr vorhandenen Gärten, die dann möglicherweise Rückschlüsse auf das Bestehen einer Burg erlauben. Wünschenswert wären hier flächendeckende Begehungen und Befundungen in der Region, die im Rahmen der Erstellung eines Buchs wie des hier vorgelegten leider nicht geleistet werden können, wenn auch alle behandelten Objekte – und ebenso die Standorte der abgegangenen – wiederholt persönlich aufgesucht wurden. Wenig war ihm Rahmen der Arbeiten zu diesem Buch über die Ausstattungen der Bauten zu erfahren, die fast alle verändert wurden, so dass kaum ursprüngliche Innenraumgestaltungen erhalten blieben. Zu den wenigen Ausnahmen gehören Putze, z.B. in der Burg Neublankenheim (> Leudersdorf) und im Burghaus auf der Freudenkoppe bei > Neroth, und Reste von Wandmalerei, so die Fragmente spätgotischer Wandmalerei in der Burg > Lissingen. Auch über die Ausstattung mit Mobiliar ist kaum etwas bekannt (ein Bett von der Kasselburg bei > Pelm besitzt das Museum in Gerolstein [Steffens F. 131]).

In diesem Buch nun werden knapp 100 Burgen, Schlösser, Adelssitze und Wehrbauten vorgestellt, darunter auch abgegangene, d.h. nicht erhaltene Anlagen, um so einen möglichst vollständigen Überblick zu bieten. Wie immer bei solchen Burgenführern gilt auch hier: Die unterschiedliche Länge der Kapitel zu den einzelnen Bauten stellt keine Wertung der Objekte nach geschichtlicher, kunsthistorischer oder burgenkundlicher Bedeutung dar. Sie resultiert vielmehr aus der jeweils unterschiedlichen Quellenlage und dem Forschungsstand.

Diese Einführung bietet die Möglichkeit, sich mit einer persönlichen Bitte an die Besucher/-innen dieser Burgen, Adelssitze und Wehrbauten zu richten: Die hier vorgestellten Bauten sind einzigartige Zeugnisse der Vergangenheit und Denkmäler unserer Geschichte, die nur selten eine „gute alte Zeit" war, ebenso wenig wie die Burgen und Schlösser von Romantik zeugen. Nachdem viele dieser Bauten unwiederbringlich verloren gingen, sind andere im Bestand gefährdet, weil sie baulich vernachlässigt wurden. Umgekehrt können aber auch unsachgemäß ausgeführte, oft sogar gut gemeinte „Restaurierungen", „Sanierungen" und „Reparaturen" zu irreparablen Schäden führen, wie es zahllose Beispiele in ganz Deutschland belegen. Gravierend sind vielerorts die Veränderungen, die Burgen durch unsachgemäße Sanierungen erfahren haben: Neuverfugungen und -vermörtelungen, ja sogar Abtragungen von Mauerwerk mit anschließender Neuaufmauerung haben manche Burgruine quasi zum Neubau gemacht. Solche Veränderungen wurden meist nicht einmal dokumentiert! Datiert werden können an solcherart „modernisierten" Bauten somit häufig nur einzelne Bauteile einer Burg. Dazu ist letztlich die fundierte Kenntnis der verschiedenen

Methoden der modernen, interdisziplinären Burgenforschung nötig, in der sich im Idealfall Archäologie, Bauforschung, Geschichte, Kunstgeschichte und viele andere Fachwissenschaften zusammenfinden. Eine solche umfassende Untersuchung fand an keiner Burg im hier vorgestellten Gebiet statt, obwohl in einigen Fällen die Möglichkeit dazu bestanden hätte.

Fazit: Immer müssen vor Sanierungsmaßnahmen die zuständigen Denkmalämter hinzugezogen werden. Wer sich über den sachgerechten Umgang mit Burgen und Schlössern informieren möchte, sei auf die Deutsche Burgenvereinigung, Marksburg, 56338 Braubach, www.deutsche-burgen.org, verwiesen.

Zur Erhaltung der Baudenkmäler können aber letztlich auch alle Burgenbesucher/-innen beitragen, indem sie darauf verzichten, auf Mauern und Wällen herumzuklettern, Lagerfeuer innerhalb alter Gemäuer (oder gar direkt an der Mauer) anzuzünden etc. Große Schäden haben innerhalb der letzten Jahre zunehmend Raubgräber angerichtet, die auf ihrer illegalen und strafbaren Suche nach „Schätzen" und Metallgegenständen die archäologischen Befunde in Burgruinen zerstören! Zögern Sie bitte nicht, solche Zerstörer unseres kulturellen Erbes anzuzeigen bzw. die Polizei zu verständigen, wenn sie solche Menschen auf frischer Tat ertappen.

Zum Schluss bleibt mir, allen jenen zu danken, die mit Informationen oder im Rahmen gemeinsamer Begehungen zum Entstehen des hier vorgelegten Buches beigetragen haben, allen voran meiner Lebensgefährtin Ilga Koch und Herrn Landrat Heinz Onnertz sowie Prof. Horst Wolfgang Böhme, Dr. Karl F. Grommes, Günter Losse († 2010), Thomas Losse, Prof. Klaus Tiepelmann, Brigitte Tiepelmann, Olaf Wagener B. A. und den Mitarbeitern/-innen des Verkehrsvereins Hillesheim sowie der Tourist-Information Oberes Kylltal. Herzlicher Dank gebührt der Kreissparkasse Vulkaneifel, die einen Druckkostenzuschuss zu diesem Buch gewährte und dem Europäischen Burgeninstitut, hier insbesondere Martina Holdorf M. A. Nicht zuletzt sei auch dem Verleger Dr. Michael Imhof und der Lektorin Karin Kreuzpaintner sowie den Mediengestalterinnen Meike Krombholz und Vicki Schirdewahn herzlich für die, wie immer, sehr angenehme und ergiebige Zusammenarbeit gedankt! Dank gebührt schließlich auch all jenen hilfsbereiten Menschen, die mir vor Ort Informationen gaben oder mich, nicht selten, sogar spontan mit dem Auto mitnahmen oder an den jeweiligen Zielort fuhren, obwohl sie selbst ein anderes Ziel hatten.

Michael Losse

Wer sich auch für Burgen und Schlösser in anderen Gegenden des Eifel-Mosel-Gebietes interessiert, sei auf folgende Bücher des Autors verwiesen: Michael Losse: Theiss Burgenführer Hohe Eifel und Ahrtal. Stuttgart 2003. – Michael Losse: Die Mosel. Burgen, Schlösser, Adelssitze und Befestigungen von Trier bis Koblenz. Michael Imhof Verlag. Petersberg 2007. – Michael Losse: *„Keck und fest, mit senkrechten Mauertürmen ... wie eine Krone."* Burgen, Schlösser und Festungen an der Ahr und im Adenauer Land. Regensburg 2008.

II. Historischer und burgenkundlicher Überblick

II.1 Vor- und frühgeschichtliche Wehrbauten bis zur Römerzeit

Bereits für die ältere Steinzeit (Paläolithikum) lässt sich die Anwesenheit von Menschen im heutigen Kreisgebiet Vulkaneifel belegen. Auf die Steinzeit, sie währte bis ungefähr 1800 v. Chr., folgte die Bronzezeit, die, je nach Region, bis etwa 1250 v. Chr. dauerte. Die anschließenden Epochen werden als Urnenfelderzeit (13. Jh.–ca. 750 v. Chr.) – aus dieser Zeit sind befestigte Höhensiedlungen im Rheinland bekannt –, Hallstattzeit (bis 500 v. Chr.) und Latènezeit (bis etwa zur Zeitenwende) bezeichnet. Aus den letztgenannten Epochen blieben Reste mehrerer Wehrbauten der **Kelten** im Kreisgebiet erhalten. Die Kelten lebten nicht in einem Staat im heutigen Sinne. Es ist davon auszugehen, dass sie in nicht immer deutlich voneinander abzugrenzende Gruppen und Stammesverbänden in der Zeit vom 7. bis zum 1. Jh. v. Chr. in Alteuropa lebten und durch ähnliche Sprachen und kulturelle Ausprägungen eine gewisse Verwandtschaft zueinander zeigten. Dabei waren sie „im großen und ganzen durch eine relativ einheitliche materielle [...] und immaterielle [...] Kultur von anderen Stämmen und Stammesverbänden abgehoben" (Birkhan [2]1997, 32). In der letzten Phase der keltischen Kultur, der Spätlatènezeit (2./1. Jh. v. Chr.), erreichte jene das Niveau einer präurbanen Gesellschaft, die mit den in Caesars Schriften erwähnten *oppida* mehrere stadtartige Großsiedlungen hervorbrachte, in denen teils einige Tausend Menschen lebten und arbeiteten. Solche *oppida* sind bislang aus der keltischen „Randregion" des Kreisgebietes Vulkaneifel aber nicht bekannt. Am moselseitigen Rand der Vulkaneifel, auf dem Martberg oberhalb Pommern/Mosel (COC), fanden Archäologen in jüngster Zeit jedoch ein schon länger an dieser Stelle vermutetes, mit einem Wall befestigtes spätkeltisches *oppidum* (2. Jh. v. Chr.).

Sprachliche Zeugnisse der keltischen Zeit sind in der Vulkaneifel wie in der Eifel überhaupt nachzuweisen: So ist der Name des höchsten Berges der Eifel, Hohe Acht, möglicherweise vom keltischen Wort *akaunon* (Stein, Fels) abgeleitet, und der Name der Stadt > Daun geht offenbar auf das Wort *dunum* zurück, das eine Höhenbefestigung bezeichnete und ebenfalls im Ortsnamen Kirchdaun in der Eifel enthalten ist. Damit sind bereits Indizien für keltische Befestigungen vorhanden, und tatsächlich finden sich Reste keltischer „Burgen" in der Vulkaneifel. Zwar wird mit dem Begriff Burg heute meist die hoch- und spätmittelalterliche Adelsburg des 12.–14. Jh. assoziiert, doch nutzen Archäologen diese Bezeichnung inzwischen durchaus auch für ältere Befestigungen. So findet der Begriff „Burgwälle" für Befestigungen der Epoche zwischen der späten Steinzeit und der frühen Bronzezeit im Eifel-Mosel-Gebiet Verwendung, etwa für jene auf dem Burgberg bei Kröv (WIT) oder auf der Rotlei bei Preist (BIT).

Unsere Darstellung des Wehrbaues in der Vulkaneifel setzt mit einer kurzen Betrachtung der zur älteren Eisenzeit zählenden **Hunsrück-Eifel-Kultur** ein, die im 7./6. Jh. v. Chr. begann und bis ins 4. Jh. v. Chr. währte. Der Einflussbereich dieser keltischen Kulturphase reichte von der Kölner Bucht bis nach Rheinhessen und von Luxemburg bis zur unteren Lahn. Zwar stand die Hunsrück-Eifel-Kultur in einem kulturellen Austausch mit Nachbarregionen, doch fällt auf, dass sie „sich manchen Entwicklungen verschloss und damit ihren Eigencharakter erkennen lässt" (Nortmann 2006, 232). Eine „Aufwertung der Führungsschicht", die als Auftraggeber des Burgen- und Befestigungsbaues anzusehen ist, und die „demonstrative Hervorhebung der einheimischen Eliten" sind ebenso Charakteristika jener Zeit wie die „intensive Begegnung mit Südeuropa", und zum Ausgang dieser historischen Entwicklung „ist das Mittelrheingebiet bei allem Eigenleben fester Bestandteil eines südmitteleuropäischen Kulturverbandes, der als keltisch bezeichnet werden darf" (ebd., 232 f.).

Für den Beginn der Hunsrück-Eifel-Kultur konnte eine ausgeprägte Burgengründungsphase festgestellt werden, in der im Kreisgebiet die Befestigung auf dem Weinberg bei > Kerpen und die Burg auf der Dietzenley bei > Gerolstein entstanden. Aber auch die im nahegelegenen Moselgebiet vom Volksstamm der Treverer gegen germanische Übergriffe angelegten befestigten Höhensiedlungen *(oppida)* entstanden um diese Zeit, so etwa die bereits erwähnte auf dem Martberg bei Pommern/Mosel. Zu den Befestigungselementen der Dietzenley gehörte, außer der exponierten Lage, ein aus Steinbrocken bestehender Wall, welcher wohl die gesamte ca. 235 m lange und bis zu 80 m breite Basaltkuppe umgab (1,6 ha Innenfläche), und vielleicht auch der an der Nordseite in die Umwehrung integrierte zerklüftete, steile Felsen, der möglicherweise als „Turm" genutzt wurde. Der Wall verläuft übrigens nicht um den obersten Rand der Kuppe – er war nach derzeitigem Kenntnisstand unbefestigt –, sondern er umläuft diese ein gutes Stück tiefer. Die Hänge zwischen Kuppenrand und Steinwall sind jedoch künstlich versteilt worden. Die Dietzenley gehört wohl in die „kurzlebige" ältere Phase eisenzeitlichen Wehrbaues „aus den Jahren um 510 v. Chr." (Nortmann 2006, 351).

Die vor 30 Jahren noch als „frühkeltische Anlage (ca. 500 v. Chr.)" bezeichnete Befestigung auf dem Barsberg bei > Bongard (Reuter 1979, 112) wird mittlerweile analog zu ähnlichen, besser erforschten Befestigungen (z.B. Bundenbach/Kr. Birkenfeld: Altburg; Erden/WIT: Burgberg; Otzenhausen/Kr. St. Wendel: „Hunnenring") als vermutlich „zu einer jüngeren Burgengeneration" gehörig angesehen, die „frühestens im 4. Jh. v. Chr. begründet" wurde und bis zum 1. Jh. v. Chr. währte (Nortmann 2006, 310). Stimmt diese These, so böte die Befestigung auf dem Barsberg einen der wenigen Siedlungsbelege der späten Eisenzeit in der Hoch- und Vulkaneifel. Gut 300 m ostnordöstlich der Befestigung erstreckt sich ein Hügelgräberfeld, das (vorerst?) gemeinsam mit dem etwa 14 km entfernten Friedhof von Hillesheim „den Nordwestsaum der Hunsrück-Eifel-Kultur" markiert (ebd.). Der 600 m lange Basaltwall auf dem Barsberg umläuft unregelmäßig den Gipfel; das Innere der Befestigung teilt ein 150 m langer Querwall in zwei Teile (Vor- und Hauptburg?). Wie auch auf der Dietzenley konnte kein Graben vor dem Steinwall nachgewiesen werden, und wie bei jenem könnte auch hier ein „Felsturm" integriert gewesen sein. Zumindest eines der beiden Tore des in seinem Verlauf unterschiedlich starken Walles war ein „tangentiales" oder „überlappendes" Tor zwischen zwei gegeneinander versetzten Wallenden.

Wallbefestigungen belegen somit die keltisch-eisenzeitliche Besiedlung des Kreisgebietes Vulkaneifel in ur- und frühgeschichtlicher Zeit. Aus ihren erhaltenen Resten geht hervor, dass auch hier die Sesshaftwerdung der Menschen zur Bildung von Grundbesitz führte, der durch Schutz- und Wehrbauten gesichert werden musste, die neben ihrem fortifikatorischen Charakter sicher auch, von ihren Erbauern intendiert, eine repräsentative Wirkung hatten.

Archäologisch nachweisbare Befestigungen, Gräberfelder und vermutlich kleinere Siedlungen belegen eine gestreute Besiedlung im berg- und waldreichen Kreisgebiet, in dem es, topographisch bedingt, keine größeren Siedlungskammern gab. Damit fehlten – ähnlich wie im Kreis Ahrweiler – die Existenzvoraussetzungen für reiche, mächtige „Keltenfürsten". Die nachgewiesenen Burgen könnten demnach lokale „Häuptlingssitze" gewesen sein. Die Umwohner solcher Burgen lebten von Ackerbau und Viehzucht, und möglicherweise beuteten sie Erzlagerstätten aus.

Zu unterscheiden sind letztlich zwei Formen ur- und frühgeschichtlicher Wallbefestigungen. Zum einen waren dies die sogenannten **Ringwälle**, Wehranlagen, die ein geschlossener, im Grundriss unregelmäßiger (ovaler, nierenförmiger o.ä.), nur äußerst selten annähernd ringförmiger Wall umgab, der im Untersuchungsgebiet meist ohne vorgelegten Graben blieb (> Bongard: Barsberg; > Gerolstein: Dietzenley). Die andere Form der Wallbefestigungen wird als **Abschnittsbefestigung** bezeichnet, wie sie in der Eifel während der älteren Hunsrück-Eifel-Kultur (7./6. Jh. v. Chr.) entstand: Durch Wälle wurde ein Abschnitt eines Höhenrückens gesichert, wobei die Steilhänge zusätzlich Sicherheit boten. Eine besondere Form der Abschnittsbefestigungen waren die Spornbefestigungen, die auf drei Seiten Schutz durch natürliche Abhänge boten. Die an das Höhengelände anschließende Seite wurde mit einem Abschnittswall befestigt, dem ein Graben vorgelegt sein konnte (> Kerpen: Weinberg). Vielfach wurden die „Wälle" der Befestigungen nicht als solche errichtet: Verfallene, überdeckte und überwachsene Mauern können heute wie Erdwälle wirken, wie an einzelnen Anlagen zu zeigen sein wird.

Römische Wehrbauten (s. hierzu auch das Kapitel zur Befestigung auf dem Hochkelberg bei > Kolverath): Zwischen 59/58 und 51/50 v. Chr. eroberten römische Truppen unter Gaius Iulius Caesar das Rheinland und die Eifel. Nach vergeblichen Versuchen, Germanien ganz dem Römerreich zu unterwerfen, verlegte Kaiser Tiberius (reg. 14–37 n. Chr.) die Staatsgrenze von der Elbe an den Rhein zurück. Mehrere Jahrhunderte war die Eifel ein Teil des östlichen Grenzlandes des römischen Staates. Der Limes, die römische Grenzbefestigung, endete rechts des Rheines, gegenüber der Mündung des Vinxtbaches in den Rhein. In der 1. Hälfte des 1. Jh. n. Chr. kam es zur Sicherung der römischen Rheingrenze u.a. durch den Bau von Kastellen; um 40 n. Chr. entstand z.B. das Kastell *Rigomagus* (Remagen) als eine Holz-Erde-Befestigung. Nach dem Fall des rechtsrheinischen Limes 259/60 drangen wiederholt Germanen ins linksrheinische Gebiet ein; 352/55 kam es zum sogenannten Germanensturm. Unter Kaiser Diokletian erfolgte eine Staatsreform, in deren Folge Trier Sitz eines Caesars und das Rhein-Mosel-Eifel-Gebiet wieder unter römische Kontrolle gebracht wurde. Dazu gehörte die Einrichtung eines tief gestaffelten Verteidigungssystems mit einer größeren Zahl von Kastellen. Zu diesen gehörte neben Bitburg/Eifel und Neumagen/Mosel das Kastell *Icorigium* anstelle der heutigen Ortschaft Jünkerath an der wichtigen Römerstraße Trier-Köln. Es entstand wohl, wie die beiden typologisch gleichen zuvor genannten Straßenkastelle, zu Beginn des 4. Jh. n. Chr. zur Zeit der Herrschaft des in Trier residierenden römischen Kaisers Konstantin d. Gr. (306–37). Mit dem Abzug der römischen Grenztruppen um 400 n. Chr. wurden die Kastelle aufgegeben. Anders als die Kastelle Neumagen oder Boppard/Rhein scheint das Kastell *Icorigium* im Mittelalter nicht genutzt worden zu sein. Die Ausgrabungen im 19. Jh. ergaben, dass es sich auch in Jünkerath um einen polygonalen, einem Oval angenäherten, mit (13 runden und zwei viereckigen?) Türmen besetzten Wehrbau handelte. Zum Bau des Kastells wurden wegen der dadurch schnelleren Fertigstellung und der Kostenersparnis – wie in Neumagen – ältere römische Grabmäler abgetragen, um sie für die Fundamente zu verwenden. In der Vulkaneifel bzw. im Kreisgebiet sind weitere römische Wehrbauten in Resten erhalten, darunter der Burgus in > Bodenbach und die Höhenbefestigung auf dem Burberg bei > Schutz.

Viele mittelalterliche Burgen wurden von Heimatforschern per se als Nachfolgebauten „römischer Kastelle“ angesehen (> Mürlenbach: Bertradaburg), doch sind diese Theorien abzulehnen, wie auch im Falle der Kasselburg bei > Pelm, bei der wegen des Burgnamens verschiedentlich auf einen römischen Wehrbau als Vorgänger geschlossen wurde. Willi Steffens (F. 77) meinte in den 1970er-Jahren noch: „Da man hier römische Münzen von [Kaiser] Konstantin III. fand, haben wir hier ein römisches Kastell vor uns“, doch für ein römisches Kastell anstelle der Kasselburg gibt es weder Beweise noch Indizien. Nur in wenigen Fällen ist eine römische Nutzung eines späteren mittelalterlichen Burgberges in der Eifel (und anderswo) tatsächlich archäologisch belegt, so auf der Alten Burg Reifferscheid (AW) und der Burg Insul (AW). Auch Funde römerzeitlicher Ziegel in Burgruinen – etwa im Bereich der Altburg bei Blankenheimerdorf (EU) – bezeugen nicht zwangsläufig einen römischen Bau: Sie könnten im Mittelalter durch die Ausbeutung römischer Gebäude als wiederverwertetes Baumaterial auf die Burg gelangt sein.

Im Jahre 454 n. Chr. wurde das Rheinland fränkisch; dies leitete zur Epoche des Mittelalters über.

II.2 Früh- und hochmittelalterliche Burgen (9.–frühes 13. Jh.)

Ursprünglich stand das Recht, Burgen zu bauen bzw. deren Bau zu genehmigen, dem König zu: Im 2. Kapitular von Pitres bestimmte König Karl *der Kahle* 864, ohne königliche Genehmigung erbaute Burgen sollten abgebrochen werden, doch hatten die Könige auf Dauer keine Möglichkeit, den Burgenbau des Adels zu kontrollieren. Das Recht zum Burgenbau übertrug später der König an Herzöge und Markgrafen, doch während der Krisenzeiten des Königtums bauten viele Adelige ohne Erlaubnis auf ihrem Eigenbesitz Burgen. Nachdem die Fürstengesetze (1220, 1231) die Möglichkeit zum Ausbau eigener Territorien weltlicher und geistlicher Reichsfürsten erbracht hatten, sahen viele Fürsten sich berechtigt, Burgen zu bauen bzw. die Genehmigung dazu zu geben. Doch schon mit dem Zerfall der königlichen Zentralgewalt begann im 10. Jh. die eigentliche Phase der mittelalterlichen Adelsburg, die im 14./15. Jh. endete. Burgen waren Dauerwohnsitze von Adelsfamilien, deren Herrschaftsbasis Grundbesitz/-herrschaft und Lehen bildeten. Burgen waren für jene Familien die Zentren ihrer Politik und Verwaltung; sie setzten Zeichen in der Landschaft und zeigten, wer über das Land herrschte. Landesausbau und herrschaftliche Durchdringung einer Region waren wesentlich mit dem Besitz von Burgen verbunden, die nicht nur wichtige Mittel der Territorialpolitik, sondern auch Wirtschaftszentren werden konnten.

Die genaue Gründungszeit der meisten früh- und hochmittelalterlichen Burgen ist, nicht nur in der Eifel, unbekannt. Bei hochmittelalterlichen Burgen wird oft die erste urkundliche Nennung, d. h. die erste bekannte schriftliche Erwähnung einer Burg, als Grundlage für deren Datierung genommen. Ist keine solche bekannt, bleibt oft nur der Bau selbst als Quelle: Anhand von Fensterformen, Mauerwerkstechniken, Turmformen etc. erfolgt eine Annäherung an die mögliche Entstehungszeit. In beiden Fällen gibt es zahlreiche potentielle Fehlerquellen. Archäologische Forschungen und Bauforschung wurden in der Vulkaneifel nur an wenigen Objekten in sehr unterschiedlichem Umfang betrieben.

Als in ihrem Ursprung „römisch“ wurden im 19. Jh., und in der Heimatforschung teils noch in der Gegenwart, viele Burgen in Deutschland bezeichnet, ohne

Üxheim, Burg Dreimühlen

dass dies nachweisbar oder realistisch wäre. Auch für einige Burgen in der Vulkaneifel finden sich solche Frühdatierungen; mehrfach wurde ein römischer Ursprungs- oder Vorgängerbau unterstellt, wie für die Kasselburg (> Pelm). Und die „Bertradaburg“ in > Mürlenbach wurde nicht nur als Nachfolgebau eines römischen Kastells, sondern als „eine der ältesten Burgen im Rheinland“ und als Sitz der Bertrada, Stifterin des Klosters Prüm (721) bezeichnet, obwohl diese Burg erst seit 1331 durch Urkunden belegt ist. Der volkstümliche, wohl seit dem 19. Jh. geläufige Name „Bertradaburg“ verweist auf eine spätestens ab dem 17. Jh. bezeugte Sage und die lokale Überlieferung, welche die Burg in einen Kontext mit der Familie Karls d. Gr. und mit der Person des Kaisers selbst bringt: Die Gründerin der Abtei Prüm, Bertrada, war die Großmutter von Berta, der Mutter Kaiser Karls d. Gr., und so wurde gar spekuliert, Kaiser Karl sei auf der Burg in Mürlenbach geboren. Tatsächlich war die Vulkaneifel Teil des Fränkischen Reiches der Merowinger und Karolinger; das Eifel-Mosel-Gebiet gehörte nach den Reichsteilungen des 6./7. Jh. zu Austrasien, dem östlichen Teilreich des Frankenreiches. Das nach Kaiser Karl d. Gr. (König ab 768, Kaiser ab 800) benannte, im Maas-Mosel-Raum beheimatete fränkische Geschlecht der Karolinger besaß an Maas und Mosel und auch in der Eifel viele Hausgüter und Domänen. Das karolingische Reichsgebiet war seit dem 7. Jh. in Gaue *(pagi)* gegliedert, deren administrative Aufgaben von Angehörigen des Hochadels (Gaugrafen) wahrgenommen wurden. Innerhalb der Gaue existierten kleinere Territorien, deren Verwaltung ebenfalls Adeligen oblag. Von den karolingischen Herrschern erhielten die ältesten Eifeler Adelsgeschlechter Grundbesitz für ihren Verwaltungs- und Militärdienst für das Reich, anfangs als Lehen, doch wurde solcher Besitz später oft erblich. Nach dem Tod Kaiser Ludwigs des Frommen († 840) kam es zum Zerfall des Frankenreiches. Alle bisherigen Angaben zu Burgen im Landkreis Vulkaneifel, die angeblich auf römische oder fränkische Gründungen zurückgehen sollen, bleiben unbewiesen und sind daher mit großer Skepsis aufzunehmen. Auch ist über die Burgenstruktur der fränkisch-karolingischen Zeit (8./9. Jh.) in der Vulkaneifel, im Gegensatz zu anderen Gebieten des Frankenreiches (z. B. Hessen), kaum etwas bekannt.

Im 893 entstandenen, jedoch nur in einer späteren Abschrift erhaltenen Prümer Urbar, einem Güterverzeichnis der Abtei Prüm, finden zahlreiche Herrenhöfe und Siedlungen im heutigen Kreisgebiet ihre Ersterwähnung, doch gibt es über Burgen kaum Auskunft.

Die meisten der in mehr oder weniger umfangreichen Resten erhaltenen früh- und hochmittelalterlichen Burgen der Vulkaneifel bieten ohne fachkundige archäologische Untersuchungen meist nur wenig Aufschluss über ihre Entstehungszeit, über die Baugeschichte etc. Zu den Burgen, über deren Baugeschichte wissenschaftliche Untersuchungen einige greifbare Ergebnisse erbrachten, gehört die frühmittelalterliche Burg auf dem Weinberg bei > Kerpen bzw. ihr Nachfolgebau, die salierzeitliche Turmburg. Die frühmittelalterliche Abschnitts- bzw. Spornbefestigung mit einer Wall-Graben-Befestigung, vielleicht des 10. Jh. (s. Böhme 1992, 11), darf als „typisch" für die vermutete Entstehungszeit angesehen werden. In diese ältere Burg wurde dann wahrscheinlich im 11. Jh. – bei Verkleinerung der zuvor befestigten Fläche – ein im Grundriss etwa quadratischer Wohnturm gebaut, dem 16 m entfernt ein Graben vorgelegt war. Damit bestand auch im heutigen Kreisgebiet eine für die salische Zeit typische Turmburg, deren Wohnturm an der Spitze des Sporns der erwähnte Graben und möglicherweise Palisaden schützten. Der in Bruchstein aufgeführte Wohnturm hatte eine Mauerstärke von nur 0,85 m bei Seitenlängen von 7,2–7,7 m; die nutzbare Innenfläche war etwa 6 x 5,5 m groß. Es wurde vermutet, die Burg sei der erste Wohnsitz der 1136 zuerst urkundlich genannten Edelfreien v. Kerpen, die im 12. Jh. durch die alte oder die neue Burg oberhalb Kerpens ersetzt wurde. Ob die Burgen vorübergehend zeitgleich bestanden, ist nicht geklärt. Die Datierung der auf dem Weinberg gefundenen Keramik umfasst den Zeitraum 10.–12. Jh.

Nur sehr wenige Burgen in der Eifel sind urkundlich tatsächlich bereits im 11. Jh. bezeugt, wie das *castrum* Dollendorf an der Ahr, das 1077 in der Lebensbeschreibung des Erzbischofs Anno von Köln *(vita Annonis)* Erwähnung fand. Und auch die Burg > Lissingen könnte bereits im 11. Jh. bestanden haben; Herren v. Lissingen als Lehnsleute der Abtei Prüm sind hier seit dem Beginn des 12. Jh. (1103?) bezeugt.

Dohm, Burg. Ringmauer, Feldseite

Schon seit dem 10./11. Jh. entstanden zunehmend **Adelsburgen**, befestigte Wohnsitze adeliger Familien, welche den repräsentativen Wert von Höhen- und Gipfellagen schätzten. Waren es zu Beginn fast nur Angehörige des dynastischen Hochadels, die solche Burgen bauten, so begannen ab dem 12./13. Jh. auch Reichsministeriale und Niederadelige, im Umfeld optisch dominierende Höhenburgen zu errichten. Die Höhenburgen des Hochmittelalters – und teils noch jene des späten Mittelalters – hatten meist einen an der Bergform orientierten, in der Ausformung meist ovalen bis polygonalen Grundriss unter weitgehender Vermeidung einspringender Winkel; eine regelmäßige Form war meist nicht angestrebt. Der Wohnbau überragt die Ringmauer kaum, der Bergfried oder Wohnturm bildet die Dominante. Die Gebäude waren oft aus Materialersparnis und Platzmangel an die Innenseite der Ringmauer angefügt. Die auf einem steilen Berg aufragende Burg mit hohem Bergfried und vielen weiteren Türmen ist weitgehend ein Klischeebild des 19. Jh. Die Adelsburgen des 12.–14. Jh. mit ihren Türmen bezeichnen letztlich den Höhepunkt und das Ende der Architekturform Burg.

In den letzten Jahrzehnten fand die Abkehr von der primären Betrachtung militärischer Aspekte und äußerer Gestaltungen von Burgen sowie eine neue Interpretation ihrer realen und ideellen Funktionen, ihrer Bedeutung im jeweiligen geographisch-historischen Umfeld statt. Längst widerlegt ist die Sicht der Burgenkunde des 19. Jh., wonach mittelalterliche Burgen häufig umkämpfte Wehrbauten waren, die ihr Umland militärisch „beherrschten“.

Deutlich wird dies, wenn man eine besondere Form der früh-/hochmittelalterlichen Adelsburg betrachtet, die auch in der Eifel – hier insbesondere in der Nordeifel – vorkam: die **Motte**. Der oft verallgemeinernd und falsch als „Turmhügelburg“ bezeichnete Burgentyp setzte sich zusammen aus dem künstlich angelegten rundlichen, später rechteckigen Hügel, der den herrschaftlichen Wohnbau (Haus, Wohnturm, anfangs oft aus Holz) trug und von einem Wassergraben umgeben war. Aus dem Aushubmaterial des Grabens war der Hügel aufgeschüttet. Palisaden konten den Turm schützen. Motten erhoben sich wohl ursprünglich öfter als Rückzugsorte in der Nähe von Herrenhöfen, später wurden sie zu ständigen Wohnsitzen. Wahrscheinlich verbreitete sich die Motte (frz.: *la motte*/mhd.: *molt* = Hügel) ausgehend von Frankreich als Burgtypus ab dem 9. oder 10./11. Jh. in Mittel- und Nordeuropa sowie in weiten Teilen Nord- und Osteuropas. Im Gegensatz zu einteiligen Motten umfassten die zweiteiligen neben dem Burghügel eine diesem vorgelegte, anfangs sichelförmige, später oft rechteckige Vorburg als Wirtschaftshof, die von einem Graben umgeben und durch einen solchen von der Motte getrennt war. Höhen- oder Bergmotten nennt man Adelsburgen des 10./12. Jh., die aus einer natürlichen Geländeformation herausgearbeitet und nicht oder nur wenig nachträglich aufgeschüttet („eingemottet“) wurden. Letztlich stellte die Motte ein Bindeglied zwischen Niederungsburgen (Wasserburgen) und Höhenburgen dar. Es ist wahrscheinlich, dass es auch in der Vulkaneifel mehrere solcher Motten gab (> Kolbenrath), doch gibt es über den Gesamtbestand keine Erkenntnisse.

Die meisten Burggründungen in der Eifel erfolgten, so der derzeitige Kenntnisstand, offenbar zwischen dem späten 11./12. Jh. und dem 14. Jh. Über das engere Gebiet der Vulkaneifel bzw. das Kreisgebiet liegen keine spezifischen Kenntnisse vor. Wenige Burgen haben umfängliche Bauteile jener Zeit bewahrt. Oft lässt nur die Grundrissstruktur der Kernburg (oval bis polygonal) die Entstehungszeit im Hochmittelalter erkennen (z. B. > Pelm: Kasselburg, im Spätmittelalter stark verändert). Die im hier untersuchten Gebiet der Vulkaneifel stehenden mittelalterlichen Burgen wurden durchweg durch **spätere Umbauten** überformt oder sie wurden so stark zerstört, dass über ihren Ursprungsbestand ohne archäologische Untersuchungen und Bauforschung kaum Aussagen möglich sind. Nahezu alle mittelalterlichen Burgen unterlagen über die Jahrhunderte ihres Bestehens wiederholt baulichen Veränderungen; dazu gehören Umbauten, Erweiterungen, Reparaturen nach Sturm-, Blitz-, Brand-, Erdbeben- oder Kriegsschäden, Anpassungen an neue Kampf- und Verteidigungstechniken (z. B. > Daun; > Mürlenbach), Umgestaltungen aufgrund veränderter Ansprüche an den Wohnkomfort (z. B. > Daun; > Kerpen; > Lissingen), bauliche Reduzierungen und **Teilabbrüche** in der Neuzeit, in der keine Wehrgänge oder andere Verteidigungsanlagen (z. B. > Mürlenbach) mehr benötigt wurden, und schließlich schleichender oder gezielter Abbruch zur Gewinnung von Baumaterial im 19./frühen 20. Jh. Dies gilt für hoch- wie für spätmittelalterliche Burgen gleichermaßen.

Mancherorts bleibt es ungeklärt, ob es dort eine (hoch-)mittelalterliche Burg gab: Aus dem Hochmittelalter liegen teils Erwähnungen von Adeligen vor, die sich nach ihrem jeweiligen Wohnort (später auch Amtsort) benannten, wie etwa jener Ritter Ludwig v. > Deudesfeld *(Dudensvelt)*, der 1185 das Kloster St. Thomas an der Kyll stiftete. Über seinen Sitz (Hof, Festes Haus oder Burg?) gibt es bisher keine Erkenntnisse.

Vom Ende des frühen Mittelalters an bildete die reichsunmittelbare Benediktiner-Abtei Prüm (BIT) im hier behandelten Teil der Vulkaneifel die bedeutendste Herrschaft. Im Spätmittelalter verloren die Äbte von Prüm jedoch immer mehr an Macht und Bedeutung zugunsten der Trierer Erzbischöfe, die versuchten, das Herrschaftsgebiet der Abtei ihrem Machtbereich einzuverleiben (> Mürlenbach). Bis zur endgültigen Übernahme durch Kurtrier im 16. Jh. residierten die Prümer Äbte in einer Burg westlich der Abtei, von der keine sichtbaren Reste erhalten blieben. Ob es eine Burgenpolitik der Abtei im Früh-/Hochmittelalter gab, wurde bislang noch nicht untersucht. Nur am Rande sei erwähnt, dass der im 18. Jh. nicht vollendete Nordflügel der ab 1735 neuerbauten Abtei Prüm als Nachfolger der Abtsburg anzusehen ist, da er quasi als Nebenresidenz der Trierer Erzbischöfe/Kurfürsten dienen sollte.

II.3 Spätmittelalterliche Burgen, Orts- und Stadtbefestigungen (13.–15. Jh.)

Entgegen der früher (auch unter einigen Burgenforschern) weit verbreiteten Meinung, dass „mit dem Ende der Stauferzeit" nach der Mitte des 13. Jh. der Burgenbau im heutigen Deutschland – quantitativ und insbesondere qualitativ – seinen Höhepunkt überschritten hatte, hat sich im letzten Drittel des 20. Jh. in der wissenschaftlichen Burgenforschung die Erkenntnis durchgesetzt, dass in einigen Regionen des Reiches, v. a. im Rheinland, der Burgenbau seine Blüte erst im 14. Jh. erreichte. Tatsächlich entstanden im Mittelrheingebiet und in der Eifel im 14. Jh. noch zahlreiche architektonisch bedeutende Burgen teils hochrangigster Bauherren: In der Vulkaneifel gehören hierzu die Burg Freudenkoppe *(Kopp)* bei > Neroth – um 1340 vom römisch-deutschen König Johann v. Böhmen, Graf v. Luxemburg, erbaut – und die ungefähr zeitgleich errichtete Burg Neublankenheim (> Leudersdorf). Das spätgotische Burghaus neben der Burg Freudenkoppe entstand im späteren 14. oder erst im 15. Jh., und die Dreiser Burg (> Dreis), ein Turmhaus, wurde gar erst um 1579 erbaut.

Zu den Gründen für den Burgenbau in unserer Region zählen u. a. die großräumigen territorialen Konflikte: Die Grafen v. Luxemburg hatten in den 1270er-Jahren damit begonnen, ihr Einflussgebiet in die Nordwest-Eifel auszudehnen. Unter Johann v. Luxemburg, seit 1311 König von Böhmen, war ihre Expansionspolitik besonders ausgeprägt, doch gerieten die Grafen v. Luxemburg auf diese Weise in Konfrontation mit den territorialen Interessen Kurtriers, insbesondere des Trierer Erzbischofs Balduin v. Luxemburg (reg. 1307–54), der selbst dem Hause Luxemburg entstammte und sein Erzbistum – als einen ebenfalls expandierenden Territorialstaat – durch die luxemburgischen Burgen bedroht sah. König Johann ließ daher um 1340 zur Sicherung der Luxemburger Ansprüche einige Burgen, darunter die Freudenburg/Saar und in der Eifel die Burgen Freudenstein bei > Brockscheid sowie Freudenkoppe bei > Neroth erbauen. Viele Adelige, die ihre Eigenständigkeit durch die Politik Erzbischof Balduins bedroht sahen, ergriffen Partei für König Johann, der gegen die Expansion der Trierer Erzbischöfe stand. Auf der Burg Freudenkoppe waren daher Angehörige bedeutender Eifeler Adelsgeschlechter als Burgmannen im Dienste des Königs. Doch schon 1346 starb König Johann v. Böhmen, und sein Sohn Karl (IV.) wurde mit Unterstützung Erzbischof Balduins römisch-deutscher Kaiser. Balduin gelang es, König Karl IV. (reg. 1346/47–1378, Kaiser ab 1355) – dieser war sein Großneffe – dazu zu bewegen, dem Erzbistum 1346 die Burgen Freudenstein und Freudenkoppe sowie die bereits durch Johann v. Böhmen an Trier verpfändete Freudenburg zu überlassen, da der Erzbischof ja schon *allezijt geclaget hat daz er un sin stift mit denselben vesten entarft und verbuwet were* (s. StAKO 1A 5348 u. 5347). Zudem erlangte Balduin die Zusage, dass der König auf kurtrierischem Gebiet keine Burg mehr erbauen werde. Die so zu einer trierischen Landesburg gewordene Freudenkoppe war für Kurtrier bei der Vereinnahmung der Grafschaft Daun (s. u.) durch das Erzbistum Trier besonders wichtig, und nachdem dann 1352 die befestigte Stadt > Hillesheim, die sich ehemals in Luxemburger Lehensbesitz befand, von Trier als nördlichster Stützpunkt übernommen werden konnte, waren die Machtbereiche in der Region endgültig abgesteckt.

Zum besseren Verständnis dieser Burgenpolitik Erzbischof Balduins ist hier ein kurzer Exkurs notwendig: Während des Spätmittelalters gelang es den Trierer Erzbischöfen, ihr Herrschaftsgebiet über die Mittel- und Untermosel (Bernkastel, Cochem), Teile der Eifel und des Saar-Gebietes und über den Rhein bis an die Lahn und in den Westerwald auszudehnen. Einige Erzbischöfe, insbesondere Balduin v. Luxemburg, betrieben eine konsequente Burgenbau- und -erwerbspolitik und festigten so ihre Machtposition, die weitgehend bis zum Ende der Feudalzeit um 1800 Bestand hatte. Unter Erzbischof Arnold II. (reg. 1242–59) hatte eine besonders intensive Phase erzbischöflich-trierischer Burgenpolitik begonnen, die seine Nachfolger Heinrich v. Vinstingen (reg. 1260–86) und Balduin v. Luxemburg fortsetzten: Erzbischof Heinrich festigte die Trierer Positionen; darüber hinaus gelang ihm eine Erweiterung des trierischen Machtbereiches. Während seiner Amtszeit kam es zu Ausbauten bestehender Burgen im Rhein-Eifel-Mosel-Gebiet, zu denen in der Eifel Manderscheid (WIT), Marienburg (COC), Neuerburg (BIT), (Trier-)Pfalzel und Welschbillig (BIT) gehörten.

Erzbischof Balduin brachte zahlreiche adelige Herrschaften – nicht nur in der Eifel – unter seine Botmäßigkeit. In vielen Fällen gelang es ihm, Burgen und Herrschaften, die sich im Eigenbesitz der sie bewohnenden Adeligen befanden, zu übernehmen, um sie diesen dann als Lehen wieder zu übergeben. Immer mehr Adelige im Eifel-Mosel-Gebiet gerieten so in Lehnsabhängigkeit vom Erzbischof. Schon aus der frühen Phase seiner Regierungszeit liegen Dienstverträge zwischen ihm und Adeligen aus der Eifel vor: So verpflichtete sich Herr Aegidius v. Daun 1319 in zwei Reversen, für eine bestimmte Summe als Vasall (in Urkunden *fidelis*, *vasallus*, *servitor* genannt) mit seinen Burgen zum Dienst für Balduin; kurz zuvor hatte er diesem für ein Lehngeld Eigengut aufgetragen (Berns 1980, 99). Adelige, die solche Verträge mit dem Erzbischof abschlossen, übernahmen damit häufig auch zeitlich fest umrissene Dienstpflichten – mit Anwesenheitspflicht – auf erzbischöflichen Burgen (s. ebd., 65–67).

Immer wieder kam es aber zu Auseinandersetzungen des Erzbischofs mit dem Adel; so stand er zu Beginn der 1350er-Jahre im Streit mit Adeligen in der Eifel und an der Lahn. Besonders mit den Herren v. Daun und ihren Verbündeten gab es Differenzen. Namentlich war es der (auch: Gilz, Gyls, Gilys, Schyls, Schilles und Zilles genannte) Ritter Gilles v. Daun, der mit den v. Virneburg verschwägert und mit den Herren v. Ulmen verwandt war sowie „in geheimem Bündnisse mit der Stadt Trier“ stand (Dominicus 1862, 567). Der Trierer Erzbischof Balduin, der diese gegen ihn gerichtete Koalition der Stadt mit dem Ritter v. Daun nicht dulden konnte, verbündete sich mit seinem Amtskollegen, dem Kölner Erzbischof Wilhelm. Das am 2.9.1350 in Köln geschlossene Bündniss richtete sich gegen Gilles v. Daun „und alle seine Gemeiner und Ganerben“, die zuvor vergeblich „abgemahnt“ worden waren (ebd.). Ein Heer der Erzbischöfe griff die Burg > Daun wohl 1352 an und nahm sie ein; die Truppen „brachen und schleiften die Häuser im Thale“ und teilten die Burg unter sich auf.

Nach Erzbischof Balduins Tod setzten dessen Nachfolger die Abrundung ihrer Besitzungen auch in der Vulkaneifel fort: Von den Herren v. Vinstingen erwarb der Erzbischof Kuno 1384, mit Genehmigung des zuständigen Lehnsherrn, des Abtes von Prüm, die Burg Schönecken (BIT), die von den v. Schönecken, Verwandten der Grafen v. Vianden, gegründet worden war. Auch diese Burg wurde so ein kurtrierischer Amtssitz.

Den Erzbistümern Trier und Köln kam bei der Territorialbildung im Mittelrhein-Eifel-Mosel-Gebiet eine wichtige Funktion zu, besonders nach der Krise des Kaisertums und der „kaiserlosen Zeit“ (*Interregnum*), nachdem die Reichstagsbeschlüsse von Worms und Cividale 1231/32 das Landesherrentum begründet hatten. Schon bald etablierte sich das Kurfürstenkollegium als Oligarchie sieben großer Territorialherren, von denen vier im Rheinland saßen. Im Burgenbau und in der Burgenpolitik wurde der vollzogene politische Wandel deutlich: Burgen, besonders neuerbaute, dienten nicht mehr der Stützung des Reiches, sie waren nun Stützpunkte aufstrebender Partikulargewalten. So wurden im 14. Jh. viele Burgen in der Eifel von kleineren Herren und Reichsministerialen errichtet, doch ließen auch expandierende Territorialherren, etwa die Erzbischöfe von Köln und Trier, neue Burgen erbauen oder bestehende aufwendig ausbauen. Nach der Konsolidierung der Territorien bestand kaum noch die Notwendigkeit, Burgen zu bauen.

II.4 Typen und wichtige Elemente mittelalterlicher Wehrbauten in der Vulkaneifel

Außer Burgen gab es im Mittelalter als gängige Wehrbautypen Burgmannenhäuser (oft auch als Burghäuser bezeichnet: Daun, Hillesheim), Orts- und Stadtbefestigungen und in manchen Regionen zudem Wehrkirchen und -kirchhöfe (s. Kapitel II.5).

Burgentypen: Die mittelalterlichen Burgen werden wissenschaftlich heute in topographische (nach ihrer Lage), architektonische und funktionale Typen eingeteilt, die sich nicht in allen Fällen klar gegeneinander abgrenzen lassen. Generell wird zwischen **Höhen- und Niederungsburgen** unterschieden. Im Kreisgebiet kommen sowohl Höhenburgen (u.a. Gerolstein; Mürlenbach: Bertradaburg; Neroth: Burg Freudenkoppe; Pelm: Kasselburg) als auch Niederungsburgen in Bach- oder Flusstälern (z.B. Densborn; Lissingen) oder auf Hochflächen (z.B. Borler: Haus Heyer; Dreis; Oberehe) vor. Im Gegensatz zu anderen Regionen (z.B. Nordeifel) waren offenbar nur wenige Niederungsburgen im Kreisgebiet als ausgeprägte Wasserburgen mit künstlichen, wassergefüllten Gräben angelegt (Densborn).

Unter den Höhenburgen herrschen zwei Typen vor, die **Gipfelburgen** (z.B. Daun) und die **Spornburgen** (z.B. im Kreis: Dohm; Gerolstein; nahebei: Neuerburg; Schönecken). Von einem näher über dem Tal gelegenen Sporn oder Hang aus war der Einblick in ein Tal mit seinen Verkehrswegen eher gegeben als von einem Gipfel. Eine Spornburg steht meist auf einem durch einen Graben vom anschließenden Gelände abgetrennten Bergsporn und ist nicht selten von ansteigendem Gelände überhöht. Die dem Berg zugewandte Seite der Spornburg wurde ab dem 13. Jh. bisweilen durch einen Turm geschützt (sogenannte **Frontturmburg**: Kerpen). Zum Schutz einer Spornburg legte man einen **Halsgraben** an: Er bot die zur effektiven Verteidigung notwendige Distanz zum anschließenden Gelände. Der Grabenaushub lieferte Baumaterial für die Burg. Der Wohnbau wurde meist an eine Talseite gestellt (z.B. Mürlenbach). Einen zusätzlichen Schutz gegen die Bergseite („Angriffsseite") und zugleich ein baulich eindrucksvolles, repräsentatives Element bildete an einzelnen Burgen die sogenannte **Schildmauer**: Schildmauerburgen kamen wohl seit dem früheren 13. Jh., insbesondere aber im 14. Jh. v. a. in Südwestdeutschland (Pfalz, Elsass, Mittelrheingebiet) und vereinzelt in Europa vor. In der Eifel gab es sie nur selten, doch bietet die Burg Gerhardstein über > Gerolstein ein markantes Beispiel. Schildmauern boten anfangs nur Deckung durch ihre Höhe und Mauermasse ohne weitere Defensiveinrichtungen als den Wehrgang; erst ab dem 14. Jh. wurden sie zunehmend in die aktive Verteidigung einbezogen, indem sie etwa integrierte Schießkammern erhielten.

Eine in der Eifel sehr seltene Form der Höhenburgen waren **Höhlenburgen**, die künstliche (> Hohenfels; Ürzig: Burg zur Leyen) oder natürliche Höhlen integrierten.

Neroth, Burg Freudenkoppe. Wohnturmruine

Waren die Grundrisse früh- und hochmittelalterlicher Burgen meist dem Gelände angepasst, so lassen sich im Spätmittelalter Tendenzen zu kompakt strukturierten Anlagen erkennen, deren Gebäude sich einem Gesamtplan unterordnen. In mehreren Fällen standen Burgen in der Vulkaneifel in der Nachfolge sogenannter **Kastellburgen** (> Mürlenbach; > Densborn): Die Kastellburg, ein ursprünglich hochadeliger Bautyp, vereinte Repräsentation und Wehrhaftigkeit. Burgen mit runden Ecktürmen als Flankierungstürmen wurden ab der Zeit des Königs Philippe II. Auguste von Frankreich (1180–1224) zu einem königlichen Burgtypus (französischer Kastelltyp), der bald vom dortigen Hochadel übernommen wurde. Die Kastellburgen Kaiser Friedrichs II. in Süditalien und die im letzten Viertel des 13. Jh. erbauten walisischen Königsburgen gehören zu den hochrangigen Kastellburgen in Europa. In der Eifel gehört die trierische Burg Welschbillig (wohl um 1250) zu den ersten ausgeprägten Anlagen jenes Typs. Es folgten die Burgen Mayen (vor 1280), Münstereifel (Ende 13. Jh., Grafen v. Jülich) und > Mürlenbach (vor/um 1300), die nicht den entwickelten französischen Kasteltypus übernahmen, sondern stauferzeitlichen Polygonalgrundrissen verhaftet blieben, obwohl die

Gesamtstruktur (Ecktürme) und die Defensiveinrichtungen, etwa die Schießscharten, auf Frankreich verweisen. Regelmäßige Kastellburgen entstanden ab Anfang des 14. Jh. im Backsteingebiet der Nordeifel und des Niederrheins sowie vereinzelt in fast idealtypischer Umsetzung als quadratische Wasserburg mehrfach in der Nordost-Eifel (Sinzig, ab 1337; Ahrenthal). Auch durch die geschickte Anfügung turmbesetzter Zwinger an im Grundriss unregelmäßige hochmittelalterliche Burgen konnte der Eindruck einer regelmäßigen Kastellburg entstehen (Nürburg, 1340/69).
Französischer Einfluss ist nicht allein bei Kastellburgen des 13./14. Jh. feststellbar; auch einzelne Elemente, etwa bewohnbare runde Bergfriede (Nürburg), gerundete Flankentürme (> Mürlenbach) oder frühe Schießscharten verweisen auf Frankreich, ebenso wie die spätestens seit dem 14. Jh. auftretenden gerundeten Ecken (> Daun; in der Hoch- und Ahreifel: Altenahr, Burg Are; Obliers, Wensburg), Tourellen (Reifferscheid/EU) und Scharwachttürmchen („Pfefferbüchsen": Kasselburg [> Pelm]).

Prägend für viele Burgen und Stadtbefestigungen des 13./14. Jh. im Rheinland und in der Eifel ist das sogenannte **Doppelturmtor**, ein feldseitig von zwei Türmen flankiertes Tor, in der schlichtesten Form ein turmflankiertes Mauertor, d.h. eine Zweiturmgruppe. Die aufwendigste Form verkörpert eine Dreiturmgruppe, zusammengesetzt aus dem eigentlichen, im Grundriss rechteckigen oder quadratischen Torturm/-bau und zwei jenen flankierenden, meist gerundeten Türmen, oft Schalentürmen (z.B. Ahrweiler: Stadtbefestigung). Die dreiteilige Form des Doppelturmtors kam als Burg-, öfter als Stadttor, ab dem 13. Jh. häufiger, insbesondere im Rheinland vor; vermutlich wurde das Motiv über Frankreich bzw. die Kreuzzüge nach Westdeutschland vermittelt, doch gab es solche Tore auch an spätrömischen Kastellen, von denen einige im Rhein-Mosel-Gebiet teils erhalten waren. Das aufwendige Doppelturmtor war ein repräsentatives herrschaftliches Element. Als solches steht es auf Siegeln, Münzen und in Buchmalereien als Abbreviatur für Stadt und Burg. Burgenkundlich und kunstgeschichtlich gleichermaßen bemerkenswert, wissenschaftlich

Mürlenbach, Bertradaburg. Teilstück der Ringmauer mit Schalenturm, Innenseite

aber nur wenig beachtet und erforscht sind jene Doppelturmtore, die Kombinationen aus Tor- und Wohntürmen darstellen (Welschbillig; > Mürlenbach) und bisweilen Produkte mehrerer Bauphasen sind (> Pelm: Kasselburg). Aber auch bei einfacheren Tortürmen kam die Kombination zwischen Tor- und Wohnturm vor (> Lissingen).

Wohntürme entstanden in der Eifel im Spätmittelalter in größerer Zahl und in verschiedenen Ausprägungen. Es gab sie innerhalb großer (> Mürlenbach; > Pelm: Kasselburg) und kleiner Burgen, als Bestandteil königlicher Burgen (> Neroth: Freudenkoppe) ebenso wie als Hauptbauten kleiner Ortsburgen. Sie konnten das Hauptgebäude der Herrschaft darstellen oder der Sitz eines Burgmannen innerhalb einer größeren Burg sein (> Pelm: Kasselburg, mehrere Wohntürme in der Vorburg). In Form spätestgotischer Turmhäuser kamen Wohntürme noch im 16. Jh. vor (> Dreis, um 1579).

Fließend sind bisweilen die Übergänge zwischen Wohnturm und **Bergfried**, wie der dominierende Hauptturm deutscher Burgen genannt wird. Anders als ein Wohnturm nicht zum permanenten Bewohnen eingerichtet, bestand der Bergfried zusätzlich zum Wohnbau. Erst in der Burgenkunde der 2. Hälfte des 19. Jh. setzte sich die Bezeichnung durch; in der mittelhochdeutschen Sprache *(berchfrit, bervride)* meinte der Begriff Angriffs- und Verteidigungstürme. Im Mittelalter hieß er meist nur *turm* (auch: *torn*; lat.: *turris*). Erste Bergfriede entstanden um/kurz nach Mitte des 12. Jh. Einige salierzeitliche Türme, von denen nur Fundamente blieben, könnten aufgrund ihrer Maße bereits Bergfriede gewesen sein (Pfalzgrafenburg/Laacher See?). Primär in Mitteleuropa dominiert der Bergfried ab dem späten 12. bis zum 14. Jh. zahllose Burgen; danach wurden nur noch wenige gebaut. Stand der Bergfried ursprünglich meist frei im Hof, war er im Spätmittelalter oft in Richtung der Angriffsseite gerückt (sogenannte Frontturmburg > Kerpen), um mit seiner Baumasse dahinterstehende Gebäude zu schützen, aber auch im Sinne einer architektonischen Machtinszenierung am Zugang zur Burg. Der Bergfried konnte unmittelbar hinter der Mauer stehen, in sie einbinden (Reifferscheid) oder feldseitig aus der Mauer vorspringen (Kreuzberg/Ahr). Die Grundrisse der meisten Bergfriede waren rechteckig

Mürlenbach, Bertradaburg. Hauptburg mit Doppelturmtor

bis quadratisch (Kasselburg bei > Pelm) bei Seitenlängen von ca. 6–12 m; es folgen runde Bergfriede; seltener waren fünf- oder mehreckige Bergfriede. Als seltene Sonderformen sind trapezförmige (Manderscheid: Oberburg), dreieckige, tropfenförmige etc. Grundrisse anzusehen. Bergfriedhöhen konnten sehr verschieden sein (je nach Macht und Finanzkraft des Bauherrn etwa 10–40 m), ebenso die Mauerstärken (zwischen gut 1 und 4 m). Manche Bergfriede verjüngen sich nach oben hin, um sie so optisch zu strecken (Bruch; Rittersdorf). Die Nutzfläche der Türme war i.d.R. gering. Über einem unteren, nur durch eine Öffnung im Gewölbe (sogenanntes Angstloch) zugänglichen Untergeschoss (Verlies; nicht gleichbedeutend mit Kerker!) lag ein Eingangsgeschoss, das von außen über eine Leiter/Treppe oder ein benachbartes Gebäude zu betreten war. Darüber gab es noch ein oder mehrere Geschosse. Eine Wehrplattform mit Zinnen und meist einem Dach schloss den Turm oben ab. Kamine, Aborte und Wandnischen gehörten zur Ausstattung mancher Türme; ein Raum konnte für den Wächter *(Türmer)* wohnlich eingerichtet sein. Erst in den letzten Jahren wurde gewürdigt, dass dem Bergfried primär zeichenhafte Bedeutung zukam, er war ein Symbol adeliger Macht. An vielen Burgen und Stadtbefestigungen entstanden ab dem 14. Jh. **Flankierungstürme**: Von den vor die Mauer ausspringenden Türmen aus konnten zwischen ihnen liegende Mauerstrecken flankierend verteidigt werden. In Deutschland erscheinen sie vereinzelt ab dem frühen 13. Jh., wohl nach Kriegserfahrungen der Kreuzzüge vermittelt über Frankreich, zunehmend dann im späteren 13. Jh. (> Mürlenbach). Seit dem 14./15. Jh. gehören sie zu den üblichen Bauelementen von Burg- und Stadtbefestigungen (> Densborn). Häufig waren halb- bis dreiviertelrunde **Schalentürme**, Türme, deren Rückseite offen oder nur mit einer Holz-/Fachwerkwand geschlossen war (> Mürlenbach; > Hillesheim: Stadtbefestigung). Dadurch wurde verhindert, dass Angreifer einen eroberten Turm gegen die Verteidiger nutzen konnten; zudem sparte man Baumaterial und somit Baukosten. Bis ins frühe 15. Jh. waren die meist gerundeten Flankierungstürme zur Verteidigung mit Bogen und Armbrust eingerichtet, erkennbar an der **Schießscharten**form (schmale, hohe Schlitzscharten > Mürlenbach: Torbau). Mit dem 15. Jh. änderten sich die Formen der Schießscharten wegen der Nutzung von Feuerwaffen: Ab dem 2. Drittel des 15. Jh., verstärkt ab der Zeit um 1480, gehören markante Schlüssel(loch)scharten (z.B. > Lissingen: Tor-/ Wohnturm) und Maulscharten (z.B. > Lissingen: Torhaus-Flankierung) zu den prägenden Schießschartenformen, insbesondere in flankierenden Türmen. Daneben gibt es sogenannte Spatenscharten, Steigbügelscharten (> Lissingen: Pfefferbüchse) und andere Variationen.

Lissingen, Ober- und Niederburg. Torturm, Feldseite

Ab der 2. Hälfte des 15. Jh. wandelten sich die Flankierungstürme zu Geschütztürmen für Kanonen und **Feuerwaffentürme**n zur Verteidigung mit leichteren Handfeuerwaffen.

Geschütztürme waren Bauten, welche die anschließende (Wehr-)Mauer um mindestens ein Geschoss überragten und deren Höhe größer war als ihr Durchmesser. Sie hatten im Vergleich zu Flankierungs- und Feuerwaffentürmen größere Durchmesser und Mauerstärken; Letztere resultierten aus der zunehmenden Wirksamkeit der Geschütze; größere Durchmesser hatten ihren Grund in größeren Bestückungen und der besseren Handhabbarkeit der Geschütze, die, fast durchweg Vorderlader, zum Laden aus der Schießkammer zurückgezogen werden mussten. Die Geschützstände fanden sich im Turminneren, bei zunehmender Mauerstärke auch als Geschützkammern innerhalb der Mauern.

Aus Geschütztürmen entwickelten sich **Rondelle**. An der Burg > Kerpen finden sich Übergangsformen von Geschütztürmen zu Rondellen, die kurz nach 1500 auch in der Eifel häufiger errichtet wurden. Sie sind im Vergleich zu Geschütztürmen niedrigere, gerundete oder zungenförmige (> Mürlenbach), seltener polygonale (Neuerburg) flankierende Bauten zur Verteidigung mit Geschützen. Im Unterschied zu Türmen hatten sie größere Mauerstärken und ein eher gedrungenes Äußeres. Um weniger Angriffsfläche zu bieten, ragten sie nicht oder wenig über die Mauerkrone hinaus. In manchen Gebieten entstanden auch massive Erdrondelle mit einer von einer Brustwehr geschützten Verteidigungsplattform (Burg Blankenheim?). Eine besonders starke (nicht erhaltene) Rondellbefestigung entstand auf Burg Aremberg. Recht gut erhalten blieben Teile der Befestigung der Bertradaburg in > Mürlenbach, wo einige der Flankierungstürme in zwei Schritten während des 16. Jh. – ab 1519 (?) und um 1589 – zu mächtigen Rondellen verstärkt wurden.

Flankierungs-/Geschütztürme und Rondelle waren an manchen Burgen in Zwingermauern eingebunden. Als **Zwinger** – diese waren Bestandteile vieler spätmittelalterlicher Burgen – bezeichnet man die zwischen der inneren Mauer (Ringmauer) und einer weiteren, der Ringmauer ganz oder in Teilbereichen vorgesetzten Zwingermauer gelegenen Geländestreifen. Durch die Anlage eines Zwingers wurde ein zusätzliches Annäherungshindernis geschaffen. Ab dem 14. Jh. waren Zwinger öfter mit Flankierungstürmen versehen. Sie dienten gegen Ende des Mittelalters auch dazu, mit Feuerwaffen ausgestattete Angreifer möglichst auf Distanz zu halten. Belege für den Einsatz von Feuerwaffen im Mittelrhein-Eifel-Mosel-Gebiet gibt es zuerst für die Zeit kurz vor 1400 (z.B. Burg Eltz), doch sollte es noch längere Zeit dauern, bis solche Waffen gängige Angriffswaffen wurden. Auf der Burg Landskron (AW) wurde eine Bombarde (um 1400) gefunden, eines der frühesten bekannten Geschütze in der Eifel.

Außer Burgen gab es, wie erwähnt, weitere mittelalterliche Wehrbauformen, unter denen **Orts- und Stadtbefestigungen** die markantesten waren. Sie verfügten über Wehrelemente wie Burgen (Wehrgänge, Schießscharten, Türme etc.). Städte hatten im Hoch-, mehr noch im Spätmittelalter wichtige politische, wirtschaftliche und teils militärische Funktionen, daher versuchten viele Burgherren, die Erlaubnis zu erlangen, nahe ihrer Burg eine Stadt zu gründen. So erhielt 1336 Graf Gerhard v. Blankenheim, Herr zu Gerolstein, von Kaiser Ludwig für den Flecken > Gerolstein unterhalb seiner Burg die gewünschten Stadtrechte, verbunden mit der Genehmigung, den Ort mit Mauer und Graben zu befestigen, und mit Marktrechten. Bei anderen befestigten Orten bleibt aufgrund der uneindeutigen Quellenlage unklar, wann genau sie die Stadtrechte erhielten (> Hillesheim, wohl 2. Hälfte 13. Jh.) oder ob sie diese tatsächlich besaßen, wie in > Kerpen, wo 1299 das *suburbium* der Burg Erwähnung findet. Meist standen die später als die jeweilige Burg des Stadtherrn oder seines Stellvertreters erbauten Orts-/Stadtbefestigungen in baulicher Verbindung mit der Burg (> Gerolstein; > Kerpen; Niedermanderscheid; Schönecken; > Stadtkyll). Nur wenig blieb im Kreisgebiet von solchen Befestigungen erhalten; die umfänglichsten Relikte bietet Hillesheim, wo Teilstücke der Stadtmauer mit Flankierungstürmen noch bis zur Wehrganghöhe stehen. Geringe Baureste blieben auch in Gerolstein erhalten, während die Stadtbefestigungen von Kerpen und Stadtkyll obertägig fast vollstän-

Hillesheim, Stadtbefestigung. Teilstück mit Schalentürmen

dig verschwunden sind, wobei zu bedenken ist, dass manche Ortsbefestigungen auch in unserer Region ganz oder zum Teil aus Erde (Wall, Graben, so wohl in > Kelberg) und Holz bestanden.
Nach den flächendeckenden Zerstörungen von Befestigungen durch die Franzosen in den 1670er/80er-Jahren führten im 19. Jh. Abbrüche zur Gewinnung von Baumaterial, in Städten zudem wegen der Zunahme des Straßenverkehrs, zu Bauverlusten bei Stadtbefestigungen wie in > Stadtkyll, wo die Stadtmauer schon im 17. Jh. als Steinbruch genutzt worden sein soll.

II.5 Angebliche Wehrkirchen und -kirchhöfe

Im Spätmittelalter wurden in manchen von Kriegen betroffenen Gebieten (z. B. Mittelhessen, Franken, Siebenbürgen/Rumänien) Kirchtürme mit Schießkammern und -scharten für Bogen, Armbrüste und/oder Feuerwaffen eingefügt; manche Türme erhielten ein abschließendes Wehrgeschoss mit Zinnen und Schießscharten oder -lücken. Auch Wehr-/Wurferker gehörten zu den Wehrelementen an Kirchtürmen. Solche befestigten Kirchen sind aus dem Kreis Vulkaneifel nicht bekannt. Zwar wird die alte kath. Pfarrkirche St. Peter in > Berndorf als „Wehrkirche" bezeichnet, doch weist sie keinerlei Defensiveinrichtungen auf. Es waren wohl die Lage auf dem Berg, die wenigen kleinen Fenster und die Tatsache, dass den Kirchhof eine Ringmauer umgibt, die zu dieser Fehleinschätzung führten, wie es auch bei vielen anderen mittelalterlichen Kirchen der Fall war.
Noch heute werden Licht-/Luftschlitze von Kunsthistorikern, Historikern und Heimatforschern oft als Schießscharten fehlinterpretiert, obwohl die Burgen- und Festungsforschung längst andere Erkenntnisse gewonnen hat: Um eine Maueröffnung effizient als Schießscharte nutzen zu können, musste diese zum einen entsprechend auf das zu verteidigende Vorfeld ausgerichtet sein, und zum anderen musste die innere Öffnung, die Schartennische, genügend Aktionsraum für einen Verteidiger bieten. Je nach Waffe (Bogen, Armbrust, seit dem 15. Jh. zunehmend Hakenbüchse, zudem vielleicht auch Zwille?) benötigte der Schütze ausreichenden Bewegungsraum zu deren Einsatz sowie eine gute Sicht auf das Vorfeld des zu verteidigenden Gebäudes. Berücksichtigt man dies, lassen sich viele angbliche Schießscharten als bloße Licht- und Luftschlitze erkennen. Dies gilt besonders für Kirchtürme, „die aus statischen Gründen dicke Mauern haben müssen, um die Last und die Schwingung der Glocken zu verkraften. Die fatale Kombination aus dicken Mauern und vermeintlichen Schießscharten hat uns Hunderte von ‚Wehrkirchen' beschert, die nie solche waren [...]; ein gleichsam unerfreuliches Nebenprodukt hiervon ist die Theorie ‚wehrhafter Bergfriede'" (Zeune 1996, 51).
Auch das Klischee von der Flucht gesamter Dorfbewohnerschaften in Kirchtürme im Kriegsfalle erledigt sich letztlich von selbst, wenn man versucht, sich vorzustellen, dass alle Bewohner/-innen eines Dorfes sich gemeinsam in einem Kirchturm aufhielten und dazu Lebensmittel, Wasser und die zur Verteidigung benötigten Waffen – dazu gehörten im Mittelalter auch Wurfsteine in größeren Mengen – mitnahmen!
Nicht auszuschließen ist hingegen, dass der Berndorfer Kirchhof ein Wehrkirchhof gewesen sein könnte: Dörfliche Kirchhöfe waren im Mittelalter nicht nur Stätten für Begräbnisse, sondern vielfach auch Rechtsorte und damit öffentliche Plätze, die in einem Kontext mit dem Kirchengebäude standen. Wie die Kirche selbst wurde seit dem 12. Jh. auch ein neuer Friedhof durch einen Geistlichen geweiht und auf diese Weise zu einem „heiligen Ort". Meist war der Kirchhof durch eine Ringmauer als Rechtsbezirk umgrenzt. Damit war die Kirchhofmauer aber noch keine Wehrmauer, zumal eine Befestigung von Kirchhöfen auf kirchlichen Synoden wiederholt untersagt wurde, so in St. Omer 1099, Magdeburg 1261, Würzburg 1287 und Mainz 1310. Im 14. und am Anfang des 15. Jh. kam es jedoch in manchen Gebieten (z. B. Mittelhessen) zur Befestigung nicht nur von Kirchen, sondern auch von Kirchhöfen. Impulse zur Befestigung sakraler Bereiche waren, neben regionalen Konflikten, die Hussitenkriege (1420er/30er-Jahre) und die „Türkenangst" nach dem Fall der byzantinischen Hauptstadt Konstantinopel 1453. Kirchhofmauern wurden im 15. Jh. mancherorts mit Schießscharten, Wehrgängen und bisweilen mehr oder weniger wehrhaften Torhäusern versehen;

seltener fanden sich Flankierungstürme. All diese Elemente sind aber weder am Berndorfer Kirchhof noch an einem anderen im Kreis Vulkaneifel eindeutig nachweisbar. Möglicherweise geht der von Pfarrer Johann Ost aus Demerath 1854 auf dem Berndorfer Kirchberg gesehene „Doppelrundgraben" mit dem „dazwischenliegenden Walle" auf eine ältere, bereits vor dem Kirchenbau bestehende Befestigung zurück, oder es handelte sich um eine frühneuzeitliche Befestigung aus der Zeit der häufigen französischen Überfälle auf deutsches Gebiet, denn noch Militärhandbücher des 20. Jh. verweisen darauf, dass im Kontext von „Dorfgefechten" Kirchhöfe zum „Reduit" werden könnten.

Es bleibt festzuhalten, dass sich beim derzeitigen Forschungsstand weder Wehrkirchen noch Wehrkirchhöfe im Kreis Vulkaneifel sicher nachweisen lassen.

II.6 Frühneuzeitliche Schlösser und Festungen (16.–19. Jh.)

Zwar ist es richtig, dass etwa um die Mitte des 15. Jh. der in der Fachliteratur oft konstatierte Prozess der Trennung von repräsentativem Wohnen und Verteidigungsaufgaben der mittelalterlichen Burg einsetzte, doch war dies tatsächlich keine lineare Entwicklung, sondern nur einer von mehreren Entwicklungssträngen. So setzte sich erst in den letzten Jahren allmählich die Erkenntnis durch, dass die Unterscheidung in „Burg" und „Schloss" weder historischen Tatsachen noch dem Selbstverständnis der Bauherren im 15./16. Jh. – und oftmals noch danach – entsprach. Und auch die als „Nachfolger der mittelalterlichen Burg" so oft festgeschriebenen zwei Bauaufgaben „Schloss" und „Festung" lassen sich nicht immer eindeutig voneinander – und von Burgen – unterscheiden. So spricht man z.B. von „Festen Schlössern" und meint damit mehr oder weniger wehrhafte Adelswohnsitze, die sowohl repräsentative als auch real fortifikatorische Funktionen hatten, und nicht selten aus Burgen hervorgegangen waren (z.B. > Gerolstein: Burg/Schloss Gerhardstein).

Die repräsentative Umgestaltung und Erhöhung des Wohnkomforts machte in der Frühen Neuzeit aus manchen Burgen das, was heutige (!) Zeitgenossen

Dreis, Dreiser Burg

unter einem Schloss verstehen (z.B. Blankenheim; Malberg; geplant um 1780, aber nicht ausgeführt in > Kerpen). Während so zwar einige Renaissance- und Barockschlösser in der Vulkaneifel entstanden (z.B. Jünkerath, ausgebaut im 17./18. Jh.), fehlen doch große Neugründungen solcher Schlösser im Kreisgebiet. Ein interessantes kleineres barockes Landschloss mit einem schlichten Herrenhaus entstand gegen Ende des 17. Jh. als Ersatz für eine Burg in > Oberehe: die Burg Oberehe tradiert mit ihrem zweitürmigen Torbau und dem an einer Ecke der Gartenmauer stehenden, einen Flankierungsturm assoziierenden Gartenpavillon Elemente spätmittelalterlicher Burgen in barocker Umdeutung als Bedeutungsträger. Bei anderen Burgen beschränkte sich die barocke Umgestaltung auf einzelne Elemente

(z.B. > Borler: Haus Heyer, u.a. markante Haube des Hauptturmes als Dominante des gesamten Baues; > Daun: Burg, Neubau des Amtshauses unter Einbeziehung spätmittelalterlicher Bausubstanz). Aber auch in den Baukomplexen der Burgmannenhäuser in > Daun finden sich interessante barock veränderte Herrenhäuser (Haus Rodemachern; Waldenhof).
Durch Ausbauten im 16. Jh. wurden mehrere Burgen in der Hoch- und der Vulkaneifel zu **Festungen** (z.B. Aremberg; > Mürlenbach; Neuerburg). Als Festungen bezeichnet man heute Anlagen zur Verteidigung mit und gegen Feuerwaffen: Der zunehmende Einsatz solcher Waffen, die im Mittelrheingebiet nach bisheriger Kenntnis zuerst im 2. Viertel des 14. Jh. genutzt wurden, erforderten seit etwa 1450 erkennbare Gegenmaßnahmen. Dies geschah anfangs auf dem Wege der Improvisation, indem man einzelne Bauten oder Elemente von Befestigungen verstärkte und durch dickere Mauern „beschusssicher" machte sowie Möglichkeiten schuf, eigene Feuerwaffen aufzustellen. Diese Phase des Experimentierens, etwa mit verschiedenen Turm- oder Schießschartenformen, währte ungefähr von 1450 bis 1540. Danach begann die Phase der systematischen Befestigungen, an der sich jedoch fast nur noch wohlhabende Bauherren beteiligen konnten. Die Entwicklung führte, mit Ausnahmen, weg von den hohen Türmen des Mittelalters hin zu Feuerwaffentürmen und starken Geschütztürmen, dann zu niedrigeren, gedrungenen Rondellen mit zunehmenden Mauerstärken (> Mürlenbach: gerundet bis zungenförmig; Neuerburg: polygonal) und schließlich zu den mathematisch geplanten Bastionärbefestigungen der Frühen Neuzeit (z.B. Aremberg; Montroyal/Mosel), die es aber im Kreisgebiet und in der gesamten Vulkaneifel offenbar nicht gab.
Bemerkenswert ist der geplante Ausbau des Städtchens > Hillesheim zu einem Fort während der Zeit der Besetzung durch französische Truppen infolge der Französischen Revolution: Hillesheim war Hauptort eines Bezirks in der Generaldirektion Trier und seit dem 27.1.1798 eine *Mairie* (Bürgermeisterei) im Kanton Gerolstein des *Arrondissements* Prüm innerhalb des Saardepartements. Der Ort beherbergte ein großes Magazin und seit 1802 das Kantonalgericht. Zwar wurde die im 17. Jh. von Franzosen stark zerstörte und inzwischen militärisch unbedeutende Stadtbefestigung 1812 weitgehend abgebrochen, als Steine für den Straßenbau benötigt wurden, doch gab es 1813 den Plan, Hillesheim wegen seiner strategisch günstigen Lage zu einem Fort auszubauen; da die Region 1815 an Preußen gelangte, unterblieb der geplante Ausbau, über den keine Einzelheiten bekannt sind.

II.7 Verfall und Zerstörungen von Burgen und Schlössern in der Frühen Neuzeit

Die Frühe Neuzeit brachte die bauliche Vernachlässigung und den Verfall vieler Burgen. Oft waren sie schon im 16. Jh. baufällig. Vielfach waren Burgen, die nicht mehr im Besitz von Adelsfamilien waren, sondern Territorialherren (z.B. den Trierer Erzbischöfen) gehörten, im Spätmittelalter Amtssitze oder Kellnereien geworden (> Mürlenbach; Schönecken). Aus Geldmangel wurden solche Burgen teils verpfändet, oft an die jeweiligen Amtmänner, wobei die Pfandinhaber häufig eher ihren eigenen Vorteil denn die Erhaltung der ihnen überlassenen Burg verfolgten (z.B. Nürburg). Zu den Folgen der Vernachlässigung gehörten vielerorts Bauschäden. Für viele Burgen lässt sich so kein konkretes Zerstörungsdatum benennen; sie wurden aufgegeben und anschließend von der umwohnenden Bevölkerung – teils mit herrschaftlicher Erlaubnis, teils illegal – zur Gewinnung von Baumaterial abgetragen: Viele aufgelassene Burgen wurden spätestens in der Frühen Neuzeit Steinbrüche! Bewohner umliegender Ortschaften gewannen hier Material für den Bau von Häusern und anderen Bauten, sie entnahmen den Burgen Holz und Steine. So war die Bertradaburg in > Mürlenbach 1683 bereits stark verfallen, und das Herrenhaus von Haus Heyer bei > Borler war 1776 schon seit längerem unbewohnt und „so verfallen, daß die Hofleute und Nachbarn ihre Bausteine davon nahmen" (Reuter 1979, 50).
Zahlreiche Zerstörungen von Burgen – wie allgemein von Adelssitzen und Wehrbauten – in unserer Region verursachten aber schließlich die Kriege in der Frühen Neuzeit (u.a. 30-jähriger Krieg 1618–48). Eine Zerstörungswelle bis dahin unbekannten Ausmaßes brachte der Eifel sowie weiten Teilen des

linksrheinischen Gebietes dann im letzten Drittel des 17. Jh. die mehrfach vom französischen König Ludwig XIV. ins Rheinland gesandte Soldateska: flächendeckende Zerstörungen von Burgen, Schlössern, Städten und Dörfern sowie viel menschliches Leid waren die Folge. Unter dem seit 1624 als leitender Minister Frankreichs amtierenden Kardinal Richelieu war der Erwerb des Rheinlandes ein Ziel französischer Politik. Infolge des Westfälischen Friedens zum Ende des 30-jährigen Krieges war es 1648 zu ersten Gebietserwerbungen im Elsass gekommen. Ludwig XIV. besetzte dann im Rahmen der „Reunionspolitik" linksrheinisches Gebiet, darunter die Eifel: Nach Zerstörungen in den 1670er-Jahren kam es während der „Reunionskriege" 1688/89 durch die französische „Entfestigungspolitik" zur Schaffung eines weiten Wüstungsgürtels um die damals französischen Festungen Luxemburg und Montroyal/ Mosel. Die meisten Burgen und viele Orte in der Eifel und anderen besetzten Gebieten wurden systematisch von französischen Truppen zerstört. Diese planmäßige Vernichtung so vieler militärisch eigentlich unbedeutender Burgen in der Eifel und anderswo zeigt, dass Burgen noch gegen Ende des 17. Jh. als Machtsymbole wahrgenommen wurden; denn bei Burgen ist zu unterscheiden zwischen der Zerstörung realer militärischer Potentiale/Wehrbauten und der von Machtsymbolen: Im Falle der Zerstörungen von Burgen durch Frankreich wurde deutlich, dass sowohl das militärische Potential als auch die Identität der deutschen Gegner getroffen werden sollten, indem man sogar unbrauchbare mittelalterliche Befestigungen gezielt vernichtete.

Ein Beispiel für das planmäßige Zerstören der französischen Truppen aus dem Kreisgebiet bietet das Vorgehen in Hillesheim: Am 29. August 1689 rückten die Franzosen unter der Führung des Herzogs Louis François de Boufflers (1644–1711) vor die Stadt; Tore und Türme der Stadtbefestigung wurden gesprengt, die Stadt wurde niedergebrannt. Auch „andere in diesem Land gelegene Kellereien und kurfürstliche Schlösser, als da ist Kerpen, Schönecken, Schönburg, Daun, Kochem, Ulmen, Mayen, Wittlich, Monreal bei Mayen, Manderscheid und viele andere mehr" wurden zerstört, „worauf die Franzosen hinwegzogen" (nach einer Chronik des Augustiner-Klosters in Hillesheim; Textor 1937, 237).

Mit dem 1697 geschlossenen Frieden von Rijswijk büßten die Trierer Erzbischöfe als zuvor bedeutendste Landesherren im Eifel-Mosel-Gebiet Teile ihrer Eigenständigkeit ein. Weitere französische Übergriffe auf das Eifel-Mosel-Gebiet brachten bald schon der Spanische (1701–14) und der Polnische Erbfolgekrieg (1733–35). Frankreich konnte 1735/66 das Herzogtum Lothringen erwerben. Mit Ausnahme einiger kleiner Gebiete war das Mittelrheingebiet Ende des 18. Jh. aber noch Bestandteil des *Heiligen Römischen Reiches Deutscher Nation*; es war durch die Zugehörigkeit zu verschiedenen Kurfürsten-, Herzog- und Fürstentümern, Grafschaften, reichsritterschaftlichen Herrschaften, Reichsstädten sowie Abteien und Stiften jedoch kein einheitliches Gebilde.

Und wieder waren es Franzosen, diesmal nicht königliche Soldaten, sondern französische Revolutionstruppen, die um die Wende vom 18. zum 19. Jh. für die Zerstörung von Burgen und Schlössern in der Eifel verantwortlich waren: 1792 wurde das linksrheinische Gebiet infolge der Französischen Revolution erneut von Frankreich besetzt, und 1798 kam das Gebiet durch die französische Verwaltungsorganisation zum Rhein-Mosel-Departement. Mit dem Frieden von Lunéville (9.2.1801) erfolgte die erzwungene Abtretung des linksrheinischen Gebietes an Frankreich. Die französische Besatzungsverwaltung beschlagnahmte kirchlichen und teils auch adeligen Besitz, und der Reichsdeputationshauptschluss (25.2.1803) beseitigte schließlich die geistlichen Fürstentümer und brachte vielen deutschen Adeligen als Entschädigung für ihren verlorenen Besitz links des Rheines neuen Grundbesitz im rechtsrheinischen Gebiet. Viele Burgen, Schlösser und Klöster wurden von Frankreich beschlagnahmt, zum „Nationaleigentum" erklärt, auf Abbruch versteigert und anschließend abgerissen, um das Baumaterial wiederzuverwenden. Geschäftsleute und Unternehmer machten mit dem so gewonnenen Baumaterial guten Gewinn (z.B. Aremberg; Mayen). Zu den Burgen und Schlössern, die dieses Schicksal erlitten, gehörten u.a. Haus Heyer bei > Borler (versteigert um 1803, in den 1830er-Jahren abgebrochen), die Bertradaburg in > Mürlenbach (1804 zum Nationaleigentum erklärt und am 5.4. verkauft), die Burg Schönecken (1804 auf Abbruch verkauft) und die Burg Dreimühlen bei > Ahütte (1807 versteigert).

Unternehmer, die während der französischen Besatzungszeit oder später im 19. Jh. Burgen aufkauften, ließen diese oft in Teilen abbrechen, um sie für eine neue Nutzung herzurichten. Fabriken, Manufakturen, Werkstätten oder Brauereien wurden in solchen Burgen eingerichtet. Von der mehrfach erwähnten, damals offenbar schon dem Brauereibesitzer Kersten gehörigen Bertradaburg in > Mürlenbach ist bekannt, dass in den 1870er-Jahren eine Straße zur Burg angelegt und dazu der im 16. Jh. zum Rondell umgebaute Schalenturm an der Westseite gesprengt wurde, um das Tal an seinem Fuß mit dem Abbruchmaterial aufzufüllen. D.h. während des 19. Jh., und teils schon zuvor, beseitigte man Befestigungen von Burgen oft aus Gründen der besseren Zugänglichkeit; Gräben wurden verfüllt (> Densborn; > Gerolstein: Burg Gerhardstein), Türme und Ringmauern abgebrochen.

Die Befreiungskriege 1813–15 brachten das Ende der französischen Besatzung. Am 5.4.1815 verkündete König Friedrich Wilhelm III. von Preußen die Inbesitznahme des Rheinlandes, welches 1830 zur preußischen *Rheinprovinz* wurde. Außenpolitische Konflikte um das Rheinland gab es im 19. Jh. wiederholt (z.B. um 1830, nach 1840). Preußen versuchte, französischen Ansprüchen und Autonomiebestrebungen der Rheinländer die Idee von der Zugehörigkeit des Rheinlandes zum erstrebten Deutschen Reich entgegenzuhalten. Der durch Preußen vollendete Bau des Kölner Domes und von Angehörigen des preußischen Königshauses initiierte Neuaufbauten rheinischer Burgen waren augenfällige Symbole dieser Politik. Da 1688/89 die meisten Burgen am Mittelrhein und in der Eifel von Franzosen zerstört worden waren, gab man sich im 19. Jh. unter Verweis auf deren Raub- und Zerstörungszüge mit dem Erwerb und Ausbau einer Burgruine demonstrativ national. Und immer mehr Menschen interessierten sich nun für die lange Zeit vernachlässigten mittelalterlichen Burgen (s. hierzu weiter Kapitel II.10).

Abschließend bleibt darauf zu verweisen, dass einige bereits im Mittelalter aufgegebene und zerstörte Burgen in land- und forstwirtschaftliche Nutzflächen einbezogen und dadurch noch weiter beschädigt wurden. Diese Überformung der Kulturlandschaft hat manche baulichen Reste von Burgen und Befestigungen „verschwinden“ lassen.

II.8 Burg- und schlossartige Bauten des Spätmittelalters und der Frühen Neuzeit

Viele herrschaftliche Bauwerke hatten einen betont burg- oder schlossartigen Charakter, ohne dass sie eigentlich Burgen oder Schlösser waren, obwohl sie formal und funktional Elemente dieser Bauaufgaben übernahmen. Daher setzte sich für manche dieser Gebäude im Volksmund die Bezeichnung „Burg“ oder „Schloss“ durch.

Zuerst sind hier die sogenannten **Burghäuser** zu nennen; der Begriff suggeriert einen im Vergleich mit „echten“ Burgen reduzierten Bauaufwand oder bloße motivische Ankläge an Burgen. Untersucht man jedoch solche Bauten näher (durch Analyse der Schriftquellen, mit den Methoden der modernen Bauforschung etc.), so erweist sich oftmals – etwa an Beispielen aus dem Moselgebiet –, dass viele Burghäuser tatsächlich wehrhafte Burgen waren, die von den Zeitgenossen als solche wahrgenommen wurden. Eine flächendeckende Untersuchung zu den Burghäusern der Eifel steht aus, so dass hinsichtlich ihres jeweiligen realen oder symbolischen Wehrcharakters noch keine Aussagen möglich sind. Erst im Spätmittelalter und in der Frühen Neuzeit wurden dann Burghäuser erbaut, an denen Wehrelemente fast nur noch als Symbole Verwendung fanden, wie an der Dreiser Burg (> Dreis), deren um 1579 entstandenes Turmhaus mit seinen wohl nur noch als Symbole zu wertenden Eckwarten in der Nachfolge spätgotischer Wohntürme steht.

Über das ursprüngliche Aussehen der in den meisten Fällen nicht oder nur stark verändert erhaltenen Burghäuser bzw. Burgmannenhäuser in der Vulkaneifel, die bisweilen einzeln in Dörfern, meist jedoch in der Nähe einer größeren Burg standen (z.B. > Daun; > Neroth: Burg Freudenkoppe), sich aber auch in einer befestigten Siedlung (z.B. > Hillesheim; > Stadtkyll?) oder in einer aus Burg und einem befestigten Ort bestehenden Siedlungseinheit (z.B. > Kerpen) befinden konnten, ist fast nichts bekannt.

Ähnlich wie die Burghäuser hatten **befestigte Höfe** oft eher Burg- als bloßen Hofcharakter und – von Fall zu Fall – wohl auch einen ähnlichen rechtlichen Status, doch ist auch über diese Form spätmittelalterlicher Adelssitze bzw. Wehrbauten, wie sie z.B.

in > Wiesbaum und > Mirbach bestanden, abgesehen von einigen Photographien aus dem späten 19. Jh. und den Beschreibungen des Freiherrn Ernst v. Mirbach aus dem frühen 20. Jh. kaum etwas bekannt.

Markante herrschaftliche Bauten konnten auch **Amtshäuser** sein; hier sind formale und inhaltliche Parallelen zu Burgen und Schlössern ohnehin gegeben. Und häufig wurden Kellereien bzw. **Kellnereien**, d.h. Wirtschaftsbauten und Sitze herrschaftlicher Verwalter, sogenannter *Keller* oder *Kellner*, wegen ihrer Funktion oder aufgrund ihres repräsentativen Aussehens als Schlösser wahrgenommen, wie das 1718 vom kurtrierischen Amtskellner Rösgen erbaute schlichte, dabei jedoch stattliche und repräsentative Hauptgebäude der Kellnerei in Schönecken (BIT), das als Ersatzbau für die von Truppen König Ludwigs XIV. von Frankreich zerstörte Burg Schönecken entstand.

II.9 (Früh-)Neuzeitliche Schanzen und Befestigungen auf Zeit

Eine Schanze ist eine ganz oder hauptsächlich aus aufgeworfener Erde bestehende, aus Wall (meist mit Brustwehr) und i.d.R. vorgelegtem Graben zusammengesetzte Verteidigungsanlage der Frühen Neuzeit (16.–18. Jh.). Der Grabenaushub wurde im Idealfall zum Aufschütten des Walles genutzt. Schanzen gab es als selbstständige Anlagen zur Verteidigung eines begrenzten Geländeabschnittes, im Kontext einer Feldbefestigung oder als Teil einer Festung.

Nach ihrem Grundriss unterscheidet man nach hinten offene oder geschlossene Schanzen. Die Grundrissformen von Schanzen variierten; so gab es u.a. Viereck-, Pentagonal- oder Sternschanzen. Nur selten wurde aus einer Schanze eine permanente Befestigung, wie bei Klotten/Mosel. Auch mittelalerliche Belagerungsstellungen zur Unterstützung eines Angriffes auf eine Burg, Stadt etc. wurden in der Literatur teils als „Belagerungsschanzen" bezeichnet, wie etwa die gegen die Burg Reifferscheid (EU) angelegten Stellungen.

Der Flurname „Schanz(e)" ist in manchen Regionen verbreitet, auch als Namensbestandteil (> Hillesheim: Schwedenschanze), doch bleibt oft ohne archäologische Untersuchungen unklar, ob es sich tatsächlich um frühneuzeitliche Befestigungen handelt. So wurden viele Viereckschanzen des 17./18. Jh. in manchen Regionen irrtümlich für frühgeschichtlich gehalten, besonders häufig wurden sie als „keltische Viereckschanzen" im Sinne von „Kultanlagen" missverstanden. Doch gerade in dem in der Frühen Neuzeit oft umkämpften Eifel-Mosel-Gebiet sollte man die potentielle Existenz von Erdwerken des 17./18. Jh. berücksichtigen. Auf die Schweden selbst gehen aber die „Schwedenschanzen" in der Vulkaneifel nicht zurück.

Zahlreich entstanden Feldverschanzungen während der französischen Überfälle auf deutsches Gebiet im letzten Drittel des 17. Jh., zur Zeit König Ludwigs XIV. von Frankreich, v.a. in der Umgebung der Festung Mont Royal und nahe der Mosel. Oft sind sie nur aus Schriftquellen bekannt und heute nicht mehr genau zu lokalisieren. Weitere Schanzen entstanden im 1. Koalitionskrieg (1792–97) infolge erneuter französischer Angriffe, so bei Blankenheimerdorf (EU). Im Kreis Vulkaneifel wurde das mögliche Bestehen frühneuzeitlicher Schanzen noch nicht im Kontext untersucht, doch wurden bei Hillesheim offenbar während des 30-jährigen Krieges (1618–48) befestigte Lager und Schanzen angelegt.

Für die Zukunft wird anhand der neuzeitlichen Truppendurchmärsche durch die Vulkaneifel entlang der bekannten Routen gezielt nach solchen Erdbefestigungen zu suchen sein, da sie als mögliche unbekannte Wehranlagen besonders gefährdet sind, beseitigt zu werden, etwa durch forstwirtschaftliche Aktivitäten oder Straßenbau. Ungeklärte Wall-Graben-Reste finden sich z.B. im Bereich Hoher List rechts der Straße von der Altburg zum Abzweig Tettscheid.

II.10 Burgenromantik und -rezeption (19./20. Jh.)

Nach den französischen Zerstörungen des 17. bis frühen 19. Jh. blieben die meisten Burgen Ruinen; viele nutzte die umwohnende Bevölkerung zur Gewinnung von Baumaterial als Steinbrüche! Erst gegen Ende des 18. und im 19. Jh. fanden diese mittelalterlichen Baudenkmäler infolge der Romantik wieder

Interesse. Romantiker, Künstler und Literaten suchten die Burgen auf. Im Kontext der Rhein-Romantik entdeckten Künstler und Gelehrte die Mosel und bald auch die Eifel mit ihren Burgen.

Jean Nicolas Ponsart (1788–1870) aus Malmedy widmete seine 1831 in Paris erschienene Folge von Steindrucken mit Darstellungen von Eifelburgen, „Souvernirs de l'Eyfel et des Bords de l'Ahr", dem preußischen Kronprinzen und späteren König Friedrich Wilhelm (IV.). Weitere Lithographie-Serien, „Vallee de l'Ahr" und „Prusse rhénane", folgten in Brüssel 1838 und 1845. Ponsart schuf u.a. Lithographien von Gerolstein und der Kasselburg (beide 1834). Der Landschaftsmaler und -zeichner Theodor Verhas (1811–72), der Deutschland, Frankreich, die Niederlande und England bereiste, schuf Stahlstiche von Gerolstein und Daun (1838/40), jeweils unter besonderer Betonung der dortigen Burgen.

Besonders intensiv beschäftigte sich der Historien- und Landschaftsmaler/-zeichner Carl Friedrich Lessing (1808–80) mit der Vulkaneifel: Insgesamt sechsmal reiste der Künstler in die Eifel (1827, 1829, 1831, 1832, 1871, 1872), um dort Landschafts-, Fels- oder Architekturstudien anzufertigen. Nach früheren Aufenthalten an der Ahr kam Lessing im Rahmen seiner Reise 1832 auch in die Vulkaneifel (s. Baur/Bierende 2000), wo er viele Zeichnungen rund um Gerolstein fertigte. Anschließend suchte er Daun, einige der Maare und das Gebiet um Manderscheid auf. Leider galt Lessings Interesse hier weniger als anderswo den Burgen (z.B. Altenahr: Burg Are) als vielmehr der Landschaft.

Daun, Dronketurm. Burgrezipierender Aussichtsturm

Eine ausführliche Studienreise trat 1868 der junge englische Landschaftsmaler Edward Theodore Compton (1849–1921) an; seine Wanderung führte ihn vom Rhein über den Hunsrück und das Moseltal in die Eifel. Er hinterließ ein Skizzenalbum von dieser Reise, das heute fast vollständig in der Graphischen Sammlung des Wallraf-Richartz-Museums in Köln aufbewahrt wird. Compton schuf in der Vulkaneifel Skizzen mehrerer Burgen, darunter die Kasselburg, die Manderscheider Burgen, aber auch der markanten Felsformationen rund um Gerolstein.

Die Rheinlandschaft – und damit Teile der Eifel – mit ihren Burgen wurde zur Zeit der preußischen Inbesitznahme der Rheinlande (s.u.) ein Hauptthema der Landschaftsmalerei. Nach dem siegreichen Ende der Befreiungskriege gegen Frankreich war das Mittelrheingebiet 1815 an Preußen gelangt. Innerhalb von ca. 25 Jahren erwarben der spätere König (ab 1840) Friedrich Wilhelm IV. und andere Mitglieder des preußischen Königshauses viele rheinische Burgen. Im Zuge der rheinischen Kulturpolitik Preußens wurden gezielt Burgen-„Wiederherstellungen" betrieben. Initialbauten waren die Neuaufbauten der Burgen Rheinstein (1825–29), Stolzenfels (1836–42) und Sooneck (ab 1842). Während an Rhein und Mosel viele Bürgerliche dem adeligen Vorbild folgten und von Frankreich zerstörte Burgen neu aufbauen ließen, sind solche Beispiele in der wirtschaftlich damals eher „unterentwickelten" Eifel vergleichsweise selten; in der Vulkaneifel fehlen sie weitgehend. Lediglich die Burg Kerpen als Wohnsitz des „Eifelmalers" Fritz v. Wille (1860–1941) gehört am Rande in diesen großen Kontext.

Den Burg-„Wiederaufbauten" folgten im Rheinland und anderswo ab Mitte des 19. Jh. vielerorts „Burg"-

Neubauten, d.h. es entstanden Neubauten in Burgformen oder unter Verwendung von Elementen und Motiven aus dem mittelalterlichen Burgenbau – und seit dem Ende des 19. Jh. auch zunehmend aus dem frühneuzeitlichen Schlossbau. Da solche Beispiele aber in der Vulkaneifel ebenfalls recht selten sind, mag hier ein kurzer **Exkurs zu den burg- und schlossrezipierenden Bauten des 19. und frühen 20. Jh.** genügen: Die Verwendung von Burg-/Schlossformen bzw. -elementen hatte primär den Grund, ein Bauwerk aufzuwerten, ihm Symbolwert zu verleihen. Der Eindruck von „Wehrhaftigkeit“ und damit von herrschaftlichem Status wurde erzielt durch eine „Einkleidung“ des Bauwerks in Formen „aus der Zeit des Burgenbaues“, d.h. durch Rückgriffe auf Stilelemente der Romanik und Gotik. Burg-Villen machten den größten Teil solcher „bürgerlicher Burgen“ aus. Mit Türmen, Zinnen und Erkern veranschaulichen sie das Klischeebild des 19. Jh. von „der“ mittelalterlichen Burg. Gleiches gilt für Hotels und Gasthäuser, in denen sich der Gast als „König“ fühlen sollte, aber ebenso für viele Industrie- und Gewerbebauten, Bahnhöfe (z.B. Gerolstein, Bahnhof an der 1870/71 eröffneten Eisenbahnstrecke von der Mosel durch die Eifel; mit Turm und Zinnen) und andere Eisenbahnbauten, wie Tunnelportale (z.B. Kyllburg; mit Türmchen und Zinnen) sowie viele weitere Bauaufgaben.

Gegen Ende des 19. Jh. wurden zunehmend auch Renaissance- und Barockschlösser gesuchte Vorbilder für die Architektur der eigenen Zeit, um damit politische Ansprüche historisch zu legitimieren, wie im Falle des Kreishauses (Landratsamt) in Wittlich, das 1911–13 nach Plänen des Architekten Paul Schultze-Naumburg als schlossartige Dreiflügelanlage nach Vorbildern aus dem barocken Schlossbau entstand. Man könnte es als „Ersatzbau“ für das 1794 während der französischen Besatzungszeit zerstörte Wittlicher Schloss Philippsfreude interpretieren. Im Kreis Vulkaneifel fehlen auch solche Großbauten.

In der Übernahme adeliger Architektur zeigte das Großbürgertum seinen Reichtum und Anspruch auf politischen Einfluss. Noch nach dem Ende der Monarchie 1918 blieb die Burg als Motiv ein wichtiger Bedeutungsträger: Weiter wurden Burgen ausgebaut. Viele Burgen dienten ab den 20er-Jahren als Jugendherbergen, sie wurden zu sogenannte „Jugendburgen“

Jünkerath, Bahnhof. Burgrezipierendes Empfangsgebäude

Gerolstein, Bahnhof. Burgrezipierendes Empfangsgebäude

(z.B. Blankenheim). Und noch weit bis ins 20. Jh. hinein waren Burgen prägend für großbürgerliche Wohnsitze, immer noch diente (und dient?) die Verwendung des Turmes als Motiv der Aufwertung eines Gebäudes und seines Bauherrn.

Die im 19. Jh. geforderte Besinnung auf die regionale und die „große nationale Geschichte“ führte nicht allein zur Vereinnahmung von Burgen als „Handlungsorten“ der als vorbildlich dargestellten historischen Persönlichkeiten. Die Landschaft, in der jene Zeugen der Vergangenheit zu finden sind, erfuhr eine Aufwertung. Dem Blick in die „historische Landschaft", und damit den **Aussichtstürmen,** kam eine große Bedeutung zu. Zahlreiche Bergfriede mittelalterlicher Burgen wurden im 19. Jh. als Aussichtstürme erschlossen, wozu nicht selten ebenerdige Eingänge in zuvor nur durch Hocheingänge zugängliche Bauten gebrochen wurden. Durch ihre namentliche Widmung an eine historische Persönlichkeit oder den Kaiser wurden Aussichtstürme im 19./frühen 20. Jh. oft zu Denkmälern, wie der Kaiser-Wilhelm-Turm (1908/09) auf der Hohen Acht, dem höchsten Eifel-Berg. Im Kreis Vulkaneifel bietet der Dronke-Turm auf dem Mäuseberg bei Daun ein gutes Beispiel eines solchen als Denkmal erbauten Aussichtsturmes: Der von Kreisbaumeister Krahe (Gerolstein) entworfene Rundturm mit seinem sechseckigen Untergeschoss und dem „trutzigen", im Verständnis der Entstehungszeit Burgmauern assoziierenden Polygonalmauerwerk aus Eifelbasalt wurde dem ersten Vorsitzenden des 1888 gegründeten Eifelvereins, dem Trierer „Gymnasialprofessor" Dr. Adolf Dronke (1837–98) gewidmet. Über dem Turmportal erinnert eine Gedenktafel an ihn: „Seinem Begründer, dem Eifelvater Adolf Dronke. Der dankbare Eifelverein, Anno 1902."

Zu den burgrezipierenden Bauten gehört letztlich auch das 1936 eingeweihte **Ehrenmal** am Brunnenplatz in Gerolstein, das an die Gefallenen des Ersten Weltkrieges erinnert: Mit seiner (später beseitigten) rustizierten Umfassungsmauer und der ebenso gestalteten turmartigen Stele assoziiert es im Sinne der Entstehungszeit Burgarchitektur sowie die Totenburg-Idee der NS-Zeit.

II.11 *Exkurs*: Das „Burgbrennen" in der Eifel („Burgsonntag")

Nicht nur in diversen Sagen, auch im Brauchtum der Eifel finden sich im Kontext der Burgenrezeption interessante Elemente. Der Heimatforscher Willi Steffens (6, 13) berichtete noch in den 1970er-Jahren über den Brauch des „Burgbrennens": „Heute findet man noch an manchen Stellen der Eifel, auch in unserem Kreise, das Burg- oder Hüttenbrennen, und zwar am 1. Fastensonntag. Man nennt diesen Sonntag auch den Scheef- oder **Burgsonntag**. Von den Bergen leuchten dann wieder die Feuer. Sie sollen das Nahen des Frühlings verkünden. Eine Hütte oder Burg wird von den Jungens errichtet, die dann nachher abgebrannt werden soll. Schon am Nachmittag wird das notwendige Brennmaterial gesammelt, hauptsächlich Stroh. ‚Strüh, Strüh, zor neuer Burg, die al, die eß verbrannt, die neu, die küt ent Land. Wer am mesten Strü ,ett, der am meste Kor kritt.' Singend zieht so die Jugend durchs Dorf. Fast in allen Gegenden werden andere Sprüche gesungen bei diesen Heischgängen. Wenn dann am Abend die Burg oder Hütte entzündet wird, dann leuchtet weithin der helle Schein. Ein feuriges Rad wird vom Berg zu Tale gerollt. Der Radersberg bei Brück hat daher seinen Namen erhalten. Auch in Walsdorf wird vom Goßberg, in Waldkönigen vom Ohrenbüsch, in Gees usw. das feurige Rad gerollt. Wenn dann oben die Burg brennt, dann singt man: ‚Die Burg brennt, Leute achtet auf die Windrichtung, denn danach gestaltet sich die Ernte des Jahres. So viel Stern am Himmel stehn, soviel Kornkasten gibt es.' Ehe dann die Jugend vom Berge herunter steigt, singt sie: ‚Strüh, Strüh, Schanzen, heut Abend geh mer danzen usw.' Der alte Brauch des Hüttenbrennens wird nicht nur in der Eifel, sondern auch in den Ardennen durchgeführt. Burgsonntag heißt der Tag nach dem lateinischen Wort *comburre* = brennen. Bald wird nun die Wärme des Frühlings die Kälte des Winters vertreiben. Vielfach glaubt man, daß das Burgbrennen mit der Ausbreitung des Christentums zu tun hat, worauf ja auch der aufgerichtete Stamm in Form des Kreuzes hindeutet. Das Feuerrad, das vom Berg herabgerollt wird, soll gewissermaßen die wärmende Sonne darstellen. Auf der Fahrt ins Tal soll es den Winter vertreiben."

II.12 Der Westwall

Nur kurz erwähnt werden kann hier im Kontext der Festungen, dass auch Befestigungen des tiefgestaffelten Westwalles in der Vulkaneifel erhalten blieben, so bei > Hillesheim. Reichskanzler Adolf Hitler nannte den Westwall, die aus Bunkern, Höckerlinien – Panzersperren aus Betonhöckern – und Panzergräben bestehende Befestigungsanlage an der Westgrenze des Deutschen Reiches, „gigantischstes Befestigungswerk aller Zeiten". Zehntausende Arbeiter errichteten die Anlagen. Der Bau begann 1936/37, nach dem Einmarsch deutscher Truppen in die entmilitarisierte Westzone, wurde ab 1938 forciert und war 1939 großenteils fertig. Ein großer Teil der Verteidigungsanlagen ist nach dem Zweiten Weltkrieg bis in die jüngste Gegenwart hinein beseitigt worden doch gelten die erhaltenen Teile inzwischen als anschauliche Bauzeugnisse einer Landesbefestigung des 20. Jh. und der Militärarchitektur der nationalsozialistischen Zeit. Über eine Länge von 220 km erstrecken sich die Reste des Westwalles allein in Rheinland-Pfalz.

Der Bau des Westwalles erfolgte gegen die Bestimmungen des Versailler Vertrages, der 1919 festschrieb: „Es ist Deutschland untersagt, auf dem linken Ufer des Rheines und auf dem rechten Ufer westlich einer 50 km östlich des Flusses verlaufenden Linie Befestigungen beizubehalten oder anzulegen" (Artikel 42). „Die Anlage jeder neuen Befestigung, gleichviel welcher Art und Wichtigkeit, ist in der im ersten Absatz dieses Artikels bezeichneten Zone verboten" (Artikel 180). Der Westwall sollte als ein „temporäres Sperrsystem" eine lineare Befestigung der deutschen Westgrenze von Geilenkirchen bis hin nach Basel bilden. Er verlief daher nahe der Grenzlinie (Länge 630 km), jedoch in z.T. sehr tiefer Staffelung der Verteidigungslinie. Das Befestigungssystem bestand aus einzelnen Bunkerbauten, die aber auf eine Verbandverteidigung hin angelegt waren; bis 1939 waren etwa 14 400 Einzelwerke fertiggestellt, was einer Baudichte von ca. 22 Kampfanlagen und Unterständen je Kilometer entspricht. Zum Vorfeld gehörten Geländehindernisse, aber auch zahlreiche künstliche Sperren (Höckerlinien als Panzersperren).

Der Westwall machte die Eifel 1944/45 für ein halbes Jahr zum Kriegsschauplatz. Viele Orte wurden ganz oder zumindest stark zerstört, die meisten Brücken gesprengt, Felder und Wälder vermint. Im März 1945 gelang es US-amerikanischen Truppen, die gesamte Eifel zu besetzen. Bei Remagen erkämpften sie sich den Rheinübergang.

Nachdem direkt nach Kriegsende mit einer umfangreichen Zerstörung (durch Sprengung oder Verschütten) einzelner Bauten des Westwalles begonnen worden war, haben die zuständigen Behörden nun einige Teilstücke der Grenzbefestigung unter Denkmalschutz gestellt. Darüber hinaus findet inzwischen eine museale Präsentation des Westwalles statt. Im Panzerwerk Katzenkopf bei Irrel wurde ein Westwall-Museum eingerichtet (Information: Verbandsgemeindeverwaltung, 54666 Irrel, Tel. 06525/846). Bunkerreste finden sich auch östlich von Tettscheid und bei Hillesheim.

III. Die Bauten

Ahütte
Üxheim

1 | Burg Dreimühlen

Südlich von Ahütte, gut 100 m nördlich des „Wachsenden Wasserfalles Dreimühlen" – besser bekannt als der „Nohner Wasserfall" –, steht über dem Westufer des Ahbaches die Burgruine Dreimühlen. Durch das Tal verlief eine mittelalterliche Straße (vgl. Burg Neublankenheim). Über weite Abschnitte ungeklärt ist die Geschichte der Burgbesitzer und vermutlichen -erbauer, der Herren v. Dreimühlen. Möglicherweise sind nicht alle Nennungen des Namens Dreimühlen auf die Besitzer der Burg Dreimühlen bei Ahütte zu beziehen. Der Name Dreimühlen kommt in der Eifel auch bei Weyer (ehemals Kreis Schleiden) vor.

Herren v. Dreimühlen sind um 1200 bzw. Anfang des 13. Jh. als Lehnsleute der Trierer Benediktiner-Abtei St. Maximin in *Drinmuleim* genannt; sie sollen auch Lehnsleute der Trierer Kurfürsten gewesen sein (Reuter 1979, 48), wie der zuerst genannte Balduin von Dreimühlen *(Balduinus de Drinmuleim)*. Eine Witwe v. *Drimolen* und ihre Söhne schenkten dem Zisterzienser-Kloster Himmerod 1274 Häuser in Andernach/Rhein (Reuter 1979), und in einer Prümer Urkunde zum Jahre 1297 finden ein Ritter Balduin v. *Dreimuelen* und sein gleichnamiger Sohn Erwähnung. Einige Jahre zuvor, 1282, hatte Gerhard v. Blankenheim die Burg „von dem Edelknecht Leonius von Drimolen, seinem Verwandten" erworben „und verpfändete diesem bis zur Zahlung des Kaufpreises seine Güter zu Leudersdorf" (ebd.). Anschließend nahm der Herr v. *Drimolen* die Burg von Gerhard v. Blankenheim zu Lehen, ebenso wie dann 1303 den zugehörigen Hof (KD Daun 1928). Damals ist „das feste Haus Drimolen" urkundlich greifbar (s. Janssen II 1975, 241).

Außer dem Hof sollen zwei Mühlen nahebei zu diesem Adelssitz gehört haben, von dem Matthias Reuter (1979, 48) annahm, der Name deute „auf die Existenz mehrerer Mühlen hin", doch sollte m. E. ein ursprünglich auf „-heim" endender Ortsname nicht völlig ausgeschlossen werden. Weiter vermutet Reuter, auch die Nohner Mühle habe wahrscheinlich zum Burgbesitz gehört: Um 1600 wird diese Mühle als Bannmühle genannt, und im 18. Jh. war sie noch

Ahütte, Burg Dreimühlen. Ansicht der Talseite

Ahütte, Burg Dreimühlen. Burghügel, links die Talseite

im Besitz des Trierer Kurstaates; während der Regierungszeit des letzten Trierer Erzbischofs und Kurfürsten, Clemens Wenzeslaus, entstand gegen Ende des 18. Jh. das Wohnhaus der Mühle, ca. 550 m südöstlich der Burg.

Nachdem die Burg im 14. Jh. offenbar vorübergehend zwei Besitzer gehabt hatte (KD Daun 1928), gehörte sie 1343 Bernhard v. d. Lippe und Gerhard v. Blankenheim. 1350 wohnte der Ritter Koninck v. Ludersdorf auf der Burg. Das Geschlecht v. Dreimühlen starb 1424 aus. Graf Gerhard v. Blankenheim überwies 1431 seiner Gattin die Herrschaft *Dreimölen*. Im Jahre 1473 schließlich sollen Graf Dietrich v. Manderscheid und seine Söhne die Zerstörung des Hauses Dreimühlen betrieben haben, „um es nicht ihrem Lehensherren, dem Herzog Gerhard v. Jülich, in die Hände fallen zu lassen" (Schannat-Bärsch I 1825, 1, 307) wie ihre Burg Neuenstein (vgl. KD Prüm 1927, 127). Bis 1540 lassen sich Nennungen der Burg und der Familie verfolgen (Janssen II 1975, 241).

Die zur Burg gehörigen Ländereien gelangten ab 1647 in den Besitz der Herzöge v. Arenberg, die auf dem Burggelände ein Forsthaus erbauen oder dies in einem Burggebäude einrichten ließen; 1825 wurde das Forsthaus abgebrochen (Reuter 1979). Nach der Rheinlandbesetzung durch französische Revolutionstruppen hatte die Besatzungsregierung den Besitz Dreimühlen 1807 versteigern lassen. In der Tranchot-Karte (NA Blatt 143 Nohn) von 1809/10 ist die Ruine unter dem Namen *Treymühl* eingetragen.

Bereits im Kunstdenkmäler-Inventar Daun (KD Daun 1928) hieß es, die Burg könne nur einen „geringen Umfang gehabt haben. Eine 10,50 m lange, 8 m hohe und 1 m dicke Mauer eines um 1825 abgebrochenen Arenbergischen Försterhauses auf einem kleinen Tuffsteinhügel bezeichnet noch die Stelle. Das anstoßende Gelände (Fischteiche) ist jetzt von der Bahnlinie durchschnitten."

Den unregelmäßig ovalen Burghügel schützt auf drei Seiten der aus dem Fels geschrotete Halsgraben mit vorgelegtem Wall; auf der Ostseite bot der Steilhang zum Ahbachtal natürlichen Schutz. Es scheint, der Burghügel und die Ruine wurden in der Neuzeit teils zur Steingewinnung abgetragen. Erhalten blieb im Wesentlichen ein Teilstück der Ringmauer an der Ostseite. Das lagerhafte Bruchsteinmauerwerk aus Tuff mit vereinzelten Rotsandsteinen zeigt verschiedene Formate und Techniken sowie Rüstlöcher. Dies und die Tatsache, dass talseitig Mauerwerk vor der Ringmauer zu erkennen ist, spricht für mehrere Bauphasen, die sich jedoch kaum noch im Detail rekonstruieren lassen. Ein Mauerrücksprung und Balkenlöcher an der Innenseite zeigen, dass die Ringmauer hier gleichzeitig die Außenwand eines mindestens dreigeschossigen Gebäudes war. Fensteröffnungen sind nicht erkennbar. An der Nordostecke – innen ist ein mittelfristig gefährlicher Ausbruch vorhanden – springt feldseitig eine Art Strebepfeiler vor, neben dem Mauerreste auf einen ehemals die Talseite flankierenden Versprung deuten. Ob eine Vorburg vorhanden war, lässt sich wegen der Veränderungen des die Burg umgebenden Geländes (Eisenbahn, Fahr- und Radwegebau) ohne archäologische Untersuchung nicht sagen.

Ahütte, Burg Dreimühlen. Talseite, Ringmauer

Die Sage „Die Hexe auf der Burg Dreimühlen"

Die Burgruine Dreimühlen, so wird in einer recht merkwürdigen Sage berichtet, soll der Wohnsitz einer Hexe und ein Treffpunkt von Hexen aus der Umgebung des Dorfes Nohn gewesen sein, wie B. Mannheim im Heimat-Jahrbuch des Kreises Ahrweiler 1958 darlegte: „In alter Zeit lebte eine Hexe auf der Burg.

Jeden Abend trafen sich die Frauen von Nohn ‚ob Rechert' und ritten von dort aus auf Besenstielen in das Tal hinunter zur Hexe auf der Burg. Dort wurde dann eifrig gesponnen und geplaudert. Um Mitternacht, wenn die Sitzung zu Ende war, rief die Hexe: ‚Über alle Hecken und Zäune!' Und blitzschnell ritten die Frauen auf ihren Besenstielen über die Wälder hinweg heimwärts gegen Rechert. Eines Abends versprach sich die Hexe und rief: ‚Durch alle Hecken und Zäune!' Die Nohner Frauen mußten nun, anstatt über, durch die Wipfel der Bäume reiten und kamen mit zerrissenen Kleidern auf Rechert an. Nach dieser rasanten Tour war ihnen die Lust an weiteren Hexenritten vergangen." (Nach der Zusammenfassung von Reuter 1979, 49.)

Information: 54579 Üxheim-Ahütte, VG Hillesheim. – Die rundum zugewachsene Burgruine ist über den zum Nohner Wasserfall führenden Wanderweg zu erreichen.

Basberg bei Birgel, Lissendorf

2–3 | Möglicher Adelssitz und Katzenberg

Die zu Hillesheim gehörige Ortsgemeinde Basberg liegt südwestlich des Katzenbergs (Naturschutzgebiet), ca. 2 km südlich von Lissendorf entfernt. Ein Ritter Theoderich v. Basberg fand 1262 in einer Schenkungsurkunde Erwähnung (KD Daun 1928, 150), doch ist bislang unbekannt, ob in oder unmittelbar bei Basberg ein mittelalterlicher Adelssitz oder eine **Burg** bestand. Gegen Ende des Mittelalters gehörte Basberg den Grafen v. Manderscheid-Blankenheim; 1491 verlehnte Graf Johann v. Manderscheid-Blankenheim als Grundherr Güter und Grundbesitz in Basberg dem Adeligen Wilhelm v. Daun. Auch andere Grundbesitzer, darunter die Benediktiner-Abtei Prüm, besaßen Güter in Basberg.
Der **Katzenberg** (515 m), an dessen West- und Südseite sich der Ort Basberg erstreckt, ist seit 1939 im Gipfelbereich, ab der Höhenlinie von 500 m über N.N., als Naturdenkmal ausgewiesen. Er besteht im Wesentlichen aus pleistozänen Tuffvorkommen. Rund um die länglich-ovale Gipfelkuppe – ihre weitläufige Fläche fällt zum Dorf hin deutlich ab – gibt es Reste einer Befestigung unbekannter Zeit (s. Krausse 2006). Zu diesen gehören eine umlaufende Hangterrasse, die vorgelegte Hangzunge an der Ost-, d.h. der Zugangsseite, eventuell Reste eines Halsgrabens zwischen dem Gipfel und der Zunge und schließlich ein möglicher Randwall, der besonders ausgeprägt an der Südseite zu verfolgen ist. Hier bedürfte es archäologischer Untersuchungen.
Ob der Name Katzenberg vielleicht auf das lateinische Wort *castellum* für Burg zurückgeht, lässt sich nicht beantworten.

Information: 54578 Basberg, VG Hillesheim. – Der Katzenberg ist wegen der weidewirtschaftlichen Nutzung nicht immer zugänglich. Seine Besichtigung ist nur besonders Interessierten zu empfehlen.

Berndorf

4 | Angebliche Wehrkirche und Wehrkirchhof

Berndorf – 1121 unter dem Namen *Berendorp* zuerst urkundlich genannt – liegt am Nordrand der Hillesheimer Kalkmulde zwischen > Hillesheim und > Kerpen. Als Wahrzeichen des Ortes und seiner Umgebung gilt die weithin sichtbare alte katholische Pfarrkirche St. Peter auf dem Kirmesberg im Oberdorf von Berndorf. Wegen ihrer Lage auf dem Berg, der wenigen kleinen Fenster und der Tatsache, dass sie noch immer von der Ringmauer des Kirchhofes umgeben ist, wurde sie wiederholt als Wehrkirche fehlinterpretiert. Als solche wird sie auch von Bewohnern der Umgebung bezeichnet.
Das heutige Erscheinungsbild der Alten Kirche – sie wird zur Unterscheidung von der 1927 erbauten, unterhalb am Hang stehenden neuen katholischen Pfarrkirche St. Peter so genannt – geht auf die 1. Hälfte des 16. Jh. zurück: Der damals bestehenden kleinen Saalkirche wurde angeblich 1513/15 der rechteckige, nicht eingezogene Chor mit den auffällig kleinen Spitzbogenfenstern in der Nord- und Südwand und der südlich angebauten Sakristei an-

Berndorf, angebliche Wehrkirche und Kirchhof

gefügt, aber möglicherweise enthält er noch romanische Bausubstanz. Erst 1545 entstand nach Ausweis des datierten Wappens an dessen Portal der Westturm.

Aufgrund ihrer exponierten Lage wurde die Kirche häufiger durch Sturm und Blitzschlag beschädigt; sie musste daher mehrfach erneuert werden. Während des Zweiten Weltkrieges wurde 1945 die Alte Kirche, ebenso wie einige Häuser, durch Bomben- und Granattreffer beschädigt.

Das Innere des einschiffigen, zweijochigen Langhauses überspannen Netzgewölbe mit Resten spätgotischer Rankenmalerei. Den Chor deckt ein Kreuzgratgewölbe. Alle Bauteile zeigen nur wenige, teils in der Frühen Neuzeit veränderte Fenster. Hingegen sind keinerlei Wehrelemente wie Zinnen, Wurferker oder Schießscharten zu erkennen: Es gibt keinerlei Indizien dafür, dass die Alte Kirche in Berndorf eine Wehrkirche war!

Im Gegensatz dazu gibt es Hinweise darauf, dass der Kirchhof befestigt war. So berichtete der Pfarrer Johann Ost aus Demerath 1854: „Auf einem nicht hohen runden Kopf sind Kirche und Kirchhof errichtet, und nicht schwer ist es, aus dem Doppelrundgraben und dem dazwischenliegenden Walle, welche an dieser Stelle deutlich hervortreten, zu erkennen, daß diese kleine Kuppe einmal ein befestigter Platz war. Auch stehen noch Stücke zweier Ringmauern in der Richtung des Walles auf der Westseite aus der Erde hervor.“ Und noch in den 1970er- Jahren konnte man,

Berndorf, angebliche Wehrkirche. Ansicht von Nordwesten

besser als heute, „auf der Westseite, unmittelbar neben dem Friedhofstor, einen Graben erkennen, der nach außen hin von einem kleinen Wall begrenzt war" (Adrian 1985, 8). Möglicherweise bestand hier eine Wall-Graben-Befestigung, die Teil des 1605 bei > Hillesheim auf Veranlassung des Trierer Erzbischofs und Kurfürsten Lothar v. Metternich (reg. 1599–1623) angelegten Schanzensystems war; vom Kirchberg aus besteht Sichtkontakt zur Schwedenschanze bei Hillesheim. Nicht auszuschließen ist zudem, dass der Berg der Standort einer frühmittelalterlichen Burg gewesen sein könnte. Beides wäre nur durch archäologische Untersuchungen festzustellen.

Information: Der Kirchof ist frei zugänglich. P unterhalb der Neuen Kirche.

Birgel
Lissendorf

5–7 | Wasserburg und Burgställe/ Adelshöfe

Das von Wäldern umgebene Dorf Birgel liegt im oberen Kylltal. Im Ort und nahebei finden sich mehrere mögliche Burgstellen bzw. Befestigungen und Adelssitze, die noch nicht weiter erforscht wurden. In Birgel *(Biriglin)* erhielt die Benediktiner-Abtei Prüm durch einen Gütertausch mit dem Adeligen Sigibold in der 2. Hälfte des 10. Jh. „drei Mansus und ‚einen vierten für den Platz der Burg', die auch später als Hof genannt wird" (KD Daun 1928, 150).

Im Bereich des Ortes selbst, etwas unterhalb der Kapelle zur Kyll hin gelegen, stand eine **Wasserburg**, von der um die Mitte des 19. Jh. noch Reste zu sehen waren, die jedoch in der Tranchot-Karte (1809/10) nicht verzeichnet ist. So heißt es in einem um 1840 entstandenen Bericht, „auf einem mit Gräben umflossenen Platze, der jetzt als Garten benutzt wird", stünden „die Trümmer einer alten Burg" (s. KD Daun 1928, 151). Und auch der Pfarrer und Heimatforscher Johann Ost (1854) berichtet von dieser Burgstelle, einem erhöhten Platz, der „Weiherpesch" genannt wurde, er habe noch den Graben mit fließendem Wasser gesehen. Dieser Wassergraben existierte spätestens in der 2. Hälfte des 20. Jh. nicht mehr.

Weitgehend Unklarheit besteht über möglichen Ortsadel in Birgel sowie über im Kunstdenkmäler-Inventar erwähnte „**Burgstellen** bzw. **feste Häuser und Höfe**" (KD Daun 1928, 151). In diesem Kontext wird auf *einen armiger Pawin von Birgel* verwiesen (s. Schannat-Bärsch II 1844, I, 158), der 1324 seine Güter zu Walsdorf dem Gerhard v. Blankenheim veräußerte, ebenso wie 1334 Güter, die er von seinen Neffen geerbt hatte. „Die Zeugen und die Siegelnden beweisen, daß es sich um Birgel in der Eifel handelt" (ebd.).

Ob es sich bei den im Kunstdenkmäler-Inventar aufgeführten Höfen tatsächlich jeweils um Feste Häuser handelte, lässt sich wohl kaum noch nachweisen, so im Falle des Gutes, das Friedrich v. Schleiden, Herr zu Jünkerath, zusammen mit seiner Burg Jünkerath 1324 vom Grafen v. Luxemburg zu Lehen nahm. 1457 erwarb Gerhard v. Loen, Graf v. Blankenheim, die Hälfte eines Hofes zu Birgel, der über Margarethe v. Gondersdorf an ihren Ehemann Wilhelm v. Hoesteden gelangt war; zu seinen damaligen Erwerbungen zählte neben anderen Gütern der Hof *zu Lyessendorf* (> Lissendorf), der zur Hälfte den v. Mirbach gehörte. Im Rahmen einer Besitzteilung mit seinen Brüdern erlangte Claus (auch: Clais) v. Mirbach 1518 einen Hof zu Birgel, der infolge einer Heirat an die Fremersdorf (gen. Pützfeld zu Arloff) kam, die ihn noch im 17. Jh. besaßen. „Nach diesem **Claishof** ist heute noch das Cläshaus genannt" (ebd., 152).

Auch die Adelsfamilie Hurt v. Schöneck besaß einen Hof in Birgel; Johann Hurt v. Schöneck vermachte ihn 1421 seiner Gattin Engin v. Brantscheid zusammen mit Einkünften in Pelm und Rockeskyll als Witwengut. Mit einer Hälfte dieses Hofes belehnte Graf Friedrich v. Veldenz und Sponheim 1444 Johann Hurt v. Schöneck.

Information: 54587 Birgel, VG Obere Kyll.

8 | Burg-Berg

Etwa 1,2 km südsüdwestlich von Birgel liegt die mögliche Burgstelle bzw. eine Befestigung unbekannter Entstehungszeit, auf die ein Eintrag in der Tranchot-Karte (NA Blatt 142 Hillesheim) von 1809/10

Birgel, Burg-Berg

hindeutet: Ein isolierter, im Mündungsbereich des Wiesbaches in die Kyll östlich des Flusses aufragender Berg trägt dort die Bezeichnung „Bourg-Berg“. Daraus wurde in späteren Landkarteneinträgen „Burg-Berg“. Zwar wurden eindeutige Reste einer Befestigung hier nicht gefunden, doch meinte schon Walter Janssen (II 1975, 214), der die Stelle als mögliche „Burgwüstung“ auflistet, solche könnten „modern überformt sein“. An der Nordwest- und der Südostseite „begrenzen tief eingeschnittene hohlwegartige Gräben den Fuß des Burg-Berges“ (ebd.), dessen Hänge offenbar künstliche Absteilungen aufweisen. Auf dem überwachsenen Plateau lassen sich teils Podien erkennen, und zudem gibt es auf dem Berg anscheinend Reste von Lauf- bzw. Schützengräben (aus dem Zweiten Weltkrieg?) und am Fuß des Berges Bombentrichter.

Bodenbach

9 | Römischer Burgus

Spätestens seit 1890 war der Standort des römischen Burgus in der Flur „Ober der steinigen Heck“ bei Bodenbach wegen der zahlreichen Oberflächenfunde (Ziegel- und Mörtelfragmente usw.) als mutmaßlicher Standort eines römischen Gebäudes – vermutet wurde ein Gutshof – bekannt. Erst 2003 wurde das Bodendenkmal dann wissenschaftlich untersucht. Peter Henrich vom Institut für Ur- und Frühgeschichte der Universität Köln führte eine geophysikalische Untersuchung („Radaruntersuchung“) des Geländes durch: Mit einem Magnetometer wurde die magnetische Flussdichte gemessen, und auf diese Weise ließen sich die Grundrissstrukturen und der Graben eines römischen Burgus mit einer Fläche von ca. 3650 m² nachweisen (s. Henrich/Mischka 2003). Es handelt sich dabei um den ersten nachgewiesenen Burgus in der Vulkaneifel. Nach archäologischen Untersuchungen wurden die inmitten von Wiesen- und Ackerland gelegenen Reste des Burgus wieder zugeschüttet. Auch rundum im Ackergelände, so berichten Anlieger, fanden sich Reste von Mauerwerk.
Den Begriff Burgus verwenden die Fachwissenschaftler heute für kleinere römische Wehrbauten, wobei deren Ausprägung vom Wachtturm bis hin zum Kleinkastell reichen kann. Solche Burgi konnten an Flussläufen oder an wichtigen Straßen stehen, die von den Burgi aus überwacht und damit gesichert wurden. Auch Nachrichtenübermittlung (z.B. durch Brieftauben) könnte über manche dieser Anlagen erfolgt sein.

Das lateinische Wort *burgus* dürfte vom griechischen Wort *pýrgos* (Turm, „Burg" – dieses Wort kann als das Ursprungswort für das mittelalterliche Wort Burg gelten) und/oder vom keltischen Wort *brig* bzw. *bre* für Befestigung abgeleitet sein.

Information: 53539 Bodenbach, VG Kelberg. – Der Burgus ist in den als „Geschichtsstraße" bezeichneten Lehrpfad „Rund um den Hochkelberg" integriert und vom Dorf her ausgeschildert. Eine Besichtigung des Geländes ist nur für sehr Interessierte lohnenswert; vom Gebäude selbst ist nichts mehr zu sehen.

Bongard

10 | Befestigung („Ringwall") auf dem Barsberg

Auf dem östlich des Dorfes Bongard aufragenden Basaltkegel Barsberg (599,6 m) finden sich die Reste einer in der älteren Literatur meist als „Ringwall" benannten, zweiteiligen Befestigung mit ca. 1,2 ha Innenfläche. Wegen der nur spärlichen archäologischen Funde wurde vermutet, sie sei in der Eisenzeit und der Spätantike genutzt worden (Nortmann 2006). Da eine umfassende archäologische Untersuchung noch aussteht – 1936/37 führte das Rheinische Landesmuseum (Bonn) eine Planaufnahme der Befestigung durch –, bleibt unklar, welche Teilstücke der Befestigung und der teils noch sichtbaren Terrassierungen aus der Eisenzeit stammen. 1938 wurde die Basaltkuppe des Tertiärvulkans Barsberg unter Naturschutz gestellt, nachdem durch den Basaltsteinbruch an der Westseite des Berges bereits deutliche Schädigungen an der Wallbefestigung entstanden waren.
Gut 300 m ostnordöstlich der Befestigung erstreckt sich ein aus mindestens 29 Gräbern bestehendes Hügelgräberfeld, welches (vorerst?) gemeinsam „mit dem etwa 14 km entfernten Friedhof von Hillesheim den Nordwestsaum der Hunsrück-Eifel-Kultur" markiert (ebd.), da im anschließenden Bereich der Eifel kaum Belege für diese Kultur vorhanden sind.
Trotz der fast unmittelbaren Nachbarschaft von Wallbefestigung und Gräberfeld müssen diese nicht zwangsläufig zeitgleich entstanden sein. Hans Nortmann (2006) nimmt eine deutliche zeitliche Differenz an: Während die Belegung von Gräberfeldern dieser Art meist im Zeitraum 6.–3. Jh. v. Chr. stattfand, gehört einer der wenigen Funde aus der „Burg" – eine Fibel – in die späteste Eisenzeit des 1. Jh. v. Chr. Und in Analogie zu mehreren ähnlichen, besser erforschten Befestigungen (z. B. Bundenbach/Kreis Birkenfeld: Altburg; Erden/Kreis Bernkastel-Wittlich: Burgberg; Otzenhausen/Kreis St. Wendel: „Hunnenring") rechnet er die Anlage auf dem Barsberg „wohl zu einer jüngeren Burgengeneration, die frühestens im 4. Jh. v. Chr. begründet und bis zum 1. Jh. v. Chr. unterhalten" wurde. Stimmt diese These, so würde die Befestigung auf dem Barsberg zu den wenigen Siedlungsbelegen der späten Eisenzeit in der Hocheifel gehören und wäre nicht, wie vor 30 Jahren noch teilweise angenommen, „eine frühkeltische Anlage (ca. 500 v. Chr.)" (s. Reuter 1979, 112). Die in der älteren Literatur teils erwähnte vermutete „Warte" aus „römischer Zeit" auf dem Barsberg (z. B. KD Daun 1928) wird in der jüngeren Literatur (z. B. Nortmann 2006) nicht mehr genannt. Laut der am Barsberg befindlichen Informationstafel ist die Nutzung des Berges in römischer Zeit (Befestigung; Heiligtum) nicht endgültig geklärt.
Die Befestigung besteht nach bisherigem Befund aus dem unregelmäßig um den Gipfel des Barsberges verlaufenden, ca. 600 m langen, im Süden spitz zulaufenden und im Nordwesten durch den Steinbruch gestörten Basaltwall mit Öffnungen im Westen und im Südosten, letztere ca. 25 m neben der Südspitze und dem „dort befindlichem Felsturm.

Bongard, Befestigung auf dem Barsberg. Grundriss

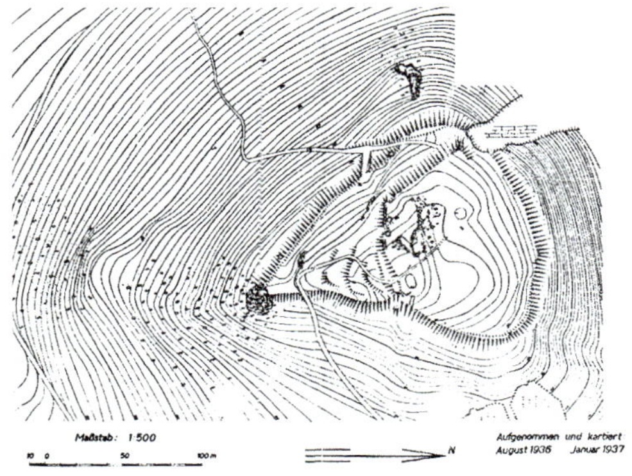

Bongard, Barsberg, Lagebild

Von diesem Zugang führt eine Torgasse zur Hochfläche" (Reuter 1979). Dem in seinem Verlauf unterschiedlich starken Wall war offenbar kein Graben vorgelegt. Bei der westlichen Öffnung handelte es sich um ein „tangentiales" oder „überlappendes" Tor zwischen zwei gegeneinander versetzten Wallenden.

Der Wall, der, nach Südwesten ausbauchend, das Innere der Befestigung in zwei Hälften teilte, hat eine Länge von ca. 150 m. Ob zwei von Matthias Reuter beobachtete „ringförmige, steingefaßte Vertiefungen in der Mitte dieses von Ost nach West verlaufenden Riegels" tatsächlich als „Turmreste" zu deuten sind, ebenso wie ein „weiterer Turmrest jüngeren Datums nordöstlich des Außentores der Westflanke", den er sah, bliebe noch archäologisch nachzuweisen, erscheint aber bei derzeitiger Kenntnis eher unwahrscheinlich.

An höchster Stelle innerhalb des Berings befindet sich ein Basaltblock, der an der Westseite ca. 20 m breit und 4 m hoch und an der Ostseite ca. 10 m breit und 5 m hoch ist. Etwa 20 m entfernt, „inmitten der Hochfläche", soll „der Ende des 19. Jh. zugeschüttete Brunnen" gelegen haben, dessen „runde Vertiefung von mehreren m Durchmesser noch erkennbar" gewesen sein soll. Im Kunstdenkmäler-Inventar ist hingegen lediglich eine „brunnenartige, Ende des vorigen Jahrhunderts [19. Jh.] ausgefüllte Vertiefung" erwähnt (KD Daun 1928).

Bongard, Barsberg. Innerer Wall

In der südlichen Hälfte der Befestigung (sogenannte Vorburg?) setzen hinter der Ringwall-Ostseite drei 1979 noch ca. 30–40 m lange, in Richtung Westen verlaufende Steinwälle an. „Die zwischen den Wällen liegenden, ca. 15 m breiten Geländestreifen sind planiert. Man vermutet, daß dort Viehställe und Hütten für Notzeiten standen" (Reuter 1979).

Auf dem Barsberg hat sich inzwischen ein Naturwald mit bis zu 300-jährigen Bäumen angesiedelt.

Information: 53539 Bongard, VG Kelberg. – Die Befestigung ist über einen östlich des Dorfes ansetzenden Waldweg zu Fuß zu erreichen. Den Weg bereichern Infotafeln der sogenannten Geschichtsstraße rund um den Hochkelberg.

Borler
Üxheim

11 | Haus (Wasserburg) Heyer

Etwa 1,5 km südwestlich des Dorfes Borler stand, nördlich der heutigen Kreisstraße K 86, die Wasserburg Haus Heyer, von der obertägig keine sichtbaren Reste blieben. Südlich der Straße, auf dem Heyerberg (531 m), steht die 1874/75 anstelle der alten, zum Schlossgut gehörigen Kapelle erbaute Heyerkapelle. Die Geschichte dieser abgegangenen Burg hat 1878 der Pfarrer Haubrich erforscht und dargestellt. Heute ist sie, auch in der Region, fast völlig vergessen.

Der erste urkundlich belegte Herr v. Heyer ist der 1359 als einer der Burgmannen der Herren v. Daun genannte Wilhelm v. Heyer. Die Niederadelsfamilie v. Heyer hatte die Burg und den Hof Heyer von der bedeutenden, vielerorts im Mosel-Eifel-Raum begüterten Benediktiner-Abtei St. Maximin in Trier zu Lehen. Bereits um 1200 fand ein Gerhard v. Wiesbaum als Inhaber von 2/3 des St. Maximiner Kirchenzehnten im Dorf Borler Erwähnung (Reuter 1979, 49). Für 1455 ist die Erneuerung des Hoflehens für einen ebenfalls Wilhelm genannten Herrn v. Heyer belegt.

Borler, Haus Heyer. Umzeichnung nach einer Zeichnung um 1716 (Letztere aus: Reuter 1979, 49, nach Skizze/Federzeichnung aus den Akten v. Veyder, LHA Koblenz)

Zur gleichen Zeit gab ihm Kurköln das in seinem Besitz befindliche Herrenhaus zu Lehen; es war anscheinend bereits längere Zeit zuvor zu einer Aufspaltung des Besitzes gekommen (ebd.). Bald darauf, 1473, starb die Hauptlinie der v. Heyer aus. Das Gut Heyer übernahm die Familie v. Oisseldingen; ihr folgten die v. Warfelt.

Im 16. Jh. war dann eine Seitenlinie der Herren v. Heyer Besitzer des Schlossgutes. Mit Ruprecht v. Heyer – er soll, so die Inschrift auf seinem nicht erhaltenen Grabstein, 100 Jahre alt geworden sein (KD Mayen I 1941) – starb diese Linie 1611 aus. Bis zum Ende des

Borler, Kapelle auf dem Heyerberg

17. Jh. waren die Herren v. Nideggen im Besitz des Gutes; dann veräußerten sie ihre Lehnsrechte für 1500 trierische Taler an Johann Christoph v. Veyder, den Statthalter des Herzogs v. Arenberg (s.a. Burg > Oberehe). Nachdem J. C. v. Veyder 1716 kinderlos verstorben war, kam es zu Auseinandersetzungen zwischen den beiden Kurstaaten Trier und Köln, die beide Rechte am Schlossgut Heyer geltend machten. Noch 60 Jahre später waren diese Streitigkeiten nicht beigelegt.

Die juristisch letztlich ungeklärte Aufteilung – die unter kurtrierischer Landeshoheit stehende Abtei St. Maximin besaß den Hof; das „Herrenhaus" (Reuter 1979, 50; gemeint ist wohl die Hauptburg) und die Kapelle gehörten zum kurkölnischen Amt Nürburg – führte zu einer aus heutiger Sicht archaisch anmutenden juristischen Amtshandlung, von der Pfarrer Haubrich in seiner Geschichte von „Haus, Hof und Kapelle Heyer" (1878) berichtet: Am 30.5.1716 „erschien der päpstliche und kaiserliche Notarius Johann Thomae, Pastor zu Udelhoven, im Hause Heyer und ergriff davon Namens des Kurfürsten von Cöln Besitz, indem er in Gegenwart und in Beistand des curcölnischen Landschultheißen des Amtes Nürburg, Johann Wilhelm Koller, die Pfortensteine antastete, die Hausthüre auf- und zumachte, auf dem Heerde Feuer anmachte und es wieder auslöschte, die Scheuerthüre öffnete und schloß, im Garten Hanf und Flachs, auf der Wiese Gras ausrupfte, auf dem Felde einen Erdkloß erhob und hinwarf, endlich einen Eichenzweig abbrach." Offenbar reagierte der Konkurrent, Kurtrier, erst verspätet, denn am 29.5.1724 – fast auf den Tag genau 8 Jahre später! – „erschien zu gleichem Zwecke im Hause der kurtrierische Schultheiß zu Nohn, Härtlin, mit dem Amtsboten Pfeifer von Daun, um auf Befehl des Kurfürsten von Trier die an die Abtei St. Maximin noch schuldigen Pächte einzutreiben und gegen die Gewalthandlung von Kurköln auf trierischem Gebiete zu protestieren."

Zum Schlossgut des Hauses Heyer gehörte ein Wirtschaftshof, dessen Ländereien 1722 ca. 115 trierische Morgen Acker- und Wiesenland (1 trierischer Morgen = etwa 35 Ar) sowie Wald – der Forst westlich des ehemaligen Standortes der Wasserburg heißt „Hayerbusch" – und Ödland in unbekanntem Umfang umfassten.

Borler, Kapelle auf dem Heyerberg, Wappenkartusche

Aus dem Jahre 1716, in dem „Notarius" Thomae die rituelle Inbesitznahme vollzogen hatte, stammt die einzige bislang bekannte Ansicht der Burg, eine Skizze aus den Akten v. Veyder im Landeshauptarchiv Koblenz: Zu sehen ist eine aus Vorhof und Hauptburg bestehende Burg. Die von einem Wassergraben umgebene Hauptburg, links im Bild, setzte sich demnach aus zwei zweigeschossigen Flügeln zusammen: Der linke (spätmittelalterliche?) zeigt einen Stufengiebel; der Fassade ist ein kleiner, einstöckiger Satteldachbau vorgesetzt. Vom rechten Flügel ist die Längsseite zum Hof erkennbar, deren symmetrische Fenstergruppierung auf eine Entstehung oder einen Umbau in der Frühen Neuzeit schließen lässt. Ein runder, beide überragender, kräftiger Treppenturm steht im Winkel zwischen den zwei Flügeln. Er trägt ein oder zwei Fachwerkobergeschoss(e) und eine geschweifte Haube mit spitzen Gauben (um/nach 1600?). Spätmittelalterlich wirkt der hohe rechteckige, der Vorburg zugewandte, wenig durchfensterte Torturm mit dem hohen Walmdach. Eine niedrige Ringmauer ohne erkennbare Wehrelemente oder Öffnungen läuft parallel zum Wassergraben. An der Mauerecke steht ein schlankes, zweistöckiges Rundtürmchen – eher ein Pavillon als ein Flankierungsturm (vgl. Burg > Oberehe).

Den rechteckigen Vorhof bzw. Wirtschaftshof (ohne Wassergraben) umstehen drei schlichte Fachwerkbauten (Ökonomiebauten), deren hinterer eine Tordurchfahrt zeigt. Im Vordergrund sind zwei Weiher angedeutet, und die Baumgruppe vor der Hauptburg verweist auf einen hier bestehenden Garten.

Nur 60 Jahre nach der Entstehung der Federzeichnung, 1776, war das Herrenhaus dann schon seit längerem unbewohnt und „so verfallen, daß die Hofleute und Nachbarn ihre Bausteine davon nahmen" (Reuter 1979, 50). Hingegen waren die Hofgebäude, „welche die Abtei inzwischen durch einen Neubau ersetzt hatte" (ebd.), 1776 in gutem baulichen Zustand.

Im Rahmen der französischen Rheinlandbesetzung ließ die Besatzungsverwaltung um 1803 Haus und Hof Heyer versteigern – in den 1830er-Jahren wurden die Hofgebäude dann abgebrochen –, und 1805 veranlasste sie, das Vermögen der zugehörigen, aber abseits auf dem Heyerberg stehenden Heyerkapelle der „Kirchenfabrik" Nohn zu übereignen. Zudem wurde der Friedhof, die Grablege der Herren v. Heyer, der Hofleute und der Bewohner von Borler, geschlossen.

Pfarrer Haubrich (1878) sah in der alten Kapelle auf dem Heyerberg die Burgkapelle des Hauses Heyer, womit die Frage zu stellen wäre, ob dieser Berg möglicherweise ein älterer Burgstandort war. Haubrich vermutet, wie Matthias Reuter (1979, 50) meint, „mit stichhaltigen Gründen", die Kapelle sei in der „Blütezeit des Rittertums erbaut" worden. Ihre Patrone sind die Hll. Johannes der Täufer, Leon(h)ardus und Pankratius. Nachdem jeweils an den Namenstagen der Kirchenpatrone sowie an fünf Freitagen während der Fastenzeit Messen in der Kapelle gehalten wurden und das Gotteshaus von Bewohnern vieler umliegender Dörfer gern besucht worden war, kam es 1805, wie geschildert, zur Übertragung des zur Kapelle gehörigen Besitzes (zusammen mit dem Vermögen der Filialkapelle in Borler etwa 24 Morgen Land und 2000 Taler an Kapital) an die Kirchenfabrik Nohn. Das Inventar der Heyerkapelle wurde in den folgenden Jahren großenteils in die Kapelle nach Borler verbracht, und die baulich vernachlässigte Heyerkapelle selbst 1821 offiziell entweiht und 1823 abgebrochen. Nach der Zeichnung in einer Urkunde von 1696 handelte es sich um einen vierachsigen Bau mit polygonalem Chorschluss und dreistöckigem, mit einem hohen verschieferten Pyramidenhelm abschließenden Westturm. An der Nordseite stand neben dem Turm ein Anbau aus Fachwerk, der den Aufgang zur Herrschaftsempore enthielt. Die Kirche umgab weitläufig die Ringmauer des als Friedhof genutzten Kirchhofes.

1874 legte Peter Josef Welling aus Borler mit einem Vermächtnis von 365 Talern die Basis zum Bau der neuen Kapelle auf dem Berg. Am 13.9.1875 konnte sie Pfarrer Haubrich, der um die Erforschung der Geschichte des Hauses Heyer verdiente Heimatforscher und eifrige Förderer des Kapellenneubaues, „unter großer Anteilnahme der Bevölkerung" einsegnen (Reuter 1979, 51). Heute sind von den Gebäuden der Burg obertägig keine Baureste mehr zu sehen.

Information: 53539 Borler – Das Gelände der (außerhalb der Gottesdienste geschlossenen) Kapelle ist frei zugänglich.

Brockscheid

12 | Burg Freudenstein (Geisenburg, Geißenburg)

Etwa 2,2 km westlich von Brockscheid und 500 m südsüdwestlich des Dorfes Tettscheid finden sich in einem Waldgebiet auf einem nach Westen zum Liesertal hin vorspringenden unterdevonischen Bergsporn die Reste der auch unter dem Namen Geisen-

Brockscheid, Burg Freudenstein. Grundriss

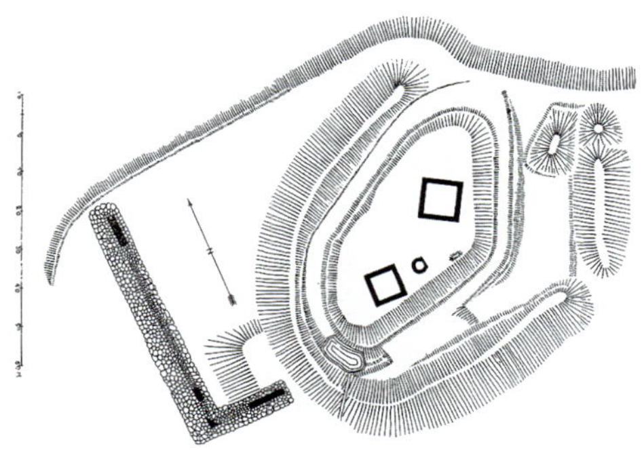

burg/Geißenburg bekannten Burg Freudenstein, der in der 1. Hälfte des 14. Jh. für kurze Zeit eine wichtige Rolle innerhalb der luxemburgischen und der kurtrierischen Territorialpolitik zukam. Der Standort der Spornburg erhebt sich 60 m über der Lieser auf einem zwischen Bachtälern nach Nordwesten gerichteten Ausläufer eines Höhenzuges.

Längere Zeit bestanden Zweifel über den Standort der 1340 und 1344 urkundlich genannten luxemburgischen Burg Freudenstein an der Lieser und darüber, ob diese mit der Geisenburg identisch ist; Burg Freudenstein wurde bei Laufeld, südöstlich der Burg Manderscheid (Kreis Wittlich), verortet (KD Daun 1928, 34 f. mit Quellen und Literatur). Die nunmehrige Gleichsetzung der Burgstelle Geißenburg mit der Burg Freudenstein basiert auf der Interpretation spätmittelalterlicher Urkunden. In einer heißt es, auf die Lage des Hofes Lauffenfeldt bezogen, *iacentem in confinio castri nostri Vreudenstein supra ripam dictam Liesere* – die Burg *Vreudenstein* stand demnach über dem „Fluss genannt Lieser". Und zu den Gütern, die Friedrich v. Daun von König Johann v. Böhmen, Graf v. Luxemburg, überlassen wurden, gehörte jener Teil des Dorfes *Tetschet* (Tettscheid) nahe der Burg Freudenstein, „den er als Burglehen der Burg *Freudencoppen* bei *Dune* [Daun] innehat" (ebd.). Burg Freudenstein gehörte – ebenso wie die Burgen Kopp bzw. Freudenkoppe (> Neroth) und Freudenburg unweit Saarburg (Kreis Trier-Saarburg) zu den Stützpunkten, die Johann v. Luxemburg, seit 1311 König von Böhmen, um 1340 zur Festigung der Interessen der Grafen v. Luxemburg erbauen ließ. Seit den 1270er-Jahren hatten die Luxemburger ihr Einflussgebiet in die Nordwest-Eifel ausgedehnt, und unter Johann v. Luxemburg erlebte ihre Territorialpolitik den Höhepunkt. Es kam jedoch schon bald zu Auseinandersetzungen mit Kurtrier, insbesondere mit dem Trierer Erzbischof Balduin (reg. 1307–54), der selbst dem Hause Luxemburg entstammte und sein Erzbistum – als einen ebenfalls expandierenden Territorialstaat – durch diese luxemburgischen Burgen bedroht sah. Nach dem Tod König Johanns v. Böhmen († 1346) wurde dessen Sohn Karl mit Förderung des Erzbischofs als Karl IV. römisch-deutscher Kaiser. Balduin gelang es, König Karl IV. (reg. 1346/47–1378, Kaiser ab 1355) – dieser war sein Großneffe – dazu zu bewegen, dem Erzbistum 1346 die Burgen Freudenstein und Freudenkoppe sowie die bereits durch Johann v. Böhmen an Trier verpfändete Freudenburg mit allem Zubehör für 6333 Gulden zu überlassen, da der Erzbischof ja schon *allezijt geclaget hat daz er un sin stift mit denselben vesten entarft und verbuwet were* (StAKO 1A 5348 u. 5347). Zudem erlangte Balduin die Zusage, dass der König auf kurtrierischem Gebiet keine Burg mehr bauen wolle. Burg Freudenstein gelangte an Wilhelm IV. v. Manderscheid-Kerpen, einen Lehnsmann Karls IV., und wurde in der Fehde mit Erzbischof Balduin „vor dem Vergleich" des Jahres 1348 „offenbar zerstört [...] und wird auch später nicht wieder genannt" (KD Daun 1928). Als möglicher Zerstörungszeitraum galten auch die Jahre 1348/53 (Janssen). Die Ruinen werden im Laufe der Zeit Opfer von Steinraub geworden sein.

Brockscheid, Burg Freudenstein. Hauptburghügel

Interessant ist die Tatsache, dass die aufgegebene Burg 1616, also kurz vor dem 30-jährigen Krieg, als „Fliehburg" für die „Gehöftegemeinschaft" Tettscheid, Brockscheid, Udlerbusch, Steelenbusch, Greifenbach, Diefenbach gedient haben soll (s. Infotafel in der Burg); alle Orte liegen in einem Umkreis von ca. 10 km rund um die Burg.

Nachdem die baulichen Reste der Geisenburg lange Zeit als „vorgeschichtlich" interpretiert worden waren, ergaben die Ausgrabung 1887 unter der Leitung

Brockscheid, Burg Freudenstein. Hauptburghügel, aufgemauertes Fundament

des Direktors des Provinzialmuseums Trier, F. Hettner, und dessen „Nachgrabung“ 1888, insbesondere „durch ausschließlich mittelalterliche, in großen Massen gefundene [Keramik-]Scherben“, dass es sich hier um Relikte einer mittelalterlichen Burg handelt (KD Daun 1928). Die damals gefundene Keramik wurde seinerzeit ins 12.–16. Jh. datiert. Im Kontext der Grabung entstand ein Aufmaß der Ruine („1:312½“), das ins Provinzial-Museum in Trier gelangte; der von Ebertz gezeichnete Grundrissplan fand 1928 Aufnahme ins Kunstdenkmäler-Inventar. Bei den Grabungen 1887/88 wurden Trockenmauern zweier etwa quadratischer Gebäude, ein im Westen gerade verlaufender und im Süden rechtwinklig umknickender Mauerzug sowie ein Brunnen bzw. eine Zisterne freigelegt. Eine der mittelalterlichen Burg vorausgegangene vor-/frühgeschichtliche Befestigung auf dem Berg ist jedoch nicht auszuschließen. Da, wo der Sporn gegen das Westende des Brockscheider Waldes in Richtung des Liesertales steil abfällt, sah man 1928 „noch Reste von Gemäuer und Steingeröll sowie im Wald versteckt große Erdwälle. Im Lagerbuch von Brockscheid [...] ist die Örtlichkeit als kleiner, von breitem und tief in den Fels eingeschnittenem Graben umzogener Burghügel beschrieben. Der Plan zeigt auf der Mitte des etwa 60 m langen oval gestalteten Burgplatzes die Fundamente eines Dreiviertelrundbaues und zweier im Grundriß quadratischer Bauten von 8,5 und 10 m Seitenlänge. Westlich vom Burgplatz steht in einer Steinpackung für sich eine am Berghang entlang geführte, in Resten erkennbare Schild(?)mauer, 61 m lang, mit einem 21 langen Stück im rechten Winkel dazu, sehr im Gegensatz zur ganzen Anlage, die noch wie eine Wallburg aussieht. Auf der Südwestecke des Burgplatzes eine Quelle, die der in Ruinen liegenden ‚Geißenbrunner Mühle‘ den Namen gegeben haben soll.“ (Beschreibung auch in: Eifelhaus 1926, Nr. 39 u. 40; N. Mark, Die Geisenburg bei Brockscheid.)

1978 kam es noch einmal zu Untersuchungen im Bereich der Burg; es entstand ein neuer Lageplan. Danach ergibt sich folgendes Bild: Der ovale Hauptburghügel war von einem 4–5 m breiten Graben umgeben. Auf ihm standen die 1887/88 ergrabenen Gebäude (10,33 x 10,15 und 8,75 x 8,50 m), die in neuerer Zeit teils mit Kronen in Zementmörtel aufgemauert wurden; hier lag auch der mutmaßliche Brunnen. Die in der Böschungslinie des Burghügels vermutete Ringmauer wurde nicht ergraben. Östlich des Hügels, d.h. talseitig, verläuft ein starker Wall, der wesentlich durch Versturz einer 1,70 m starken Mauer entstand, die über 60,5 m in Nord-Süd-Richtung und dann im rechten Winkel nach Osten abknickt, wo sie über eine Länge von 19,2 m zu verfolgen war. Auch an der Südseite ist unterhalb des Burghügels eine Randbefestigung in Teilen sichtbar erhalten; sie folgte offenbar dem natürlichen Rand des Höhenzuges und ist nach innen leicht eingezogen. Zwischen dieser Randbefestigung und dem Hauptburghügel erstreckt sich ein etwa 30 m langer, 5 m breiter und 0,80 m hoher Wall. Im Nordwesten der Anlage findet sich ein gerundeter Wall (Mauerversturz?) von bis zu 16 m Breite, 2,60 m Höhe und ca. 80 m Länge. Als Hauptangriffsseite musste die Ostseite – hier steigt das Gelände an und überhöht die Burg so, dass sie durch Bliden und Feuerwaffen gefährdet gewesen ist – besonders gesichert werden. Hier findet sich ein von Nordnordwest nach Südsüdost verlaufender, 60 m langer, 9–10 m breiter und im heutigen Erhaltungszustand unterschiedlich hoher Erdwall, der am Südende in einer Rundung um 90 Grad abknickt. Möglicherweise lag hier der Hauptzugang zur Burg. Das Befestigungssystem ist an mehreren Stellen u.a. durch Wegebau gestört, insbesondere an der Nordseite.

Bei der im April 1978 durch Koch erfolgten Vermessung ergab sich folgende noch nachvollziehbare Flächenaufteilung: heute sichtbare Grabenfläche: 570 m²; Fläche der Wallkörper: 2 780 m²; zu Bebauungszwecken nutzbare Innenfläche: 8 630 m²; insgesamt: 119,8 ar. Unklar bleibt, ob die in der Hauptburg und der diese zwingerartig umgebenden Vorburg ergrabenen Gebäudereste tatsächlich mittelalterlich sind oder ob sie erst während der Nachnutzung der Burg zu Beginn des 17. Jh. entstanden. Erwähnenswert ist die Quellmulde im südwestlichen Hangbereich.

Die mit der Burg verbundene **Sage vom Schwarzen Satan** wurde zur Erklärung des Namens Geisen-/Geißenburg herangezogen (nach Infotafel): Demnach hatte sich ein von seiner Burg am Rhein geflüchteter geächteter Ritter „in der damals noch unwirtlichen Gegend sein Raubnest" gebaut, von dem aus er „mit seinen rohen, gottlosen Mannen" die Gegend drangsalierte. Er überfiel „die friedlichen Bewohner und kerkerte sie ein, um ein hohes Lösegeld zu erpressen". Als er einmal auf der alten Trierer Straße einen Kaufmannszug überfallen und seine Gefangenen auf seine Burg geschleppt hatte, bat ihn ein Greis, der unter den Gefangenen war, um Schonung für die Kinder. „Aber der Ritter hatte nach dem Bau seiner Raubburg den Schwur getan, nicht eher zu ruhen, bis die Verließe voll Unschuldiger seien. Damit wollte er der Acht, die über ihn verhängt war, spotten. Mit Hohn wies er die Bitte des Greises ab. Der aber sprach einen grauenvollen Fluch über ihn aus, so daß ihn und seine Knechte Entsetzen packte." Es heißt, schon bald habe sich der Fluch des Greises erfüllt. „An einem stürmischen Abend" stürmten Trierer Soldaten die Burg; sie überrumpelten die Wachen, „drangen in die Burg ein und machten die Besatzung nieder, die gerade fröhlich zechte. Den Schwarzen Satan, wie man den Ritter nannte, hängten sie in der brennenden Burg auf, nachdem die Gefangenen aus den Verließen befreit worden waren." Der Name Geisenburg wird auf diese Weise – sehr phantasievoll, aber nicht stichhaltig – von der angeblichen volkstümlichen Benennung „Geiselnburg" abgeleitet.

Eine andere, ebenso phantasievolle Namensdeutung verweist auf die Geißler bzw. Flagellanten, die – je nach Sichtweise – als eine religiöse Sekte bzw. eine christliche Laienbewegung des 13./14. Jh. bezeichnet werden. Ihre Anhänger geißelten sich öffentlich zur Buße für begangene Sünden. Um 1349 waren die Geißler offenbar auch im Erzbistum Trier aktiv, wo sie Unruhe unter der Bevölkerung verursacht haben sollen. Papst Clemens berechtigte daher den Trierer Erzbischof Balduin, gegen die Geißler vorzugehen. Die verlassene Burg Freudenstein soll daher „im Volksmund den Namen Geißelburg" erhalten haben, „aus dem sich später der Name Geißenburg entwickelt" habe. Auch dies ist sehr unwahrscheinlich.

Information: 54552 Brockscheid, VG Daun. – Die Burgruine ist, am besten über Tettscheid, über Wanderwege zu erreichen und vom Lieserpfad aus ausgeschildert.

Daun

13 | Burg/Schloss Daun

Die Kreisstadt Daun liegt im Zentrum der Vulkaneifel, deren Name kürzlich auf den Landkreis Daun übertragen wurde; er heißt seit dem 1.1.2007 Landkreis Vulkaneifel.

Der Dauner Burgberg erhebt sich, weitgehend isoliert von den umgebenden Höhenzügen, am rechten

Daun, Burg. Hauptburg mit evang. Kirche

Ufer der Lieser und ist heute von Häusern der Stadt rings umbaut. Zwar ist die großenteils zerstörte Burg als solche für das ungeübte Auge nicht sofort zu erkennen, doch ist sie wegen des im barocken Amtshaus der Burg eingerichteten Hotels „Kurfürstliches Amtshaus" weit über die Region hinaus bekannt. Dazu trugen, neben dem besonderen Ambiente des Hotels, auch die Eifel-Krimis von Jacques Berndorf bei.

Eine permanente Besiedlung lässt sich spätestens für die römische Zeit im Bereich der heutigen Stadt Daun und ihrer unmittelbaren Umgebung feststellen. Auch innerhalb der Burg – vereinzelt in ihr vermauert – gab es Funde aus der römischen Epoche, etwa Relief- und Inschriftsteine, darunter der Deckel

Daun, Burg. Grundriss; 1: Ringmauer; 2: „bastionsartiges" Ringmauerteilstück; 3: Pfefferbüchse; 4: evang. Kirche; 5: Amtshaus; 6: „Große Scheuer"

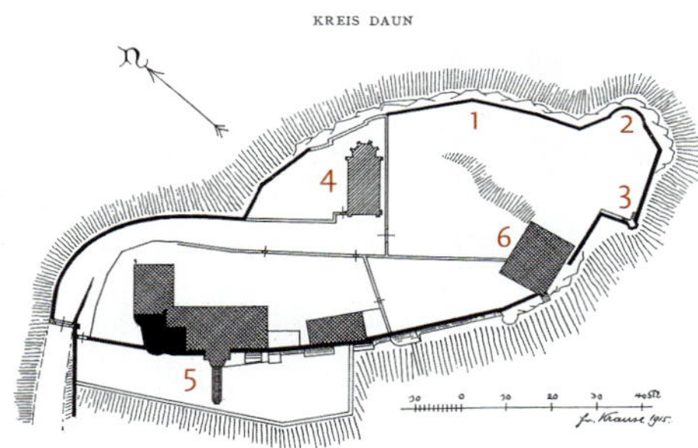

Daun, Burg. Kurtrierisches Amtshaus, Grundriss; schwarz: integrierte (spät-)mittelalterliche Bausubstanz

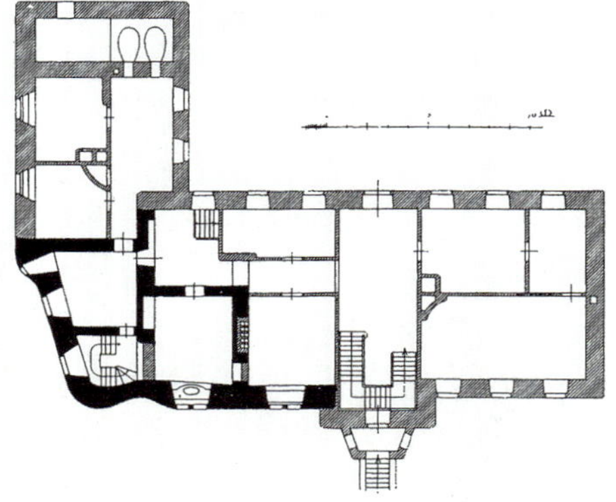

eines Sarkophags (heute im Museum Daun), Statuetten und der in der Außenmauer der Burg gefundene „Vier-Götterstein", die Basis einer Jupitersäule, welche 1916 ins Landesmuseum Trier verbracht wurde. Während die genaue Herkunft der Inschriftsteine heute meist nicht mehr zu klären ist, ist die Lage einer ländlichen römischen Siedlung am Fuß des Burgberges zu erschließen.

Der heutige Name der Stadt – er lautete im Mittelalter *Dune/Dhune* – wird auf das keltische Wort *Dunum* bzw. auf das fränkische *Tun* zurückgeführt. Gemeint waren damit (befestigte) Orte der Gerichtsbarkeit eines Gaues, in denen ein *Thungin* seinen Sitz hatte. Nach einer anderen Theorie ist die Namensherkunft Daun aus der keltischen Bezeichnung *Duron* (Zaun) zu erklären, woraus dann in römischer Zeit *Dunum* geworden sein soll. Ein roter Zaun auf goldenem Grund wurde später das Wappen des Adelshauses v. Daun. (Zum sagenhaften Begründer des Adelsgeschlechts v. Daun, Sigumbert, > Schalkenmehren: Altburg.)

Die genaue Herkunft der Herren v. Daun – sie galten lange Zeit als „eines der ältesten Adelsgeschlechter der Eifel" – ist bisher nicht eindeutig geklärt, zumal es im Mittelalter in der Eifel und rundum Orte ähnlichen Namens gab. Ebenso ist letztlich unklar, ob die Altburg bei Schalkenmehren oder die Burg Daun die Stammburg des seit dem 11. Jh. nachweisbaren Geschlechtes war. Mehrere urkundliche Nachrichten sind nicht eindeutig auf die eine oder andere Burg zu beziehen. Ausgrabungen auf der Altenburg im Jahre 1979 stützten die Annahme, dass schon zu Beginn des 10. Jh., etwa zur Zeit Theoderichs II., eines Sohnes Heinrichs I., „die Übersiedlung auf den Dauner Burgberg erfolgte, wo ebenfalls eine Burg erbaut wurde (Nanstein). Für die Richtigkeit dieser Annahme spricht die Tatsache, dass Theoderich von Dune, der zweite Sohn Heinrichs I., in der damals erbauten ersten Pfarrkirche St. Nikolaus in Daun begraben ist, während bis dahin die Kirche von Weinfeld die erste Kirche der Dauner Herren war" (Jung/Weber 1981, 11). Die v. Daun waren ursprünglich ein freiherrliches, später ein ministerialisches Adelsgeschlecht (Berns 1980, 67).

Nach dem Tod des Pfalzgrafen Wilhelm, er starb 1142 kinderlos, wurde Daun Reichslehen. 1325 trug Ägidius v. Daun das Burghaus Nan(n)stein – der Name

Daun, Burg. Zugang und kurtrierisches Amtshaus mit gotischen Bauteilen (rechts)

ist angeblich von Neuenstein abgeleitet – innerhalb der Burg dem Grafen Gerhard v. Jülich zu Lehen auf. Die Burg Daun war zu jener Zeit bereits eine Ganerbenburg. Am 8.5.1338 räumte dann Dietrich v. Daun dem Trierer Erzbischof Balduin das Öffnungsrecht an der Burg Daun ein; dieser Vorgang stand in einem größeren rechtlichen Kontext, denn Dietrich gab den Lehensrevers über die Burgen und Herrschaften Bruch und Clussart (Klüsserath) sowie über seine Dienste für den Erzbischof und schließlich das Öffnungsrecht an den Burgen Daun und Bettingen (Dominicus 1862, 409). Dietrichs Sohn, der den gleichen Namen trug, sicherte dem Erzbischof schließlich 1347 das Öffnungsrecht an allen seinen Burgen zu. „Ägidius v. Daun trägt 1341 bereits im voraus seinen geplanten Burgbau bei Altendaun (> Schalkenmehren) zu ligischem Offenhaus auf und verkauft dem Erzbischof 1353 neben Gütern und Herrschaften sein Haus Nanstein auf Burg Daun“ (Berns 1980, 93).
Dem Übergang des Hauses Nanstein und weiterer Teil der Burg Daun gingen allerdings kriegerische Auseinandersetzung zwischen Ägidius v. Daun und den verbündeten Erzbischöfen von Trier und Köln voraus, nachdem Ägidius angeblich als „Raubritter“ in Erscheinung getreten war: 1352 erfolgte die Eroberung von Burg und Stadt Daun und die Aufteilung des Dauner Besitzes unter den siegreichen Erzbischöfen. Alexander Dominicus (1862) berichtet in seiner stark für den Erzbischof Partei nehmenden Schrift „Baldewin von Lützelburg, Erzbischof und Kurfürst von Trier, ein Zeitbild aus der ersten Hälfte des vierzehnten Jahrhunderts“ über das Vorgehen des Erzbischofs Balduin gegen den „räuberischen

Daun, Burg. Kurtrierisches Amtshaus, Portal, Wappen

Daun, Burg. Kurtrierisches Amtshaus, heute Hotel, Hofansicht

Adel" in der Eifel: „Das waren besonders die Herren von Daun nebst ihren Consorten." Ägidius v. Daun († 1355) – er erscheint unter den Namensvarianten Gilles, Zilles, Gilz, Gyls, Gilys, Schyls und Schilles –, „durch seine Gemahlin Kunigunde, ein Schwager derer v. Virneburg, in Verwandtschaft und Verbindung mit den Herren v. Ulmen und in geheimem Bündnisse mit der Stadt Trier stehend, angesehen durch viele glückliche Ritterthaten, mußte am Ende seines Lebens [...] noch den Wechsel des Glücks erfahren. Seine Burg [...] war ein Sitz, von dem aus schon lange Mord, Raub, Brand, viel anderer Unfug und Gewalt gegen das Land, die Kaufleute, Pilgrime und Wanderer verübt ward. Im Thale daselbst hielten sich stets Räuber und unthätige Leute in Menge auf" (S. 566 f.). Dieses Bild des Ägidius v. Daun ist sicher stark überzeichnet. Tatsache ist, dass sich Ägidius der Botmäßigkeit des Trierer Erzbischofs entzogen hatte, woraufhin Balduin und sein Kölner Amtskollege, Erzbischof Wilhelm, am 2.9.1350 ein Bündnis schlossen, „den Herrn Schyls und alle seine Gemeiner und Ganerben davon" abmahnten und schließlich Daun angreifen ließen. Sie „gewannen die Burg, brachen und schleiften die Häuser im Thale und schlossen, damit keine Zweiung zwischen ihnen oder ihren Nachfolgern in Trier und Cöln entstehen möchte, einen Vertrag zu einer Theilung und zu gemeinschaftlichem Besitz in der Weise, daß Baldewin und die folgenden Erzbischöfe von Trier das zu Daun gelegene Haus Nanstein mit dem Thurme und dem Begriffe der Mauern ringsum allein behalten, Wilhelm aber und seine Nachfolger das gleichfalls zu Daun gelegene Haus Rodemachern mit Mauern oben und unten, vorn und hinten für sich haben, daß dagegen der hohe Thurm, ‚Valche' [Falke?] genannt, der an dem Hause Rodemachern stand, und alle übrigen Häuser gemeinsames Eigenthum von Trier und Cöln bleiben sollten. Ferner setzten sie fest, daß ein jeder in seinem besonderen Hause bauen und seinen Willen thun könne, in dem gemeinschaftlichen Besitze aber beide einträchtig handeln, sich ohne Hinderniß zulassen, Pförtner gemeinschaftlich einsetzen, beköstigen und sich huldigen lassen wollten. Alle Dörfer, Zehnten, Weiher, Wälder, Felder, Wiesen u.s.w., alle Güter hoch und tief, groß und klein, besucht und unbesucht, naß und trocken,

Daun, Burg. „Bastionsartiges" Ringmauerteilstück mit Pfefferbüchse, Innenseite

die zu Daun gehörten und die von Kuntel an bis Bitburg und von da bis Cöln und wieder von Kuntel bis an den Rhein, doch von der Mosel eine Meile Weges zu beiden Seiten entfernt lägen, sollten sie gemeinschaftlich haben und brauchen, der letzteren an der Mosel dagegen sollte sich der Erzbischof von Cöln nicht unterwinden. Endlich wollten sie mit Schyls v. Daun, mit denen, die seine Gemeiner daselbst waren, und ihren Erben nur gemeinsam Frieden und Geduld nehmen, jeden Angriff vereint abwehren und einen Burgfrieden von Seiten beider Stifte machen, den die Amtleute beiderseits beschwören müßten" (S. 567 f.).

Die *Gesta Treverorum*, P. 267, nennen den 3.6.1352 als Datum der Einnahme der Burg, doch ist dies nicht eindeutig geklärt.

Den Einfluss, den Erzbischof Balduin auf König Karl IV. (reg. 1346/47–1378, Kaiser ab 1355) ausübte, nutzte er bisweilen dazu, adelige Familien, die gegen ihn opponierten und ihre Burgen als Lehen des Reiches innehatten, der erzbischöflichen Lehensherrschaft unterstellen zu lassen, wie im Falle der Adelsfamilien v. Eltz und v. Schöneck 1354. Auch die Burg Daun ließ er sich am 9.1.1354 auf diese Weise übergeben, nachdem die v. Daun Anfang der 1350er-Jahre gegen ihn erhoben hatten (Berns 1980, 93). Ab 1357 begann der Ausbau des kurtrierischen Amtes Daun, das bis 1803 bestand und zum Zeitpunkt seiner Auflösung 59 Ortschaften umfasste. 1363 belehnte Kaiser Karl IV. Erzbischof Kuno II. von Trier mit der „Feste Dhune [= Burg Daun] und Zubehör"; er befahl den Bewohnern der jetzigen Reichsburg, dem Erzbischof gehorsam zu sein. 1378 wurde die Belehnung erneuert. Die Burg war Sitz eines kurtrierischen Amtmannes; das Amt Daun gehörte kirchlich jedoch zum Erzbistum Köln.

Nachdem 1407/08 die ältere Linie v. Daun ausgestorben war, zog Kurtrier „als kaiserlicher Lehnsherr" deren Anteil an der Burg ein. Trier und das Haus Manderscheid, das durch Heirat einen Anteil an der Burg erhalten hatte, vergaben ihre Anteile bis Ende des 18. Jh. gemeinsam als Lehen an die jüngere österreichische Linie der Grafen v. Daun: Der Name und das Wappen der Herren v. Daun waren an ein ab 1352 erwähntes Burgmannengeschlecht übergegangen, das Kaiser Ferdinand III. (reg. 1637–57) in den

Grafenstand erhob. Sieben Angehörige des Grafenhauses wurden Feldherren im kaiserlichen Heer. Zu den illustren Mitgliedern des Dauner Grafenhauses gehörte Graf Wirich (*1669 Wien, †1741 Wien), ein Sohn des Grafen Johann Wilhelm Anton v. Daun. Er erlangte Verdienste als General im Spanischen Erbfolgekrieg, war Vizekönig in Neapel und wurde in der Augustinerkirche zu Wien bestattet. Wirichs Totenschild, er befand sich zuerst in der (1945 bei einem Bombenangriff fast völlig zerstörten) Pfarrkirche St. Nikolaus und später im Dauner Pfarrhaus, trägt die Inschrift „Wirich Phil[ipp]. Lorenz, des hl. Römischen Reiches Graf und Herr zu Daun, Fürst zu Tiane, Ritter des Goldenen Vließes der römischen Kaiser, Generalfeldmarschall, Obrister und Commandant der kaiserlichen Residenzstadt Wien“ (zitiert nach Steffens F. 15; dort auch die Sage über Graf Wirich). Durch den Eifelverein, Ortsgruppe Daun, wurde Graf Wirichs Wappenschild restauriert.

Daun, Burg. „Bastionsartiges“ Ringmauerteilstück mit Pfefferbüchse, Feldseite, und Burgmannensitz Waldenhof

Der bekannteste der „Wiener“ v. Daun war Graf Wirichs Sohn, Leopold Joseph Maria Reichsgraf v. Daun (*24.9.1705, †5.2.1766), österreichischer Feldmarschall unter der römisch-deutschen Kaiserin Maria Theresia, der seit 1748 die österreichische Armee reorganisiert hatte und als gefährlicher Gegner des preußischen Königs Friedrich II. d. Gr. galt, den er in den Schlachten von Kolin am 18.6.1757 und Hochkirch am 14.10.1758 besiegte. Und auch aus der Schlacht von Maxen 1759 ging v. Daun als Sieger hervor. 1904 starb die Familie v. Daun im Mannesstamm aus.

Die genaue Gründungszeit der Burg Daun ist ebenso unbekannt wie ihr hoch- und spätmittelalterlicher Baubestand und der genaue Umfang der Zerstörungen im Jahre 1350, als das Heer der verbündeten Erzbischöfe von Trier und Köln die Burg „brach“ und „die Häuser im Thale“ schleifte (Dominicus 1862, 567). Aus dem zwischen den beiden Erzbischöfen geschlossenen Vertrag wissen wir von der Existenz eines Hauses „Nanstein“, eines Turmes und der Ringmauer, ferner des (Burgmannen-)Hauses „Rodemachern“ (s.u.) und weiterer Häuser (ebd.). Es ist zu vermuten, dass es sich bei dem namentlich erwähnten „hohe[n] Thurm“ namens *Valche* (Falke?) nahe dem Haus Rodemachern um einen Bergfried oder Wohnturm, sicher aber um den Hauptturm der Burg handelte.

Schriftquellen des 16. Jh. bezeugen den schlechten Bauzustand der Burg zu jener Zeit: 1549 wird berichtet, dass das Sollingsche Haus, ein den Marschällen v. Densborn gehöriges Burghaus, durch einen Brand zerstört und schon lange nicht mehr bewohnt war. Einige Speicherbauten galten als „sehr baufällig“. Anscheinend kam es im 16./17. Jh. lediglich zu Reparaturen, nicht zu umfassenden Instandsetzungen, doch wurde 1605 auf dem „hohen Turm“ noch eine Wächterstube eingerichtet.

1689 zerstörten französische Truppen unter Herzog Louis François de Boufflers (1644–1711) die Burg. Sie brannten auch die Stadt Daun nieder. Viele Ortschaften und Burgen der Region wurden damals von Franzosen zerstört, darunter > Hillesheim und > Kerpen, wie in einer Chronik des Augustiner-Klosters in Hillesheim berichtet wird. Nach der Zerstörung der Burg Daun entstanden als Neubauten das kurtrierische Amtshaus (1712) – unter Einbeziehung spätmittelalterlicher Bausubstanz (14. Jh.?) – und die „große Scheuer“ (1740). Im auch *Kellnerei* genannten Amtshaus fand 1913 eine „Königlich preußische Oberförsterei“ ihren Amtssitz; schon seit 1815 gehörte die Burg dem preußischen Staat.

Zu erneuten Zerstörungen in der Burg kam es während des Zweiten Weltkrieges. 1948 kam die Burg an das Land Rheinland-Pfalz; 1957 wurde die Stadt Daun Eigentümerin, 1978 ging Burg Daun in Privatbesitz über, und 1979–81 erfolgte der Bau des Hotels.

Von der Burg Daun ist hauptsächlich die aus Grauwacke und Basalt bestehende, unregelmäßig ein- und ausspringende, dem Verlauf der Plateaukante folgende Ringmauer erhalten. Der Bering hat eine Länge von 140 m bei einer maximalen Breite von 50 m. Auffällig ist der Verlauf der Ringmauer an der südöstlichen Schmalseite: Dieses Teilstück gleicht im Grundriss annähernd einer Bastion. Die auf seiner Südwestecke angebrachte Pfefferbüchse und die hier vorhandenen (vielleicht im 19./20. Jh. erneuerten?) Feuerwaffenscharten sprechen für eine Entstehung im späteren 16. oder 17. Jh., doch bleibt dies zu überprüfen. Die etwa 0,19 m breiten Scharten sitzen in segmentbogig überwölbten, 0,83 m breiten und 0,61 m hohen Nischen; die Wehrmauer ist hier im Bereich der Brüstung etwa 0,70 m stark. Östlich schließt zur Talseite hin eine etwa halbrunde, möglicherweise ältere (Geschütz-?)Plattform an die „Bastion“ an.

Das ungefähre Aussehen der Burg zu Beginn des 16. Jh. überliefert das 1508 vom Domdechanten Philipp v. Daun gestiftete Glasgemälde in einem Fenster im nördlichen Seitenschiff des Kölner Domes. Heute sind die evangelische Kirche und das als Hotel genutzte Amtshaus (s.u.) die prägenden Bauten innerhalb des Burgberinges. Die Existenz einer Turmruine noch im 19. Jh. überliefert der Archivar und Historiker Leopold v. Eltester (1819–79). Möglicherweise diente dieser Turmrest, der nahe der evangelischen Kirche gestanden haben soll und wohl im Zusammenhang mit deren Bau beseitigt wurde, zuletzt als Gefängnis. Ob es sich tatsächlich, wie verschiedentlich angenommen, um den Bergfried handelte, bleibt ungewiss, zumal in Schriftquellen von zwei größeren Türmen die Rede ist.

1712 entstand das auf der Ringmauer aufsitzende zweiflügelige Amtshaus, die *Kellnerei*, unter Verwendung älterer Bausubstanz, angeblich des 16. Jh., doch könnte es sich hier um Bauteile des 14./15. Jh. handeln; dafür sprechen die im 14. Jh. in verschiedenen Regionen West- und Mitteleuropas „modischen“ gerundeten Ecken. Das zweistöckige Hauptgebäude zeigt in der hofseitigen Portalbekrönung das Wappen des Erzbischofs Karl Joseph. In dem mittig der Hoffront aufsitzenden Zwerghaus befand sich der Aufzug zum Speicherboden. Der linke Flügel des Amtshauses entstand erst 1979/81 beim Bau des Hotels.

Daun, Burg. Evangelische Kirche

Gegen Ende des 18. Jh. ließ Amtmann Augustin Knoodt, der zeitweilig auch das Kellner- und Landschultheißen-Amt innehatte, Pläne zum Bau einer großen Zisterne im Hof des Amtshauses erstellen. Die Zisterne sollte von den Dächern des Gebäudes aufgefangenes Regenwasser speichern, um einen beständigen Wasservorrat für den Haushalt, das Vieh und für den Brandfall vorrätig zu haben. Der Plan und der Kostenvoranschlag des nicht ausgeführten Projektes, das „mauer werck, und überhaupt gantze auff der Kellerey Daun an zu legende Cystern in specie der selben Kosten berechnung betreff“ (zu „845 Gulden 52 Albus“), sind erhalten.

Neben den erwähnten Bauten steht im Burgbering die evangelische Pfarrkirche. Im 16. Jh. versuchten die Grafen v. Manderscheid-Schleiden, in ihrem

Herrschaftsgebiet die Reformation einzuführen. Einige Orte im heutigen Kreis Daun wurden evangelisch, doch erfolgte im 17. Jh. die Rekatholisierung. Nachdem das Rheinland 1815 Teil Preußens geworden war, bildeten sich, u. a. bedingt durch den Zuzug preußischer Verwaltungsbeamter, evangelische Kirchengemeinden. Ab 1862 entstand die neugotische, 1867 eingeweihte Kapelle. Durch Spenden und Sammlungen vieler Gustav-Adolf-Vereine „von Norddeutschland bis Siebenbürgen" konnten die Baukosten (5 000 Taler) zusammengebracht werden (Schank 1981). Beim Luftangriff am 19.7.1944 wurde die Kapelle zerstört. Sie wurde nach Kriegsende wieder aufgebaut und 1949 neu eingeweiht. 1956/57 entstand der Erweiterungsbau.
Trotz der zahlreichen baulichen Verluste ist die in der Fernwirkung vom Turm der evangelischen Kirche geprägte Burg Daun noch immer das Wahrzeichen der Stadt zu ihren Füßen, die offenbar nie eine Befestigung besaß.

Information: 54550 Daun. – Das Innere des Burgberinges sowie Teile der Außenanlagen sind frei zugänglich. – ‚Schloßhotel Kurfürstliches Amtshaus' Dauner Burg (Christa & Günter Probst), Burgfriedstr. 28, 54550 Daun, Tel. 06592-9250, Fax 06592-925255, info@DaunerBurg.de.

14–16 | Burghäuser (Burgmannensitze Rodemachern, Straußenberg und Waldenhof)

Wie mancherorts bei bedeutenderen Burgen standen auch in unmittelbarer Nähe der Burg Daun mehrere Burgmannen- bzw. Burghäuser. Manche dieser kleineren Adelssitze existierten bereits zum Zeitpunkt der Kunstdenkmäler-Inventarisierung in den 1920er-Jahren nicht mehr. So heißt es, das **Haus Straußenberg** sei „nicht mehr vorhanden" (KD Daun 1928, 57), und schon 1549 wurde berichtet, **das Sollingsche Haus**, ein den Marschällen v. Densborn gehöriges Burghaus, sei durch einen Brand zerstört worden und schon lange nicht mehr bewohnt gewesen.
Andere Burgmannenhäuser blieben, äußerlich verändert, am Südhang des Burgberges erhalten. Sie standen in einem wohl im „späteren Mittelalter" (ebd.) entlang des Südhanges und des dortigen Teilstückes der Ringmauer der Burg – an der Oststraße – angelegten äußeren Bering. Der Straßenname „Burgfried" verweist darauf, dass der Burgfriedensbereich der Burg Daun diese Häuser mit einschloss.
Rechts der Auffahrt zur Burg steht das heute **Burghof** genannte **Haus Rodemachern** (Burgfriedstr. 26), dessen rundbogiges Hoftor mit (nachmittelalterlichem) schiefergedecktem Schutzdach im Bogenschlussstein die Hausmarke und die Datierung *1502* zeigt. Das im 18. Jh. barock umgebaute Herrenhaus könnte im 16. Jh. oder früher entstanden sein (Hartmann 1981, 71), wie es die ehemaligen Kamin- oder Giebelkonsolen nahelegen.
„Von der Burgfriedstraße her verdeutlicht die Verwendung einfacher Fenster, aber auch das früher in der Mitte durch Werkstein geteilte größere Fenster die Entstehung dieses Gebäudes im 16. Jh. oder gar früher. Die Hofseite ist jedoch ganz in der Gesinnung des 18. Jh. gehalten, die mit der kurtrierischen Herrschaft auch in die Vulkaneifel gebracht worden ist" (Hartmann 1981, 71). Trotz des Umbaues blieb „die fränkische Tradition der Grundrißgliederung" teils erhalten, bei der ein zentraler Eingangsraum, der als Küche und Aufenthaltsraum für das Gesinde diente, das Gebäude erschloss (ebd.). Um 1802 gehörte das Anwesen Igidius Becker, der Bürgermeister, dann Königlich-Preußischer Friedensrichter und Notar in Daun war. Bis Ende der 1950er-Jahre diente das Haus Rodemachern als Notariat. Nach 1945 gehörte der Burghof der „Johanna Beckerschen Erbengemeinschaft", die bis 1952 Reparaturen an den infolge des Krieges teils dachlosen Gebäuden der Hofanlage vornehmen ließ.
Während des Zweiten Weltkrieges war ein Stollen vom Burghof aus als Luftschutzkeller in den Burgberg getrieben worden. Nachdem es Ende der 1960er-Jahre zu einem Teileinsturz der Terrassenmauer der oberhalb stehenden Burg gekommen war, wurde der Stollen im Rahmen der Reparaturarbeiten zugesetzt. 1989 kaufte dann das Unternehmerehepaar Peter und Doris G. Lepper das Haus Rodemachern; der unter Denkmalschutz stehende Bau wurde „komplett ausgekernt, von Grund auf saniert" und 1991 ein Restaurant darin eröffnet, das nach einer Sanierung 2009 wiedereröffnet wurde.

Daun, Burghaus Rodemachern

Daun, Burghaus Waldenhof. Herrenhaus, Hoffassade

Information: 54550 Daun. – Burghof Daun, Burgfriedstr. 26, 54550 Daun, Tel. 06592-982009, Fax 06592-982003, E-Mail: info@burghof-daun.de.

Im Kern erhalten blieb auch der **Waldenhof** (Burgfriedstr., ehemals Burgfried 9), das Haus der Burgmannenfamilie Mohr vom Wald. Auch dieses in einem ummauerten Hof stehende, angeblich 1534 entstandene Haus (KD Daun 1928) wurde im 18. Jh. barock verändert: So hat die fünfachsige Hauptfassade des Herrenhauses zum Hof mit der hohen Freitreppe eine durchaus repräsentative Wirkung, zu welcher das Wappenrelief der Mohr vom Wald über dem mit einer Werksteinrahmung versehenen Portal und das hohe Walmdach beitragen. Waldemar Hartmann (1981, 74) sah die Gestaltung der „hohe[n] Freitreppe“ in „Anlehnung an die überdimensional große, gradläufige Treppe des kurtrierischen Amtshauses auf der Burg“. Das Innere des Hauses ist der Öffentlichkeit nicht zugänglich und entzieht sich daher einer Beschreibung.

Abschließend sei darauf verwiesen, dass der Name Burgfriedstraße an den zur Dauner Burg gehörigen Burgfriedensbereich erinnert. Sogenannte Burgfrieden regelten das Leben aller Menschen auf einer Burg und in deren unmittelbarem zur Burg gerechneten Umfeld, in dem – wie im Falle der Burg Daun – Burgmannenhäuser stehen konnten. Gerade wenn, wie in Daun, eine Burg mehrere Besitzer hatte, musste deren Koexistenz vertraglich geregelt werden.

Densborn

17 | Burg Densborn

Densborn liegt im Kylltal, ca. 2 km südlich kyllabwärts von > Mürlenbach entfernt. Am Ufer des Flusses stehen – oft übersehen, da großenteils durch Wohnhäuser überbaut – die baulichen Reste der spätmittelalterlichen, architektonisch hochinteressanten Kastellburg.

Eine Erwähnung fand ein Ort *Denesbure*, der ziemlich sicher als Densborn identifiziert wurde, schon im Jahre 893 im Güterverzeichnis der Abtei Prüm, dem Prümer Urbar. Und so wurde vermutet, den „Grundstock des Burgbesitzes“ hätte im 9. Jh. die Abtei Prüm gelegt (KD Prüm 1927, 66). Eine Kirche bestand in Densborn somit sicher schon lange vor dem 13. Jh., doch findet eine Kapelle als Filiale der Kirche von > Mürlenbach erst 1289 – damals erlangte sie den Rang einer Pfarrkirche – eine urkundliche Erwähnung. Ob das Gotteshaus im Bereich eines Fron- oder Klosterhofes stand, konnte noch nicht geklärt werden. Aus seiner Baugeschichte weiß man, dass das heute bestehende Kirchenschiff auf Initiative der Familie v. Anethan, damals Besitzer der Burg, 1747 an das Untergeschoss des ansonsten abgebrochenen Chorturmes angefügt wurde und der Turm 1757 von der Gemeinde neu gebaut wurde. Für eine ältere Burg anstelle der Kirche finden sich keine eindeutigen Belege.

In Densborn war im Spätmittelalter eine gleichnamige Ortsadelsfamilie ansässig. Das Adelsgeschlecht der Herren v. Densborn scheint mit der Adelsfamilie v. Daun verwandt gewesen zu sein: „Im Wappen sah man wie bei Daun das Gitter in dem Wappen auf goldenem Grund. Anstatt des Schwanes, den die Dauner auf dem Helme trugen, hatten die v. Densborn einen geharnischten Arm mit Schwert“ (Steffens 53). Zu unterscheiden ist aber die 1332 ausgestorbene Familie der Herren v. Densborn von dem Burgmannengeschlecht desselben Namens, das 1561 ausstarb, doch ist die Geschichte beider Familien anscheinend nie umfassend erforscht worden. In Urkunden finden Herren v. Densborn im 14. Jh. als Vasallen der Herren v. Blankenheim Erwähnung. Arnold v. Densborn war (um) 1426 Amtmann auf der Kasselburg bei > Pelm. Ein Sohn Arnolds, Gotthard v. Densborn, erhielt 1441 > Jünkerath, das er bis 1452 besaß. Arnolds Tochter Margarete heiratete Gerlach v. Virneburg und seine Tochter Else ehelichte Wilhelm v. Mirbach. Kurz vor dem Aussterben der Burgmannenfamilie v. Densborn belehnte Dietrich v. Manderscheid 1556 Johann v. Densborn mit der Kasselburg.

Der Ritter Heinrich v. Daun († 1275), ein Ministeriale des Erzstiftes Trier und Burgmann des Erzbischofs in Manderscheid, kaufte Densborn und ließ die 1223 erlangte Erbmarschallswürde von Luxemburg auf die Herrschaft Densborn übertragen (Schannat/Bärsch III 1854, II, 1, 283). Heinrich und seine Nachkommen nannten sich nun (1224) „von Daun und Marschall von Densborn“. Als Besitz Richards v. Daun, Marschall von Luxemburg, fand die Burg *Deinspure* dann erst 1290 ihre früheste urkundliche Erwähnung.

Infolge einer Heirat gelangte die Burg Densborn Ende des 14. Jh. an die Herren v. Rollingen. Johann v. Rollingen und dessen Bruder hatten offenbar keine direkten Erben, und der Trierer Erzbischof Johann IV. versuchte daraufhin, den Besitz zu übernehmen (Steffens 53).

Im Jahre 1548 wurden die Söhne des Johannes v. Crichingen Besitzer der Burg Densborn; sie sollen „wahrscheinlich“ die „Erbauer der jüngeren Teile, die von ihnen als Schönecker Lehen bezeichnet“ wurden, gewesen sein (<D Prüm 1927). Gut 100 Jahre später, 1654, erwarb Johann v. Anethan, „kurtrierischer Kanzler, Gesandter usw.“, die nunmehrige

Densborn, Burg. Ansicht der Kyllseite

Herrschaft Densborn-Dohm von Graf Franz Ernst v. Crichingen. Nachdem die Herrschaft Densborn „noch in französischer Zeit" im Besitz der Familie v. Anethan war, erwarb die Adelsfamilie v. Hontheim während des 18. Jh. „Anteil an dem Besitz", der von 1789 „bis noch in preußische Zeit hinein, zum Herzogtum Luxemburg gehörte" (ebd.). In der Zeit der Besetzung des Rheinlandes durch französische Revolutionstruppen um 1800 gelangte die Burg in bürgerlichen Besitz: Wohl in den 1920er-Jahren gehörte sie Theodor Peuchen aus Jünkerath, und 1840 veräußerte sie ein Herr Leist an den Vater der Geschwister Vanck, welche sie noch in den 1920er-Jahren besaßen. Heute ist der Bereich der Hauptburg in mehrere Wohnhausgrundstücke aufgesiedelt.

Beschreibung: Durch die neuzeitliche Überbauung der Burg und die Veränderungen des spätmittelalterlichen Bestandes sowie den wegen des Privatbesitzes nur in wenigen Bereichen gegebenen Zugang lässt sich die Baugeschichte der Burg Densborn nur sehr schwer erschließen. Auch scheinen Beschreibungen mancher Bereiche der Burg im Kunstdenkmäler-Inventar (KD Prüm 1927) ungenau oder sogar fehlerhaft. Einige Detailbeschreibungen mussten daher von heutigen Burgbewohnern übernommen werden, ohne sie alle selbst überprüfen zu können. Das Mauerwerk der Hauptburg, die schon 1927 teilweise als „dem Verfall preisgegeben" bezeichnet wurde, insbesondere die Südwestecke, besteht aus unregelmäßigem Bruchsteinmauerwerk, die Werkstücke (Fensterrahmungen, Konsolen usw.) aus Rotsandstein. „Die bewohnten Teile" waren 1927 „alle in gutem Zustande". Das Bruchsteinmauerwerk weist verschiedene Techniken auf. In den meisten Teilstücken ist es in einer lagerhaften Form aufgemauert worden. Merhfach finden sich Rüstlöcher.

Im Kunstdenkmäler-Inventar heißt es, die Burg sei „entsprechend ihrer Lage an der Kyll als Wasserburg anzusehen, die schwach befestigt und durch einen jüngeren Wirtschaftshof auf doppelte Größe gebracht, im 16. Jh. den Charakter eines befestigten Gutshofes angenommen" (66f.) habe. Damals wurde offenbar nicht erkannt, dass eine bemerkenswerte Kastellburg den spätmittelalterlichen Kern der Anlage bildet (zu Kastellburgen s. Kapitel II.2). Lapidar heißt es weiter, die „Verteidigungsmittel waren die Umfassungsmauern selbst, zwei kleine Ecktürme, ein Turm auf der Mitte der Anlage, sowie ein auf drei Seiten noch gut erkennbarer Wall von etwa 10 m Breite, der als fast regelmäßiges Rechteck mit abgerundeten Ecken in einem Abstand von 25 bis 35 m (von seiner Mittelachse aus gemessen) herumgeführt ist und wohl vor allen Dingen die auf der West-

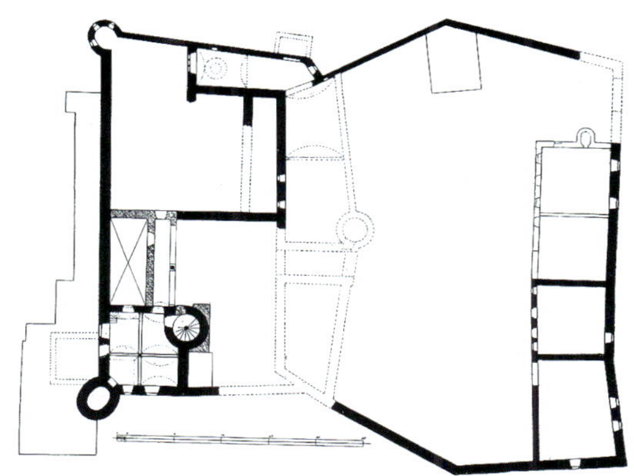

Densborn, Burg. Grundriss (mit Ergänzungen)

Densborn, Burg. Wohnbau mit Turmrest

Densborn, Burg. Hauptburg, Flankierungsturm

seite entlang fließende Kyll abwehren sollte“ (ebd., 67). Schon in den 1920er-Jahren, dies geht aus der weiteren Beschreibung hervor, konnten Gräben „nicht mehr festgestellt werden“; der Wall war auf der Ostseite durch den Eisenbahnbau beseitigt worden und ansonsten „nur noch ganz niedrig“ in Resten vorhanden.

Falsch ist die Beschreibung des Grundrisses der Hauptburg als Rechteck von 54 m Länge mit „geraden Kurzseiten von 40 bzw. 44 m Länge“ (ebd.). Vielmehr handelt es sich um einen etwa fünfeckigen Grundriss: Mit der genannten 54 m langen, von zwei gerundeten Türmen gerahmten Seite ist die Hauptburg zum (heutigen) Wiesengelände am Kyllufer hin ausgerichtet. Durch spätere Umbauten und Abbrüche ist die landeinwärts gerichtete Seite nicht mehr vollständig nachvollziehbar. Nach dem Grundriss im Kunstdenkmäler-Inventar erstreckte sich hier im letzten Ausbauzustand der Burg ein durchgehender, sicher nicht in einem Zuge entstandener, 1870 abgebrochener Flügel, in dem sich, neben einem etwa mittig stehenden und feldseitig ausspringenden Rundturm (4 m Durchmesser), die 8 m lange Toreinfahrt zur Hauptburg öffnete. Von dieser aus war der Turm zugänglich. Es muss offen bleiben, ob dieser „Wirtschaftsflügel“ einen ehemals zwischen Hauptburg und Vorburg bzw. Wirtschaftshof verlaufenden Graben überbaute. Es war bei der Erstellung des Inventars möglich, aus „örtlichen Spuren, altem Katasterplan und nach den Angaben des Besitzers [...] mit einiger Genauigkeit“ einen Grundriss dieses Flügels zu erstellen.

Die Hauptburg ist durch eine Quermauer in zwei ähnlich große, etwa quadratische Teile geteilt. An der Südostecke des östlichen Teiles steht ein im Grundriss quadratischer Wohnbau mit 9,50 m langen Außenseiten. In seine Nordwestecke ist eine Treppenspindel integriert; an seiner Südostecke steht ein im Grundriss ovaler, innen nachträglich als Treppenturm ausgebauter spätgotischer Flankierungsturm der Kastellburg. Der Turm ist, ebenso wie das Haus, durch ein 1903 erbautes Wohn- und Gasthausgebäude teils verdeckt, das feldseitig an die Burg angefügt wurde. Es enthält ein segmentbogiges Gewölbe sowie Preußische Kappen im Keller. Im Anschluss an das ehemalige Gasthaus steht dessen einstige Kegelbahn bündig der Ringmauer vorgesetzt, die hier Bauschäden (Abbrüche, Stand 2010) aufweist. Der Außeneingang der erwähnten Spindeltreppe – ursprünglich vielleicht eines freistehenden Treppenturmes (?) – an der Hofecke wurde zugemauert, und der ovale bzw. elliptische Eckturm wurde erst bei seiner Nutzung als Treppenturm vom Erdgeschoss her zugänglich gemacht. Im Erdgeschoss befand sich eine mit flachem Tonnengewölbe gedeckte Küchendiele „mit großem Kaminraum in der Südostecke, dem zuliebe die Mittelstütze für die vier sich kreuzenden schmalen Gurtbogen verschoben ist“ (ebd.). Teils noch erkennbare rechteckige Fenster mit spätgotischen Profilen und ursprünglich mit Mittelstöcken versehen sprechen für eine Bauphase im 16. Jh.

Ein westlich anschließender schmaler Flügel mit Laubengang vor der Hofseite wurde, das belegen das Wappen der v. Anethan und die Datierung auf einer später ins Obergeschoss des Eckbaues versetzten Tür, um 1664 angefügt, um das beschriebene Wohnhaus mit der anderen Hälfte der Hauptburg zu verbinden. Der Laubengang zeigt zwei flachbogige Gurte auf einer Mittelsäule ohne Sockel, die Ka-

Densborn, Burg. Vorburg, Ringmauerfeldseite

pitellplatte nur eine einfache Schräge. Im Hof vor dem Gang öffnete sich ein Brunnenschacht.

Der südwestliche ovale Flankierungsturm endet mit einer weitgehend erhaltenen Brüstung, die über einem auf Sandsteinkonsolen auskragenden, aus schmalen Bruchsteinen gemauerter Bogenfries sitzt. Nur wenige kleine Fenster- und Schlitzöffnungen zeigen, dass der Verteidigungswert des Turmes recht eingeschränkt war. In der an dem Turm nördlich anschließenden, neuzeitlich teils veränderten Kurtine lässt sich hingegen mindestens eine Schlitzscharte direkt über dem heutigen Bodennivaeu erkennen. Wegen der späteren Veränderungen und der nicht gegebenen Zugänglichkeit dieses Bereiches sei hier die Beschreibung von 1927 wiedergegeben: „Die Westmauer zeigt dann weiter nach außen die Konsolen eines Abtritterkers, einen Küchenausguß und in paar Doppelkonsolen mit profilierten Kanten, ferner ein vermauertes Backofenloch. Am Südende der Westmauer ist ein großes Stück herausgefallen, während nach Norden zu die Mauer zur niedrigen Hofmauer wird. Auf der Innenseite zeigt der sich an das Ecktürmchen anschließende Teil der Umfassungsmauer flache Arkadenbogen auf Steinkonsolen für den Wehrgang. Im übrigen ist dieser Teil nach den Resten mit Wirtschaftsgebäuden besetzt gewesen, die vielleicht einen Garten einrahmten. Vorhanden ist noch ein schmaler, mit flacher Tonne gewölbter Raum, der einen verschütteten Brunnen birgt. Ein dreiteiliges Fenster hängt gerade noch in der Mauer, die Pfosten mit einfacher Schräge umzogen, im geraden Sturz ist jedesmal ein Dreiecksgiebel eingeritzt."

Der Übergang der Hauptburgringmauer zu jener der Vorburg wurde anscheinend neuzeitlich verändert. So bleibt unklar, ob es sich hier um eine gerundete Ecke handelte. Der Ringmauerverlauf der Vorburg war sechseckig; kurz vor der Nordostecke war die Mauer leicht nach innen eingezogen. An der Nordseite reihten sich die meisten Gebäude; an der Nordwestecke lag der Zugang, zuletzt offenbar ein einfaches Mauertor.

Information: 54570 Densborn, VG Gerolstein. – Teile der Außenanlagen und des Innenhofes der Burg sind frei zugänglich.

Deudesfeld

18 | Möglicher Adelssitz (Burg?)

Deudesfeld ist das südlichste Dorf im Landkreis Vulkaneifel. Es liegt ca. 1 km westnordwestlich des Meerfelder Maars.

Eine (Orts-?)Adelsfamilie v. Deudesfeld ist aus mittelalterlichen Schriftquellen bekannt. Ein Ritter Ludwig v. *Dudensvelt* stiftete 1185 das Zisterzienserinnen-Kloster St. Thomas an der Kyll und schenkte diesem das Dorf Ernstbeuren und die Kollation der Pfarrei Deudesfeld. Der Sohn des Klostergründers, der ebenfalls Ludwig genannte Pfarrer von Deudesfeld, überließ 1193 dem Kloster sein gesamtes Erbe (KD Daun 1928, 59 f.).

Bislang sind bauliche Reste eines Adelssitzes bzw. einer Burg in Deudesfeld – eine solche nennt Gondorf (1984, 59) ohne konkrete Hinweise – oder unmittelbar bei Deudesfeld offenbar nicht bekannt.

Information: 54570 Deudesfeld, VG Daun.

Dohm

19 | Burg

Das kleine Dorf Dohm liegt östlich der Kyll, etwa 3 km nördlich vom Stadtzentrum Gerolsteins entfernt. Auf einer den Talgrund nur um wenige Meter überragenden Anhöhe, die sich als Felszunge neben dem hier einmündenden Heinzebach ins Kylltal schiebt, stehen die spärlichen Ruinen der Burg sowie die weithin sichtbare große Kapelle.

Die erste bekannte urkundliche Erwähnung des Ortes, der zusammen mit Lammersdorf eine Unterherrschaft der gräflich luxemburgischen Herrschaft > Densborn bildete, stammt aus dem Jahr 1301. Damals trug das Erzstift Trier dem Ritter Friedrich *(Fridericus)* v. Daun, genannt v. Dohm, ein Lehen auf, für das sich der Ritter zu halbjähriger Residenz auf der trierischen Burg Manderscheid verpflichtete. Die Herren v. Dohm waren angeblich eine Seitenlinie der Herren v. Daun (KD Daun 1928, 180).

Auf dem langgestreckten Burghügel, der im 19. Jh. den Flurnamen „auf der Burg" trug, steht an der höchsten Stelle im Osten die Kapelle. Den mittleren Teil des Berges nimmt der Friedhof ein, und auf dem breiten Westende der Zunge findet sich heute eine umzäunte Weide. Noch in den 1920er-Jahren lag dort ein großer Acker. Durch die Nutzung als Acker/Weide und Friedhof sowie die angrenzende Wohnbebauung wurde die Oberfläche des Burgberges so überarbeitet, dass hier obertägig keine Bauspuren mehr sichtbar sind. Ost (1854) berichtet, 1758 seien noch (Gebäude-?) Reste der Burg zu sehen gewesen. Sichtbar erhalten ist heute, außer Geländeabsteilungen, nur noch ein bis zu 4 m hohes und etwa 20 m langes Teilstück der Ringmauer, das dem gerundeten südwestlichen Teil des Hanges aufsitzt. Das Mauerwerk besteht aus recht grobem, jedoch ziemlich lagerrecht versetztem Bruchstein. Im Inventar der Kunstdenkmäler des Kreises Daun (1928) wird von einem zur Burg gehörigen Keller „auf der Südecke" berichtet, der „sauber aus dem Fels gehauen als Oval von 7 m längster Ausdehnung und etwa 2 m tief" war; dieser Keller entstand wahrscheinlich in nachmittelalterlicher Zeit. Er diente als Kühlkeller, und während des Zweiten Weltkrieges wurde er als Luftschutzkeller genutzt, danach auch als „Erdbeben-Station" (Mitteilung Rainer Ballmann). Johann Ost (1854) will noch „vom Bach gespeiste Grabenreste" der Burg gesehen haben.

Dohm, Burg. Ringmauer, Feldseite und Felsenkeller

Dohm, Burg. Blick vom ehemaligen Standort der Burg zum Kirchhügel

Dohm, Burg. Blick vom Kirchhügel zum ehemaligen Standort der Burg

Am Ostende des Burghügels steht die katholische **Kapelle** St. Remigius, deren Patrozinium möglicherweise auf eine fühmittelalterliche (fränkische?) Gründung des Vorgängerbaues des heutigen Gotteshauses schließen lässt: Bischof Remigius taufte im Jahr 496 in Reims den fränkischen König Chlodwig und viele Frankenfürsten nach deren Übertritt zum Christentum. Neben dem Patrozinium gibt es weitere Indizien für einen älteren (romanischen?) Bau an dieser Stelle, „von dem der Unterbau des Westturmes stammen soll“ (KD Daun 1928, 180). Und um 1875 wurde ein „ausgebrochenes am Boden liegendes Rundbogenportal“ gefunden, auf dem man „einen Löwen mit verschlungenem Schweif“ sowie „zwei Schlangen, deren Hinterteile ineinandergewunden“ waren, erkennen konnte (ebd.). All diese Indizien könnten dafür sprechen, dass der spätmittelalterlichen Burg ein früh- oder hochmittelalterlicher Herrenhof vorausging.

Die Kapelle präsentiert sich als ein schlichter Saalbau mit einem nicht axial vor dem Langhaus stehenden Westturm. Ihr heutiges Erscheinungsbild geht auf einen Umbau wohl des 18. Jh. und eine Umgestaltung um 1862 zurück; das Außenportal ist neugotisch. „Die breiten gekuppelten Schallfenster auf drei Seiten sind beim Anbau des Schiffes verändert“ worden; sie „zeigen Säulchen in Barockformen“ (ebd.). Der hohe, elegante Turmhelm setzt sich über einem quadratischen Grundriss aus einem zum Oktogon überleitenden unteren Teil, einer achteckigen Laterne und einem ebensolchen Spitzhelm zusammen (vgl. den in der Struktur ähnlichen, jedoch gedrungeneren Turmhelm der Kirche in Krautscheid). Das Langhaus (15,35 m lang, im Lichten 4,68 m breit) ist flach gedeckt und an den Längsseiten mit je drei flachbogigen Fenstern versehen; von einer älteren

Bauphase stammt ein weiteres schmales Rundbogenfenster an der Südseite.

Information: 54576 Dohm-Lammersdorf, VG Hillesheim. – Der Burghügel ist größtenteils frei zugänglich (Friedhof, Wiese). Der Schlüssel zur Kirche ist bei Frau Lames, Hauptstr. 5, erhältlich.

Dreis

20 | Dreiser Burg (Burghaus)

Südwestlich der durch Dreis führenden Bundesstraße B 421 steht das „Dreiser Burg" genannte turmartige Burghaus, das nach seiner Restaurierung gegen Ende des 20. Jh. wieder zum Wahrzeichen der Gemeinde Dreis-Brück geworden ist.
1579 soll das in der Tradition spätgotischer Wohntürme im Mittelrhein-Mosel-Eifel-Gebiet stehende Gebäude „für den Inhaber eines Schultheißenamtes errichtet" worden sein; es soll „zur Versorgung einer Maria, natürlichen Tochter eines Grafen v. Manderscheid" gedient haben (KD Daun 1928).
Zur Geschichte des Burghauses im 17./18. Jh. blieben mehrere Urkunden bzw. Akten erhalten; einige davon befanden sich noch in den 1920er-Jahren in Dreis und in Dockweiler, so eine Schultheißenamtsbelehnung von 1579 im Besitz der Witwe Knarr, damals Eigentümerin des Burghauses. Im Besitz des Gastwirts Guthausen (Dockweiler) gab es Akten aus dem 18. Jh., die das Schultheißenamt, „Ausschreibungen des Amtes Dreis, Kurtrierische Verordnungen", eine herzoglich arenbergsche Marktverordnung, „Grenzbegang und Denombrement" befanden (ebd.). Und im Archiv der Herzöge v. Arenberg liegen Dreis betreffende Schultheißenamtsakten des 17./18. Jh.
Nach der baulichen Vernachlässigung des Burghauses in der Neuzeit fand die Dreiser Burg mit Dieter Schewe, Ministerialdirektor a. D., einen engagierten neuen Besitzer: Schewe wurde 1984 vom Deutschen Nationalkomitee für Denkmalschutz geehrt, nachdem er den von Abbruch bedrohten Zehnthof in Sinzig/Rhein erworben, eine Sanierung und eine Teilrekonstruktion veranlasst und eine neue Nutzung gefunden hatte. Ähnlich verfuhr er in Dreis.
Das Burghaus ist ein dreigeschossiger Bau über rechteckigem Grundriss, dem an der südöstlichen Schmalseite ein halbrund ausspringender Treppenturm vorgesetzt ist, dessen heutiges Obergeschoss zu Beginn der 1980er-Jahre im Rahmen der von Dieter Schewe veranlassten Restaurierung und Teilrekonstruktion des Äußeren aufgesetzt wurde. In diesem Kontext erfolgte auch die freie Rekonstruktion der vier Eckwarten, von denen zuvor lediglich noch einige Konsolenreste vorhanden waren (s. KD Daun 1928); Fotos aus dem Jahre 1975 im Archiv des Europäischen Burgeninstitutes zeigen das Haus vor der freien Rekonstruktion. Das zwischenzeitlich vermauerte Portal des Treppenturmes (ebd.) mit dem flachen burgundischen Bogen, „blind gesetzt auf den geraden Sturz" (ebd.), dient inzwischen wieder als ein Eingang des Hauses.
Wie anfangs erwähnt, steht das Burghaus in der Tradition spätgotischer Wohntürme im Mittelrhein-Mosel-Eifel-Gebiet (vgl. z. B. die Alte Burg in Longuich/Mosel). Mit dem das Gebäude dominierenden

Dreis, Dreiser Burg. Schmalseite mit Treppenturm

Dreis, Dreiser Burg. Hintere Schmalseite

Dreis, Dreiser Burg. Rückseite des Burghauses

Treppenturm und den vier Eckwarten tradiert das Gebäude zudem in kleinstem Maßstab symbolhaft das Idealbild der Kastellburg.

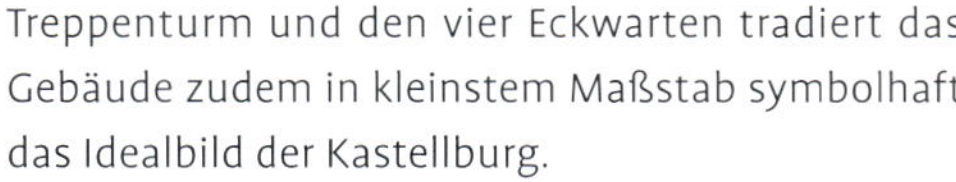

Information: 54552 Dreis-Brück, VG Daun. – Privatbesitz (Wohnungen), keine Besichtigung, doch von zwei Straßen aus gut einzusehen.

Gerolstein

Gerolstein liegt in einem landschaftlich einzigartigen Abschnitt des Kylltales, umgeben von mächtigen, unmittelbar über der Stadt aufragenden Dolomitfelsen. Doch auch mehrere bedeutende Burgen umgeben die Stadt, die heute gleichermaßen ein Fremdenverkehrs- und Luftkurort wie auch ein Verkehrs- und, dadurch bedingt, Wirtschaftsmittelpunkt ist. Das bekannteste Produkt der Stadt machte ihren Namen international bekannt: der Gerolsteiner Sprudel.

Im Jahre 1875 schilderte Hans Wachenhusen seinen Eindruck von der von Burgen umgebenen und überragten Stadt Gerolstein, welche er „die Zierde des ganzen [Kyll-]Thals" nannte: „Gerolstein, hart zwischen Fels und Fluß gedrängt, über dem Ort auf dem Kalkgestein die Ruine der Burg Gerolstein [...]. Interessant ist alles um diese poetische Stätte herum, für den Gelehrten wie für den Romantiker, für den letzteren namentlich die Munterlei mit dem herrlichen Blick auf Gerolstein, die großartige Ruine der Kasselburg [> Pelm] auf ihrem Basaltfelsen [...] und das Dorf Lissingen mit seinen beiden Burgruinen."

Doch nicht nur mittelalterliche Burgen und Befestigungen finden sich rund um Gerolstein. Auch mehrere ur- und frühgeschichtliche Siedlungsplätze wurden in unmittelbarer Nähe der Stadt bzw. im heutigen Stadtgebiet aufgefunden und untersucht, darunter die Höhle „Buchenloch" unterhalb der Klippen der „Munterley" und die Magdalenahöhle an der Südwand desselben Berges, beide mit altsteinzeitlichen Funden.

21 | Eisenzeitliche Befestigung („Burg"/„Ringwall") auf der Dietzenley

Etwa 1800 m in südsüdöstlicher Richtung von der > Burg Gerhardstein entfernt, ragt über den Hängen des Gerolsteiner Stadtwaldes der markante Felsen der Dietzenley (617,6 m) auf, der den Grund des Kylltales in Höhe des Gerolsteiner Bahnhofes um gut 250 m überhöht. Die zu einer von Bad Bertrich bis Ormont reichenden Kette vulkanischer, auf Kalk- und Sandsteinformationen aufsitzender Kegelberge gehörige, isolierte Basaltkuppe (Thormann 1993, 124) trägt die Reste einer vorgeschichtlichen Befestigung, die wissenschaftlich zuerst durch das damalige Provinzialmuseum Trier nach dem Ersten Weltkrieg untersucht wurde.

Über den Namen des Berges, Dietzenley, wurde verschiedentlich spekuliert: Überlieferungen brachten ihn mit dem lateinischen Namen *Decius* – sowohl mit dem römischen Kaiser Decius Augustus (reg. 249–251 n. Chr.) als auch mit dem römischen Volkshelden des Namens Decius im Jahre 295 v. Chr. – in Verbindung, doch ist Karl Thormann (1993, 122) zuzustimmen, der meint, dies „erscheint zu weit hergeholt, selbst wenn man annimmt, daß den römischen Eroberern und Besetzern die Vorzeitburg bekannt war und vielleicht von Ihnen genutzt wurde." Immerhin fand sich ein Hinweis in den Aufzeichnungen des Pfarrers Ost aus Demerath darauf, dass die Erinnerung an eine „Burg"auf der Dietzenley noch Ende des 17. Jh. bei Bewohnern der Gegend lebendig war und 1694 ein französischer Offizier „während des 3. Raubkrieges" König Ludwigs XIV. von Frankreich nach der „Decius-Burg" gefragt habe (ebd.). Wahrscheinlicher erscheint hingegen die Ableitung des Namens von dem Vornamen Dietrich, der verkürzt zu „Dietz" (auch „Detz") wird. Zwei Männer dieses Namens werden in diesem Kontext erwähnt: Graf Dietrich III. von Manderscheid, der die Grafschaft Gerolstein im 15. Jh. erwarb, und der für 1594 erwähnte Verräter „Kellers Dietz" (= Dietrich Keller), der den Grafen Gerhard an seinen Feind, Graf Philipp von der Mark, ausgeliefert haben soll (ebd.). Letztlich bleibt der Name aber ungeklärt.

Anscheinend umgab ein Steinwall die gesamte (etwa 235 m lange und bis zu 80 m breite) Basaltkuppe; er umfasste eine Innenfläche von 1,6 ha. Durch einen Mühlsteinbruch, der noch in der ersten Hälfte des 20. Jh. in Betrieb war und in dem man Steine zum Zerkleinern der Lohrinde in Lohmühlen gewann, wurde der nördliche Bereich des Walles mit dem dort angenommenen Torbereich zerstört (Nortmann 2006, 350). Andere Teile der länglichen, dem Geländeverlauf angepassten Wallbefestigung blieben hingegen sichtbar erhalten.

In den Jahren 1928 und 1965 fanden Ausgrabungen statt, doch lieferten diese weder zum Wall noch zur Innenbebauung der „Burg" aussagekräftige Befunde. Nach der ersten archäologischen Untersuchung wurde folgende Beschreibung der Befestigung verfasst: „Der 600 m lange Wall besteht aus zusammengetragenen und aufgehäuften Steinbrocken verschiedener Größe, ohne Erde. Reste von Holzwerk [...] einer ohne Mörtel errichteten Mauer, wie sie ursprünglich hier stand [...; gemeint ist *murus gallicus*], konnten bei der Ausgrabung nicht festgestellt werden. Im Norden war die Mauer an einen zerklüfte-

Gerolstein, „Ringwall" Dietzenley. Teilansicht des Berges mit dem „Felsturm"

Gerolstein, „Ringwall" Dietzenley. Blick vom Aussichtsturm zur Felskuppe Heidkopf

ten, steilabstürzenden Felsen angelehnt, der wie ein Turm Burg und Vorgelände beherrschte. Ungewöhnlich ist die Stelle, wo der Wall hingesetzt wurde, nicht etwa nämlich, wie üblich, um den obersten Höhenrand herum, sondern ein ganzes Stück tiefer, wie ein Kranz um die Schulter eines Berggipfels. So überragt die eigentliche Burg überall den Wall. [Ähnliche Strukturen finden sich auch bei anderen vor- bzw. urgeschichtlichen Befestigungen, etwa auf dem Kapf bei Bietingen, Kr. Konstanz.]
Der obere Rand des Berges hatte keine Bewehrung, weder Wall noch Pfahlwerk. Nur die Hänge zwischen Rand und Wall waren künstlich abgeböscht und steiler gemacht (vor dem Wall ist ein Graben nicht gewesen). Der enge Winkel zwischen Wall und Böschung trat an die Stelle eines Festungsgrabens – eine allerdings ungewöhnliche Erscheinung. Der Wall ist überall abgestürzt, von innen gesehen verschieden hoch, aber an keiner Stelle kaum mehr als einen Meter hoch erhalten. Die Schüttung der Steine erstreckt sich nach außen den Hang hinab stellenweise bis über eine Strecke von 20 Metern."
Die von dem Heimatforscher und Architekten Ernst Brück (*1880) angenommenen zwei äußeren Wälle, die angeblich den Heidkopf und den Krekelberg einbezogen und insgesamt eine Fläche von 700 ha (!) umschlossen haben sollen, konnten tatsächlich nie festgestellt werden, denn Brück blieb „präzise Angaben schuldig" (Thormann 1993, 127).
Wie bereits angedeutet, brachten die 1928 und 1965 durchgeführten Ausgrabungen weder zum Wall noch zur Innenbebauung der „Burg" aussagekräftige Befunde, doch immerhin gilt das Fundmaterial als „vergleichsweise reichhaltig" (ebd.); aus ihm ließ sich eine mehrperiodige Nutzung der Befestigung erschließen. „Schon mit einem kleinen Bestand an Keramik und Steingerät kann die ‚Dietzenley' als die reichste Siedlungsfundstelle zur älteren Bronzezeit im rheinischen Mittelgebirge angesehen werden. Die ansprechbaren Gefäßformen einer mit groben Quarzkörnern gemagerten Keramik nach Art der sog. Hilversum-Urnen lassen dabei eine deutliche kulturelle Ausrichtung zum niederrheinisch-niederländischen Nordwesten erkennen. Derartige frühe Höhensiedlungen sind an sich aber keine Sonderfälle, sondern wurden fast regelmäßig als Nebenergebnis auf fast allen intensiver untersuchten Burgwällen für die Epoche zwischen Spätneolithikum

und Frühbronzezeit festgestellt", so im Eifel-Mosel-Gebiet auf dem Burgberg bei Kröv/Kr. Bernkastel-Wittlich, auf der Rotlei bei Preist/Kr. Bitburg-Prüm und im Hunsrück auf der Altburg bei Bundenbach/Kr. Birkenfeld (ebd.).
Nur eine einzige gefundene Scherbe eines Gefäßes aus der Urnenfelderzeit erlaubt keine Aussage über die Siedlungstätigkeit an dieser Stelle zu jener Zeit. „Im Gegensatz zu den Verhältnissen im Ostteil des mittelrheinischen Berglandes scheinen die sehr spärlichen Zeugnisse für Höhenfundstellen der Urnenfelderzeit im Westen eher die Regel (vgl. Kerpen/Kr. Daun)" (ebd.). Die größte Anzahl der Funde von der Dietzenley stammt aus der älteren Eisenzeit und teils auch sicher aus dem späten 6. Jh. v. Chr., so dass auch die Entstehung der Befestigung in dieser Zeit angenommen wird. Die Dietzenley „repräsentiert damit wohl die kurzlebige ältere Generation eisenzeitlicher Befestigungen aus den Jahren um 510 v. Chr. (vgl. Ellweiler, Kirnsulzbach, Koblenz, Landscheid, Preist, St. Goarshausen)" (Nortmann 2006, 351).

Information: Die Dietzenley ist über den Hauptwanderweg 4 von Gerolstein oder von der Ortschaft Büscheich (Weg setzt 500 m östlich des Sportplatzes an) zu erreichen.

22 | Burg Gerhardstein (sogenannte Löwenburg)

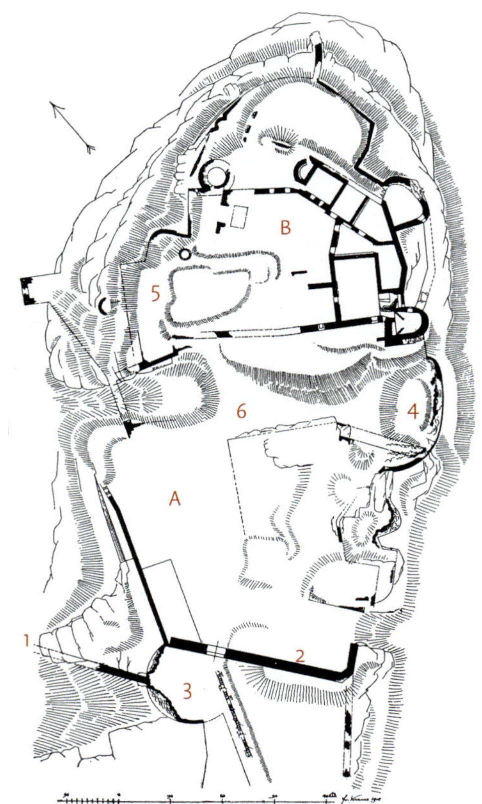

Gerolstein, Burg Gerhardstein. Grundriss; A: Vorburg; 1: Verbindungsmauer zur Ortsbefestigung; 2: Schildmauer; 3: mutmaßliches Rondell oder Torzwinger; 4: mögliches Rondell oder Ringmauerteilstück; B: Hauptburg; 5: mögliche Geschützplattform; 6: Halsgraben zwischen Vor- und Hauptburg

Die auf einem Bergsporn über der Stadt und dem Kylltal stehende Burgruine Gerhardstein – später Gerolstein und anscheinend erst ab dem 19. Jh. auch Löwenburg genannt – überragt die im Mittelalter befestigte und solcherart mit der Burg verbundene Stadt Gerolstein im Kylltal. Die Burg gehört heute mehreren Besitzern: die Hauptburg (sogenannte Hinterburg) untersteht der Verwaltung des Landesbetriebes *Burgen, Schlösser, Altertümer Rheinland-Pfalz* (BSA, ehemals Staatliche Schlösserverwaltung), die Vorburg mit der Schildmauer gehört der Stadt, und das Wohnhaus in der Vorburg ist Privatbesitz.
Während in der früheren Forschung die Entstehung der Burg im 12. Jh. angenommen wurde, geht man inzwischen davon aus, dass der Burgbau wahrscheinlich um 1335 unter Gerhard IV. v. Blankenheim (1314–50) begonnen wurde. Gerhard, er wird in Urkunden anfangs Herr v. Kasselburg und Gerhardstein genannt, gilt als „Stammvater" der 1380 in den Grafenstand aufgestiegenen Herren v. Blankenheim-Kasselburg (s. Kasselburg bei > Pelm) bzw. Blankenheim-Gerolstein. Die Burg Gerhardstein würde damit zu den wichtigsten Spätgründungen unter den Burgen der Eifel gehören!
Nachdem das Geschlecht v. Blankenheim im 1. Viertel des 14. Jh. im Mannesstamm ausgestorben war, gelangte der Besitz über die Ehe Elisabeths, einer Tochter Gerhards v. Blankenheim, im Jahre 1423 an ihren Gatten Wilhelm I. v. Loen. Er nannte sich *Grafe von Blankenheim und Herr zu Lewenburg*, doch blieb

diese Nennung des Namens „Löwenburg" nach bisheriger Kenntnis einmalig in der Geschichte der Burg. (Vielleicht handelt es sich um eine Verballhornung des vorübergehend möglichen, jedoch nicht belegten Namens Loenburg?) Die Herren v. Loen (-Heinsberg) begründeten somit die zweite Linie der Grafen v. Blankenheim. Diese starb 1468 aus. Besitznachfolger in Gerolstein wurde das Grafenhaus Manderscheid (1469/88 bis 1780).

Die Grafen v. Manderscheid begründeten um 1524 (?) eine Linie Manderscheid-(Blankenheim-)Gerolstein, die bis 1697 bestand. 1540 belehnte der Herzog v. Jülich seine Neffen – Gerhard, Graf v. Manderscheid-Blankenheim, Herr zu Gerhardstein, und Graf Arnold v. Manderscheid-Blankenheim – mit Gerolstein. Nach Erbstreitigkeiten zwischen Gerhard und Arnold kam es, nach der Vermittlung Herzog Wilhelms v. Jülich, am 6.5.1548 zur Teilung der Grafschaft, bei welcher Gerhard (VIII.), der Begründer der Gerolsteiner Linie, neben Gerolstein mit der Burg Gerhardstein die Herrschaft Bettingen erhielt. Die Burg Gerhardstein wurde zur Residenz dieser Linie. Gerhards Nachfolger, Hans Gerhard I., erbte 1593 die Herrschaft Kronenburg.

1649 übernahm Graf Ferdinand Ludwig die Grafschaft. Er hatte zuvor dem geistlichen Stande angehört, dem er aber aufgrund des frühen Todes seines erstgeborenen Bruders Ferdinand Karl entsagte. Am 29.4.1665 gab es einen Brand in Schloss Gerhardstein. Gut fünf Jahre später, in der „Donatusnacht" (7.8.) 1670, kam es durch einen Blitzschlag, der den Turm mit der Pulverkammer traf, erneut zu einem verheerenden Feuer im Schloss. Zwar kam kein Mensch zu Tode, doch wurden die Kanzlei, die Rüstkammer und das Archiv ein Raub der Flammen.

Nach dem Tode Ferdinand Ludwigs im Jahre 1671 übernahm dessen Sohn Karl Ferdinand die Regierung. Graf Karl Ferdinand, „ein Mann von vielen Kenntnissen", wurde 1689 vom Kaiser zum ersten Präsidenten des Reichskammergerichtes in Wetzlar (Hessen) berufen. Während der Zeit der französischen Übergriffe auf linksrheinisches Gebiet versuchte er, Neutralität zu wahren, doch musste er 1690 oder 1691 (s. Ennen II 1856, 2: „1690") die Zerstörung der Burg und der Stadt Gerolstein erleben. Durch einen Handstreich besetzten französische Truppen die Burg; der Gräfin gelang es nur mit Mühe, nach Kronenburg zu ihrem Gemahl zu fliehen. Die ca. 180 Soldaten in der Burg wurden ab dem 4.8. von Reichstruppen unter Obrist Graf v. Vehlen, welche die Stadt besetzt hatten, belagert, nachdem sie eine Übergabe der Burg verweigert hatten. Am 5.8. stießen weitere Truppen unter General Eltern hinzu. Die Burg wurde durch Artilleriebeschuss weitgehend zerstört, die meisten Franzosen fielen. Doch auch die Stadt wurde ein Opfer der Kämpfe; zudem plünderten die Belagerer (!) weite Teile der Grafschaft. Die anschließenden Bemühungen des Grafen Karl Ferdinand um Entschädigung blieben an-

Gerolstein, Burg Gerhardstein. Gesamtansicht

Gerolstein, Burg Gerhardstein. Schildmauer; Feldseite

Gerolstein, Burg Gerhardstein. Hauptburg, Teilansicht mit Rondell

scheinend erfolglos. Er wohnte mit seiner Familie nach der Zerstörung des Schlosses in einem Haus in Aachen, in dem er am 31.12.1697 kinderlos verstarb. Nach dem Tode des letzten Angehörigen der Gerolsteiner Linie fielen die Besitzungen an Graf Salentin Ernst v. Manderscheid zu Blankenheim. Dessen Familie verlor die Burg infolge der erneuten Besetzung linksrheinischen Gebietes durch französische Truppen. Bereits 1777 hatte der letzte Graf die Burgruine auf Abbruch verkauft. Da baufällige Teile der Burg Häuser am Fuß des Burgfelsens bedrohten, kam es zu weiteren Abtragungen.

Gerolstein, Burg Gerhardstein. Hauptburg, gesichertes Mauerwerk

1850 erwarb der preußische Staat die Ruine der *Hinterburg*, um sie vor dem endgültigen Verfall zu schützen. 1895/1900 fanden dann unter der Leitung von Kreisbaumeister Krahe umfängliche Sicherungen statt, in deren Verlauf es zu Freilegungen und Aufmauerungen kam. Auch das heutige Tor entstand damals.

1944/45 wurde die Burg bei amerikanischen Bombenangriffen auf die Stadt und die Bahnlinie weiter beschädigt; 20 Bombentreffer waren zu verzeichnen. 1970 erfolgte der Übergang von der rheinland-pfälzischen Finanzverwaltung an die staatliche Schlösserverwaltung dieses Bundeslandes; 1971–75 ließ diese die baufälligen Mauern der *Hinterburg* instandsetzen. Die Schildmauer der Vorburg wurde 1982 städtischer Besitz und anschließend mit Unterstützung des Landesamtes für Denkmalpflege gesichert. Weitere Sanierungen fanden um 1996 statt.

Und nachdem bereits im Zeitraum 2001/05 insgesamt 164 000 Euro zur Verfügung gestellt worden waren, um am Burgfelsen stehende Häuser gegen Steinschlag von der Burgruine zu schützen, wurden für Maßnahmen zur Sanierung der Burg und zur Sicherung des Burgfelsens (durch Bespannung mit Maschendraht) im Jahre 2007, so die lokale Presse 2006, rund 800 000 Euro bereit gestellt. Im Rahmen der letzten Maßnahmen wurde eine photogrammetrische Bestandsaufnahme der Ruine eingeplant.
Die auf einer steilen Spornkuppe über dem Kylltal gelegene Burg „beherrscht“ die Altstadt, mit deren Befestigung sie verbunden ist. Erst gegen Ende des 16. Jh. soll diese Verbindungsmauer zwischen Burg und Stadtbefestigung entstanden sein. Die einst weitläufige Burg ist nur in recht geringen Resten erhalten. Den eindrucksvollsten Baurest stellt die ca. 35 m lange, 11 m hohe, jedoch nur etwa 2 m starke Schildmauer dar, die einst von Türmen flankiert gewesen sein soll. Sie ist angeblich erst im 16. Jh. entstanden, doch spricht die vergleichsweise geringe Mauerstärke dagegen. An die Innenseite der Schildmauer wurde im 19. Jh. ein Wohnhaus (Privatbesitz) angebaut.
Feldseitig links des neuen Tores der Schildmauer bestand offenbar ein größeres flankierendes Werk. Die 1918 erfolgte Bauaufnahme des Architekten Franz Krause für das Kunstdenkmäler-Inventar des Kreises Daun zeigt die Fundamente eines dreiviertelrunden Turmes oder Rondells (Ø mehr als 15 m) an der Feldseite der Schildmauer der Vorburg. Auf dem in der Vorburg angebrachten Grundrissplan ist dieser Bau als Zwinger vor der Schildmauer rekonstruiert. Unklar ist der gesamte Umfang der offenbar im 15./16. Jh. erfolgten Ausbauten der Burg – die Wohngebäude zeigten Stilformen jener Zeit – zur Verteidigung mit und gegen Feuerwaffen. Ein ovales, etwa 25 m langes Mauerstück verband Haupt- und Vorburg an der Südostseite: Vielleicht ist hier der Rest eines Rondells vorhanden, das möglicherweise identisch mit dem 1777 abgebrochenen *runde*[n] *digell* (digell, dievel = Zapfen) ist; dieser war „20 Fuß hoch, 6 Fuß dick, 50 Fuß lang“. An der Westseite der Hauptburg bestand möglicherweise eine Geschützplattform.
Vorburg und Hauptburg waren durch einen Halsgraben voneinander getrennt, den eine neue Brücke überspannt. Die ehemaligen Funktionen der einzelnen in Ruinen erhaltenen Gebäude der Hauptburg sind nicht abschließend geklärt. Auffällig ist die strukturelle Ähnlichkeit einiger Bereiche des Grundrisses der Hauptburg mit solchen der Hauptburg der nahegelegenen Kasselburg (> Pelm).
Möglicherweise ging das Anwesen westlich unterhalb der Schildmauer der Burg aus einem Burgmannensitz hervor.

Information: 54568 Gerolstein. – Die Burgruine ist in weiten Teilen frei zugänglich.

23 | Stadtbefestigung

Einer Bitte des Grafen Gerhard v. Blankenheim, Herr zu Gerolstein, entsprechend, gewährte Kaiser Ludwig *der Bayer* diesem 1336 für den Flecken Gerolstein die Stadtrechte (entsprechend den Rechten der Stadt Aachen), verbunden mit der Genehmigung, den Ort mit Mauer und Graben zu befestigen, und die Marktrechte. Mit der 1336 in Passau ausgestellten Urkunde wurde Gerolstein zu einer Stadt. In der Folgezeit kam es wiederholt zu Bestätigungen dieser Rechte, so noch 1653 in einer Urkunde Kaiser Ferdinands III.

Gerolstein, Ortsbefestigung und Burg. Lageplan

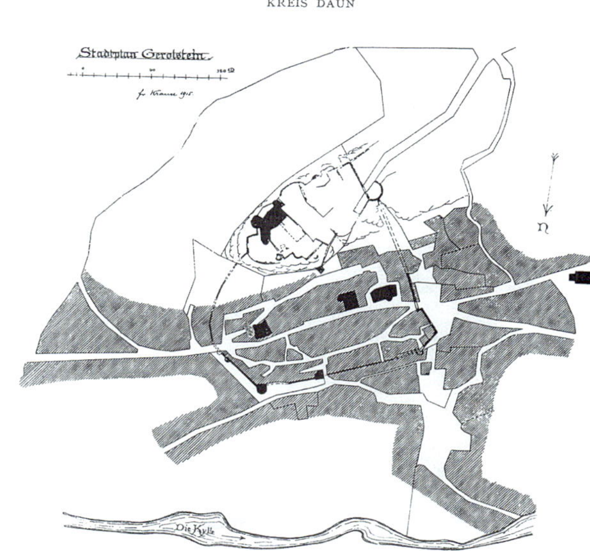

Gerolstein, Ortsbefestigung. Flankierungsturm

Gerolstein, Ortsbefestigung. Pforte, Feldseite

Die sicher schon zu jener Zeit baulich vernachlässigte Stadtbefestigung erfuhr während des 17. und 18. Jh. weitere Zerstörungen und Verluste: 1676/78 gab es Einquartierungen und Brandschatzungen durch Franzosen und 1689 oder 1690 könnte es zur gezielten Zerstörung Gerolsteins durch französische Truppen gekommen sein (Textor 1937, 259). Schäden richteten auch die Stadtbrände 1691, 1708 und 1784 an, und durch Steinraub nach den jeweiligen Zerstörungen dürfte die Stadtbefestigung weitere Substanzverluste erfahren haben.

Ansätze an den Burgmauern zeigen die einstige bauliche Verbindung mit der Stadtbefestigung. Trotz neuzeitlicher Überbauungen war vom städtischen Mauerbering im 1. Viertel des 20. Jh. noch soviel erhalten, dass der Mauerverlauf zu verfolgen ist (KD Daun 1928, 92 f.), und auch heute lässt sich die Ausdehnung der Befestigung mit dieser Beschreibung noch nachvollziehen (s. Plan), wenn auch Teile und Details seither verlorengingen: „Vom Felshange am Ostende der Burg zog sich im leichten Bogen die Mauer, sichtbar noch in der Rückfront der Scheune vom Hause Bergstraße Nr. 6, zum Osttor hinunter, das von zwei halbrund vorspringenden Türmchen flankiert war; das eine etwa vor dem Hause Nr. 60. Seine Reste sind unter dem Pflaster gefunden, die Straße ist jetzt etwas verlegt. Den anderen Turmrest erkennt man in einem Pfeilerrest am Hause Nr. 33 (Koch), mit dessen Ostwand die Stadtmauer sich im rechten Winkel zur Nordfront herumzog, in gerader Linie auf einen schweren Turm zu von der Grundform eines überhöhten Halbkreises, als Nordostecke der Stadtmauer, das Tal nach beiden Seiten überschauend, jetzt ausgebaut zu einem Wohnhause. In seinen drei Geschossen noch einige der spätgotischen Fenster. Weiter steckt dann die Stadtmauer [...] in der Rückfront der Hinterhäuser zu den Häusern der Unteren Straße mit den ungeraden Nummern 5 bis 21. Es folgt das kleine Tor auf der Mitte der Front, dessen Obermauer sich in Haushöhe erhebt und instand gesetzt ist. Der flachrunde Torbogen in schräggestellten Bruchsteinen und mit Anschlag auf beiden Seiten; von den Kämpfern in rotem Sandstein ist noch etwas erhalten. Das ehem. Torwächterhaus daneben springt etwas aus der Mauer vor, und das Tor sitzt im Rücksprung der hier versetzten Mauer. Die nächsten vier Häuser der Unteren Stra-

Gerolstein, Ortsbefestigung. Pforte, Rahmung

ße, deren Rückfronten wieder die Stadtmauer bilden, ziehen sich treppenförmig hinauf zum Hause Hauptstraße 69 zu einem halbrund vorspringenden kleinen Turm, im Sockel noch mit drei Spähscharten ausgestattet und zu einem Treppenturm ausgebaut. Es folgt ein stumpf vortretendes Mauerstück und dann das im Plan rekonstruierte Westtor, das auch hier mit der Mauer im Winkel zurücksprang, eine einfache Art der Sicherung, wie wir sie auch in Hillesheim finden. Hinter dem Hause Hauptstraße Nr. 38 steht ein Haus (Schlachthaus), dessen Rückfront wiederum das untere Ende der Stadtmauer erkennen läßt, die oben bei dem Turmstumpf an der Schildmauer der Burg ihren Anfang genommen hatte."

Das Osttor schützte die Stadt auf der sogenannten Kölner Seite und das Westtor nach der Trierer Seite. Auch ungefähr in der Mitte der etwa parallel zur Kyll verlaufenden Nordseite des Berings bestand eine Pforte, die teilweise erhalten blieb.

Hillesheim

Die Landschaft, in welcher die Stadt Hillesheim liegt, trägt ihren Namen: Die mitteldevonische Kalkmulde zwischen der Kyll (im Westen) und dem Ahbach (im Osten) wird „Hillesheimer Kalkmulde" genannt.

Geschichte: Zwar siedelten hier bereits Kelten und Römer, doch ist Hillesheim keine Römerstadt. Vielmehr wird angenommen, die Stadt sei aus einer fränkischen Siedlung des 6./7. Jh. hervorgegangen (der Name würde dann Heim/Wohnung des Hildin bedeuten). Neben fränkischen Grabfunden und dem „typisch fränkischen" Patrozinium St. Martin der Pfarrkirche wird auf frühe urkundliche Erwähnungen verwiesen: 633, 646 und 816 als *Hildenesheim* in – allerdings gefälschten – Urkunden des Kloster Oeren (St. Irminen) in Trier. Im Prümer Prekarievertrag – eine Prekarie war eine Schenkung auf Widerruf – vermachte Adelgarda, die Gattin des Ramengarius, im Jahre 943 der Abtei Prüm ihre *uilla hillesheim* [...] *in pago heflinse*, d. h. den ihr gehörigen Weiler Hillesheim im Gau Eifel bzw. Eifelgau. Damit ist Hillesheim erstmals in einer echten Urkunde benannt (Wagner [2]1982, 32).

Der Kölner Königschronik ist zu entnehmen, dass der Kölner Erzbischof Philipp I. v. Heinsberg 1188 für 200 Mark *Hillenseym*, ein Allod (Eigenbesitz) des Gottfried *de Stophe*, erworben habe. Später im Hochmittelalter erscheint Hillesheim dann als Lehen, welches die Herren v. Reifferscheid und Wildenburg von den Grafen v. Luxemburg nahmen: Gerhard v. Wildenburg leistete dem Grafen Heinrich v. Luxemburg 1272 den Lehnseid. Johann II. v. Reifferscheid, ein Verwandter des Ritters Gerhard v. Wildenburg, hatte in der 2. Hälfte des 13. Jh. das Augustiner-Kloster außerhalb der damals schon bestehenden Stadtmauer *(ad oppidi moenia)* gegründet.

In einem Lehnsvertrag, den 1306 der genannte Johann II. v. Reifferscheid und Bedburg und sein Stammverwandter Johann v. Wildenburg mit dem römisch-deutschen König Johann v. Böhmen, Graf v. Luxemburg über die Stadt schlossen, ist dann explizit von „unserer Stadt und Burg" die Rede *(villam nostram et castrum de H. integraliter infra muros cum universis eorum fortaliciis aut muralibus clausuris et fossatis)*; aus diesem Text geht hervor, dass die Burg innerhalb der durch Stadtmauer und Graben gesicherten Stadt stand. Die Urkunde von 1306 trägt das älteste Hillesheimer Stadtsiegel mit der Umschrift S[igillum] *CIVITATIS DE HILDE*[sheim in] *EFELLEN*, d. h. die Vertreter des mit einer Befestigung versehenen Ortes nahmen für diesen bereits den Rang einer Stadt in Anspruch, obwohl Hillesheim erst im Sammelprivileg Kaiser Karls IV. (reg. 1346–78) 1376 explizit als Stadt – begabt mit dem Frankfurter Stadtrecht – genannt wird. 1307 bestätigten die Herren v. Reifferscheid, Hillesheim sei ein Offenhaus der Grafen v. Luxemburg.

Im Unterschied zu vielen mittelalterlichen Gründungsstädten in der Eifel entwickelte sich Hillesheim offenbar aus einer bäuerlichen Siedlung der Zeit der sogenannten fränkischen Landnahme bis zur Mitte, spätestens bis zum Ende des 13. Jh. zu einer Stadt.

1334 gab der römisch-deutsche König Johann v. Böhmen (reg. 1310–46), Graf v. Luxemburg, die Wildenburger Hälfte der Stadt Hillesheim an die Grafen v. Jülich (diese wurden 1336 zu Markgrafen und Reichsfürsten und 1356 zu Herzögen erhoben). 1348 hatte Markgraf Wilhelm V. v. Jülich auch den ehemaligen Reifferscheider Besitz in Hillesheim und damit die ganze Stadt in seiner Hand. Der Erwerb Hillesheims durch die Jülicher gehörte zu deren Versuch, in der Hoch- und Vulkaneifel Positionen gegen ihre dortigen Konkurrenten, die Kurstaaten der Erzbischöfe von Köln und Trier zu gewinnen. Es sei in diesem Zusammenhang daran erinnert, dass die Eifel im Spätmittelalter zum Interessensgebiet vier großer Herrschaften, deren Zentren außerhalb der Eifel lagen, gehörte: neben den Erzbischöfen von Trier und Köln und den Grafen v. Jülich waren dies die Grafen (später Herzöge) v. Luxemburg.

Nicht nur den (Mark-)Grafen v. Jülich war die in jeder Hinsicht günstige Lage Hillesheims bekannt. Der Trierer Erzbischof Balduin v. Luxemburg (1307–54) hatte seit 1350 durch seinen Burgvogt aus Kyllburg heimlich Informationen über den Wert und die Einkünfte der Stadt zusammentragen lassen. Als er 1352 im Rahmen einer Jülicher Hausfehde um Hilfe gebeten wurde, nutzte er die Gunst der Stunde und ließ die Städte Hillesheim und Sinzig/Rhein von Jülich für 10 000 Gulden an Kurtrier verpfänden. Der Betrag sollte, das besagte die Urkunde vom 22.9.1352, in Raten zu je 3 000 fl. zu „U. Fr. Lichtmesse“ und im Mai sowie zu 4 000 fl. zum St.-Remigius-Tag zurückgezahlt werden. „Bei Säumniß im ersten Termin soll Dietr[ich]. v. Ulmen, Amtmann zu Hillesheim, und der Bürger Thylkyn daselbst die Feste Hillesheim überantworten“ und bei Säumnis „im dritten Ziele, sollen die Festen dem Erzb[ischof]. zu Muthe stehen. Dieselben behält er dann bis zur vollen Zahlung. Mannen, Burgmannen, Unterthanen etc. sollen dem Erzb[ischof]. hulden u. schwören“ (s. Dominicus 1862, 540). Da die Pfandschaft nicht eingelöst werden konnte, gelangte Hillesheim an den Erzbischof, der 1353 „von den Hillesheimer Burgleuten, Mannen und Bürgern“ (Wagner 1975, 4) die Huldigung entgegennahm. Die Machtbereiche in diesem Teil der Eifel waren damit endgültig abgesteckt. Die Trierer Erzbischöfe wurden neue Stadtherren und Hillesheim der nördlichste Stützpunkt des Erzstiftes. Bis 1794 blieb es Amtssitz des kurtrierischen Amtes Hillesheim.

Im Spätmittelalter und der Frühen Neuzeit war Hillesheim einer der größten Orte und wichtigen Handwerks- und – bis heute – Marktplätze der Eifel (mit ca. 300 Einwohnern 1624!). Doch mit dem 30-jährigen Krieg (1618–48) nahm der wirtschaftliche Aufschwung ein Ende: Besatzungen feindlicher und „befreundeter“ Truppen, Zerstörungen, Brände, Plünderungen, Hungersnot und Pest führten dazu, dass die Stadt 1651 nur noch etwa 130 Einwohner hatte (ebd.). Noch schlimmer wurde die Situation während der sogenannten Raubkriege König Ludwigs XIV. v. Frankreich. Der zweite (1672–79) und der dritte „Raubkrieg“ (1688–97) brachten neue Notzeiten für Hillesheim: 1676 brannte ein großer Teil der Stadt nieder; 1689 sprengte französisches Militär Tore, Türme und Teilstücke der Stadtmauer und legte am 29.8. Feuer, so dass fast die ganze Stadt abbrannte. Und auch im Spanischen Erbfolgekrieg (1701–14) erlitt Hillesheim erhebliche Schäden, indem die gerade in Teilen neuaufgebaute Stadt 1705 „unglücklich in Brand geraten und völlig, ohne die Kirche, eingeäschert worden“ war, wie die Klosterchronik berichtet, und der kurfürstliche Amtsverwalter klagte: „Das arme Städtlein!“ (Schannat-Bärsch). 1731 brannten erneut Bereiche der Innenstadt ab.

Infolge der Französischen Revolution wurde Hillesheim Ende des 18. Jh. französisch besetzt und der Hauptort eines Bezirks in der Generaldirektion Trier;

seit dem 27.1.1798 war Hillesheim eine *Mairie* (Bürgermeisterei) im Kanton Gerolstein des Arrondissements Prüm, das zum Saardepartement gehörte. In Hillesheim unterhielten die französischen Besatzer ein großes Magazin; seit 1802 war der Ort Sitz des Kantonalgerichtes. Die inzwischen weitgehend nutzlose, nur noch in Teilen existierende Stadtbefestigung wurde 1812 durch Abbrüche zur Gewinnung von Straßenbaumaterial weiter im Bestand reduziert, doch wurde Hillesheim zu jener Zeit offenbar noch ein gewisser militärischer Wert beigemessen: So gab es 1813 Pläne, Hillesheim „wegen seiner strategisch günstigen Lage neu zu befestigen und zu einem Fort auszubauen" (Wagner [2]1982, 50), doch unterblieb dieser Ausbau wegen der militärisch-politischen Ereignisse; 1814 setzten deutsche Truppen unter Blücher bei Kaub über den Rhein auf das französisch besetzte linksrheinische Gebiet über, Napoleon wurde abgesetzt, und 1815 kam Hillesheim mit der Eifel an Preußen.

1981 wurde Hillesheim eine „Beispielstadt" im Rahmen der Kampagne zur Stadterneuerung. Der „Ortskernsanierung" – sie war verbunden mit der Ausbildung eines neuen Marktplatzes und einer Fußgängerzone, mit der Anlage von neun Brunnen, dem Bau des neuen Rathauses und Geschäftsansiedlungen und fand internationale Anerkennung – fielen allerdings auch mehrere historische Baudenkmäler, darunter das kurtrierische Amtshaus und mehrere Burgmannensitze, zum Opfer. Sie wurden in den 1970er-Jahren abgebrochen!

24 | Stadtbefestigung

Geschichte: Wie oben im geschichtlichen Überblick ausgeführt, bestand nach Hinweisen in Schriftquellen spätestens in der 2. Hälfte des 13. Jh. eine Stadtbefestigung. So gründete Johann II. v. Reifferscheid zu jener Zeit das Augustiner-Kloster außerhalb der Stadtmauer *(ad oppidi moenia)* von Hillesheim, und der Lehnsvertrag von 1306 erwähnt dann ausdrücklich die mit Mauer und Graben gesicherte Stadt, innerhalb der die Burg steht (s.o.). Die Gründungszeit der ersten Stadt- bzw. Ortsbefestigung bleibt aber vorerst ungeklärt. Erst aus späteren Zeiten gibt es konkrete Informationen zu den Wehranlagen.

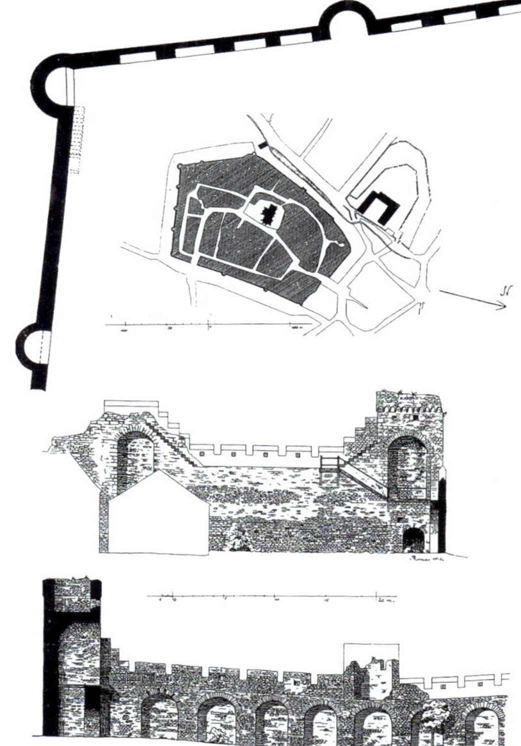

Hillesheim, Ortsplan mit dem befestigten Kloster, darüber Grundriss, darunter Schnitte von Teilstücken der Stadtbefestigung

Als der Amtmann Arnold v. Blankenheim zu Gerolstein 1358 sein Amt in Hillesheim antrat, übernahm er die Stadt mit „Posten, Turmknechten, Wächtern und allen andern Hütern" (nach Wagner 1975, 9).

1538 ließ Johann III. Friedrich v. Metzenhausen (1531–40) Teile der Befestigung „mit starken Quadermauern" wiederherstellen, wie eine noch 1710 in der Stadtmauer vorhandene Inschrift vermeldete. Auch ein „Bollwerk mit Turm" soll damals entstanden sein (KD Daun 1928). Die Baumaßnahme würde gut in die Reihe der unter diesem Erzbischof errichteten Befestigungen passen: Ab 1532 ließ er einen Teil der Stadtbefestigung von Pfalzel/Mosel zu einer Festung für den Geschützkampf mit sechs kasemattierten Rondellen ausbauen. Als Baumeister dieses Festungsbaues gilt der 1543 an der Stadtbefestigung in Trier tätige, dort in Baurechnungen genannte „Meister Peter". Wegen der weitgehenden Zerstörung der Hillesheimer Befestigung ist nicht mit Be-

Hillesheim, Stadtbefestigung. Südliches Teilstück

stimmheit zu sagen, ob der Erzbischof auch hier solch ein Rondell errichten ließ.

Trotz eines durch den Erzbischof und Kurfürsten Lothar v. Metternich (1599–1623) veranlassten Programmes zur Instandsetzung von Wehrbauten in seinem Herrschaftsgebiet, bedingt durch den 1568 ausgebrochenen Niederländisch-Spanischen Krieg, scheinen diese Maßnahmen für die Stadtbefestigung von Hillesheim keine Nachhaltigkeit besessen zu haben, denn 1614 waren die „Stattmauren ahn ettlichen orten verfallen, ahn etlichen auch sehr bauwfellig, [...] die statthorn zerschlagen und über den hauffen gefallen" (zitiert nach Schaus 1958). 1605 erließ dann der Erzbischof und Kurfürst Lothar v. Metternich der Stadt die Zapfabgaben von zwei Fudern Wein, „um damit Mauern und Tore instandzusetzen, und ließ bei Hillesheim Landwehren zur Verstärkung der Befestigung aufwerfen" (Wagner 1975, 9; s. u.: Schwedenschanze).

Unbekannt ist der Umfang der möglichen Schäden an den Wehranlagen der Stadt während des 30-jährigen Krieges, in dem Hillesheim sehr zu leiden hatte (s. o.). Von direkten Kriegshandlungen sind die der Jahre 1642 und 1647 besonders erwähnenswert: Am 28.7.1642 überfielen 100 Mann hessischer Reiterei „unter Führung des Oberst-Lieutenants v. Bronckhorst von Düren aus die Stadt Hillesheim, plünderten solche, töteten sechs Bürger und ‚den Juden', verwundeten mehrere Einwohner und führten sechs Bürger als Geiseln mit sich" (zitiert nach Schannat-Bärsch III 1854, 2, 1). Und 1647 wurde Hillesheim erneut Ziel eines feindlichen Angriffs: „Lotharingische

Hillesheim, Stadtbefestigung. „Stadtmauer. Innenseite der Südwestecke", Zeichnung von Ernst Stahl (1882–1957)

Völker", französische Truppen, die der Trierer Erzbischof und Kurfürst Philipp Christoph v. Sötern als Verbündete gegen seine Widersacher im Reich gewonnen hatte, griffen die Stadt an und beschossen diese einige Tage; „die Bürger der Stadt und einige Bauern aus der Umgegend verteidigten aber die Stadt so tapfer, daß die Lothringer mit bedeutendem Verluste abziehen mußten. Der Herzog von Lothringen forderte dafür später von der Stadt eine Entschädigung von 30 000 Dublonen (für den Verlust von 300 Soldaten, die bei der Belagerung des Stadt gefallen waren), welche aber schwerlich gezahlt wurde" (zitiert nach ebd.).

Im Jahre 1659 erlaubte der Trierer Erzbischof als Stadtherr den Augustinern, „daß sie an der verfallenen Schantz und daran stehenden unnöthigen Rondelen die nothwendigen Mauersteine zu ihrem vorhabenden Klosterbau nehmen"; damit begann anscheinend der Abbruch der Befestigung.

Große Zerstörungen erlitt die Hillesheimer Befestigung im 3. französischen „Raubkrieg" (1688–97), in dem die Truppen des französischen „Sonnenkönigs" Ludwig XIV. zahllosen Orten und Burgen in der Eifel Zerstörung und der Bevölkerung unendliches Leid, Raub, Vergewaltigung und Tod brachten. Am 29.8.1689 rückten französische Truppen unter der Führung des Herzogs Louis François de Boufflers (1644–1711) vor Hillesheim. Die Stadt wurde niedergebrannt, nachdem die Franzosen zuvor Tore und Türme der Stadtbefestigung gesprengt hatten. Auch „andere in diesem Land gelegene Kellereien und kurfürstliche Schlösser, als da ist Kerpen, Schönecken, Schönburg, Daun, Kochem, Ulmen, Mayen, Wittlich, Monreal bei Mayen, Manderscheid und viele andere mehr" wurden zerstört, „worauf die Franzosen hinwegzogen" (nach einer Chronik des Augustiner-Klosters in Hillesheim; Textor 1937, 237). Hillesheim brannte am 29.8.1689 fast ganz ab.

Gut 100 Jahre später, infolge der Französischen Revolution, war die Eifel, wie viele andere Gebiete des Heiligen Römischen Reiches Deutscher Nation, erneut französisch besetzt. Und im Frieden von Lunéville verzichtete das Reich 1801 formell auf die Rheinlande – dazu gehörte die Eifel –, die damit völkerrechtlich Teil Frankreichs wurden. In Hillesheim, seit 1798 *Mairie*, bestand zu jener Zeit ein großes Magazin. Im Kontext der neuen Infrastruktur, welche

Hillesheim, Stadtbefestigung. Südwestliches Teilstück, Innenseite

Frankreich für die besetzten Gebiete plante, gehörte der – für Napoleons Herrschaft wichtige – Bau von Militärstraßen. Zu diesen gehörte die 1812 angelegte Militärstraße Straßburg-Lüttich, zu deren Bau Schotter Verwendung fand, der aus dem Abbruchmaterial der Hillesheimer Stadtbefestigung und des *Alten Turmes* gewonnen wurde.

Wie genau sich der dann 1813, wegen der strategisch günstigen Lage der Stadt, geplante Ausbau Hillesheims zu einem Fort gestalten sollte, konnte in den Archiven noch nicht recherchiert werden. Letztlich wäre die fast rundum von Hügeln überhöhte Stadt wegen ihrer Lage im Tal nur schwierig zu verteidigen gewesen.

1842 erfolgten die Abbrüche der Stadttore, um die so gewonnenen Steine beim „Bau der Kunststraße nach Jünkerath" zu verwenden (KD Daun 1928, 118).

Beschreibung: Trotz der zahlreichen Brände, Zerstörungen und Abbrüche im Bereich der Stadtbefestigung blieben doch ansehnliche Reste dieser Verteidigungsanlagen erhalten, darunter mehrere Türme. Wegen der immer wieder erfolgten Ausflickungen und Überarbeitungen größerer Partien des Mauerwerks mit modernem Mörtel, Aufmauerungen (z.B. Mühlenturm, s.u.) etc. lassen sich Befundungen des Mauerwerks nur schwer vornehmen, zumal die meisten Maßnahmen nicht dokumentiert wurden.

1904/05 und 1911 fanden, teils finanziell unterstützt vom Eifelverein, Maßnahmen zur Sicherung, v.a. Abdeckung der Mauern und Türme, statt. Die Nordwestfront der Stadtmauer blieb, verbaut in Wohnhäusern, über weite Strecken erhalten, doch am besten ist der Erhaltungszustand der Befestigung an der Südwest- und Südseite. Diese Bereiche sind heute in Parkanlagen integriert. Wegen der seither erfolgten Veränderungen der Stadtmauerreste muss bei der folgenden Beschreibung teils auf die des Kunstdenkmäler-Inventars von 1928 zurückgegriffen werden.

Die kleine, von der Wehrmauer umgebene Stadt auf der flachen Hügelzunge mit der Pfarrkirche im leicht nach Westen verschobenen Zentrum hatte einen etwa fünfeckigen Grundriss mit Seitenlängen von ca. 100, 175, 115, 100 und 175 m. Es gibt sowohl ungegliederte Mauerteilstücke als auch solche, an denen der Wehrgang über runden bis segmentbogigen Nischen verläuft. Bauforschung steht zur Stadtbefestigung Hillesheims noch aus; nach dem Augenschein wurde jedoch geschlossen, dass sich aus dem verwendeten Baumaterial zwei Bauphasen ablesen ließen: im unteren Bereich „unregelmäßiges Bruchsteinmauerwerk“ mutmaßlich des 14. Jh. „aus meist kleinen Steinen, während die Krone a. d. 16. Jh., soweit sie nicht erneuert wurde, aus gröberem und dunklerem Material aufgeführt ist“ (KD Daun 1928, 121). Die bis zu den Zinnen etwa 12 m hohe Stadtmauer besitzt in den erhaltenen Abschnitten meist mit steilen Sattelsteinen abgedachte, im Durchschnitt 3 m breite und 2,50 m hohe Zinnen mit 0,70 m breiten Zinnenlücken. Die Zinnen weisen zur Hälfte in der Mitte kleine schmale Scharten auf. Zu den Türmen hin steigen die Zinnen bzw. Brüstungen der Mauer treppenförmig an.

Hillesheim, Stadtbefestigung. Südwestliches Teilstück

Ursprünglich soll die Befestigung nur ein Stadttor besessen haben, das etwa mittig in der Nordseite des Berings stand, an der heutigen Mirbachstraße, etwa in Höhe des Café-Hauses Baur. In diesem später „Unteres Tor“ genannten Bauwerk wurde die Ratsstube eingerichtet. Durch das „Untere Tor“ führte die Straße zur Fernstraße Lüttich-Koblenz, die „noch 1786 nördlich des Klosterberings (Wallstraße/Augustinerplatz) über eine Brücke über den Bach und zwischen Stadt und Vorstadt hindurch (Am Markt), weiter durch die ‚Hohl‘ (Koblenzer Straße) führte“ (Wagner ^{2}1982, 40).

Im Bereich der weitgehend abgegangenen Ostfront entstand später – wann genau, ist unbekannt – ein weiteres Stadttor, die *Neu-Pohrt* (Neu-Pforte), von der verbaute Reste in angrenzenden Häusern erhalten geblieben waren, wie eine Beschreibung des Zustandes vor 1928 ergibt: „Hier steht noch als Seitenwand des Hauses 179 die Innenwand des Neutores, von dessen Bogenleibung nach der Stadtseite zu die Anfänger noch zu sehen sind. Der Torrest selbst läßt zwei stark abgesetzte, niedrige obere Geschosse erkennen, im Grundriß flachrund vorspringend und mit einem breiten und tiefen, glatt gemauerten Strebepfeiler auf der Stadtseite verstärkt“ (KD Daun 1928, 122).

Die Mauer war anscheinend mit elf Schalentürmen – „meist nicht allzu starke Halbtürme“ (ebd., 121) besetzt. Allein fünf dieser Türme standen im südlichen Mauerabschnitt; möglicherweise bestand hier ein Zusammenhang mit der nahebei stehenden Burg, der einzelne Türme vielleicht als Burgmannensitze dienten (?).

An der Westecke des Berings steht der „Mühlenturm“, auch „Burgundscher Turm“ genannt, der im Rahmen der Sicherungsmaßnahmen zu Beginn des 20. Jh. „um ein beträchtliches Stück hochgeführt werden mußte, um den Anschluß an die Mauer wieder zu gewinnen und um diese zu stützen“ (ebd.). „Vier Zinnen rechts vom *Mühlenturm* folgt ein auf Steinkonsolen nur wenig vorgekragter Erkerbau, im Lichten 1,70 m breit und 5,40 m lang. Er ist fast ganz erneuert, mit je zwei Fensteröffnungen auf den Langseiten und Türen auf den Kurzseiten, und stellt eine um zwölf Stufen höhergelegene Unterbrechung des Wehrganges dar, jetzt nach der Wiederherstellung den Ausgangspunkt für die Begehung bildend“ (ebd.).

Im südwestlichen Teilstück ist der Wehrgang auf der Mauer ca. 1 m breit; er verläuft hier über die Mauer und die dieser hinterlegten, über Wandpfeilern aufgeführten Bogenkonstruktion, die runde bis segmentbogige Nischen aufweist. Diese Konstruktion findet sich im Rheinland und der Eifel häufig. Am topographisch tiefsten Punkt des südwestlichen Teilstückes des Beringes steht „ein nach Süden gerichteter Halbturm, oberhalb der Zinnenbekrönung ganz erneuert und abgeglichen.“ Im Inneren des Turmes ist seine ursprüngliche Gliederung in drei Geschosse noch erkennbar: Das Erdgeschoss, Balkenlöcher verweisen darauf, hatte eine hölzerne Decke, das nächste Geschoss öffnet sich in drei Schießscharten und das oberste zeigt neue Fenster.

An der Südspitze des Beringes steht der „Hexenturm“; der etwa dreiviertelrunde Schalenturm ist der stärkste unter den erhaltenen Türmen. Sein oberstes Geschoss gliedert außen ein kräftiger, auf Konsolen ausspringender Bogenfries, dessen Konsolen „durch Abfasung und angearbeitete Platten ein zierliches Aussehen erhalten haben“ (ebd.). Innen enthielt er ein balkengedecktes Untergeschoss, darüber befindet sich ein hoher Raum mit flacher Tonnenwölbung. Ein Abort sowie der im obersten Geschoss teils erhaltene breite steinerne Kamin belegen, dass der Turm als Wohnung (für einen Burgmann?) oder doch dem längeren Aufenthalt von Personen (Wächter?) diente. Im obersten Geschoss gab es zudem rechteckige Fenster. Im „Hexenturm“ waren drei übereinanderliegende Rüstlochreihen erhalten. Östlich des Turmes steigt ringmauerparallel eine in Resten im Original vorhandene, zum Wehrgang führende Treppe an. Die Zinnen sollen hier „noch in alter Gestalt erhalten“ sein (ebd.). Der erst später so genannte „Hexenturm“ diente in der Frühen Neuzeit als Gefängnis für Personen, die der „Hexerei“ bezichtigt wurde. Dieses Schicksal traf auch die Gattin eines kurtrierischen Verwaltungsbeamten, des Kellners: Sie wurde 1601/02 als Hexe angeklagt, „peinlich befragt“, d.h. gefoltert, und hingerichtet.

Hillesheim, Stadtbefestigung. In Wohnhaus integriertes Teilstück

Folgt man vom „Hexenturm“ aus dem vom obersten Turmgeschoss aus gesehen 16 Stufen tiefer liegenden Wehrgang in östlicher Richtung, so erreicht man den nächsten, 1928 noch nicht restaurierten Schalenturm, zu dessen oberstem Geschoss ebenfalls eine Treppenflucht hinaufführt. „Auch dieser Halbturm weist ein hohes halbgewölbtes Geschoß auf mit einem Wohnraum darüber“ (ebd., 121). Es folgt eine Reihe frei rekonstruierter Zinnen; die Brüstung steigt, wie bei den beiden zuvor beschriebenen Türmen, zum nächsten Schalenturm hin an. Der anschließende Abschnitt des insgesamt einst ungefähr 100 m langen südlichen Stadtmauerteilstücks ist teils abgebrochen und diente partiell als die jeweilige

Rückwand daran angebauter kleiner Wohnhäuser; die im Lageplan eingezeichneten Türme sind sichtbar nicht mehr erhalten.

Die etwa 170 m lange Ostfront des Beringes ist fast ganz verschwunden. „Dann finden wir die Mauer ganz am anderen Ende der Grabenstraße wieder mit einem noch fast in ganzer Höhe erhaltenen Halbturm beim Hause Nr. 187 und durch einen übereck gestellten, nur wenig vorspringenden fensterlosen Rechteckturm, auf der Rückseite des Hauses Grabenstraße Nr. 197, genau auf der Nordostecke des Zuges der Stadtmauer. Der Rest der Ostmauer ist hier ganz in der Häuserflucht verbaut" (ebd.).

Nachdem der Platz innerhalb des Mauerberinges nicht mehr ausreichte, entstand nördlich vor dem Bering, durch das *Untere Tor* mit der Altstadt verbunden, die offenbar nicht befestigte Vorstadt. Hier stand ab ca. 1700 das Amtshaus, die kurfürstliche Kellnerei (ehemals Haus Esselen; s.u.).

25 | Burg

Im Jahre 1306 schlossen Johann III. Herr v. Reifferscheid und Bedburg und Johann v. Wildenburg, ein naher Verwandter des Ersteren, mit König Johann von Böhmen, Graf v. Luxemburg, einen Lehnsvertrag über ihre Stadt und Burg Hillesheim, in dem von der mit Mauer und Graben befestigten Stadt und der innerhalb der Stadtmauer stehenden Burg die Rede ist *(villam nostram et castrum de H. integraliter infra muros cum universis eorum fortaliciis aut muralibus*

Hillesheim, Burg. Schematischer Lageplan der Burg in der Stadt; links: befestigtes Kloster

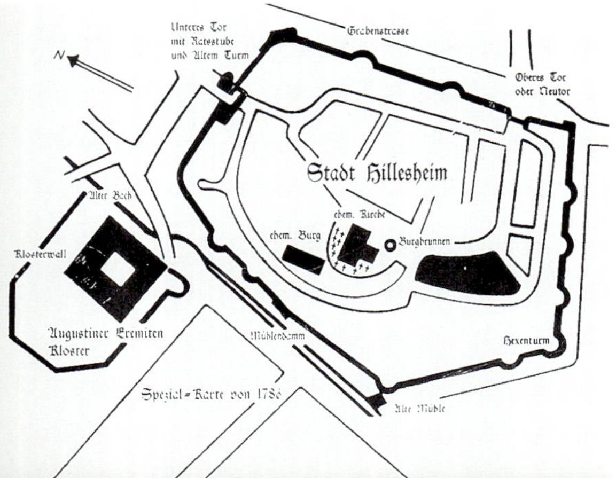

clausuris et fossatis, zitiert nach KD Daun 1928, 117). 1307 wurden Burg und Stadt von den Herren v. Reifferscheid als Offenhaus der Grafen v. Luxemburg bestätigt.

Die Burg dürfte im 14. Jh., nach der Verpfändung durch die inzwischen Burg- und Stadtherren gewordenen Markgrafen v. Jülich im Jahre 1352 an den Erzbischof von Trier trierischer Amtssitz geworden sein, nachdem Jülich die Pfandschaft nicht lösen konnte. Als erster Amtmann ist der Ritter Diedrich, Herr zu Ulmen 1354 bezeugt, und 1361 erhielt der Amtmann Richard Hurt v. Schönecken die Stadt als „Burglehen" (ebd., 118). Im Rahmen einer Fehde gehörte Hillesheim 1452 nebst Manderscheid, Schönecken und der Kasselburg (> Pelm) zu den eingenommenen „Schlössern" (ebd.), wobei unklar bleibt, ob sich diese Bezeichnung nur auf die Burg oder, wahrscheinlicher, auf die befestigte Stadt zusammen mit der Burg bezieht. Vermutlich bis zum Bau des neuen kurfürstlichen Amts-, Gerichts- und Kellnereihauses um 1700 (s.u.), wohl nach dem Stadtbrand vom 29.8.1689, diente die dabei zerstörte Burg als Amtssitz.

Von der Burg blieben obertägig kaum erkennbare Reste erhalten. Ihr Standort wird zwischen der Südwestecke der Stadtmauer und der Pfarrkirche angenommen (Wagner [2]1982, 38). Die Straßennamen „Burgstraße" und „Burglehn" erinnern an den abgegangenen Sitz der einstigen Stadtherren. Wann die letzten baulichen Reste der Burg aus dem Stadtbild und der Bau selbst aus dem Bewusstsein der Bürger Hillesheims verschwand, bleibt unklar. Noch 1761 wurde Hillesheim in Büschings „Erdbeschreibung" als Stadt mit einem festen Schloss erwähnt (Wagner 1975, 9). Gewölberippen und Bogensteine der Burg in Hillesheim, die zuvor in einer Gartenmauer in Mirbach als Spolien ihre Zweitverwendung gefunden hatten, wurden 1902 beim Ausbau des Mirbacher Burghauses (Burg > Mirbach) zu einer künstlichen Ruine drittverwendet. Und im Kunstdenkmäler-Inventar (KD Daun 1928, 117) ist von einem „zu Gärten verwendeten Grundstück an der Burgstraße [...] benannt ‚auf der Burg'" zu lesen, auf dem kurz vor der Erstellung des Inventars „Mauerreste [...] angetroffen" wurden; und „nach der Kirche zu ist der Platz, auf einem Stadtplan wenigstens, mit einem starken Mauerstück begrenzt".

26–29 | Burgmannenhäuser, Adelshöfe und Amtshaus

Wenig blieb von Hillesheims mittelalterlicher Bebauung erhalten; Herbert Wagner (1975, 20) stellte fest: „Von den vielen mittelalterlichen Häusern [...] sind nur mehr wenige übrig geblieben. Die meisten wurden wohl bei den vielen Stadtbränden vernichtet, andere wurden im letzten Krieg zerstört, und die noch übrig gebliebenen fielen oder fallen der Ortskernsanierung zum Opfer". So wurde im Rahmen der „Ortskernsanierung" das Haus Vöglé in der Kirchstraße, „in dem Reste eines Turmes steckten", abgebrochen. Unklar bleibt, ob es sich bei den Bauresten des Turmes in jenem Haus um solche des „Alten Turmes" handelte, der 1812 „auf Beschluß des Munizipalrates" zusammen mit dem mit ihm verbundenen „Stadthaus" „angeblich wegen Baufälligkeit und weil sie eine Hauptverkehrsstraße versperrten" abgebrochen wurde, denn heute ist nicht mehr bekannt, wo diese beiden Gebäude einst standen, entweder anstelle des erwähnten Hauses Vöglé in der Kirchstraße oder, wahrscheinlicher, das spätere Café Baur war das ehemalige „Stadthaus", das an ein Stadttor („Alter Turm"?) angebaut war (ebd.). Der „Alte Turm" wäre demnach kein Burgmannensitz gewesen, es sei denn, Türme der Stadtmauer dienten als solche (wie z.B. in Cochem/Mosel).

In Hillesheim standen im Laufe seiner Geschichte angeblich sieben Burgmannenhäuser, wobei sicher zwischen eigentlichen Burgmannensitzen und den Stadthöfen hier begüterter Adelsfamilien (wie z.B. der v. Nattenheim) zu differenzieren wäre. Ein Burgmannenhaus war der Sitz des Adelsgeschlechtes v. Hillesheim, „das in seinem Wappen in goldenem Feld eine schwarze Wolfsangel führte, die ins neue Wappen übernommen worden ist" (KD Daun 1928). Einen befestigten (?) Hof, möglicherweise den namentlich überlieferten Greven-/Grafenhof, besaßen die Grafen v. Manderscheid-Blankenheim in Hillesheim. Auch die Herren v. Mirbach hatten einen Hof innerhalb der Stadt: Das Anwesen (Mirbachstr. 7) wurde 1971 bei der „Ortskernsanierung" abgebrochen; an einem seiner Gebäude befand sich das „1479" datierte Wappen v. Mirbach.

Ebenfalls ein Opfer der „Ortskernsanierung" wurde das ehemalige kurfürstliche **Amts-, Gerichts- und Kellnereihaus**, das in der Kölner Straße 2 hinter dem Kaufhaus Esselen stand und 1974 abgerissen wurde. Es wurde offenbar unter dem Amtsverwalter Münzinger um 1700 erbaut und war demnach der Ersatzbau für die beim Stadtbrand vom 29.8.1689 zerstörte Burg. Über der Tür des Amtshauses „befand sich ein sehr schönes, leider aber fast ganz verwittertes Wappen, das noch nicht identifiziert werden konnte" (Wagner 1975, 20).

Hillesheim, Burgmannenhaus Burgstraße 12

Information: Verkehrsverein Hillesheim, Graf-Mirbach-Str. 2, 54576 Hillesheim, Tel. 06593-809200, Fax 06593-809201, touristik@hillesheim.de. www.hillesheim.de.

30 | Befestigtes Augustiner-Kloster

Wie bereits erwähnt, hatte der Adelige Johann II. v. Reifferscheid in der 2. Hälfte des 13. Jh. das Augustiner-Kloster außerhalb der bestehenden Stadtmauer *(ad oppidi moenia)*, vor deren Nordwestecke, gegründet. Es darf angenommen werden, dass dieses spätmittelalterliche Kloster von einer Mauer umgeben war, doch gibt es bisher keine Belege für eine schon damals existierende tatsächliche Befestigung oder Wehranlagen. Hinweise in Schriftquellen und Abbildungen der Frühen Neuzeit belegen jedoch das

Bestehen einer Befestigung des Klosters im 17./18. Jh. Hier ist nicht der Raum, die Geschichte des Klosters darzustellen, es sei aber zumindest erwähnt, dass es zur Zeit der „Reformationswirren [...] 1568 verwahrlost[e]“ (KD Daun 1928, 114) und 1569 aufgehoben wurde. Der Kurfürst und Erzbischof von Trier ließ die Gebäude und den Besitz des Klosters inventarisieren und einziehen. 1641 kam es an den Augustiner-Orden zurück, und erst 1663 konnte der Prior die Wiederherstellung der Gebäude beginnen lassen; 1687 erfolgte die Weihe der neugebauten oder erneuerten Kirche. Bereits 1659 hatte der Trierer Erzbischof als Stadtherr den Augustinern erlaubt, „daß sie an der verfallenen Schantz und daran stehenden unnöthigen Rondelen die nothwendigen Mauersteine zu ihrem vorhabenden Klosterbau nehmen“ (zitiert nach ebd.). Ob sich diese Nachricht tatsächlich auf die Stadtbefestigung oder auf die Befestigung des Klosters selbst bezog, die an jene der Stadt grenzte, lässt sich nicht feststellen.

Die Klosterbefestigung wurde aktenkundig, als der Kommandant der französischen Truppen 1689 (oder 1674) befahl, „Breschen in die Mauern des Klosters und des dabei gelegenen Bollwerks“ zu schlagen. Nachdem das Kloster selbst bei den Stadtbränden 1674 und 1689 verschont geblieben war, fiel es 1705 einem Brand zum Opfer. Erst 1721 wurde der Neubau in Angriff genommen, der anscheinend erst 1766 abgeschlossen war. Heute dient das um einen Neubau anstelle der abgebrochenen Kirche erweiterte Kloster als gediegenes „Hotel Augustiner-Kloster“ mit 57 Zimmern, Tagungsräumen für bis zu 40 Personen (der mit einem Glasdach gedeckte ehemalige Innenhof kann als Tagungshalle für bis zu 350 Personen genutzt werden) sowie mit Saunen und diversen Sport- und „Wellness“-Möglichkeiten. Ein Gewölbekeller kann zu stimmungsvollen Veranstaltungen bzw. Diners genutzt werden.

Ein Kupferstich des 18. Jh. zeigt das Kloster auf drei Seiten von einem breiten, baumbestandenen Wall umgeben, der vermutlich als Rest der aus Erde aufgeworfenen Wallbefestigung des Klosters aus dem 17. Jh. zu deuten ist. Ein mit Bruchsteinmauerwerk gefasster Wall umgibt noch heute einen Teil des Klosterkomplexes. Möglich ist ein Ausbau der Befestigung unter Kurfürst Lothar v. Metternich (s. auch Schwedenschanze).

Information: Hotel Augustiner-Kloster, Augustiner-Str. 2, 54576 Hillesheim, Tel. 06593-980890, Fax 06593-98089900, info@hotel-augustiner-kloster.de; www.hotel-agustiner-kloster.de. – Die Wallbefestigung ist von der Innenseite über den Parkplatz des Hotels frei zugänglich.

Hillesheim, Augustiner-Kloster

31 | Schwedenschanze

Schwedenschanze wird die nur wenige 100 Meter östlich der Altstadt von Hillesheim aufragende, die Stadt überragende, 507,3 m hohe Anhöhe genannt. Da diese Hügelzunge mit einem Bunker der 1930er-Jahre, einem Grillplatz mit Hütte und Spielplatz sowie einem Mobilfunkmast überbaut wurde und das Hanggelände mit Sträuchern teils dicht überwachsen ist, lässt sich zu möglichen frühneuzeitlichen Befestigungen an dieser Stelle derzeit keine Aussage treffen, zumal durch die genannten Anlagen die vermutlich aus Erde aufgeworfene Schanze wohl vollständig beseitigt wurde.
Wahrscheinlich erscheint folgender Entstehungshintergrund der Schanze: 1568 war der Niederländisch-Spanische Krieg ausgebrochen, der letztlich bis 1648 währte und dessen Auswirkungen auch die Eifel betrafen. So wurde z.B. Prüm 1587 von Holländern geplündert, und noch lange Zeit danach drangsalierten niederländische Freibeuter die Eifel (s. Losse 2007: Klotten/Mosel). Zur Sicherung gegen solche Banden ließen der Trierer Erzbischof und Kurfürst Lothar v. Metternich (reg. 1599–1623) mancherorts in ihrem Territorium Verteidigungsanlagen instandsetzen und u.a. bei Hillesheim eine Landwehr anlegen (Wagner ²1982, 41). Es wurde bereits bei der Darstellung der Stadtbefestigung Hillesheims darauf verwiesen, dass Lothar v. Metternich der Stadt 1605 die Zapfabgaben für zwei Fuder Wein erlassen hatte, um das eingesparte Geld zur Instandsetzung der Mauer und der Tore zu verwenden. In diesem Kontext werden die Schwedenschanze und weitere Erdbefestigungen entstanden sein, doch ist zu vermuten, dass der Hügel, auf dem die Alte Kirche von > Berndorf steht, in das System einbezogen war. Der genaue Verlauf und der Umfang dieser Schanzenlinie sind jedoch noch unbekannt. Als Reste weiterer Schanzen sind vermutlich nahebei am Osthang der „Am Rosenberg“ genannten Anhöhe im Gelände erkennbare Erdhügel zu deuten. Manche Erdwerke mögen bei der Anlage der Kampfbunkerkette im Vorfeld des Zweiten Weltkrieges überbaut worden sein; eine größere Anzahl von (gesprengten) Bunkern sind rund um die Schwedenschanze und den Rosenberg zu finden.

Hillesheim, Schwedenschanze. Lagebild

Hillesheim, mutmaßliche Schanze Am Rosenberg

Information: Die Durchfahrt mit dem Auto zur Schwedenschanze ist nicht gestattet. Das Gelände der Schanze ist jederzeit frei zugänglich, ihr Umfeld mit den mutmaßlichen weiteren Schanzen durch Feldwege erschlossen.

Hinterweiler

32 | Burgensage „Das Schloßfräulein vom Ernstberg“

Hinterweiler liegt nordwestlich des Ernstberges (auch Erresberg; 699 m), an dessen Fuß seit dem Mittelalter bis um 1930 Mühlsteine gebrochen wurden. Auf dem Gipfel, der zu den höchsten der Eifel gehört, künden Lava und Schlacken von der vulkanischen Entstehung des Berges, in dem sich eine Höhle öffnet. Das Gebiet um Hinterweiler und am Ernstberg war keltisch besiedelt, wie Funde aus der Flur „Im Gemeindewinkel“ bezeugen. Funde aus der Römerzeit und ein fränkisches Grab belegen die weitere Besiedlung dieses Bereiches. Ein Fund römischer Münzen des 2./3. Jh. wurde, so die Vermutung,

259/60 in einem Tonkrug vergraben, als Germanen das römisch besetzte linksrheinische Gebiet bedrohten, zu jener Zeit also, in der auch in der Vulkaneifel befestigte Höhensiedlungen entstanden. Weitere am Ernstberg gefundene römische Münzen aus dem 3./4. Jh. und der Kopf einer Statue (wohl einer römischen Göttin) ließ einige Forscher hier ein römisches Heiligtum vermuten.

Wenn auch vom Ernstberg oder aus Hinterweiler keine baulichen Reste einer Befestigung oder einer mittelalterlichen Burg bekannt sind – eine Burg gab es im nahegelegenen > Kirchweiler –, ist doch die Burgensage „Das Schloßfräulein vom Ernstberg" überliefert, die der Heimatforscher Willi Steffens aus Dreis in den 1970er-Jahren aufzeichnete (Steffens F. 16; F. 97): Am Ernsberg bestand demnach „früher eine berüchtigte Waldschänke. Hier verkehrte allerlei [...] lichtscheues Gesindel. Hans, der gerne hier gesehen war, hatte vor kurzem nach Waldkönigen geheiratet. Eines Abends, als er wieder in der Schänke war, und früher aufbrechen wollte, hielt ihn die Wirtin zurück mit den Worten: ‚Wie, du willst schon fort? Wie lustig warst du doch früher immer. Wie waren die Mädels alle in dich vernarrt, aber wenn man verheiratet ist, dann hört das alles auf.' Hans wurde rot im Gesicht und rief: ‚Was ich früher konnte, das kann ich auch heute noch, ich werde mir heute in der Nacht die Schönste von allen holen, das Schloßfräulein vom Ernstberg.' Alle rieten ihm davon ab, denn man erzählte sich allerlei schaurige Geschichten von dem Ernstberge und seinem Schloß. Jede Nacht sollte das Fräulein ausreiten und meist zur Mitternachtsstunde. Hans ließ sich nicht zurückhalten. Die jüngsten Burschen folgten ihm in einiger Entfernung, um zu sehen, was nun geschehe. Gerade kündete die Dorfkirche die 12. Stunde an, da kam schon das Schloßfräulein herangeritten, in Prachtgewänder gekleidet. Hans stand da wie erstarrt. So etwas Schönes hatte er noch nicht gesehen. Er ging mutig auf das Fräulein zu, das vom Pferde gestiegen war, und sagte: ‚Holder Schatz, laß dich küssen!' Das Schloßfräulein aber erkannte ihn und sagte: ‚Elender, du hast zu Hause ein treues Weib und treibst dich umher, du verzehrst dein Geld, während Frau und Kind hungern müssen. Geh mir aus dem Wege oder du hast dein Leben verwirkt.' Hans aber drang vor, um sie zu umfassen. Das Fräulein aber sagte zum letzten Male: ‚Kehre heim und werde ein besserer Mensch, dann will ich dich schonen!' Hans aber wollte abermals die Schöne an sich reißen, da aber sank er mit einem furchtbaren Schrei zu Boden. Das Schloßfräulein war verschwunden, und die neugierigen Burschen eilten herbei. Sie trugen Hans auf einer Bahre fort, doch, ehe sie in Waldkönigen ankamen, war Hans tot. Seit jener Nacht ward das Schloßfräulein nicht mehr gesehen."

Information: 54570 Hinterweiler, VG Daun.

Hinterweiler, Ernstberg, auch Errseberg. Blick vom Mäuseberg am Weinfelder Maar

Hörschhausen, Kastelberg

Hörschhausen, Kastelberg. Kuppe mit Wallversturz

Hörschhausen

33 | Kastelberg (Kastellberg, Kastel, Kaastell)

Der Name des südöstlich von Hörschhausen zwischen Berenbach und Horperath aufragenden, seine unmittelbare Umgebung um 70 bis 100 m überhöhenden Kastelberges (547,4 m) – der im Volksmund „Kaastel" genannt wird (Steffens) – verweist anscheinend auf das Bestehen einer Befestigung auf seiner Basaltkuppe. Vom Berg besteht Sichtverbindung zum Hochkelberg (> Kolverath). Der zur Gemarkung Horperath gehörige Berg wird hier unter Hörschhausen aufgeführt, weil er in der Literatur meist dort verortet wurde.
Nachdem die mutmaßliche Befestigung bereits von Pfarrer Johann Ost (1854) und Dr. Paul Steiner („Trierischer Volksfreund", 1924) beschrieben wurde, findet sich im Bonner Jahrbuch 130 (1925, 349) ein Hinweis zum „Kastellberg bei Hörschhausen", der als „ein Bergkegel mit eigenartiger Befestigung, durch eine Anzahl konzentrischer Steinwälle" charakterisiert wird. Und auch Rafael v. Uslar vermerkt in seinem „Verzeichnis der Ringwälle in der ehemaligen Rheinprovinz" (Bonner Jb., 153, 1953, 128–140) „Konzentrische Steinwälle" auf dem Kastelberg. Nach heutiger Einschätzung bestand auf dem bereits in vorrömischer, d.h. keltischer Zeit besiedelten Kastelberg ein Bergheiligtum, das bis ins 4. Jh. bestand. Neben „zahlreichen Ziegelresten" und Keramikfragmenten wurden hier drei römische Münzen des 3. Jh. gefunden (s. Datenbank der Kulturgüter in der Region Trier).

Information: Hörschhausen, VG Kelberg, DAU. – Der Kastelberg ist über Fahr- und Wanderwege von Horperath und von Berenbach aus erschlossen. Die Besichtigung ist nur für besonders Interessierte zu empfehlen.

Hohenfels

34 | Schwedenfeste (sogenannte Bauernburg)

Hohenfels-Essingen liegt im Hangelsbachtal und wird von mehreren über 580 m hohen Bergen überragt, unter denen der nördlich aufragende Mühlenberg (585 m) mit den bekannten, durch den Abbau von Steinen entstandenen Mühlsteinhöhlen hier besondere Beachtung verdient: Im Mühlenberg findet sich die auch „Bauernburg" genannte Schwedenfeste (hierzu Hörter 1978, 40 f.: Überblick über die Literatur).
Über die „Mühlsteinbrüche von Hohenfels" berichtete anscheinend zuerst der Trierer Geologe Johann Steininger (1819), dass sie im 30-jährigen Krieg „den

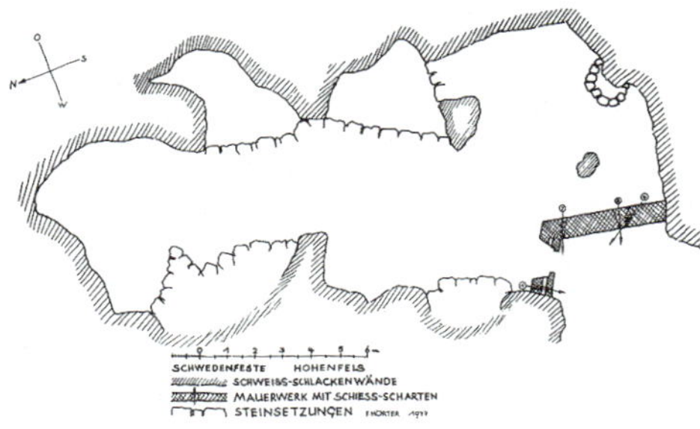

Hohenfels, Schwedenfeste. Grundriss (Hörter 1978)

Bewohnern der Gegend als Zufluchtsörter gedient haben sollen". Eine ausführlichere Darstellung hinterließ J. H. Schmitz (1958): „In der Nähe von Hohenfels befindet sich auf einer Anhöhe ein bewaldeter Bergkessel, welcher [...] Höhlen hat, die alte Mühlsteinbrüche sind. Die Eingänge zu denselben sind enge, und noch Spuren daran vorhanden, welche darauf hindeuten, daß sie einst mit Türen versehen waren, und verriegelt werden konnten. Auch finden sich an den Höhlen Löcher, die zu Schießscharten gedient haben mögen. Diese Höhlen dienten nach der Volkssage im dreißigjährigen Krieg zu Zufluchtsstätten und Verschanzungen für die Gemeinden Bettingen [Hörter 1978, 40, vermutet hier eine Verwechselung mit Betteldorf], Essingen und Hohenfels, und ein General der Schweden soll den Ausspruch getan haben: ‚Nie habe ich so viel Leute verloren, als vor diesen Fuchslöchern!' In der Nähe ist das Heiligenfeld, auf welchem den Schweden eine Schlacht geliefert worden sein soll." Fridolin Hörter nahm an, spätere Berichte über die Schwedenfeste basierten auf diesen Berichten des 19. Jh. Im Kunstdenkmäler-Inventar (KD Daun 1928, 147) heißt es dann auch: „Die sogen. Bauernburg, gegenüber dem Bahnhof Hohenfels [...] gelegen, ist eine Feldfestung, die im Dreißigjährigen Kriege angelegt sein soll. Die teilweise alten Steinbrüche sind mit Gewölben und Schießscharten ausgestattet (Mitt. F. v. Wille und Jak. Wirz)."

Nach Angaben Hörters (1978) ist die frei zugängliche, etwa 135 m² große Höhle 22,7 m lang, 3,5 bis 10 m breit und wegen nachgerutschter Erde nur noch 1,3 bis 2,5 m hoch. Sie entstand durch den Abbau von Gestein zur Mühlsteingewinnung, indem drei nebeneinander gelegene Abbaustollen miteinander verbunden wurden, wie aus den Verengungen des

Hohenfels, Schwedenfeste. Inneres der Höhle

Hohenfels, Schwedenfeste. Inneres der Höhle, angebliche Schießscharte

Hohenfels, Schwedenfeste. Vorplatz der Höhle auf dem Gipfel

Innenraumes und den Steinpfeilern geschlossen wurde. Die früheren Stolleneingänge wurden vermauert und mit Steinbruchabfällen zugeschüttet. Alle drei Stollen „gingen von einer in Nord-Süd-Richtung angelegten Abbauschlucht aus und wurden schräg nach unten in die Ostwand eingetrieben" (ebd.). Eine 0,75 m dicke, im stumpfen Winkel nach innen eingezogene Mauer verschließt den südlichen Stolleneingang; in ihr öffnen sich das Portal und kleine Öffnungen, die als Schießscharten gedeutet wurden (s. u.). Die Mauer besteht aus lokal anstehenden Vulkangesteinen und devonischen Schieferplatten in Kalkmörtel. Als äußerer Türsturz diente ein halber Mühlstein; in der Türrahmung finden sich Riegelbalkenlöcher. Die Tür selbst bewegte sich unten in einer steinernen Pfanne und oben in einem Zapfenloch des hölzernen Türsturzes.

Vier als Schießscharten beschriebene kleine Öffnungen finden sich in der Höhle, „die erste neben der Tür unter dem Sturz [...]. Durch die zweite werden die Angreifer bedroht, welche sich der Tür nähern. Die dritte sichert mit ihrem weiten Schußfeld das Vorgelände, während die kleine vierte Schießscharte durch die Öffnung der dritten versteckt wieder die Eingangstür der Höhle schützt. Mit wenigen entschlossenen Männern konnte auf diese Weise die Höhle [...] gut verteidigt werden", so Hörters Einschätzung. Die beschriebenen kleinen rechteckigen Öffnungen waren jedoch, wenn überhaupt, als Schießscharten nur sehr eingeschränkt – allenfalls für kleine Büchsen – nutzbar. Rauchabzüge für Pulverdampf finden sich nicht, so dass die Höhle schnell rauchgefüllt gewesen wäre. Auch wäre sie für die Verteidiger bei entschlossenen Angreifern schnell zur Falle geworden.

Im Südostteil der Höhle findet sich unter einem nach oben führenden Felsspalt ein Feuerplatz unbestimmter Zeitstellung; der als Kamin dienende Felsspalt ist groß genug, um notfalls von einem Menschen als Aufstieg genutzt zu werden. Hörter, der in der Schwedenfeste eine Art Fliehburg für Bauern der Umgebung sah, interpretierte den südöstlichen Höhlenbereich als „Aufenthaltsraum für Menschen [...], während der schmälere lange Nordteil einen sicheren Viehstall abgibt". Sicher hätte die Höhle als Versteck und Schutzort gedient haben können, als Wehrbau war sie jedoch wahrscheinlich von äußerst geringer Bedeutung. Als Schutzräume dienten die

Hohenfels, Schwedenfeste. Inneres der Höhle, Eingang mit Riegelbalkenloch

Höhlen im Mühlenberg dann noch einmal während des Zweiten Weltkrieges. „Bei der Herrichtung der Schutzräume sollen dabei tiefere Teile der Höhle verschüttet worden sein“ (Hörter 1978).
Abschließend bleibt festzuhalten, dass die Schwedenfeste bei Hohenfels – ebenso wie diverse „Schwedenschanzen“ und „-kreuze“ in der Eifel – nichts mit dort angeblich im 30-jährigen Krieg operierendem und in der lokalen Überlieferung teilweise mit Greueltaten in Verbindung gebrachtem schwedischen Militär zu tun hatte. Schon 1986 berichtete Erich Mertes im Heimatjahrbuch des Kreises Daun: „Das ist historisch nicht haltbar. Je mehr man auf die Quellen zugeht, werden aus den Schweden spanische, lothringische, kaiserliche und andere Kriegsvölker, schlimmstenfalls mit den Schweden verbündete Truppen, z. B. Franzosen und Hessen. Aber keine Schweden. Diese waren nicht nur nicht im Kreis Daun, sie waren sogar nur an ganz wenigen Plätzen der ehemaligen kurtrierischen Eifel, und dies mit der ausdrücklichen Erlaubnis des Trierer Erzbischofs und Kurfürsten Philipp Christoph von Sötern (1623–1652).“

Information: 54570 Hohenfels-Essingen. – Die Schwedenfeste ist über Wald- und Wanderwege frei zugänglich.

Jünkerath

Der auf eine römische Gründung anstelle älterer Besiedlung zurückgehende Erholungsort Jünkerath liegt im waldreichen Gebiet des oberen Kylltales. In römischer Zeit lautete der lateinische Name *Icorigium*, es handelte sich um einen von den Römern übernommenen keltischen Ortsnamen, und in einer mittelalterlichen Urkunde aus dem Jahre 1271 findet sich die Benennung *Jungkerode* (KD Daun 1928, 104).

35 | Römisches Kastell Icorigium

Das spätrömische, obertägig nicht erhaltene Kastell Icorigium lag auf der rechten Seite der Kyll an der wichtigen Römerstraße Trier-Köln. Es wurde 1886 und 1889 durch Hettner archäologisch untersucht und entstand wohl, wie die typologisch gleichen Straßenkastelle Bitburg/Eifel und Neumagen/Mosel sowie Koblenz, zu Beginn des 4. Jh. n. Chr. während der Herrschaft des in Trier residierenden römischen Kaisers Konstantin d. Gr. (306–37). Nach dem Fall des rechtsrheinischen Limes 259/60 waren wiederholt Germanen ins linksrheinische Gebiet eingedrungen. Unter Kaiser Diokletian kam es zu einer Staatsreform, in deren Folge Trier Sitz eines Caesars und das Rhein-Mosel-Gebiet wieder unter römische Kontrolle gebracht wurde. Dazu gehörte die Anlage eines

Jünkerath, römisches Kastell. Grundriss

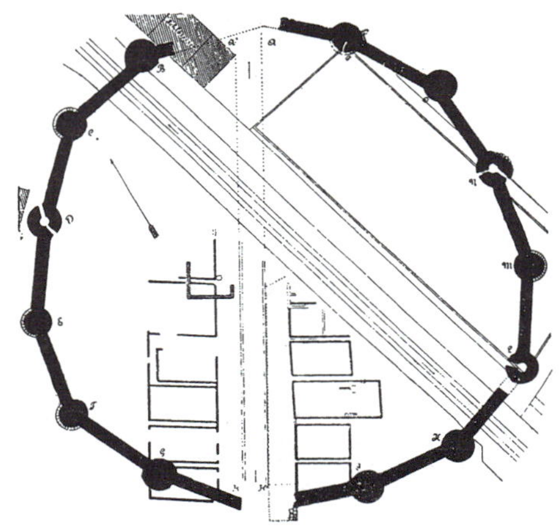

tief gestaffelten Verteidigungssystems mit einer größeren Zahl von Kastellen. Mit dem Abzug der römischen Grenztruppen um 400 n. Chr. wurden die Kastelle aufgegeben. Anders als zum Beispiel die Kastelle Neumagen oder Boppard/Rhein scheint das Kastell Icorigium im Mittelalter nicht genutzt worden zu sein; jedenfalls ergaben Hettners Grabungen keine entsprechenden Hinweise. „Erhebliche Reste" des römischen Wehrbaues sahen aber noch die Geschichtsforscher und Autoren der „Eiflia illustrata, oder geographische und historische Beschreibung der Eifel", Johann Friedrich Schannat, 1739, und Georg Bärsch, 1820.

Ebenso wie die polygonalen, einem Oval angenäherten, mit runden Türmen besetzten Kastelle in Bitburg und Neumagen war auch das Kastell in Jünkerath strukturiert: Die mit 13 runden (und zwei viereckigen?; s. u.) Türmen besetzte, 3,66 –3,70 m starke Ringmauer umschloss eine Fläche von 1,52 ha. Zum Vergleich: Das Kastell Neumagen hatte 14 runde Türme über meist quadratischen Fundamentsockeln, zwei größere Torbauten und eine ca. 3,65 m dicke Ringmauer bei einer Innenfläche von 1,28 ha. Im Gegensatz zum Kastell Icorigium war das in Neumagen durch einen der Mauer vorgelegten Graben gesichert. Die Kurtinen zwischen den Flankierungstürmen waren bei beiden Wehrbauten geradlinig.

Um den Bau schneller fertigstellen zu können und Kosten zu sparen – dies ist eine weitere Parallele zum Kastell Neumagen –, wurden ältere römische Grabmäler abgetragen und für die Fundamente des Kastells verwendet. So blieben einige wertvolle Grabskulpturen hier erhalten.

Zur Struktur der Türme ist zu erwähnen, dass einer „(L) einen Eingang zum inneren Hohlraum zeigt, während zwei (D und N) schräg verlaufende, knieförmig geknickte Schlupfpforten aufweisen" (KD Daun 1928, 99). Während die Ausgrabung in Jünkerath ergab, dass ein viereckiger Turm das Südtor flankierte, war das Nordtor „völlig ausgebrochen" (ebd.).

Die (später vom Bahndamm überschnittene) Militärstraße führte, wie in Bitburg und Neumagen, in geradem Verlauf durch das Kastell hindurch. Beiderseits der Straße standen Gebäude, die wegen der Größe ihrer Räume vom Direktor des Provinzialmuseums Trier, F. Hettner, als Scheunen gedeutet wurden, doch soll es sich eher um Wirtshäuser und Kaufläden *(tabernae)* gehandelt haben, von denen einige über Keller verfügten. Vermutlich gehörten diese Bauten zu einem älteren Straßenvicus, denn sie waren teils von der Ringmauer überbaut.

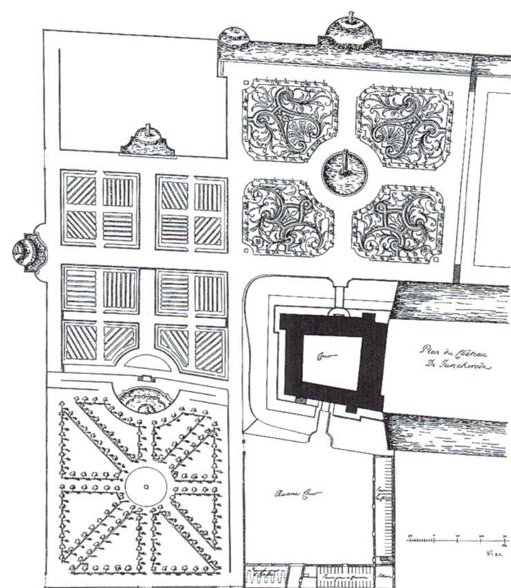

Jünkerath, Schloss. Lageplan mit Barockgarten

36 | Burg im Ortsteil Glaadt

Über die älteren Herren v. Jünkerath, deren Wappen überliefert ist, ist nur wenig bekannt. Ihre Burg – sie bestand angeblich noch im 14. Jh. – stand bei Glaadt auf dem linken Ufer der Kyll, d.h. von der jüngeren Burg bzw. dem Schloss aus gesehen flussaufwärts (Keune). Wann diese Burg, von der heute im Ort keine Reste mehr bekannt sind, genau ihr Ende fand, ist nicht überliefert, ebenso wenig wie ihre Gründungszeit.

37 | Burg/Schloss Jünkerath (Glaadter Burg)

Die Ausgrabungen F. Hettners im Bereich der römischen Siedlung bzw. des Kastells auf der rechten Seite der Kyll in den 1880er-Jahren (s.o.) erbrachten keine

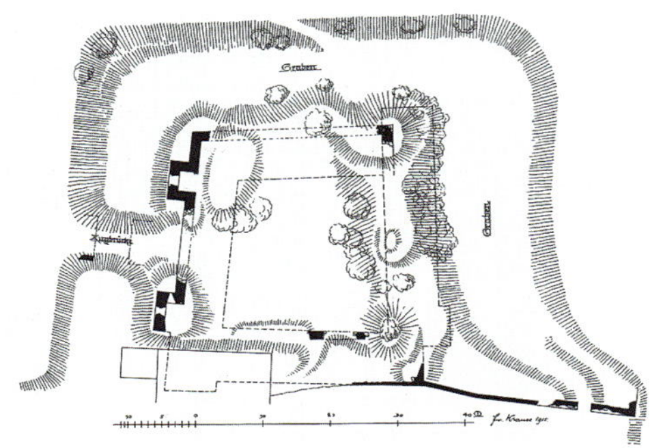

Jünkerath, Schloss. Grundriss des Hauptschlosses

erkennbaren mittelalterlichen Spuren. Es wurde vermutet, den römischen Ruinen seien Steine zum Bau der neuen spätmittelalterlichen Burg entnommen worden (KD Daun 1928, 105). Ob auch die ältere Burg zur Gewinnung von Baumaterial – für die neue Burg oder den frühneuzeitlichen Schlossbau – abgetragen wurde, ist unbekannt.

Geschichte/Baugeschichte: Gegen Ende des 13. Jh. war Jünkerath im Besitz der Herren v. Schleiden. Dietrich v. Schleiden begründete zu Beginn des 14. Jh. die Linie Schleiden-Jünkerath. 1324 übertrug Friedrich v. Schleiden dem römisch-deutschen König Johann v. Böhmen, Graf v. Luxemburg, die Burg Jünkerath, doch sah der Vertrag ein Rückkaufrecht vor. Zwanzig Jahre später, 1344, bestätigten jener Friedrich und seine Frau Beatrix, „ihr Haus Jünkerath mit der Burg, dem Tal usw." – ebenso wie ihr „Haus" (ihre Burg) zu Schleiden – von König Johann als Lehen auf Lebenszeit erhalten zu haben (KD Daun 1928, 104). 1363 versöhnten sich die Inhaber der Burg und deren Vasallen mit dem Trierer Erzbischof Cuno, Herzog Wenzel v. Luxemburg und Graf Walram v. Sponheim; diese hatten zuvor gemeinsam die Burg belagern und erobern lassen. Sie erhielten die Burg zurück und erkannten ihren Status als Lehnsmannen der Grafen v. Luxemburg erneut an, über den es zu Auseinandersetzungen gekommen war.

Jünkerath, Schloss. Teilansicht der Ruine um 1872

Nach dem Aussterben der Linie Schleiden-Jünkerath gelangte die Burg Jünkerath mit dem zugehörigen Besitz 1452 an die Herren (spätestens seit 1461 Grafen) v. Manderscheid. Unter den Söhnen des Grafen Dietrich III. v. Manderscheid († 1498) wurde die Grafschaft geteilt; Jünkerath kam im Rahmen der Teilung an die Blankenheimer Linie: Mit dem Tode Graf Wilhelms II. († 1468) war die zweite Linie der Blankenheimer Grafen ausgestorben. Wilhelm hatte erst in seinem Todesjahr geheiratet und keine Nachkommen. Sein Erbe gelangte an Dietrich v. Manderscheid, der mit Elisabeth v. Schleiden verehelicht war, deren Mutter dem Blankenheimer Grafenhaus entstammte. Dietrich III. v. Manderscheid-Blankenheim wurde durch die Blankenheimer Erbschaft sehr vermögend. Er unterhielt politisch hochrangige Kontakte.

Zur Herrschaft Jünkerath gehörte seit dem Ende des 17. Jh. eine seit 1684 bezeugte Eisenhütte, aus der die spätere „Jünkerather Gewerkschaft" hervorging, die als Eifeler Hüttenwerk lange Zeit Bedeutung behalten sollte (KD Daun 1928, 105). Graf Salentin Ernst v. Manderscheid-Blankenheim († 1705) verlieh 1687 dem Hüttenmeister Johann de Leau (de l'Eau) von der Ahrhütte an der oberen Ahr und dessen Gemahlin *(Hausfrau)* Anna Maria Rüth v. Aspe eine Hüttengerechtigkeit. Das Eisenmuseum in Jünkerath (Römerwall 12) präsentiert diesen interessanten Aspekt Eifeler Industriegeschichte. Ab 1780 war das Schloss dann im Besitz der Grafen v. Sternberg-Manderscheid.

Im Gegensatz zur unbekannten Baugeschichte und Baugestalt der mittelalterlichen Burg sind wir über die Phasen der frühneuzeitlichen Ausbauten und den Baubestand seit dem 17. und v. a. 18. Jh. recht gut unterrichtet. Die Basis für diese Kenntnisse bilden Schriftquellen/Urkunden, ein Lageplan des 18. Jh. und Beschreibungen der Ruinen aus dem 19. Jh. Ver-

Jünkerath, Schloss. Zugangsseite, Blick über den Graben

mutlich war die Burg baufällig, als Graf Arnold d. J. († 1614) anordnete, *unser Schloß Jünkerodt wiederum aufzubauen und die Wohnung zuzurichten* (zitiert nach KD Daun 1928, 105 f.). Aus Zimmermanns- und Schreinerrechnungen der Jahre 1608–10 geht hervor, dass u. a. am Torturm *(Porthenturm)*, einem kleinen Türmchen *(Thorngen)* und am großen *Thorn* – einem Bergfried oder Wohnturm? – mit dem daran anschließenden, um einen *viereckden* Hof laufenden Baukomplex und einer Kapelle gebaut wurde.

Anscheinend waren Teile des Schlosses zeitweise verpachtet: Pächter war 1674 Peter Diemondt, Burggraf zu Jünkerath. Aus dem Jahre 1687 ist der Name des damaligen Schlosskommandanten, Johann Werner de Gynette, überliefert. Und von 1692 ist ein Register des Kammergeldes vorhanden, „also ein Verzeichnis der Räume des Schlosses und der dafür angesetzten Mieten, Räume für die Herrschaft sind dabei freigelassen" (ebd., 106). Aus den Benennungen der aufgezählten Räume nach Tieren und Pflanzen, mit denen wahrscheinlich die Wände bemalt waren, wurde eine Nutzung des Baues als Jagdschloss gefolgert (ebd.); bekannt sind u. a. die Namen *Hirsch-*, *Wildschwein-*, *Wolf-*, *Elefanten-*, *Maulwurf-*, *Anemonen-*, *Weißlilien-* und *Kamillen-Kammer*.

Aus erhaltenen Rechnungen aus den Jahren 1726–35 bzw. 1744 gehen umfangreiche Baumaßnahmen hervor, doch bleibt unklar, ob es sich um einen weitgehenden Neubau (unter Einbeziehung mittelalterlicher Bauteile) oder lediglich um den Neubau eines Flügels handelte, den Graf Franz Georg v. Manderscheid-Blankenheim († 1731) auf den Weg brachte. Die Pläne zum Ausbau lieferte der französische Baumeister *Capitaine-Ingenieur* Philippart; die Kosten der Maßnahme betrugen 11 641 Reichstaler. Schon 1737 zerstörte ein durch einen Blitz ausgelöster Brand das Schloss, das Ruine blieb. Die Ruine wurde dann von der französischen Besatzungsmacht beschlagnahmt und 1804 nebst allem Zubehör versteigert. Danach erfolgte die Ausbeutung der Ruine als Steinbruch. Die Eisenhütte hatte die bekannte Düsseldorfer Industriellenfamilie Poensgen, vermutlich ebenfalls von der französischen Besatzungsverwaltung, erworben; sie besaß sie bis 1865. Aus dem Besitz der Firma DEMAG kam die Schlossruine 1982 als Schenkung an den Kreis Daun; es wurde damals erwartet, dass sich Mitglieder der Eifelvereins-Ortsgruppe Jünkerath „um die Arbeiten im Gelände kümmern“ (Trierischer Volksfreund Nr. 204, 1985). 1986 erfolgte eine Sanierung nach den Maßgaben jener Zeit unter Einsatz von Eifelvereinsmitgliedern und ABM-Kräften, nach deren Abschluss die Schlossruine wieder als Wahrzeichen Jünkeraths empfunden wurde und wird. Allerdings haben die damals in Zementmörtel ausgeführten Mauerarbeiten und -abdeckungen zu Bauschäden, etwa Abplatzungen am Mauerwerk, geführt.

Jünkerath, Schloss. Hauptburg, Inneres

Jünkerath, Schloss. Hauptburg, Turmrisalit

Beschreibung: Über das Aussehen der Gründungsanlage der Burg, angeblich einer Wasserburg, ist bis heute nichts bekannt. Die Ruinen des späteren Schlosses stehen auf einer nur sehr geringen Erhebung – vielleicht einer Motte – links oberhalb der Kyll. Der Standort im Hanggelände wird von ansteigendem Gelände überhöht. Aus dem Bestand, historischen Abbildungen und Plänen des 18. Jh. lässt sich erkennen, dass die zum Schloss ausgebaute Hauptburg vor ihrer endgültigen Zerstörung einen verzogen viereckigen, annähernd quadratischen Grundriss hatte, aus dem unregelmäßig Vorbauten in den Graben aussprangen, der heute noch mit viel Mauerversturz gefüllt ist. Ein vermutlich von Philippart gefertigter Lageplan zeigt eine Vierflügelanlage mit vorgelegtem (Wasser-?)Graben. Die vier Flügel des Schlosses umgaben einen Hof mit Seitenlängen von jeweils etwa 23 m. Im Hof blieben große Flächen des frühneuzeitlichen Pflasters erhalten; in allen vier Ecken gab es anscheinend Einläufe zu Zisternen.

Als Baumaterial des Schlosses diente lokaler Bruchstein aus Grauwacke; das Mauerwerk ist lagerhaft aus Steinblöcken und -platten mit Auszwickungen ausgeführt. Der Nord- und der Ostflügel waren schmaler als der West- und der Südflügel. Über manche Strecken der Außenseite findet sich eine leichte Anböschung (Talus). An der Nordseite lag etwa mittig der vielleicht schon ursprüngliche Haupteingang, und nahebei ist noch heute ein Abortschacht zu erkennen. Ein anderer Zugang, an der Südseite gelegen, könnte im Kontext der Anlage des barocken Gartens entstanden sein; von hier führte eine Brücke über den in frühneuzeitlichen Plänen als trocken ausgewiesenen Graben. An der Westseite wurde der Graben offenbar nachträglich verfüllt. Am südlichen Grabenabschnitt fand sich ein Durchgang in der Mauer, die in Verlängerung der Westfassade des Schlosses verlief. Historische Abbildungen zeigen auf den dem Garten zugewandten Seiten des Schlosses eine in einer Distanz von ca. 7,50 m verlaufende dünne Mauer, die „als Abschluß eines Wassergrabens diente, der auf der Südwestecke spitz anläuft“ (KD Daun 1928). Und eine „dilettantische“ frühneuzeitliche Zeichnung überliefert, dass das

Jünkerath, Schloss. Hauptburg, Gewölbekeller

Jünkerath, Schloss. Hauptburg, Mauerwerksschaden

Schloss an der Süd- und Ostseite jeweils in halber Höhe ein Gliederung durch zwei breite Bänder besaß und die obere Hälfte der Südfront zwei niedrigere Geschosse aufwies, ebenso wie der turmartige Risalit an der Südostecke. An der Ostfassade sind hingegen im oberen Geschoss große hohe Rechteckfenster und „schwere, im Wasser stehende Entlastungsbögen" zu erkennen; die dargestellten flachen Dächer der einzelnen Flügel sehen jedoch „recht unwahrscheinlich" aus (ebd.).

An der Zugangsseite blieb der östliche der beiden turmartigen Risalite erhalten, heute der höchste Bauteil der Hauptburg. Es wurde vermutet, er habe einen Treppenaufgang erhalten; sein Zugang „zeigt hier eine Korbbogenleibung" (ebd.), und das EG besaß ein großes Rechteckfenster. Das anschließende, einst von drei Fenstern durchbrochene Wandstück fehlte schon 1928 ganz. Vom anderen Risalit dieser Seite stand damals noch das Mauerwerk in Erdgeschosshöhe, „in der Mitte ganz aufgeschlitzt" (ebd.). Als der „königliche Staats-Archivrat", Burgenforscher, Historiker, Jurist, Maler und Zeichner Leopold v. Eltester (1819–79) aus Koblenz die Schlossruine 1872 zeichnete, sah er die Nordfassade mit dem hohen breiten Portal, das einen „leichten Bogen" aufwies, und die Westwand als zweigeschossige Fassaden mit jeweils sechs hohen Rundbogenfenstern in Reihen übereinander und zudem die noch gewölbten Keller des Westflügels; er schilderte insgesamt „einen ziemlich imposanten Eindruck" (v. Eltester), den auch eine Photographie aus dem Jahre 1872 im Album „Eifel-Bahn" überliefert. Reste gewölbter Keller sind erhalten.

Nicht erhalten blieben die barocken Gartenanlagen des Schlosses, die jedoch in ihrer Struktur durch einen Plan des 18. Jh., der vermutlich vom *Capitaine-Ingenieur* Philippart stammt, in ihrer Struktur bekannt sind. Es wurden daraus Parallelen zu den ausgeführten Gartenanlagen der Residenz der Trierer Erzbischöfe in Trier von J. Seiz sowie zu dessen Projekt zum Lustschloss in Kärlich bei Koblenz (1771) erkannt. In Jünkerath säumte ein Stallbau die Nord- und Westseite des nördlich der Hauptburg vorgelagerten, annähernd quadratischen Wirtschaftshofes, dessen Gebäude einfache Ausführungen zeigten. Das EG enthielt Raum für 60 Pferde; im OG des Nordflügels lagen Wohnungen, an deren Südseite ein Korridor verlief. In der Zeichnung ist dieser Teil als neuer Teil „rot getuscht, ebenso die Figurenpostamente (?) in den drei auf der Ost- und Südseite des Schlosses gelegenen Gartenpartien. Drei große Vierecke mit 250 bis 380 Fuß Seitenlänge sind nach Süden zu entwickelt mit Wassergräben als Abschluß des vor der Schloßfront gelegenen kunstreichen Ziergartens" (KD Daun 1928). An der Ostseite erstreckten sich ein Küchengarten und eine Rasenfläche, möglicherweise mit Obstbäumen, das Ganze „radial aufgeteilt" und mit Fontänen und Kaskaden durchsetzt. Was von diesen Planungen realisiert wurde, ist nicht bekannt. Auch die Frage, ob die eingezeichneten Stallungen gebaut wurden, lässt sich nicht beantworten. Unter den Jünkerather Akten im Staats-Archiv Koblenz liegt ein Plan von Philippart zu einem Reithaus mit „offenbar rechteckiger *menage*, Stallungen und Zuschauergalerien"; in diesem fehlt der Erdgeschossgrundriss – „das Blatt hat als Aktendeckel gedient, und es bleibt fraglich, ob das Reithaus nach Jünkerath gehört" (ebd.). Hingegen war der „im Plan rotgetuschte östliche Halbturm der Ruine" vor 1928 als solcher am Bau noch zu erkennen, d. h. er wurde damals erbaut oder erneuert.

Bemerkenswert sind die Siedlungsbauten an der „Burgbering" genannten Straße, die in den 1920er/30er-Jahren entstanden und mit ihrem Torbau über die Straße die Grundidee einer Vorburg aufgreifen.

Jünkerath, Burgbering, Siedlung, Torbau

Sage „Das Jünkerather Schloß"

In seine heimatkundliche Sammlung nahm Willi Steffens (F. 15) in den 1970er-Jahren die folgende Sage auf, welche die Zerstörung des Jünkerather Schlosses thematisiert: „Im anmutsvollen Tal der Kyll gewahrt man in der Nähe des Ortes Glaadt die Ruinen eines alten Schlosses. In der Mitte des vorigen Jahrhunderts war dieses von den Grafen von Manderscheid-Blankenheim, deren Herrschaft bis hierher reichte, gebaut worden, da das alte Schloß baufällig geworden war. Unbewohnt stand dieses alte Schloß hier, und man beschloß, ein neues, herrliches an diese Stelle zu setzen. Hiervon berichtet die Sage: Vollendet stand der prachtvolle Bau da mit seinen gewaltigen Mauern und majestätischen Türmen. Der Graf hatte einen festlichen Einzug in dieses Schloß vorgesehen. Von nah und fern kamen die adligen Herren herbei, um an der Feier teilzunehmen. Ein köstliches Mahl wurde aufgetragen, und in den Gläsern perlte der duftende Wein. Man trank und schmauste nach Herzenslust. Als das reichliche Mahl beendet war, trat man zum Tanze an. Nach und nach aber kehrte sich die Freude in wilde, ausgelassene Lust. Vorbei war die heilige Scheu und des allsehenden Auges Gottes wurde nicht gedacht. Da kam gar bald die Strafe. Ein Blitz sauste hernieder und entzündete den Palast. Die Flammen schlugen hoch und verwandelten das herrliche Schloß in eine Ruine. Man hat das Schloß nie mehr aufgebaut."

Nach einer anderen Version der Sage hatten „die Erbauer und die Festgäste ganz und gar vergessen, das Schloß durch eine kirchliche Weihe unter Gottes Schutz zu stellen" (Guthausen 1996, 203).

Information: 54584 Jünkerath-Glaadt, VG Obere Kyll. – Auskunft: Verkehrsverein Oberes Kylltal, Burgberg 22, 54589 Stadtkyll, Tel. 06597-2878, Fax 06597-4871, touristinfo.obereskylltal@t-online.de.

Kalenborn-Scheuern

38–39 | Burg und Burgheide

Die Gemeinde Kalenborn-Scheuern setzt sich seit 1969 aus zwei Ortsteilen zusammen: Der Teilort Kalenborn fand unter dem *Caldebrunna* im Jahre 893 im Prümer Urbar, einem Güterverzeichnis der Abtei Prüm, seine erste bekannte urkundliche Erwähnung, und zwar als erzbischöfliches Gut der Benediktiner-Abtei. Als Besitz der Abtei erscheint der Ort mehrfach in Urkunden des 10. bis 12. Jh. Im 15. Jh. gehörte das Gebiet um Kalenborn zur Interessenssphäre der Grafen v. Manderscheid, ebenso Scheuern, um das verschiedene Angehörige der v. Manderscheid wegen Besitzungen und der dörflichen Gerichtsbarkeit stritten. Im 15. Jh. gehörte Scheuern denen v. Gerolstein, doch wechselte es mehrfach den Eigentümer (u.a. Grafen v. Blankenheim; Arenbergische Vogtei Fleringen).

Aus dem 14. Jh. liegen Hinweise auf das Bestehen einer **Burg** oder eines Festen Hauses der Adelsfamilie v. Brohl in Kalenborn vor: 1323 veräußerte der Ritter Konrad v. Brohl ein Lehnsgut in Kalenborn, und 1334 verzichteten Herr Sibel v. Brohl und dessen Neffe Konrad v. Brohl auf ihre Rechte am Haus Kalenborn, das der Ritter Philipp v. Virneburg bereits 1326 zu Lehen genommen hatte. Seit 1335 war Kalenborn ein kurtrierisches Lehen. Von der Burg blieben keine sichtbaren Reste erhalten. Das 1951 eingestürzte Haus Nr. 16 „In der Burg" soll das einstige Burghaus gewesen sein. Nahebei finden sich die Flurnamen „Burgberg" und „Burgkaul". Ein anderer Flurname – **„Burgheide"** – verweist möglicherweise auf eine weitere Burg: Auf dieser Flur wurden immer wieder Mauerreste sowie mittelalterliche Keramik gefunden.

Information: 54570 Kalenborn-Scheuern, VG Daun.

Kerpen (Eifel)

Kerpen liegt im östlichen Teil der Hillesheimer Kalkmulde im Rudersbachtal. Zahlreiche Funde aus urgeschichtlicher und römischer Zeit belegen die frühe Besiedlung der unmittelbaren Umgebung Kerpens, so auch auf dem ca. 1,2 km westlich von Kerpen aufragenden Weinberg, auf dem Reste dreier unterschiedlicher Wehrbauten gefunden wurden (s.u.). Das heutige Wahrzeichen des Ortes ist jedoch die auf dem ins Tal vorspringenden Dolomitsporn Höhenberg stehende Spornburg, unmittelbar neben einer weiteren Burgstelle, der Alten Burg, auf dem Höhenberg. Der im Spätmittelalter befestigte Ort Kerpen könnte nach dem Burgbau im 12. Jh. durch die Verlagerung einer älteren Siedlung entstanden sein. Bemerkenswert ist die Dichte vor-/frühgeschichtlicher und mittelalterlicher Wehrbauten um Kerpen.

40–41 | Weinberg: Vorgeschichtliche Siedlungen und frühmittelalterliche Burg sowie salierzeitliche Turmburg

Auf dem Weinberg (555 m), einem 1,2 km westlich von Kerpen aufragenden Dolomitgrat bzw. -rücken mit bis zu 30 m hohen Steilflanken, finden sich die Reste von mindestens drei verschiedenen Wehrbau-

Kerpen, Weinberg. Vorgeschichtliche Befestigung und mittelalterliche Burg, Lageplan

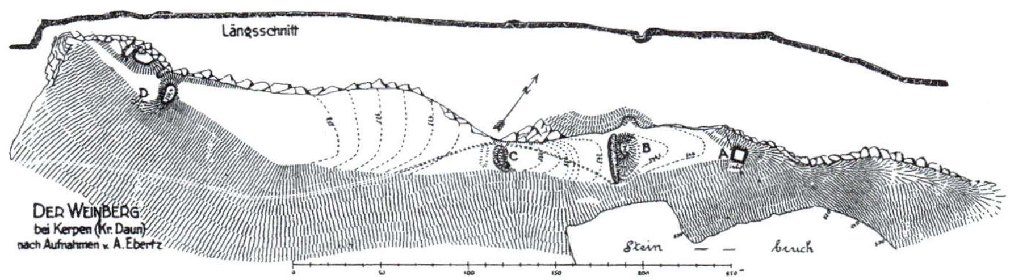

Kerpen, Weinberg. Blick von der Burg Kerpen

ten. Ihre Präsentation an dieser Stelle ist insofern besonders wichtig, weil der Berg mittelfristig einem Steinbruchbetrieb zum Opfer fallen wird. Aus diesem Grunde fanden zu Beginn des 21. Jh. noch einmal archäologische Untersuchungen auf dem Weinberg statt.

Wurde in der früheren Literatur oft eine **vorgeschichtliche Abschnittswallbefestigung** der Latènezeit als älteste Anlage auf dem Weinberg benannt, so spricht Nortmann (2006, 386) nach den jüngsten archäologischen Untersuchungen differenzierter von der „neolithische[n], bronzezeitliche[n] und eisenzeitliche[n] Höhensiedlung ‚Weinberg'" auf dem etwa 400 x 50 m großen Bergrücken. Die Archäologen fanden hier „neben bescheidenen Zeugnissen des Endneolithikums und der Urnenfelderzeit etliche Siedlungsreste des ausgehenden 6. Jh. v. Chr.", die, „im Vergleich zu ähnlich exponierten Lagen jener Zeit unbedingt einen burgartigen Charakter erwarten" lassen. „Dabei sollten zumindest der nur sanft ansteigende Zugang von Westen und die Südflanke künstlich befestigt gewesen sein. Ältere Ausgrabungen wie auch umfangreiche Untersuchungen 2003 konnten solche künstlichen Befestigungen jedoch nicht nachweisen. Eine wallähnliche kurze Aufhöhung auf dem Westende des Rückens scheint auf einen primitiven Kalkbrennbetrieb zurückzugehen, bleibt aber durch damit schwer vereinbare ^{14}C-Datierungen des 4.–1. Jh. v. Chr. vorerst rätselhaft" (ebd.).

Kerpen, Weinberg. Neolithische, bronzezeitliche und eisenzeitliche Höhensidlung, Grundriss

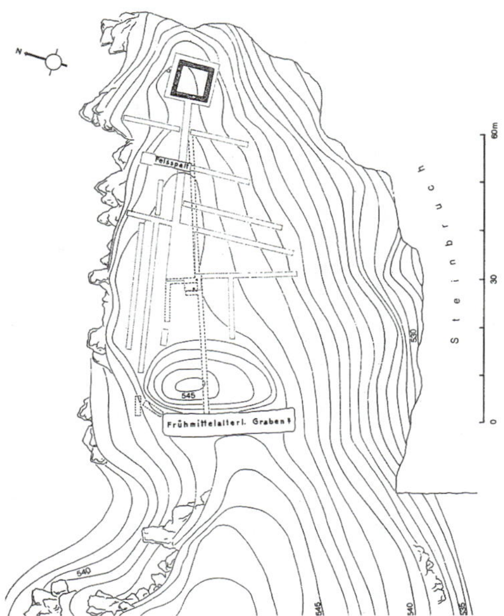

Als überraschenden Fund benennt Nortmann die bei der Untersuchung des mittelalterlichen Vorwalles aufgefundenen „umgelagerte[n] Reste mehrerer menschlicher Skelette (mindestens sechs Männer, Frauen und Kinder)"; ihre „^{14}C-Datierung um 3770–3640 v. Chr. führt in die Zeit der jungneolithischen Michelsberger Kultur, von der im rheinischen Mittelgebirge bisher kaum Zeugnisse vorliegen und reguläre Bestattungen insgesamt noch ausstehen. Menschenreste dieser Zeit sind sonst in einiger Anzahl aus Siedlungen oder Erdwerken bekannt, wobei in Kerpen direkte Belege für einen solchen Zusammenhang noch fehlen" (ebd.).

Frühmittelalterliche Burg und **salierzeitliche Turmburg**: Auf der ca. 160 m langen Ostnordostspitze des Weinberges stand eine frühmittelalterliche Burg, eine Abschnittsbefestigung, der „ein 80 m weit vorgelagerter Vorwall mit Graben zuzuordnen" ist (Nortmann 2003). Horst Wolfgang Böhme (1992, 11) vermutet, diese Bergspitze sei vermutlich im 10. Jh. mit einer Wall-Graben-Befestigung – angeblich als „Fluchtburg" – gesichert worden. In diese Spornbefestigung (ca. 75 x 35 m) soll dann, wahrscheinlich im 11. Jh., unter Verkleinerung der zuvor befestigten Fläche, ein annähernd quadratischer Wohnturm erbaut worden sein, dem in 16 m Entfernung ein Graben vorgelegt war. Es handelte sich offenbar um eine für die salische Zeit „typische" adlige Wohnburg, deren Wohnturm an der Spitze des Bergsporns durch den erwähnten Graben und möglicherweise durch Palisaden geschützt war. Es wurde vermutet, diese Burg sei der erste Wohnsitz der 1136 zuerst urkundlich genannten Edelfreien v. Kerpen, die während des 12. Jh. durch die alte oder die neue Burg oberhalb des heutigen Ortes Kerpen ersetzt wurde. Ob diese Burgen vorübergehend zeitgleich bestanden, ist nicht geklärt. So sollen im Schutt des Turmes zwei Fragmente von Fenstergewänden „aus der Zeit um 1200" gefunden worden sein, „die möglicherweise einen Falz für bleiverglaste Scheiben aufwiesen" (Wagner 1980).

Interessant ist die Form des Wohnturmes, der in Bruchsteinmauerwerk aufgeführt wurde: Bei einer Mauerstärke von nur 0,85 m betrugen die Seitenlängen 7,2–7,7 m. Die nutzbare Innenfläche lag bei etwa 6 x 5,5 m. In der Nordseite öffnete sich ein 2 m breiter, ebenerdiger (ursprünglicher?) Eingang. Andere steinerne Bauten wurden auf dem ca. 75 m langen, bis zu 35 m breiten Sporn, den in Richtung Westen ein starker Wall mit vorgelegtem Graben gegen das leicht überhöhte anschließende Gelände sicherte, bislang nicht nachgewiesen. Die Datierung der auf dem Berg gefundenen (nicht publizierten) Keramik umfasst den Zeitraum 10.–12. Jh.

Information: Wegen des Steinbruchbetriebes ist das ursprünglich über einen Feldweg 1,3 km westlich von Kerpen bzw. 1,1 km östlich von Berndorf her erreichbare Bodendenkmal nicht mehr zugänglich und bei Erscheinen des vorliegenden Buches vielleicht schon nicht mehr erhalten.

42 | Alte Burg auf dem Höhenberg über der Burg Kerpen

Hinweis: Die folgenden Ausführungen zur Alten Burg und zur Burg Kerpen basieren großenteils auf Forschungen von Olaf Wagener, der mir sein unveröffentlichtes Manuskript dankenswerterweise zur Verfügung stellte!

Kerpen, Alte Burg. Blick vom Bergfried der Burg Kerpen; Zeichnung von Fritz v. Wille (1860–1941)

Kerpen, Alte Burg (Hügel oben links) und Burg Kerpen unterhalb

Unmittelbar nördlich oberhalb des Halsgrabens der Burg Kerpen liegen die Reste der Alten Burg: ein ovaler, aus Wall und Graben bestehender Bering sowie Fundamentreste (eines Turmes?). Der geebnete Burgplatz ist bis zu 80 m lang. An der Ostseite sind Grabenreste erkennbar; im Westen war die Burg offenbar durch den Steilhang geschützt.
Sichere Daten über diese Burg sind nicht bekannt. Es wird vermutet, sie könne das 1148 urkundlich genannte *castrum in Kerpene* als Vorgänger der jetzigen Spornburg sein. Herbert Wagner (1980, 7) nahm an, es handele „sich wohl nicht um eine frühe Vorburg der heutigen Burg [Kerpen], sondern um die später [vom Weinberg (?) hierher] verlegte zweite Kerpener Burg". Solche Burgenverlagerungen kamen, nicht nur in der Eifel, seit etwa der Mitte des 12. Jh. häufiger vor, so dass Werner Bornheim gen. Schilling (1964) feststellte: „So rückt zu Kerpen [...] die staufische [gemeint ist hier: stauferzeitliche; d. Verf.] Anlage auf die Spitze des Sporns vor, während die ältere Anlage etwas höher auf dem Felskamm liegt."
1941 wurde die Burgstelle „Alte Burg" in Teilen zerstört, als der Eifelmaler und seit 1911 Besitzer der Burg Kerpen, Prof. Fritz v. Wille, hier seine letzte Ruhestätte fand. Diese befindet sich in dem kleinen rundlichen Hügel innerhalb des Beringes an der Nordseite der Burg im Gewölbe eines einst hier stehenden Gebäudes, bei dem es sich um einen Turm gehandelt haben könnte. Ältere Kerpener Bürger wollen das Innere des Gewölberaumes unterhalb des Gedenksteines noch gesehen haben; nach einer Beschreibung war er so groß, dass „ein erwachsener Mensch aufrecht darin stehen konnte. Der Zugang in das Gewölbe erfolgte auf westlicher Seite von oben her. Heute ist das zur Grabstätte umgewandelte Gewölbe nicht mehr zu sehen, da der Hügel hier mit Erdreich aufgeschüttet" wurde (Olaf Wagener). Eine archäologische Untersuchung der Burgstelle steht indessen noch aus.

Kerpen, Alte Burg. Hügel mit Grab des Malers Fritz v. Wille

Information: Die Alte Burg ist über Fußpfade frei zugänglich.

43 | Burg Kerpen

Auf dem ins Tal vorspringenden, Höhenberg genannten Dolomitsporn steht die Burg Kerpen. Der Ort am Fuß des Burgberges scheint nach dem Burgbau im 12. Jh. durch die Verlagerung einer älteren Siedlung entstanden zu sein. Mit seiner Ummauerung wurde der Ort, 1299 *suburbium* der Burg genannt, an die Burgbefestigung angeschlossen.
Wenig ist über die Adelsfamilie v. Kerpen bekannt. So bleibt ihre vermutete Abstammung vom Adelsgeschlecht der Sigibodonen unbewiesen. Peter Neu (1972) schrieb über die Herren v. Kerpen, sie unterschieden sich „durch nichts von ihren größeren oder kleineren Nachbarn. Sie versuchten sich dadurch zu behaupten, daß sie die günstige Lage der Eifel ausnutzten und sich bald in den Dienst dieses, bald in die Abhängigkeit jenes großen Nachbarn" begaben. Auch ihrer Herrschaft maß er keine große Bedeutung bei; „das kleine Land Kerpen [...] ist von Natur aus arm und dünn besiedelt." Endgültig zu klären bleibt noch das Verhältnis der Herren v. Kerpen zu den Herren (später Grafen) v. Manderscheid. Für Peter Neu stand es „außer Zweifel", dass beide Adelsgeschlechter im 13. Jh. „zeitweise einen Stamm bildeten, der sich danach erst in zwei Äste verzweigte".

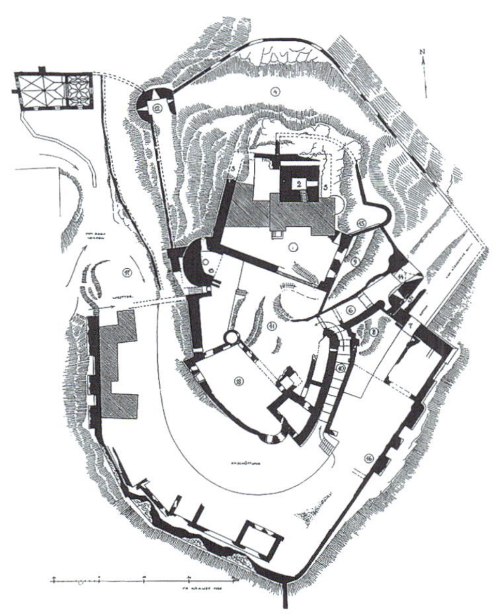

Kerpen, Burg Kerpen. Grundriss

Kerpen, Burg Kerpen. Hauptburg

1136 nennt eine Urkunde des Klosters Prüm *Sigibertus de Kerpene*, den ersten namentlich bekannten hier ansässigen Adeligen. Er oder sein Sohn Heinrich I. v. Kerpen wurden als mögliche Erbauer der Burg benannt, doch bleibt offen, ob mit dem 1148 genannten *castrum in Kerpene* die Burg Kerpen oder die Alte Burg oder gar noch die Burg auf dem Weinberg bei Kerpen gemeint ist, da 1173 ein *novum castrum* [neue Burg] *de Cherpene* urkundlich Erwähnung fand. Zu jener Zeit, um 1175, stifteten (einer Kölner Urkunde von 1197 nach) Theoderich/Dietrich I., Albero und Alexander, Söhne Heinrichs I. v. Kerpen, das adelige Nonnenkloster im nahegelegenen Niederehe. Die Klosterkirche diente anscheinend zeitweise als Grablege der Familie v. Kerpen.

1265 trug Theoderich II. dem Erzstift Köln die Burg zu Lehen auf. Der Besitz des Hauses Kerpen wurde zwischen ihm und seinem Bruder Wilhelm II. geteilt, der die Burg Manderscheid erhielt. Theoderich III., *Herr von Karpena in Eyflia*, wird 1299 als Lehensmann der Kölner Kirche genannt; seine drei Söhne wurden die Stammväter von drei Linien des Hauses Kerpen – Linster, Mörsdorf und Illingen –, die jeweils anteilig Eigner der Stammburg blieben, die so zur Ganerbenburg wurde.

Im 14. Jh. geriet das Haus Kerpen zeitweise unter Einfluss des Erzbistums Trier; der Trierer Erzbischof Balduin v. Luxemburg konnte ein Öffnungsrecht zumindest an einem Teil der Burg erlangen, doch bereits zu Beginn der 1340er-Jahre gehörten die Herren v. Kerpen wieder fest zur Anhängerschaft des Kölner Erzbischofs, dem die Burg Kerpen als Offenhaus dienen sollte, wie Dietrich v. Kerpen 1342 bekannt gab. Der Kölner Erzbischof Walram überließ diesem darauf 300 kölnische Mark zur baulichen Verbesserung der Burg, die, wie sein weiterer Besitz, dem Kölner Erzbischof als erbliches Lehen aufgetragen wurde. Vertreter der beiden anderen Linien des Hauses Kerpen unterzeichneten 1342/43 ähnliche Verträge.

In den nachfolgenden Jahrzehnten wurden wiederholt Herren v. Kerpen im Dienst der Kölner Erzbischöfe benannt; wohl ab 1364 hatte Dietrich v. Kerpen das kölnische Schenkenamt inne.

1451 konnte der aus einem belgischen Adelsgeschlecht stammende Wilhelm v. Sombreff, der mit Margarete, einer Tochter Johanns „des Alten“ v. Kerpen verheiratet war, das letzte Drittel Kerpens erwerben, nachdem er bereits ein Drittel ererbt und ein weiteres gekauft hatte. Sein Sohn Wilhelm II. v. Sombreff vergrößerte die Besitzungen durch die

Heirat mit Gertrud v. Saffenburg, durch die ihm um 1450 Teile der Herrschaften Tomburg und Landskron zufielen. Sein Sohn, Friedrich I. v. Sombreff, war in langwierige Streitigkeiten und Fehden wegen jener Herrschaften verwickelt. Er starb 1483/84; die Herrschaft über Kerpen ging auf seinen gleichnamigen Sohn über. Nach dessen kinderlosem Tod im Jahre 1504 erbte seine Schwester Margarete, die letzte des Geschlechts der v. Sombreff-Kerpen, die Herrschaft. Infolge der Heirat Margaretes mit Graf Dietrich IV. v. Manderscheid-Schleiden 1506 gelangte die Herrschaft Kerpen an das Adelshaus Manderscheid-Schleiden. Nach dem Tod Dietrichs IV. folgten lange Erbstreitigkeiten. 1560 fiel Kerpen an Dietrich VI. v. Manderscheid-Schleiden, den „Wegbereiter des Protestantismus in der Eifel" (reg. bis 1593). Während seiner Regierung wurde Kerpen von größeren kriegerischen Ereignissen in Mitleidenschaft gezogen. Graf Dietrich VI. starb 1593, ohne einen Erben bestimmt zu haben. Der Mann seiner Schwester Katharina, Philipp v. d. Marck († 1613), besetzte darauf am 6.2.1593 die Burg. Nachdem Verhandlungen zwischen den am Erbstreit Beteiligten zu keinem Ergebnis geführt hatten, handelte der Graf v. Manderscheid-Gerolstein. Er warb im Winter 1607/08 Truppen an, um die Burg mit etwa 300 Mann zu stürmen; dies misslang. 1611 wurde der Erbstreit in einem Vergleich geregelt, und Kerpen blieb, zusammen mit Schleiden, Saffenburg und einigen Brabanter Besitzungen, beim Grafen v. d. Marck, der die Burg baulich in guten Zustand versetzen ließ. In einem Visitationsprotokoll vom 27.11.1612 ist zu lesen, dass er *gutter nottuendiger baw an pforden und auswendigem Mauerwerk gemacht hat welche diesem Hauss nutzlich und notuendich geuessen sind.*

Kerpen, Burg Kerpen. Zwinger, Flankierungsturm

Im 30-jährigen Krieg war die Burg dann mehrfach Zufluchtsort für die Mönche des Klosters in Niederehe, welches verwüstet wurde.

Nach dem Tod des Grafen Ernst v. d. Marck 1653 war Kerpen erneut Gegenstand eines Erbstreites, während dessen Graf Ferdinand Karl v. Löwenstein-Wertheim die Burg besetzte. 1674 gab das Reichskammergericht in Speyer jedoch den Ansprüchen der Herzogin v. Arenberg statt. Bis zur Französischen Revolution 1794 verblieb der Besitz über die Herrschaft Kerpen bei den Arenbergern.

Zerstört wurde die Burg, wie so viele andere im Rheinland, durch französisches Militär: 1682 hatten Franzosen sich hier festgesetzt. Als sie Kerpen 1683 räumten, hatten sie *am Matthiastage die Vorwercker durch Maurer und Schreiner abbrechen lassen, nachher das schöne Schloß sambt Toren aus der Erde herraus gebrochen und gesprengt und die ganze Burg verdorben* (zitiert nach Textor 1937, 144). Schon 1689 wurde die Burg Kerpen durch französische Truppen unter General Boufflеurs nochmals schwer beschädigt. Zwar erging an die Bewohner der Herrschaft Kerpen 1696 die Aufforderung, sich am Neuaufbau der Burg zu beteiligen, doch blieb dieser anscheinend unvollendet. Als es nämlich im späten 18. Jh. Planungen gab, die Burg zu einem Schloss im Sinne der Zeit auszubauen, bezeichnete der Architekt Gaine die Burg 1780 in seinem Bericht als in Teilen ruinös. Die Schlossbaupläne wurden nicht umgesetzt, und die fürstlich-arenbergische Verwaltung erwog gar, Teile der Ruinen zu sprengen, da sie als einsturzgefährdete Bauteile für den unterhalb gelegenen Ort gefährlich waren. Letztlich kam es nur zu einigen Sicherungsarbeiten.

Im 19. Jh. diente die Burg, die 1803 von der französischen Besatzungsregierung enteignet und verkauft war, zeitweise als Steinbruch. Nach dem Erwerb der Ruine durch Johann Heinrich Dhün 1893 ließ der neue Besitzer diese vom Schutt befreien. Der Bergfried wurde mit einem neuen Zinnenkranz versehen und südlich neben ihm ein Wohnhaus erbaut. 1905 wurden bis dahin noch stehende Teile des Schlosses am Südende der zweiten Terrasse niedergelegt und anschließend die neuen „Ruinenmauern", teils unter Verwendung ortsfremder Spolien, aufgeführt. Nachdem dann „der vorige Besitzer Manstein die Burg zurückgekauft und die Futtermauer an der Südspitze, zwischen zweiter und dritter Terrasse, errichtet hatte", veräußerte er Burg Kerpen 1911 an den „Eifelmaler" Fritz v. Wille (1860–1941), der den südwestlich des Bergfrieds gelegenen Atelierbau errichten ließ. Teils sehr weitgehend waren die Sicherungsarbeiten, die v. Wille 1912–14 veranlasste: Mauern des Palas und des Bergfrieds wurden „ausgebessert", die ausgebrochene Nordostecke des Bergfrieds wurde ausgemauert, ebenso der Riss am gesprengten nordwestlichen Geschützturm und eine „Mauerlücke" neben dem westlichen Geschützturm. Es folgten Sicherungen weiterer Bereiche und teils auch Aufmauerungen, wie am „Halbturm auf der Südspitze, der durch Aufmauern ausgeglichen wurde" (zitiert nach Wagener). Sehr stark griffen auch die „Sicherungsarbeiten" von 1927 in die historische Bausubstanz ein, denn nun wurden „zur Sicherung der Substanz Teile des Mauerwerks ausgebrochen und neugemauert mit nachfolgendem steinsichtigen Fugenbewurf aus Traßkalkmörtel" (ebd.).

Nach dem Tod des Fritz v. Wille 1941 erwarb die Firma DEMAG die Burg, um sie als Schulungsheim zu nutzen; sie ließ in den 1950er-Jahren Sicherungs-, Um- und Neubaumaßnahmen folgen. 1968 erwarb der Kreis Grevenbroich die Burg als Landschulheim und erweiterte die modernen Ausbauten nochmals. Die Burg, an der in den letzten Jahrzehnten immer wieder kleinere Sanierungsarbeiten durchgeführt wurden, gehört heute dem Kreis Neuss als Rechtsnachfolger des Kreises Grevenbroich.

Insgesamt führten die vielfach undokumentierten Baumaßnahmen des 19. und 20. Jh. dazu, dass eine Baubefundung in weiten Bereichen der Burg fast unmöglich wurde.

Beschreibung: Die auf einem Sporn des Höhenberges, östlich des Ortes stehende Burg weist eine maximale Nordsüdausdehnung von ca. 130 m und eine Ostwestausdehnung von ca. 90 m auf und erstreckt sich über drei Terrassen. Sie wird im Norden durch einen ca. 15 m breiten Halsgraben vom Berg getrennt, auf dem die Alte Burg nach Norden anschließt.

Kerpen, Burg Kerpen. Hauptburg, Wohnbauruine

An der höchsten Stelle der Burg Kerpen, direkt über dem Halsgraben, erhebt sich der aus Bruchsteinmauerwerk aufgeführte, wahrscheinlich aus romanischer Zeit stammende Bergfried über nahezu quadratischem Grundriss (ca. 9 m Seitenlänge, 3 m Mauerstärke). Er ist 23 m hoch, doch wurde der obere Teil mit Zinnen und Gesims erst 1896 aufgesetzt. Im Inneren ist die ursprüngliche Einteilung nur noch schwer erkennbar, nachdem Betondecken eingezogen wurden; lediglich die Ansätze eines Tonnengewölbes unter der obersten Plattform zeugt noch von einem vermutlich originalen Raumabschluss. Selbst die Treppe in der Mauerstärke wurde erst 1896 angelegt (Wagener).

Auf der obersten Terrasse, die den Bergfried umgibt, ist von mittelalterlicher Bebauung kaum noch etwas sicher auszumachen, es handelt sich hier um Neubauten des 19./20. Jh.

Nach Süden schloss sich an den Bergfried vielleicht ein Wohnbau oder Palas an (25 x 9 m), der teils noch aus romanischer Zeit stammen könnte, aber später umgebaut wurde. Sein Inneres stellt heute die Frei- und Beetfläche vor den modernen Hausbauten dar.

Von der Nordostecke dieses Gebäudes zog sich ein weiterer Mauerbering um die oberste Terrasse. Von diesem sind kaum Reste überkommen; eine nach Osten gerichtete „Ausbuchtung“ mit auf den Burgweg gerichteten Scharten ist jedoch erhalten.

Die zweite Terrasse der Burg stellt sich hauptsächlich als Hoffläche mit Garagenneubau und einigen Mauerresten dar. Im Nordosten der Hoffläche schließt sich an die Ecke des Wohnbaues bzw. Palas ein Geschützturm oder Rondell an (Ø 11,5 m, Mauerstärke im EG 4,5 m), welches zu den gerundeten bis (halb)ovalen Werken einer Verstärkung der Burg gehört, die wohl im Zeitraum Ende 15./Anfang 16. Jh. stattfand. Innerhalb des Rondells befand sich ein angeblich 35 m tiefer Brunnen. Vom Rondell erstreckt sich eine Zwingermauer nach Norden zu einem weiteren Rondell (ca. 9 m Ø) an der Nordwestecke der Burg, oberhalb der Kapelle und der daran anschließenden Mühle. Hier setzte die Ortsbefestigung an.

Südlich des großen Rondells sind auf der heutigen Hoffläche noch einzelne Reste des „neuen Schloßgebäudes“ (11 x 19 m) zu erkennen. Vom anschließenden Treppenturm sind keine sichtbaren Relikte vorhanden. An der Südostecke des Hofes finden sich stattliche Reste eines ehemals in das Schlossgebäude integrierten Turmes. Hieran schließt eine Doppelgarage an, in die Mauerreste des Schlossgebäudes integriert sind und für deren Fenster teils alte, hier gefundene Fenstergewände wiederverwendet wurden.

Im Osten des heutigen Burghofes befindet sich die 24 m lange Torhausanlage, welche sich als ein beiderseits von Mauerwerk begrenzter Weg zwischen den beiden in einer geraden Linie zueinander stehenden Torbögen darstellt, die in abgerundeter Spitzbogenform aufgeführt sind. Südlich befindet sich ein teils verschüttetes Gewölbe, das zu dem von der Außenseite erkennbaren, ursprünglich rundbogigen Tor der Burg führt. Es handelt sich hier um einen Bauteil mit einer sehr komplexen Baugeschichte.

Die dritte Terrasse der Burg, welche größtenteils als Parkplatz genutzt wird, weist kaum noch mittelalterliche Bausubstanz auf. Ein weiteres Tor zur dritten Terrasse befindet sich im Osten, etwa 5 m unterhalb des alten Tores, in einer z.T. erhaltenen „Schildmauer“.

Die durch eine Trockenmauer gesicherte Aufschüttung, welche die dritte von der zweiten Burgterrasse abtrennt, ist Anfang des 20. Jh. angelegt worden. Erwähnenswert ist das 1674 aufgezeichnete Inventar der Burg, das u.a. über die vorhandenen Waffen Auskunft gibt: Es gab demnach Geschütze verschiedener Kaliber, „Feuerrohre“, Hakenbüchsen, Musketen und *zwei alte Spieß und Lanßen*. Im Magazin *(Auffm Magasin Hauss)* lagerten 55 *ungefüllete Handgranaten, 108 pfundige Mossquetenkogeln* [Musketenkugeln], *1 Viertheil Thöngen* [Tönnchen] *voll Mossquetenpulfer, noch in einer Tonnen ungefehr ¼ Thon Pulfer, 6 Gebond Londen* [Lunten]. Der spärlichen Bewaffnung der Burg entsprach die anscheinend ebenso spärliche Möblierung.

Nordöstlich der Burg steht die spätgotische, zweischiffige, kurz nach 1500 auf Veranlassung Dietrichs IV. v. Manderscheid-Schleiden erbaute spätgotische **Kapelle**, die in der Neuzeit zu einer Filialkapelle der Pfarrei Niederehe wurde. Die Kapelle kann nicht eindeutig als eine Burgkapelle bezeichnet werden; vielmehr stellte sie ein Bindeglied zwischen der Burg

Kerpen, Burg Kerpen. Kapelle, Querschnitt Chor und Details

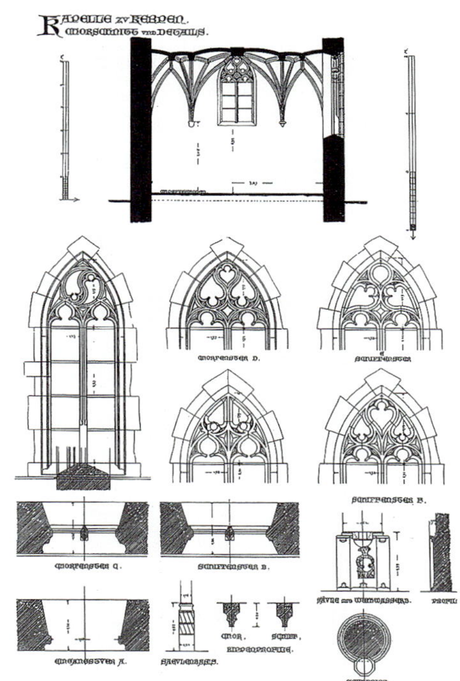

Kerpen, Burg Kerpen. Kapelle von Norden

und der ihr zugeordneten Siedlung dar, deren Bewohner sie ebenfalls nutzten.

Aus urkundlichen Belegen geht hervor, dass die spätgotische Kapelle einen Vorgängerbau an bislang unbekannter Stelle hatte: 1234 wird ein Kaplan Walter *(Walterus capellanus)* genannt und 1486 sowie 1496 eine St. Johannes dem Täufer geweihte bzw. eine Vorburgkapelle erwähnt, die ein Burgkaplan betreute. Nach der Einführung der Reformation ist für 1572 der Prädikant Wilhelm von Beneck als „Frühmesser" auf der Burg Kerpen bezeugt. Der Burgkaplan Nikolaus Kettmann war 1758–61 zugleich Einnehmer der Herrschaft.

Ob das Patrozinium Johannes des Täufers der älteren Kapelle in einem Zusammenhang mit dem an verschiedenen Orten der Eifel ansässigen Johanniter-Orden stand – der Ritterorden besaß ab 1162 eine Kommende in Adenau –, ist nicht bekannt. Die jetzige Kapelle ist den Märtyrern Stefan und Sebastian geweiht, doch lässt sich dieses Patrozinium erst seit 1703 nachweisen.

Die Kapelle erhebt sich über einem annähernd rechteckigen Grundriss. Sie setzt sich aus dem zweischiffigen, über einer Mittelstütze gewölbten Langhaus (10,12 x 7,08 bis 7,58 m) und dem gleich hohen, nicht eingezogenen Kastenchor (7,08 x 4,30 m) zusammen, die ein durchgehendes Satteldach deckt; über dem Chor sitzt ein Dachreiter. Die Nordseite des Langhauses war vor der Anfügung des Erweiterungsbaues 1975/76 weitgehend ungegliedert; ihr war ein breiter (später angefügter?) Strebepfeiler vorgesetzt. Auch vor der Westseite sitzt ein Strebepfeiler, den zwei zweibahnige Maßwerkfenster rahmen. Ebenfalls zwei derartige Fenster öffnen sich in der Südseite – eines im Ostjoch des Langhauses und eines im Chor. Durch die sie jeweils überfangenden Quergiebel ergibt sich optisch der Eindruck, es handele sich hier um Querhäuser. Links unterhalb des östlichen der beiden Fenster befindet sich ein vermauerter Eingang, der vielleicht ursprünglich der Burgherrschaft vorbehalten war. Der heute noch genutzte segmentbogige Eingang öffnet sich hinge-

Kerpen, Gerichtshaus

gen ins Westjoch des Kirchenschiffes; er war vor 1903 rund oder spitzbogig geschlossen (Wagner 1980, 15). Angeblich wegen der Steinschlaggefahr vom Burgberg ist das östliche Chorfenster (später?) als Blendfenster gestaltet worden.

Wie erwähnt, teilt eine Mittelsäule das Langhaus in sowohl zwei Schiffe als auch zwei Joche. Die Kerpener Kapelle gehört damit zu einer Gruppe solcher (spät-)gotischen Einstützenräume im Eifel-Mosel-Gebiet, wie z.B. die wohl 1465 geweihte Hospitalkapelle in Kues/Mosel (Stadt Bernkastel-Kues) oder die kath. Pfarrkirche St. Johannes der Täufer in Kronenburg (Kr. Schleiden), die Graf Cuno v. Manderscheid-Schleiden (†1489) in Auftrag gegeben haben könnte. Auffällig ist, dass der Bauherr der Kronenburger Kirche derselben Familie entstammte wie jener der Kapelle in Kerpen und beide Gotteshäuser eventuell dasselbe Patrozinium hatten! Der mögliche Kontext wurde offenbar noch nicht untersucht.

Die runde, mit Steinmetzzeichen versehene Mittelstütze der Kerpener Kapelle steht auf einem sechseckigen Sockel, an den ein Weihwasserbecken angefügt ist, welches ein Schildträger stützt. Wie die Säule sind auch die Wanddienste – sie stehen auf schraubenförmig kannelierten Sockeln – ohne Kapitelle gestaltet. Langhaus und Chor trennt ein schmaler, spitzbogiger Triumphbogen. Während das Langhaus von einem einfachen Kreuzrippengewölbe überdeckt ist, weist der Chor ein – der Hierarchie der Räume entsprechend – aufwendigeres, dreiteiliges Sterngewölbe auf, das ihn quasi in drei Räume gliedert, wobei die Differenzierung bzw. die Funktion der „Seitenräume" vorerst ungeklärt bleibt. Für eine Nutzung der Seitenräume als mögliche Herrschaftsloge spricht das Gewölbe: Der mittlere Schlussstein über dem Altarraum zeigt die Madonna mit dem Kind, der rechte das Wappen v. Kerpen-Sombreff und der linke das Wappen v. Manderscheid-Blankenheim.

Im Rahmen der 1903 durchgeführten Renovierung wurde eine hölzerne Empore eingezogen, die fast bis zur Mittelsäule reichte, denn die Größe des Gotteshauses genügte nicht mehr für die inzwischen deutlich angewachsene Gemeinde. Da so die ursprüngliche Wirkung des Einstützenraumes deutlich beeinträchtigt worden war, gingen der neuerlichen Renovierung von 1975/76 Überlegungen voraus, die Empore zu entfernen oder aber zu verkleinern, doch musste noch einmal zusätzlicher Platz geschaffen werden. Schließlich wurde entschieden, wie der Architekt Karl Peter Böhr (Trier) ausführte, der Kapelle an der „ohnedies ungestalteten Nordseite ein Anhängsel zu geben, in das der Heizungskeller, eine Sakristei [eine solche bestand zuvor nicht] und darüber eine [weitere] kleine Empore gelegt werden konnten". Die neue Empore in dem nach außen modern gestalteten nördlichen Anbau besitzt zum Kirchenschiff hin Arkaden. Im Zusammenhang mit dem Erweiterungsbau wurde die Farbfassung des Kapelleninneren nach dem bei Voruntersuchungen festgestellten Befund angelegt.

Information: 54578 Kerpen-Loogh, VG Hillesheim. Auskünfte über Urlaubsregion Hillesheim/Vulkaneifel, s. Hillesheim. – Die Außenanlagen und die Kapelle sind frei zugänglich, der Bereich der Kernburg ist hingegen nicht zu besichtigen.

44–45 | Ortsbefestigung und Burgmannenhäuser

Herbert Wagner (1980, 17) bezeichnete es zwar als „sicher", dass eine **Ortsbefestigung** schon im Jahre 1299 existierte, doch genügt die von ihm zitierte Quelle, in welcher eine Burg zu Kerpen *cum suburbis*

(mit einer „Vorstadt") für jenes Jahr Erwähung findet, allein nicht als Beweis. Für 1475 ist das Bestehen der Ortsbefestigung durch eine urkundliche Erwähnung erstmals bezeugt, als der Burgherr Friedrich v. Sombreff den Bürgern Kerpens das Recht zur Erhebung eines Zolles genehmigte, aus dessen Erträgen die Befestigung *buwlich in goeden wesen gehalden werden* sollte. Im 18. Jh. benannte der arenbergische Rentmeister Bender die Ringmauer und die Türme der Ortsbefestigung als „ruiniert"; er schrieb, die Mauer sei *durchgehends bebaut, darin Fenster und darauf Tächer angebracht*. Im Juni 1792 wurden die Mauertürme dann schließlich mit Genehmigung des Herzogs v. Arenberg verkauft, wobei die Kaufsummen von 3, 8 und 15 Talern – Letztere für den Theissenturm – darauf schließen lassen, dass der Erhaltungszustand, und damit der Materialwert des daraus zu gewinnenden Abbruchmaterials, sehr unterschiedlich gewesen sein dürfte.
Reste der Wehranlagen bestanden noch bis ins 19./20. Jh.: In der zu Beginn des 19. Jh. erstellten Tranchot-Karte sind sie noch eingezeichnet. Und im Kunstdenkmäler-Iventar (KD Daun 1928, 144 f.) ist zu lesen, dass „die alte Umwehrung des Burgdorfes nach den [damals noch teilweise 4–10 m hohen] Resten als Rechteck mit gebogenen Seiten" zu erkennen und ihr Verlauf von der Nordwestecke der Burg bis zu deren Südspitze ablesbar war. An der Nordwestecke des Beringes stand der runde, 1870 wohl noch 4 m hoch erhaltene Hermesturm und an der Südwestecke der Hentgesturm. „Der Weg von Hillesheim führte durch ein Stadttor, das wegen seiner Kleinheit scherzhaft das ‚Kerper Eiloch' genannt wurde, es scheint also nicht mit der 1610 genannten Schornportz identisch gewesen zu sein, wie Lotzkes [1946] annimmt" (Wagner 1980, 17). Zwar ist die einstige Ortsbefestigung heute nur noch in spärlichen Resten erhalten, doch ist der Verlauf des Beringes durch die Bebauung und Benennung von Straßen (z. B. Hermesturm) noch weitgehend nachvollziehbar.
Innerhalb der ummauerten Siedlung am Fuß des Burgberges gab es offenbar mehrere **Burgmannenhäuser**, doch ist die Forschung hier noch nicht weit gediehen, denn ein großer Teil der historischen Bausubstanz fiel einem Großbrand im Jahre 1866 zum Opfer. Möglicherweise waren einige der noch auf die spätgotische Zeit zurückgehenden Fachwerkhäuser Sitze von Burgmannen. Im Kern dem 16. Jh. entstammt das mehrfach umgebaute und so stark veränderte Burgmannenhaus mit dem Treppenturm und dem Hoftorbogen unterhalb des westlichen Burgaufgangs.

Kirchweiler

46 | Burg

Kirchweiler liegt westlich des knapp 699 m hohen Erres- oder Ernstberges (> Hinterweiler).
Bis heute sind Erwähnungen eines Ortes Weiler in spätmittelalterlichen Schriftquellen nicht immer

Kirchweiler, Burg. In Wohnhäusern verbaute Teile der Burg unterhalb der Kirche

Kirchweiler, Burg. In Wohnhaus verbaute Mauer der Burg unterhalb der Kirche

eindeutig auf Kirchweiler zu beziehen: Die Nennung eines „Dorf[es] Weiler“ in einer Schenkungsurkunde aus dem Jahre 1201 wurde auf das heutige Kirchweiler bezogen. Und mit dem Übergang der „Daunsche[n] Centnerei Weiler“ an den Trierer Erzbischof Balduin v. Luxemburg 1353 (1323?) ist der Ort offenbar ein weiteres Mal urkundlich fassbar (KD Daun 1928, 146): Johann v. Kerpen verkaufte u.a. *Kirchscheitwilre* an den Erzbischof und nahm das Dorf als Lehen zurück. Auch der *Wilre* genannte Hof, den ein Ritter v. Berlingen an die Herrschaft Kerpen verkaufte, wurde hier lokalisiert, und „das Weistum von ‚Wilre‘ ist vermutlich auf Kirchweiler zu beziehen“ (ebd. [s.u. Casselburg. Grimm, Weistümer II, S. 589]). 1353 veräußerten Zyls v. Daun *(Dune)* und seine Gattin Kunigunde die Zehntnerei *Wylre* mit den Dörfern *Kirchwylre, Richartswylre* und Berlingen.
Als Zehntnerei (Centnerei, Zenderei) wurden Verwaltungseinheiten, hier im kurfürstlich-trierischen Amt Daun, bezeichnet: Eine Zehntnerei umfasste jeweils mehrere Dörfer, Weiler und Höfe. Einem vom Kurfürsten eingesetzten und von der kurfürstlichen Kellerei Daun bezahlten „Beamten“, dem Zender, oblagen u.a. Verwaltungs-, polizeiliche und juristische Aufgaben, das „Hochgebot“ sowie Aufgaben im Kontext der Steuer- und Abgabenerhebung. Zur Zehntnerei Kirchweiler gehörten im 16. Jh. Berlingen, Essingen, Hinterweiler, Kirchweiler und Rockeskyll.
Ein Ortsteil von Kirchweiler wurde noch bis ins 20. Jh. hinein „Die Burg“ genannt. Von der Burg blieben obertägig nur wenige, heute in Wohnhäusern und Bauernhöfen verbaute Bruchsteinmauerreste erhalten. Diese finden sich südwestlich unterhalb der Kirche, zwischen Lehen Hof, Gerolsteiner Straße und Schulstraße, und wurden in ihrer Gesamtheit noch nicht untersucht.
Auf der nördlich des Ortes aufragenden Kuppe unweit der Kirche fanden sich keine sichtbaren Baureste einer Befestigung.

Information: 54570 Kirchweiler, VG Daun. – Die Burgreste sind von den angrenzenden Straßen aus zu überblicken.

Kolbenrath, Talansicht

Kolbenrath
Daun-Rengen

47 | Burg (Motte)

Im Has- bzw. Hasenbachtal nordwestlich des Dauner Stadtteils Rengen fand man Reste mittelalterlicher Besiedlung, darunter auch einen Burghügel, der heute kaum noch als flache, breite, etwa runde Erhebung im Gelände erkennbar ist. Es handelt sich hierbei um eine Motte, die versumpfte Reste des einstigen Wassergrabens umgeben. Bei Ausgrabungen wurden Hüttenlehm, Holzkohle und Asche gefunden.
Für 1345 ist das Bestehen einer Wasserburg bzw. eines Weiherhauses urkundlich belegt *(unsern hoff den man nennet Kolbenraith by Dune* [bei Daun] *mit dem huse in dem weyer)*, und auch für 1421 ist das Haus Kolbenrath bezeugt (Janssen II 1975, 233). 1482 erhielt Wilhelm v. Manderscheid die Herrschaft Kail aus dem Dauner Erbe; dazu gehörte auch Kolverath (einen Ort des Namens > Kolverath gibt es bei Kelberg), und 1794 war Kolverath „als ungeteiltes Kailisches Erbe im Besitz des Grafen v. Blankenheim“ (ebd.).
Im Gelände nahe des Burghügels bei Rengen gab es auffällig viele kleinere Hügel, die als „Tummen“ bezeichnet wurden. Als diese Hügel dann planiert wurden, stellte sich heraus, dass es sich hierbei um Stein- und Versturzhaufen einer abgegangenen

Siedlung handelte, von der auch zahlreiche dort gefundene Keramikfragmente stammten. Wegen des Flurnamens „Kolbenrather Hofwiese" wurden diese Funde mit der abgegangenen Siedlung Kolbenrath in Verbindung gebracht, die jedoch auch anderenorts lokalisiert wurde (ebd.).

Information: Kolbenrath, 54550 Daun-Rengen, VG Daun. – Die Besichtigung des Geländes ist nur für besonders Interessierte lohnend.

Kolverath, Hochkelberg. Gesamtansicht der Kuppe

Kolverath

48 | Hochkelberg, Wallbefestigung

Auf dem gut 2 km südöstlich von Kelberg aufragenden Hochkelberg (675 m), einem ehemaligen Schichtvulkan in Form eines Basaltkegels, finden sich Reste römischer Bauten und einer Befestigung. Mit Recht darf der Berg zu den sagenumwobenen Gipfeln der Vulkaneifel gezählt werden: Sagen und lokale Überlieferungen berichten von einem „goldenen Wagen", von einem angeblich vorhandenen „unterirdischen Gang", von einer „Kelten-" und einer „Römerburg". Auch ist „von Tempelherren, die Verbindung zu den Frauen im nahegelegenen Kloster gehabt haben sollen" (Mertes 1979) die Rede.

Ob der Hochkelberg schon in der Steinzeit besiedelt war, wie aus dem Fund einer Feuersteinklinge geschlossen wurde, muss offen bleiben, da eine einzelne Klinge keine Besiedlung oder dauerhafte Nutzung des Berges belegt. Gleiches gilt für die keltische Zeit: Während in der näheren Umgebung u.a. Hügelgräber gefunden wurden, fehlen eindeutige Belege für eine Nutzung des Gipfelbereiches. Die Reste der Befestigung auf dem Hochkelberg, die wiederholt als von einem „keltischen Ringwall" stammend gedeutet wurden, gehören tatsächlich zu einem römischen Wehrbau; auf die römische Besiedlung deuten zahlreiche archäologische Funde (s.u.; die nachfolgende Darstellung folgt weitgehend Mertes 1979).

Bedauerlich sind die weitreichenden Zerstörungen der archäologischen Befunde auf dem Berg, welche die Bundeswehr seit 1976 verursachte: Als militärisches Übungsgelände wurde der Hochkelberg mit MG- und sonstigen Kampfständen sowie Schützenlöchern und Stacheldrahtsperren versehen. Infolge des Einspruchs des Lehrers und Heimatforschers Fridolin Hörter aus Mayen, den dieser dem zuständigen Standortkommandanten vorlegte, wurden die Übungen dort eingestellt, Schützenlöcher verfüllt und der Stacheldrahtverhau abgetragen. Durch die Aufwühlung des Geländes seitens der Bundeswehr waren zahlreiche Artefakte aus Eisen und Bronze, Keramikscherben und Münzen an die Oberfläche geraten, die zu einem großen Teil durch den Lehrer Alfons Poss geborgen wurden.

Unter den Funden vom Hochkelberg sind insbesondere die römischen Münzen von Interesse: Bereits 1934 fanden Raubgräber zwei Münzen, deren Verbleib unbekannt ist und die nur durch Zeichnungen geläufig sind; 1976 wurden dann sieben weitere Münzen entdeckt. Die Münzfunde wurden zur Basis der Datierung der befestigten römischen Siedlung auf dem Hochkelberg. Die älteste der bisher bekannten Münzen vom Berg entstammt der Regierungszeit des Kaisers Gallienus (reg. 253–68), der kurz nach dem Herrschaftsantritt seines Vaters Valerian I. 253 das Oberkommando im Westen des Reiches übernommen hatte und nach der Gefangennahme seines Vaters durch die Perser 260 Alleinherrscher wurde. Gallienus führte seine Truppen gegen germanische Kämpfer, was in der Münzinschrift *Germanicus maximus* („größter Germanenbezwinger") zum Ausdruck kam. Im Jahre 258 wurde Gallienus zur Niederschlagung eines Aufstandes an der Donau aus dem Rheinland abberufen. Sein von ihm als Statthalter zurückgelassener, noch junger Sohn Saloninus fiel 259 einem Umsturz zum Opfer. Anstelle des ermordeten Kaisersohnes ließ sich der Offizier Postumus zum obersten Herrscher *(Augustus)* ausrufen. Die auf dem Hochkelberg gefundene Münze des Gallienus stammt aus der Zeit seiner Alleinherrschaft (260–68).

Gallienus gelang es nicht, zu verhindern, dass Postumus große Teile Westeuropas mit Spanien und England vom Römischen Reich löste und das „Gallische Sonderreich" begründete, das von 259 bis 273 mit Trier als Hauptstadt bestand. In die Phase dieses innerrömischen Bruchs fielen germanische Angriffe in den Jahren 259/60. Das Gebiet rechts des Rheins ging Rom verloren, der Rhein wurde zum Grenzfluss. Die folgenden Jahre brachten unruhige Zeiten; viele Kaiser wurden ermordet, so im Jahre 268 gleich fünf: Gallienus, Postumus, Laelianus, Marius und Domitianus II., und auch ihre Nachfolger, Victorinus in Gallien und Claudius II. Gothicus, „rechtmäßiger Kaiser im übrigen Römerreich", regierten beide jeweils nur etwa zwei Jahre lang.

Kaiser Aurelian (270–75) ging 273 gegen das Gallische Sonderreich vor, in dem als letzter Herrscher Kaiser Tetricus I. (270–73) und sein Sohn Tetricus II. als Kronprinz regierten; beide ergaben sich den Truppen Aurelians, der schon bald, im Jahre 275, ermordet wurde. Nach des Kaisers Tod kam es zu germanischen Angriffen auf linksrheinisches Gebiet. Dabei wurden neben etwa 70 Städten und größeren Siedlungen – darunter Trier – auch viele der römischen Höhenbefestigungen angegriffen und zerstört. Anhand der Münzfunde vom Hochkelberg wurde geschlossen, dass auch die dortige Befestigung damals ihr Ende fand: Zwei dort gefundene Münzen gehören in die Zeit des Kaisers Victorinus (268–70) und des Tetricus II. und gelten als Zeugnisse der Nutzung des Berges im Gallischen Sonderreich. Bei beiden handelt es sich um sogenannte barbarisierte Prägungen; darunter versteht die neuere Forschung „Notgeld, das in Krisenzeiten in einer provisorischen Münzschmiede in der näheren Umgebung geschlagen wurde, wenn die Versorgung mit amtlichem Reichsgeld unterbrochen war".

Kolverath, Hochkelberg. Kopie eines römischen Meilensteins

Da die nächste bekannte Münze vom Hochkelberg erst nach 320 geprägt wurde, kam es zu der Annahme, der Berg sei zwischenzeitlich nicht besiedelt gewesen (Mertes 1979), doch ist das Nicht-Auffinden von Münzen aus dem Zeitraum 275/320 kein Beweis dafür, wenn auch parallele Fundsituationen dies wahrscheinlich machen. So fand Karl Josef Gilles bei seiner Untersuchung spätrömischer Bergbefestigungen (Diss.) heraus, dass die Münzen offenbar – wie übrigens auch die Keramik – zwei verschiedenen Zerstörungshorizonten zuzuordnen sind. Die erste Zerstörung erfolgte wohl beim Germanensturm 275/76 – bei 51 Bergbefestigungen konnte er Zerstörungen dieses Zeitraumes in 15 Fällen belegen – und die zweite wohl um 353. Für den letzteren Zerstörungszeitraum konnte er bei den 51 untersuchten Befestigungen 45 Zerstörungen nachweisen. Kaiser Probus (reg. 276–82) gelang es zwar, die Germanen bis an den Rhein zurückzuschlagen, doch konnten nicht alle Höhenbefestigungen, darunter der Hochkelberg, gleich wieder besetzt werden. Der Kaiser siedelte germanische Franken auf linksrheinischem Gebiet an und nahm sie in die Armee auf.

Nachdem es 285/86 zu einem Bauernaufstand (sogenannter Bagauden-Aufstand) gekommen war, der insbesondere Gallien betraf, nahm Kaiser Diocletian (reg. 284–305) zur besseren Verwaltung des riesigen

Reichsgebietes, das vom Schwarzen Meer bis nach Schottland reichte, eine Verwaltungsreform vor. Er ließ das Römische Reich in zwölf Verwaltungsbezirke aufteilen und etablierte die Vierkaiserherrschaft *(Tetrarchie)*. Seine Mitregenten im Westen wurden die Kaiser Maximianus (reg. 286–305) und Constantius I. (reg. 305–06), der Vater Konstantins I. (307–37). Aus der Herrschaftszeit des Letzteren wurden Münzen auf dem Hochkelberg gefunden.

Im Jahre 293 wurde Trier die Hauptstadt der westlichen Provinzen des Römischen Reiches und erneut zur Münzstätte. Vier der neun auf dem Hochkelberg gefundenen Münzen wurden dort geprägt. Konstantin I. wurde nach dem Tod seines Vaters Kaiser *(Augustus)*; er beseitigte die *Tetrarchie* und wurde 324 zum Alleinherrscher des Reiches. Im selben Jahr verlegte er seinen Regierungssitz von Trier nach Byzanz/Konstantinopel. Viele der Bergbefestigungen im linksrheinischen Gebiet wurden unter Konstantin I. neu befestigt und besetzt, so offenbar auch der Hochkelberg, wie aus dem Fund einer Münze geschlossen wurde, die im Rahmen einer Raubgrabung 1934 entdeckt wurde und 320/24 in Trier geprägt worden war. Und die 1976 gefundene Münze des Constantius II. wurde 330/35 gleichfalls in Trier geprägt.

Auch aus der Zeit um 350 fanden sich Münzen auf dem Hochkelberg. Eine Münze des Decentius ist wohl die jüngste bisher vom Berg bekannte; sie wurde 351/53 in Trier geprägt und weist Brandspuren auf. Das könnte bedeuten, dass es auch auf dem Hochkelberg 353 zu Kämpfen im Kontext der damaligen innerrömischen Auseinandersetzungen kam. „Da Decentius am 18. August 353 Selbstmord beging, wird der Kampf wohl vor diesem Datum stattgefunden haben" (Mertes 1979). Damit entspricht die Fundlage jener vieler anderer Orte in der Region Eifel-Mosel-Hunsrück, etwa der Entersburg im Tal der Uess. Auf wen jedoch die Zerstörung der Höhenbefestigung auf dem Hochkelberg zurückgeht, bleibt offen; es können sowohl Anhänger des Constantius oder des Magnentius als auch plündernde Germanen oder „Freischärler" gewesen sein (Wolfgang Binsfeld, in: Trierer Zeitschrift 36, 1973).

Von der römischen Höhenbefestigung blieben nach den Zerstörungen durch die Bundeswehr lediglich auf dem kleinen Gipfel deutliche, heute als Wall und Graben sichtbare Reste erhalten. Der untere, spornartige Gipfel ist durch technische Anlagen der Bundeswehr überbaut und nicht öffentlich zugänglich (Achtung: Photographierverbot!). Am Hochkelberg sind, insbesondere an seiner Südwestseite, Hohlwege erhalten. Verschiedene Punkte des Berges sind durch Informationstafeln der „Geschichtsstraße rund um den Hochkelberg" erschlossen.

Information: 56767 Kolverath, VG Kelberg. – Von Köttelbach und Mosbruch führen Wanderwege auf den Hochkelberg. Die Besichtigung des Geländes ist nur für besonders Interessierte lohnend.

Kopp

49 | Burg (?) Zanderkirch

Das Dorf Kopp liegt im Südwesten des Landkreises Vulkaneifel; sein Name ist etymologisch verwandt mit dem Wort Kuppe (vgl. > Neroth: Burg Freudenkoppe). Der erste urkundliche Beleg für den damals der Benediktiner-Abtei Prüm gehörigen Ort stammt aus dem Jahre 1286. Nahebei verlief in römischer Zeit bereits eine Fernstraße, die Trier und Köln verband.

In der Literatur (u.a. Tillmann) und in Landkarten finden sich Hinweise auf eine Burgruine bzw. eine abgegangene Burg namens „Zanderkirch" bei Kopp. „Von der mittelalterlichen Burg", so Gondorf (1984, 110) „sind nur noch geringfügige Reste erhalten."

Auf dem Zanderberg – seine Benennung leitet sich vom Namen Alexander ab *(mons St. Alexandri)* – stand die Zanderkirche genannte St. Alexander-Kapelle nebst einer Emeritenwohnung. Aus dem Jahre 1570 ist bekannt, dass die Kapelle damals zwei Altäre besaß und wöchentlich eine Messe gelesen wurde. 1640 war sie in schlechtem Bauzustand, und 1712 war dann auch das Inventar teils beschädigt. Messen fanden nur noch alle zwei Wochen statt. Am 29.11.1772 erfolgte die Versteigerung des Inventars der Kapelle für 34 Taler; die Kapelle sollte abgebrochen und „zur Wiese" eingeebnet werden. Die Versuche des Eremiten Paul Dietmar, dies zu verhindern, blieben erfolglos. Dietmar hatte zusammen mit Einwohnern von Birresborn einen Kapellenneubau

betrieben; das Generalvikariat Trier lehnte dies 1781 ab und stellte sogar weitere Bestrebungen zu einem Neubau unter Strafandrohung von 10 Goldgulden. Die „unnötige Eremitage“ sollte an die Kapelle auf dem Prümer Kalvarienberg transloziert werden.
Zur angeblichen Burg „Zanderkirch“ besteht noch umfassender Forschungsbedarf.

Information: 54574 Kopp, VG Gerolstein. – Sichtbare Baureste sind nicht erhalten.

Leudersdorf
Gemeinde Üxheim

50 | Burg(haus)

Leudersdorf liegt ca. 1 km westlich von Üxheim. Nahebei ließen sich mindestens zwei römische Villen durch archäologische Untersuchungen nachweisen. Ein 1363 genannter Ritter Johann Kunninx v. Leudersdorf wird auf den Ort bezogen; von seinem später als Burg oder Burghaus erwähnten Sitz im Ort (s. KD Daun 1928, 247) blieben keine bekannten Reste erhalten.

Leudersdorf, Burg Neublankenheim. Tachymeteraufnahme des Burgberges auf der Infotafel in der Burg

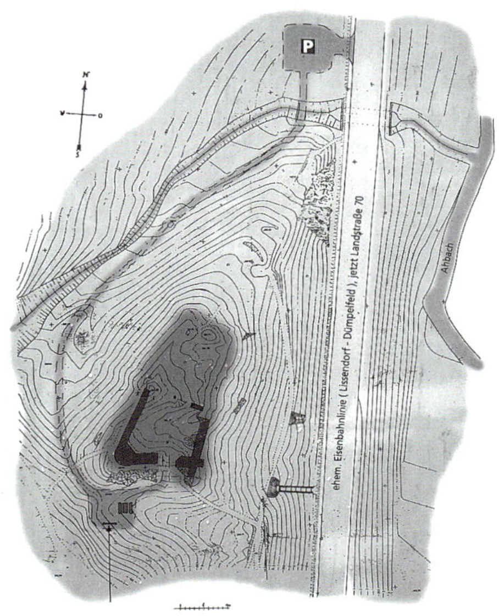

51 | Burg Neublankenheim

Über dem Ahbachtal, einem Seitental der Ahr, steht, 1,5 km von der Mündung ins Ahrtal entfernt, die Burg Neublankenheim. Lange hinter Bäumen verborgen, doch inzwischen weitgehend freigestellt erhebt sich die burgenkundlich hochinteressante Burgruine links des Baches. Die lange Zeit durch Baufälligkeit gefährdete Burgruine wurde kürzlich saniert. Vereinzelt konnten dabei durch Bauforschung neue Informationen zur Baugeschichte der Burg gewonnen werden, die sich in der Literatur teils recht widersprüchlich darstellte. Wichtig ist die Tatsache, dass die Burg als Grenzburg dort entstand, wo die Großterritorien Erzbistum Köln, Erzbistum Trier, Grafschaft Luxemburg und Grafschaft (ab 1356 Herzogtum) Jülich aneinander grenzten.
Zwar soll schon 1331 ein Kaplan auf der Burg erwähnt worden sein (Janssen II 1975, 242), doch stammt die Ersterwähnung der Burg aus einer Urkunde vom 28.6.1341, mit welcher Markgraf Wilhelm v. Jülich dem Gerhard V. v. Blankenheim *sine nuwe burch Blenkenheym* nebst der Stadt Gerolstein als Erblehen übertrug. Dendrochronologische Untersuchungen legen jedoch ein Bestehen der Burg bzw. deren Bau schon um 1335/39 nahe. 1371 war die Burg im Besitz Konrads V. v. Schleiden, der den Erzbistümern Köln und Trier nach einer Fehde zusicherte, ihnen aus der *vesten Nuwenblanken, die ich itz und ynne han*, keinen Schaden zuzufügen. Nach einem Schiedsspruch über den Besitz der Burg und der zugehörigen Herrschaft einigte sich Konrad V. mit Gerhard VI. v. Blankenheim und dessen Söhnen hinsichtlich des Besitzes.
Wilhelm I. v. Loon aus dem Hause Heinsberg kam infolge seiner Heirat mit Elisabeth, Tochter des Grafen Gerhard VII. v. Blankenheim, in den Besitz der Grafschaft Blankenheim. Er verpfändete Neublankenheim 1426 an Eberhard v. d. Marck-Arenberg, welcher seinerseits die Pfandschaft 1440 dem Clais v. Nattenheim hinterließ. Gerhard v. Loon-Blankenheim (1438–60), ein Sohn Wilhelms I., löste die Pfandschaft und überließ die Burg als Mannlehen dem Thomas v. Genß(e). 1451 gestattete er den Verkauf des Hauses Neublankenheim an Johann v. Mirbach. 1521 bat Dietrich v. Mirbach den Grafen Johann v. Manderscheid um Hilfe beim Neuaufbau der zer-

Leudersdorf, Burg Neublankenheim. Hauptburg, Inneres

störten Burg. Die Ursache und der Zeitpunkt der Zerstörung sind unbekannt. 1569 veräußerte Ludwig v. Mirbach die damals schon baufällige Burg dem Grafen Hans Gerhard v. Manderscheid-Gerolstein. 1771 verkaufte die Baronin v. Spieß (geb. v. Vlatten) Neublankenheim „in der Grafschaft Kerpen" dem Herzog v. Arenberg, nachdem jener 1768/69 einen Hof Neublankenheim erworben hatte. In Landkarten des 17. (Danker, 1680) und 18. Jh. (Lotter, um 1750) gibt es jeweils den Eintrag *New Blankenheim*, und auch in der Tranchot-Karte (NA Blatt 143 Nohn) von 1808/09 findet sich die Benennung *Neublanckenheim*, doch ist kein Gebäude verzeichnet. Seit 1987 gehört die Ruine dem Landkreis Vulkaneifel (früher Kreis Daun), der zusammen mit dem Landesamt für Denkmalpflege Rheinland-Pfalz Träger der letzten Sanierung war.

Die offenbar in der 1. Hälfte des 14. Jh. entstandene Burg erstreckt sich über einen gestuften gratartigen Sporn an der Einmündung eines Tälchens in das Ahbachtal. An der Nordwestseite trennt ein breiter Halsgraben den Standort der Burg vom anschließenden Gelände. Über das Bestehen einer Vorburg ist bislang nichts bekannt. Im Gegensatz zur früheren Meinung war auch die untere Terrasse des Spornes bebaut; vielleicht ist die Vorburg dort zu suchen. Den markantesten Baurest bildet die etwa 20 x 40 m messende Ruine eines die höchste Stelle

Leudersdorf, Burg Neublankenheim. Hauptburg, Feldseite mit Turm

einnehmenden, einst wohl vier- bis fünfgeschossigen Wohnbaues, dessen Südwand als „Angriffsseite“ mit ca. 3 m eine deutlich größere Mauerstärke zeigt als die übrigen Wände, d. h. hier ragt eine Art Schildmauer auf. Feldseitig springt ein zweidrittelrunder, in den unteren Geschossen massiver Turm an der Südwestecke des Gebäudes vor, der Baufugen zu den anschließenden Mauerstücken des Wohnbaues, die gleichzeitig die Ringmauer bilden, aufweist. Die Südostecke der „Schildmauer“ ist mit einer großen, innen auf Konsolen auskragenden „Pfefferbüchse“ besetzt (ähnlich z. B. an der Kasselburg bei > Pelm/Eifel und an der Frauenburg/Saar). Einige Fensternischen sowie Kammern mit Schießscharten, kurzen Schlitzscharten, sind erhalten. Mehrere Baunähte zeigen, dass der beschriebene Bau das Produkt mehrerer Bauphasen ist. Möglich ist, dass es sich nicht um einen großen Wohnbau handelte, sondern dass zwei Wohnbauten mit Balkendecken einen schmalen Hof rahmten. Balkenlöcher an der Außenseite der bergseitigen Wohnbauwand und ein Ausgang in Höhe des 2. OG belegen das Bestehen hölzerner Hurden, die sicher als Streichwehr dienten. Und auch der Turm soll (ähnlich wie die Haupttürme der Mosel-Burgen Landshut bei Bernkastel und Bischofstein) von einem hölzernen Wehrgang umgeben gewesen sein. Die vorhandenen Schießscharten sind durchweg kurze Schlitzscharten für den Einsatz von Armbrüsten. An der Talseite gibt es im obersten Geschoss Fensternischen mit Sitzbänken.
Eine weitere Baubefundung der Burgruine erscheint vielversprechend, da größere Putzreste und einige Rüsthölzer vorhanden sind bzw. waren. Auch die Feldseite der „Schildmauer“ weist noch Reste des Außenputzes auf. Das teils ausgebrochene Tor in dieser Mauer zeigt Riegelbalkenkanäle. Im Ostteil der Hauptburg liegt ein verschütteter Keller.
Über den von der Burg jenseits des Halsgrabens verlaufenden Grat in Richtung Beuerhof (hier wurden Reste einer römischen Siedlung und mindestens ein Hügelgrab gefunden), d. h. nach Westen, führen Hohlwege.

Information: 54579 Üxheim-Leudersdorf. – Die Burgruine ist frei zugänglich; P unterhalb an der L 70.

Lissendorf

52–53 | Angebliche Burg (römische Villa) und Burg (Burghaus)

Der Fremdenverkehrsort Lissendorf liegt, nahe Birgel, im oberen Tal der Kyll zwischen bewaldeten Bergen. Offenbar war es in der Vergangenheit zu Verwechslungen der rechts der Straße von > Birgel nach > Jünkerath gelegenen, bereits von Ost (1854) erwähnten und 1914 beim Bau einer Wasserleitung teils angeschnittenen großen römischen Villa gekommen, denn im Inventar der Kunstdenkmäler des Kreises Daun (1928, 147) wird explizit erwähnt, diese sei „nicht identisch mit einer der drei mittelalterlichen Burgstellen“ (zu den Burgställen mit Ausnahme des nachfolgend behandelten s. > Birgel).
Bei Lissendorf bestand ein fränkisches Gräberfeld.
Burg: Im Bereich von Lissendorf war die Abtei Prüm schon im 9. Jh. begütert. Die Ortsadeligen v. Lissendorf wurden „zu den ältesten Familien in der Eifel“ gezählt (ebd., 148). Für 1102 ist urkundlich die „Edle Hildegardis“, eine Tochter der Mathilde v. Lissendorf bezeugt. Ebenfalls dieser Adelsfamilie soll der Burgmann Johann v. *Leisdorp* auf der Kasselburg (> Pelm) entstammen, der 1291 nebst Lembekin, Schultheiß v. *Leissendorp*, als Zeuge einer Urkunde des Herrn Gerhard v. Blankenheim erschien. In der 2. Hälfte des 14. Jh. waren Peter und Lempgin v. Lissendorf „losledige Mannen der Stadt Köln, und Lempgin leistet Kriegsschadenersatz“ (ebd.). Noch weitere Familienmitglieder lassen sich urkundlich nachweisen. Im *Denombrement* aus dem Jahre 1687 findet sich die Burg als Besitz des Herrn v. Schellart verzeichnet, und in einem älteren Lagerbuch heißt es in einer Abschrift über diesen Adelssitz: *Burgplatz, worauff die burgh stehet mit allem gebeuw undt hoffplatzen* (s. ebd.). Um 1780 scheint die Burg bereits weitgehend verfallen gewesen zu sein, denn nach einem Eintrag in der Schulchronik wurde nur noch deren Keller von einer jüdischen Familie bewohnt. In der Tranchot-Karte (1809/10) ist die Burgstelle, im Gegensatz zu vielen anderen, nicht verzeichnet. Die Ruine, die zur Zeit des Einmarsches der französischen Revolutionstruppen offenbar noch im Besitz der Grafen v. Manderscheid-Blankenheim war, soll von der französischen Besatzung versteigert worden sein.

Lissendorf, Burgberg

Das sogenannte Burghaus stand nördlich der 1926 angelegten Straße zwischen dem Bahnhof und der alten Schule, etwa 200 m in östlicher Richtung von der Kirche entfernt. Von der Burg, die vermutlich der Sitz der Familie v. Lissendorf war, stand im 19. Jh. noch Mauerwerk auf der „Burgwiese", wie Johann Friedrich Schannat erzählte (Schannat-Bärsch III 1854, 2. 1, 134). Um diese Zeit wusste auch der Pfarrer und Altertumsforscher Johann Ost (1854) von Resten der „feste[n] Burg in Blankenheimischem Besitz" zu berichten; auf dem von einem „Rundgraben" umgebenen erhöhten, grasbewachsenen Burgplatz sah er Mauer- bzw. Fundamentreste eines 30 x 12 Schritt großen Gebäudes, das verschiedentlich als „Burghaus" benannt wurde. An den Standort der Burg, der beim Bau der „Neuen Straße" (heutige Burgstraße) weiter zerstört wurde, erinnern heute die Straßennamen Burgstraße und Am Bungert (mundartlich für Baumgarten). Auch der Reiterhof steht nach Angaben von Anwohnern im Bereich der einstigen Burg.

54 | Burgberg

Am Westrand von Lissendorf erhebt sich der Burgberg (749 m) – nicht zu verwechseln mit dem Burg-Berg bei > Birgel nahebei –, dessen Name auf eine noch nicht näher erforschte Burg oder Befestigung verweist. Auf dem teilweise wohl künstlich abgesteilten Berg finden sich unter dichtem Bewuchs und neuzeitlicher Bebauung (Wasserhochbehälter, 1969; Eifelvereinshütte und Nebengebäude mit WC; Funkmast) keine sichtbaren Reste einer Befestigung. Auch ist der sicher weitreichende Ausblick auf das Umland wegen des Bewuchses nicht mehr nachzuvollziehen.

Neben den eingangs erwähnten fränkischen Gräbern wurden bei Lissendorf auch römische Grabfunde gemacht, die dem 1. und 2. Jh. entstammen. So wurde 1936 im Distrikt „Pfaffenkaul" ein Brandgrab aus dem frühen 2. Jh. entdeckt, das von Wissenschaftlern in einem wahrscheinlichen Kontext

Lissendorf, Burgberg. Wegedurchbruch im Gipfelbereich

mit der römischen Heerstraße Trier–Köln oder einer möglichen römischen Höhenbefestigung auf dem Burgberg interpretiert wurde.

Information: 54587 Lissendorf, VG Obere Kyll.

Lissingen

55–56 | Burg Lissingen (Ober- und Unterburg)

Lissingen liegt ca. 2 km westlich von Gerolstein im Kylltal. Im Mündungsbereich des Oosbaches in die Kyll steht die weitläufige Niederungsburg Lissingen, die von vielen Touristen aufgrund ihrer Lage im Tal „übersehen" wird, obwohl sie zu den interessantesten Burgen der Region zählt. Trotz der Umbauten und Veränderungen in der Neuzeit – die Wohnbauten vermitteln überwiegend Erscheinungsbilder des späten 16. bis 18. Jh. – blieb viel von der spätmittelalterlichen Bausubstanz erhalten, inklusive Reste der Ausstattung jener Zeit, wie z.B. Fragmente spätgotischer Wandmalerei. „Schon in römischer Zeit mag dieser bevorzugte topographische Standort besiedelt gewesen sein, wie aus jener Zeit stammendes und gelegentlich auf dem Burggelände gefundenes Baumaterial vermuten läßt", meint Dr. Karl F. Grommes (1999, 3), Besitzer der Nieder- bzw. Unterburg. Sicher ist, dass es im Bereich des heutigen Ortsgebietes Reste römischer Besiedlung gibt (KD Daun 1928).

Lissingen, Oberburg. Pfefferbüchse, Zeichnung von Ernst Stahl (1882–1957)

Geschichte

Der Ort Lissingen kam wahrscheinlich in karolingischer Zeit in den Besitz der Abtei Prüm, als deren Lehnsleute zu Beginn des 12. Jh. (um 1103) die Herren v. Lissingen mit Adelgerus und Ruogerus *de Liezingen* bezeugt sind. Den Herren v. Lissingen folgten spätestens 1212 die Smeych (auch: Schmeich) v. Lissingen. Über die Letzteren gelangte das Lehen auf dem Erbwege an die v. Winnenburg, die hier im 15. Jh. ansässig waren. 1514 folgten die Familien Zandt v. Merl und die mit jenen verwandten Haust v. Ulmen als Besitzer der Burg, bis im Rahmen einer Erbteilung die Zandt v. Merl 1550 Lissingen ganz übernahmen. Unter diesen kam es 1559 zur baulichen, vertraglich umrissenen Teilung in Ober- und Unterburg (letztere auch Niederburg genannt), wobei eine Trennmauer zwischen den beiden Burgteilen errichtet worden sein soll. Die seit dem 12. Jh. bezeugte, vielleicht von den Vögten v. Merl abstammende ritterliche Familie Zandt v. Merl stammte aus Merl/Mosel. Als ihr Stammsitz gilt das Burghaus Zandthof in Merl. Die später in mehrere Linien aufgespaltene Familie war in und um Merl reich begütert. Noch Ende des 18. Jh. wurde ein Angehöriger der Zandt als „Erbvogt im Hamm, Herr von Zell, von Arras und Clotten, Burggraf zu Schöneck, Gerolstein und Merl, Amtmann von Manderscheid" erwähnt (Friderichs/Gilles 1976, 25/27).

Bemerkenswert ist die Tatsache, dass die Burg, die 1769 dem Josef Franz v. Zandt und seinem „Lehnsagnaten" Karl v. Ahr vom Trierer Erzbischof und Kurfürsten Clemens Wenzeslaus verlehnt worden war, noch 1785 „nach Prümer Lehnsgewohnheit" vergeben wurde (KD Daun 1928, 695).

Die **Unterburg** Lissingen, d.h. der Südteil der Gesamtanlage, wurde um 1662 weitgehend neu errich-

Lissingen, Ober- und Niederburg

tet. Sie gelangte nach dem Aussterben der Linie Zandt v. Merl zu Lissingen 1833 an die Linie Zandt v. Merl zu Weiskirchen, die ein Hüttenwerk betrieb und

Lissingen, Ober- und Niederburg. „Grundriß der ganzen Anlage wie um 1800 anzunehmen“

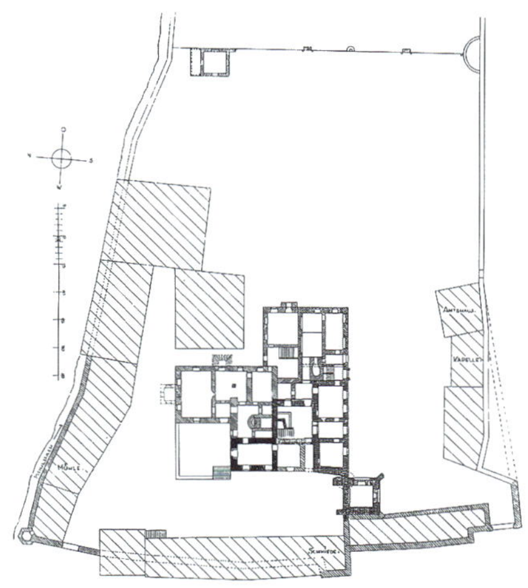

das Barockschloss Münchweiler/Saarland besaß (Grommes 1999, 10 f.). Sie veräußerte den Besitz in Lissingen.

Die **Oberburg**, die Ende des 16. Jh. „durch einen Anbau auf das Doppelte vergrößert“ worden war (KD Daun 1928) kam 1697 auf dem Erbwege an die Familie v. Ahr und 1825 an die v. Landenberg. Peter Albert Maas erwarb 1913 die Teile der Burg, die bis dahin der Witwe Ziegler (geb. v. Landenberg) gehört hatten, und vereinigte so beide Burgteile nebst 776 Morgen Land in einer Hand, „worauf der Aufbau eines beispielhaften Gutsbetriebes von großem Zuschnitt folgte. Dazu gehörte auch die Einrichtung eines kleinen Elektrizitätswerkes, welche zu den frühesten Beispielen der Elektrifizierung in der Eifel zählt. Insgesamt kam der Unterburg mit den ihr zugeordneten Ökonomiegebäuden überwiegend Wirtschaftsfunktion und der Oberburg hauptsächlich Wohnfunktion zu“ (Grommes 1999, 11). Die Oberburg mit ihrem Turm wurde instandgesetzt.

Nach einem Besitzerwechsel begann 1987 eine behutsame Instandsetzung der Unterburg sowie die Umnutzung eines Teils für gastronomische Zwecke

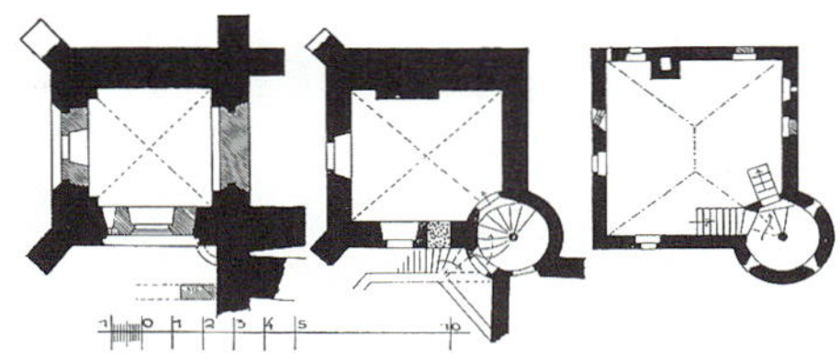

Lissingen, Oberburg. Wohn-/Torturm, Grundrisse, von links: EG, 3. OG und Dachgeschoss

(Grommes 1999, 15). Und heute dient die Burg, in der zwischenzeitlich ein Museum eingerichtet wurde (s.u.) als Ort kultureller Veranstaltungen (s. www.burglissingen.de) und malerische Kulisse für Hochzeiten und andere festliche Anlässe.

Beschreibung

Die Doppelburg präsentiert sich heute als eine aus Bruchstein, vielfach mit Eckquaderungen aus Rotsandstein versehene, verputzte Baugruppe mit Schieferdächern. Da auch an der weitläufigen Niederungsburg Lissingen eine umfassende Bauforschung aussteht und viele Bereiche wegen des Privatbesitzes nicht zugänglich sind, lässt sich derzeit keine umfängliche Baubeschreibung und -analyse erstellen. So bleibt z. B. offen, ob die Doppelburg in Lissingen tatsächlich eine Wasserburg war, d. h. ob sie rundum durch Wasserflächen bzw. -läufe – Gräben und den Fluss Kyll – „geschützt" war. Im Folgenden werden daher nur einige Bauten beider Burgen vorgestellt.

Lissingen, Ober- und Niederburg. Torturm, Feldseite

Infolge der 1559 vertraglich vereinbarten Trennung der Burg in zwei Teile kam es zum Bau einer Scheidemauer zwischen den beiden nunmehrigen Burgteilen. Von „bauverständigen Männern", so heißt es in einer zeitgenössischen Quelle, wird die Unterburg, der ältere Teil, als geringerwertig eingestuft, weshalb ihr Besitzer vom Eigentümer der Oberburg 400 Gulden als Ausgleich zu erhalten hatte (KD Daun 1928, 158).

Die Ringmauer (1) wurde über weite Strecken in der Frühen Neuzeit mit Wirtschaftsgebäuden überbaut und gehörte noch Ende des 19. Jh. verschiedenen Ortsbewohnern, die teils Veränderungen daran vornahmen. Auf der Nordwestecke der Ringmauer sitzt eine kleine polygonale Pfefferbüchse (2) mit Miniatur-Feuerwaffenscharten, die eher als Bedeutungsträger denn als Verteidigungseinrichtung zu interpretieren sind; sie erhielt in der Barockzeit ihre geschweifte Haube.

In dem an die Burg anschließenden **Garten** verdient v.a. der Gartenpavillon von 1793 Erwähnung.

Oberburg

In jüngeren Urkunden finden sich für die Oberburg auch die Bezeichnungen „Katharinenburg" – nach dem Patrozinium der Burgkapelle – und „Hahnenflug" (KD Daun 1928, 695).

Lissingen, Ober- und Niederburg. Torturm, Feldseite, OG mit gerichteter Feuerwaffenscharte

Lissingen, Oberburg. Torbau mit Wehrerkern als Bedeutungsträgern

Lissingen, Oberburg. Torbau, Wehrerker als Bedeutungsträger

Das 1624 (?) in seiner heutigen Form entstandene Außentor der Oberburg (3) ist an der Feldseite des Obergeschosses mit zwei Wehrerkern besetzt, die von Schlüsselscharten durchbrochen sind und ein (Wehr-?)Fenster rahmen. Links des Torbaues springt ein Gebäude (4) aus der Mauerflucht vor, das eine Maulscharte zur flankierenden Verteidigung des Tores aufweist. Dieses Gebäude, die spätere Schmiede, entstand vermutlich unter Einbeziehung eines quadratischen Turmes (5), von dem die Eingangsseite der Oberburg flankierend zu bestreichen, d.h. mauerparallel zu verteidigen war. Es dürfte sich bei dem Mauerstück mit der Scharte um den Rest des Turmes handeln, d.h. die Scharte ist noch in situ (vgl. Plan).

Prägend für das Erscheinungsbild der Oberburg ist zudem der Renaissance-Wohnbau mit geschweiftem Giebel, der im Dekor z. T. noch gotische Elemente aufweist (z. B. Portal mit Stabwerk).

Zu den bemerkenswerten Gebäuden der Burg zählt der in der älteren Literatur öfter auf das 14. Jh. datierte bewohnbare Torturm (6) auf der „Grenze" zwischen Unter- und Oberburg. Während Anton v. Behr (1910, 198) gar vermutete, er habe denselben Architekten wie der Tor-/Wohnturm der Kasselburg bei > Pelm, ist der Lissinger Turm nach heutigem Kenntnisstand u. a. nach den Formen seiner Schießscharten jedoch eher ins 15. Jh. zu datieren (Herrmann 1995).

Der Turm der Burg Lissingen stellt, wie mehrere Tortürme an Eifel-Burgen (z. B. Welschbillig; > Mürlenbach: Bertradaburg; > Pelm: Kasselburg) ein burgenkundlich interessantes Bindeglied zwischen Tor- und Wohntürmen dar: Über der (später zugemauerten) Torhalle mit dem breiten, „gedrückten" Spitzbogenportal weist er drei bewohnbare, mit Heizmöglichkeiten versehene Geschosse auf, die ein runder, in Höhe des 1. OG in Form einer Pfefferbüchse ausspringender Treppenturmerker erschließt. Optisch prägend für die Gestalt des Turmes sind die starken Eckquaderungen sowie die großen, feldseitig schräg gegen die Ecken gestellten Strebepfeiler. An der Westseite ist ein Wasserspeier in Form eines auf die Knie gestützten Mannes teilweise erhalten.

Die meisten Fenster des Turmes wurden in der Frühen Neuzeit verändert oder ausgewechselt, mit Ausnahme einiger Öffnungen im obersten Geschoss und am Treppenturm. Im Turm finden sich liegende, teils gerichtete Schlüssel(loch)scharten für den Einsatz leichterer Feuerwaffen (Hakenbüchsen), welche als Indizien für den Bau des Turmes in der 2. Hälfte des 15. Jh. gelten können. Den Tor-/Wohnturm deckt ein steiles Walmdach, die Treppenspindel bzw. den „Treppenturm" ein spitzes Kegeldach.

Unterburg (Niederburg)

„Eingriffe in die Bausubstanz gab es wohl immer wieder, v. a. im 20. Jh., und zwar am deutlichsten in die Ökonomiegebäude der Unterburg, welche den

wachsenden Anforderungen an Mechanisierung und Rationalisierung in der Landwirtschaft folgen sollten und deshalb viel ihrer baulichen Harmonie und Qualität einbüßen mußten“ (Grommes 1999, 12).
Der heutige Besitzer der Unterburg, Dr. Karl F. Grommes, betreibt mit Engagement und Interesse die Erforschung und Erschließung seines Burgteiles. Die Bauforschung beschränkte sich auf das Herrenhaus, die Wirtschaftsgebäude und das Torhaus der Unterburg. Dabei konnten in der Bausubstanz des Herrenhauses Baureste von zwei, vielleicht sogar drei (Wohn-) Türmen festgestellt werden.
Inmitten des Baukomplexes der Unterburg steht, auf den ersten Blick nicht erkennbar, ein wohl spätmittelalterlicher Wohnturm bzw. ein Turmhaus über querrechteckigem Grundriss (außen ca. 6 x 8,40 m; innen in Erdgeschosshöhe ca. 3,8 x 6 m). Da er um 1662 vollständig in den frühbarocken Erweiterungsbau integriert worden ist, basieren die bisherigen Datierungsversuche lediglich auf Beobachtungen: So wurden die zugemauerten mittelalterlichen Fenster aufgrund ihrer hochrechteckigen Formate als spätmittelalterlich bzw. (spät-)gotisch bezeichnet. Es gab anscheinend Kreuzstockfenster und kleinere hochrechteckige Öffnungen. Herrmann (1995, 163) datiert den Turm in den Zeitraum 14./15. Jh. und sieht in ihm den „ursprünglichen [...] Hauptbau der Unterburg“ und „Wohnsitz“ der niederadeligen Familie Smeych v. Lissingen. Im Zuge der Baumaßnahmen um 1662 erhielt der Turm eine z.T. neue Stockwerkseinteilung und daher auch neue Fenster. Ursprünglich hatte das Gebäude wohl vier Geschosse mit Balkendecken; ihre jeweilige Nutzung bleibt wegen der baulichen Veränderungen unbekannt. In der Ostwand könnte es Kamine gegeben haben. Es scheint, als seien „wesentliche Teile des ursprünglichen Walmdaches [...] in das heutige barocke Dach miteinbezogen“ worden (ebd., 164). Wie das räumliche Verhältnis des Wohnturmes zu den anderen Gebäuden der (spät-)mittelalterlichen Burg war, und ob er möglicherweise frei stand, lässt sich ohne archäologische Untersuchungen und Bauforschung nicht sagen.

Burgmühle

Die heute „Burgmühle“ genannte Wassermühle, eine Getreidemühle, wurde an der Mündung des Oosbaches (bzw. „der Oosbach“) in die Kyll erbaut. „Durch Erweiterungsmaßnahmen an der Burg sowie Wege- und Straßenbau wurden die Wasserläufe und das umgebende Gelände immer weiter verändert, so daß jetzt nur noch schwer auf den ursprünglichen Zustand geschlossen werden kann“ (Grommes 1999, 13). Ursprünglich stand die Mühle außerhalb des Burgberings, in den sie erst im Rahmen späterer Erweiterungen infolge des Teilungsvertrages von 1559 integriert wurde.
Die Mühle zahlte pro Jahr 5 Malter Korn, 6 Gulden und 8 Albus für Pacht und Wasserlauf. „Dazu durften die Burgherren jederzeit frei mahlen lassen und brauchten keinen Malter abzugeben“ (ebd., unter Verweis auf Erich Mertes: Mühlen der Eifel. Aachen 1994). Schon zu Beginn des 20. Jh. konnte in der Mühle durch Wasserkraft Strom erzeugt werden; aus ihr ging das spätere Elektrizitätswerk hervor. „Etwa um 1920 wurde im Untergeschoß der Mühle ein goßer holzbefeuerter Steinbackofen (sog. Königswinterer Ofen) installiert, welcher den Brotbedarf der zahlreichen Burgbewohner und Helfer deckte. Dieser Ofen wurde jüngst restauriert und ist seitdem wieder betriebsbereit“ (Grommes 1999, 13 f.). Die Räume des Mühlenkomplexes dienten in den vergangenen Jahren gastronomischen Zwecken.

Burgmuseum/Sammlungen

Im Rahmen der Museumsbesichtigung sind mehrere der historischen Innenräume der Burg zugänglich, darunter auch der „Hahnenspeicher“, ein großer Dachboden, auf dem eine Sammlung von Kirchturmhähnen (Wetterfahnen) ausgestellt ist. Zudem gehören eine Kutschen- und Schlittensammlung, die Sammlung „Antikes Baumaterial“ und die Ausstellung „Essenszeiten“ zu den Themen des Burgmuseums.

Information: 54568 Gerolstein, Stadtteil Lissingen. – Die Unterburg ist im Rahmen von Veranstaltungen und zu den Öffnungszeiten des Museums zugänglich: Burgmuseum geöffnet 1.4.–31.10, Di + So 10–16 Uhr. Information unter www.burglissingen.de oder Tel.-Nr. 0261-15242 (Dr. Karl F. Grommes); Oberburg Übernachtungen Tel. 06591-949693 (Christiane & Christian Engels). – P vor der Burg.

Meisburg

57 | Burg oder Adelssitz der v. Meis(s)enburg

Das Dorf Meisburg soll seine Entstehung dem ritterlichen Geschlecht v. Meysenburg verdanken. Ob der Namensbestandteil „-burg" jedoch tatsächlich auf eine mittelalterliche Burg am Ort verweist, muss vorerst offen bleiben, denn im Laufe der Zeit fanden sich verschiedene Schreibweisen des Ortsnamens: *Meysenburg*, *Meisbroth*, *Meisbrecht* und schließlich *Meisburg* (Steffens F. 4; F. 76). Nachdem die Gemeinde 1977 ihr 750-jähriges Bestehen gefeiert hatte, wurde inzwischen vermutet, die aus dem 9. oder 10. Jh. vorliegende Erwähnung des Ortsnamens *Marisburas* könne auf Meisburg bezogen werden.

Eine Herrschaft Meysemburg bestand auf dem heutigen Gebiet des Großherzogtums Luxemburg; ihre Ersterwähnung wurde mit der urkundlichen Nennung des 1176(–1182) nachweisbaren Walter v. Meysemburg gleichgesetzt (Zimmer II 1996, 126). Die Herren v. Meysemburg gelten als „immer treue Parteigänger der Luxemburger Dynasten" (ebd.). Ein Freiherr Gottfried v. Meis(s)enburg war 1351 als erzbischöflich trierischer Lehnsmann im Besitz der Burg Prümzurlay (Berns 1980, 207).

Als Relikte eines möglichen Adelssitzes wurden „Mauerreste im nahen Rockenbach", d. h. beim Hof Rackenbach südwestlich von Meisburg gedeutet (Steffens, F. 76), doch besteht hier noch umfassender Forschungsbedarf. Jedenfalls wurden bei Neubauten in Rackenbach Reste einer mittelalterlichen Siedlung gefunden (Janssen II 1975).

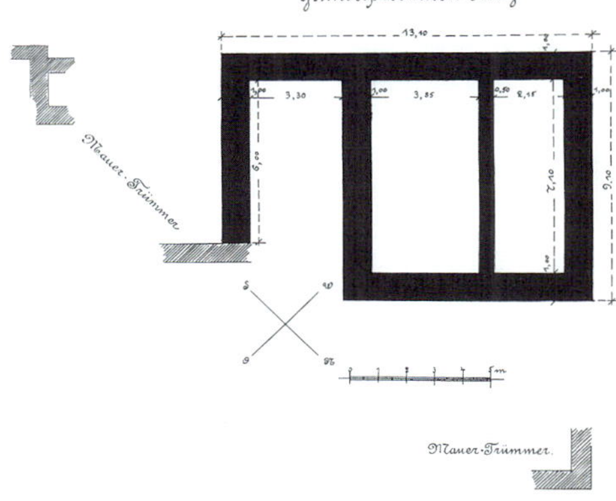

Mirbach, Burg. Grundriss

Mirbach, Burg. Gesamtansicht nach dem Neuaufbau

Mirbach

58–59 | Adelshöfe, Burg und Erlöserkapelle

Mirbach liegt im Tal des Mirbaches an der nördlichen Grenze von Rheinland-Pfalz zu Nordrhein-Westfalen zwischen den Dörfern Wiesbaum und (Blankenheim-)Dollendorf.

Die Herren v. Mirbach waren ein um 1200 bis Ende des 14. Jh. in Mirbach und im benachbarten Wiesbaum ansässiges Adelsgeschlecht, das später über Streubesitz u. a. in der Nordeifel und an der Ahr sowie über Zölle und Zehntrechte an der Mosel verfügte. Die Mirbacher traten im Mittelalter als Lehensleute der Grafen v. Are, der Grafen und späteren Herzöge v. Jülich (ab etwa 1250), der Grafen v. (Manderscheid-) Blankenheim sowie der Erzbischöfe von Köln und Trier in Erscheinung. Im Zuge einer Besitzteilung gegen Mitte des 15. Jh. entstanden zwei Hauptlinien, die um 1500 weitere Aufspaltungen erfuhren. Aus einer späteren preußischen Linie stammte Ernst Freiherr v. Mirbach (1844–1925), auf den zurückzukommen sein wird. In Mirbach und Wiesbaum verfügte die Familie über mehrere Höfe, die sie als Lehenbesitz innehatte (> Wiesbaum): In Mirbach waren das der Obere Hof – auch Simonshof genannt – und der Untere Hof, der sogenannte Clusenhof. Beide Höfe besaßen die v. Mirbach als Lehen der Grafen v. Are, deren Ministerialen sie waren, bzw. ab etwa 1250 als

Lehen der Grafen/Herzöge v. Jülich. Beide Adelshöfe wurden 1595 zusammen mit den dazugehörigen ungefähr 230 Morgen Land von Sophia v. Nievelstein (geb. v. Mirbach-Immendorf) veräußert und danach weiter als jülichsche Lehen an verschiedene Personen vergeben. 1717/18 gelangten sie an das Kloster der Augustiner-Eremiten in > Hillesheim. Nach dessen Auflösung 1802 zog sie die französische Besatzungsmacht als Domäne ein und versteigerte sie 1804.

Während der Clusenhof auf einer kleinen Anhöhe am Mirbach *obendt der Clusen* (Wehr, s. Wagner) bis in unsere Zeit überdauerte, ist der Standort des Simonshofes nicht mehr bekannt. Dieser war zu Beginn des 17. Jh. abgebrannt und galt 1761 als verfallen und unbewohnt. Ernst v. Mirbach vermutete, er habe nahe der alten Kapelle (Caspershof oder Traudenhof) oder oberhalb des befestigten Clusenhofs (Schanzenhof; vgl. hierzu auch > Wiesbaum) gestanden. Wahrscheinlicher ist jedoch, dass er – so der Heimatforscher Herbert Wagner – anstelle der „Burg" stand, dort, wo v. Mirbach einen weiteren Hof, den „Burghof", annahm, von dem er behauptete, dieser sei die „Burg Mirbach" gewesen, „die wohl schon in der Zeit des Interregnums (1250–73) oder bald danach zerstört worden sei. Tatsächlich sind aber in allen bekannten [...] Urkunden immer nur zwei Höfe erwähnt, der Obere und der Untere Hof" (ebd.).

Ernst v. Mirbach berichtet von seinen ersten Besuchen der „Burgwiese" genannten kleinen Anhöhe südwestlich des Ortskerns von Mirbach, die er zusammen mit seinem Vater 1851 oder 1852 (?) und 1854 unternahm: „Mein Vater erzählte mir von der Geschichte des Landes. Daß auch unsere Vorfahren hier gewohnt hatten, erfüllte mich mit hohem Stolze, und mir schien das Ritterleben und die Burgen in romantischem Zauber verklärt. Ich betrat den geweihten Boden meiner Ahnen auf einer Wiese an alten, ein bis zwei Meter hohen und starken Mauerresten, die in weitem Halbkreise knorrige Eschen umgaben. Das war die ‚Burgwiese' und die letzten Reste der Burg Mirbach. Überall träumte ich mich in das Leben meiner Vorfahren und der Ritter hinein, es erschien mir als Ideal, ein solches Leben in irgend einer Weise einmal in der Eifel fortzusetzen." Als der Freiherr 1879 erneut Mirbach besuchte, musste er feststellen, dass die Ruine inzwischen bis auf die Fundamente verschwunden war: Sie war zur Gewin-

Mirbach, Burg. Die Burg liegt verborgen hinter Bäumen, daher schreitet der Verfall unbeachtet voran

nung von Baumaterial von Anwohnern ausgeschlachtet worden. Zwischen 1898 und 1902 erwarb er daher einen Teil des einstigen Stammsitzes seiner Familie einschließlich der Ruine. Zu seinen Intentionen gehörten dabei ein möglicher „Wiederaufbau" der „Burg" und die Restaurierung der mittelalterlichen Kapelle des Ortes. Da die Kapelle jedoch stark baufällig war, wurde sie 1902/03 durch die jetzige Erlöserkapelle „im altdeutschen Style", d.h. in den Formen der Wilhelminischen Neuromanik ersetzt, die zu den bedeutendsten Sakralbauten jener Epoche in der Eifel gehört. Planender Architekt war Max Spitta aus Berlin. Die Finanzierung des Baues trugen u.a. verschiedene Linien der v. Mirbach, das Kaiserpaar und der Evangelische Kirchenbauverein in Berlin, dessen Vorsitzender der Freiherr bis 1904 war. 2010 wurde eine mit Unterstützung der Deutschen Stiftung Denkmalschutz durchgeführte Sanierung beendet.

Bis 1902 ließ Ernst v. Mirbach die „Burg" auf der „Burgwiese" als künstliche Ruine neu aufbauen; solche künstlichen Ruinen gehörten zu vielen romantischen Landschaftsparks im 19. Jh. – den sogenannten Englischen Gärten. Die künstliche Ruine in Mirbach dürfte zu den Letzten ihrer Art gehören.

Letztlich handelte es sich bei der „Burg" Mirbach anscheinend nicht um eine Burg im eigentlichen Sinne, sondern eher um ein Festes Haus. Dieses 13,10 x 9,10 m große Gebäude ging offenbar auf einen der beiden oben genannten Höfe in Mirbacher Besitz zurück. Der Freiherr ließ die Fundamente dieses Gebäudes freilegen und, so berichtet er 1903, bis zum Oktober 1902 „auf einige Meter Höhe mit dem Turm" aufmauern. Hierbei wurden nicht nur Steine von der „alten Burg" selbst, sondern auch viele Spolien verwendet. Dazu gehörten angeblich römische Ziegel (KD Daun 1928, 265); Tür- und Fenstergewände, Altarplatten, Fliesen und ein Grabstein (1619) aus der alten Mirbacher Kapelle; ein spät- bzw. nachgotisches Doppelfenstergewände aus der Burg > Kerpen, das sich im Stall des Mirbacher Hofes in Kerpen fand, d.h. es wurde in Mirbach drittverwendet; Gewölberippen und Bogensteine der Burg in > Hillesheim, die zuvor in einer Gartenmauer ihre Zweitverwendung gefunden hatten. Ernst v. Mirbach sah in diesem „Wiederaufbau" eine Verpflichtung für seine Familie: „So steht die Burg unserer Ahnen, nicht im Traum, sondern in Wirklichkeit vor uns und wird unseren Nachkommen hoffentlich noch nach Jahrhunderten eine dauernde Anregung geben, den ehrwürdigen alten Stammsitz der Familie zu erhalten und zu pflegen" (1903). Diese Hoffnung erfüllte sich nicht: Spätestens in den 1970er-Jahren war die künstliche Ruine bereits baufällig.

Eine kurze Beschreibung der „Burg" im damaligen Zustand brachte die „Kölnische Volkszeitung" am 21.8.1903; sie berichtete vom „ruinenartige[n] Wieder-

Mirbach, Burg. Portal, Innenseite

Mirbach, Burg. Eckturm, Innenseite mit Spolien – wohl von der Burg Kerpen

Mirbach, Erlöserkapelle

aufbau des stammherrlichen Schlosses": „Etwa zwei Minuten von der Kirche entfernt brachten die angestellten Ausgrabungen die Fundamente des [...] niedergebrannten Schlosses zu Tage. Eine dicke [...]schicht bedeckte die Grundmauern. Durch eingepflanzte Moose und übergelegte Rasenstücke – hier Waasem genannt – wird der Eindruck des Altertümlichen gehoben. Neben den in verschiedenartiger Höhe und verschiedenen Stadien des Verfalles ausgeführten offenen Teilen erhebt sich der 2½ Stockwerke hohe Wachtturm. Er ist durch praktisch angelegte Treppen leicht zu erreichen und bietet eine schöne Fernsicht nach den Bergen der Kyll und der vulkanischen Eifel. Besonders gelungen ist die Einmauerung eines alten Grabsteines aus Rotsandstein, der den Verschluß eines Geheimganges fingiert. Die Gesamtanlage auf einem Hügel gewinnt bedeutend durch die aus alter Zeit stammende Baumanlage, welche sich ganz natürlich an der Nordwestseite, die Ruine umschließend, hinzieht."

Diese „Burg" hatte der Freiherr zusammen mit der Kapelle, ganz im Sinne der Zeit, als eine Art Familiendenkmal geschaffen. Zu diesem Ensemble gehörte auch sein Sommerwohnsitz im Dorf, den er jedoch nie nutzte: 1905 war die großenteils vom Freiherrn finanzierte Schule eröffnet worden. An diese ließ er 1908/09 ein recht schlichtes Wohnhaus anbauen, das vor allem durch den neoromanischen Erker mit dem Familienwappen auffällt. Ernst v. Mirbach überließ das Haus dem Revierförster von Wiesbaum als Wohnsitz, da jener den Privatwald der Familie v. Mirbach mitbetreute.

Die „Burg" Mirbach gehört – zusammen mit dem Sommersitz des Freiherrn und der Erlöserkapelle – zu den bemerkenswertesten Bauten ihrer Art in der Eifel aus Wilhelminischer Zeit. Sie steht am Ende jener Epoche, welche die Geschichte und die Kunstgeschichte mit dem Begriff „Burgenromantik" bezeichnet haben. Der Bau solcher „Burgen" sollte aber nicht als „romantische Spielerei" missverstanden werden. Es handelte sich vielmehr um eine augenfällige, politisch intendierte Beschwörung der Nationalgeschichte, in deren Tradition man sich bewusst einfügte (s. Kapitel ‚Burgenkunde').

Zu korrigieren bleibt die in der Region bis heute zu lesende Bezeichnung „Grafen" für die v. Mirbach zu deren Mirbacher Zeit, d.h. für das Spätmittelalter; so gibt es etwa in Hillesheim eine *Graf-Mirbach-Straße*: deren Name bezieht sich auf Clais v. Mirbach, genannt „der Alte", der 1479 kurtrierischer Amtmann und Pfandherr in Hillesheim wurde und dort den ehemaligen Mirbachshof und das Mirbachshaus erwarb. Dieser Clais war aber kein Graf, sondern Herr v. Mirbach, d.h. er gehörte zur fünften Stufe (Edelfreie, Ministerialen) der mittelalterlichen Heerschildordnung (Wagner). Im Landrecht des Sachsenspiegels, 1. Buch, 3. Kapitel § 2, heißt es über die Heerschilde, „von denen der König den ersten besitzt. Die Bischöfe, Äbte und Äbtissinnen haben den zweiten, die Laienfürsten den dritten, weil sie von den Bischöfen Lehen genommen haben. Die freien Herren haben den vierten, die schöffbaren Leute und die Lehensmannen der freien Herren den fünften, ihre Lehensleute weiter den sechsten." Die späteren Grafen v. Mirbach gingen zwar auf Clais zurück – sie waren seit 1786 Grafen v. Mirbach-Kosmanos in Böhmen und in der Primogenitur seit 1877 Grafen v. Mirbach-Geldern-Egmont in Bayern – und auf seinen Bruder Heinrich „den Jungen" – hier seit 1840 ebenfalls nur in der Primogenitur Grafen v. Mirbach-Harff im Rheinland; sie hatten aber keine Beziehungen zu Hillesheim (Wagner). Ernst Otto Karl Ludwig Freiherr v. Mirbach (1844–1925), Kammerherr und Obertruchsess Kaiser Wilhelms II., Oberhofmeister Kaiserin Auguste Viktorias, Generalleutnant à la suite der Armee, Ritter des Johanniterordens und Dr. theol. h.c. der Universität Bonn, der Bauherr der Mirbacher „Burgruine" und der Erlöserkapelle, entstammte als Nachfahre Clais des Alten dem preußischen Zweig der kurländischen Linie v. Mirbach zu Posen bei Windau, die 1620 bzw. 1634 in den Freiherrenstand erhoben worden war.

Der mittelalterliche Baubestand der „Burg Mirbach" lässt sich heute nicht mehr rekonstruieren. Das rundum und im Inneren zugewachsene Gebäude ist heute stark verfallen; seine Reste sind akut einsturzgefährdet.

Mirbach, Erlöserkapelle. Inneres, Mosaiken

Information: 54578 Mirbach, Gemeinde Wiesbaum, VG Hillesheim. – Die Ruine steht in einem umzäunten Weidegelände und ist nicht zugänglich. – Führungen in der Kapelle ganzjährig; Buchung über die Tourist-Information Hillesheim, Tel. 06593-809200.

Mürlenbach

60 | Burg Mürlenbach (Bertradaburg)

Mürlenbach liegt am linken Ufer der Kyll, ca. 10 km südwestlich von Gerolstein. Die auf einem Bergsporn über dem Ort aufragende Bertradaburg ist eine der markantesten und architektonisch bedeutendsten Burgen der Eifel. Aufgrund der sagenhaften Überlieferung kursieren heute noch viele Fehleinschätzungen hinsichtlich der Datierung der Burg: Ein öfter erwähntes „römisches Kastell" als Vorgänger der Burg konnte nicht nachgewiesen werden. Auch eine 1821 angeblich noch in der Burg vorhandene römische Inschrifttafel, die noch kein Beweis für das vermutete Kastell wäre, ist nicht (mehr?) vorhanden; sie soll am Wohnhaus des Forstbeamten angebracht gewesen sein.

Die Bertradaburg wurde als „eine der ältesten Burgen im Rheinland" und als Sitz Bertradas, der Stifterin des Klosters Prüm (721) bezeichnet, obwohl sie erst seit 1331 urkundlich belegt ist. Der volkstümliche, wohl seit dem 19. Jh. geläufige Name Bertradaburg rekurriert auf eine spätestens ab dem 17. Jh. bezeugte Sage und die lokale Überlieferung, welche die Burg in einen Kontext mit der Familie Karls d. Gr. und mit diesem Kaiser selbst bringt: Die Gründerin der Abtei Prüm, Bertrada, war die Großmutter von Berta, der Mutter Kaiser Karls d. Gr., und so wurde sogar spekuliert, Kaiser Karl sei auf der Burg in Mürlenbach geboren, doch gibt es dafür keine Beweise.

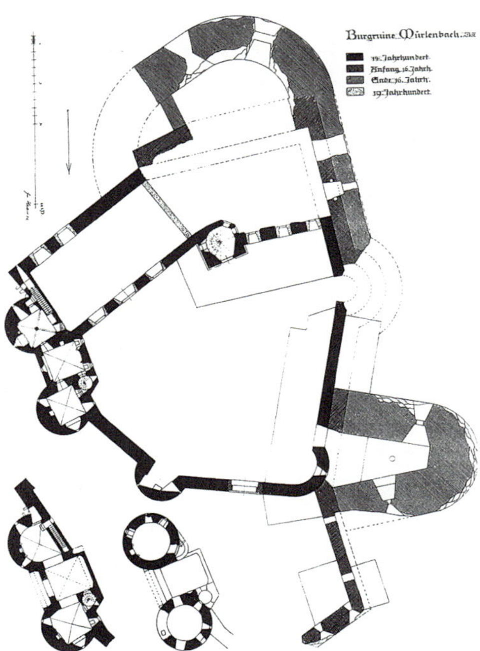

Mürlenbach, Bertradaburg. Hauptburg, Grundriss, Baualtersplan

Mürlenbach, Bertradaburg. Hauptburg, Saalbau, Grundriss des EG

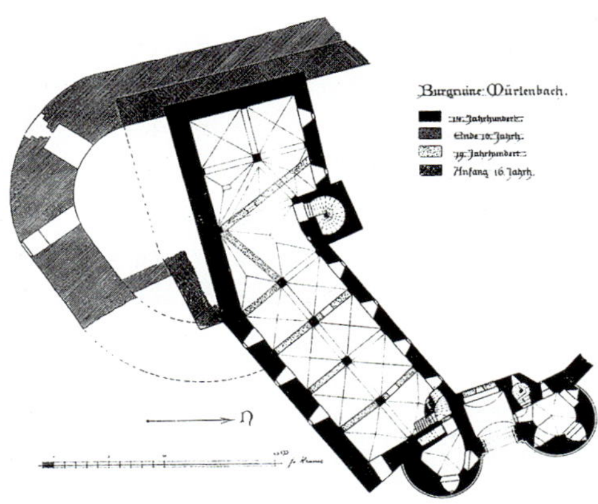

Römische Funde, so ein kurz nach 257 n. Chr. vergrabener großer Münzschatz, bezeugen eine Besiedlung der heutigen Gemarkung Mürlenbach spätestens seit jener Zeit. Doch im Prümer Urbar, dem 893 angefertigten Güterverzeichnis der Abtei Prüm, ist Mürlenbach nicht genannt. Ein *morlbach* bezeichneter Hof wird in einer um 1103 entstandenen Urkunde Kaiser Heinrichs IV. (reg. 1056–1106) erstmals erwähnt. Das Bestehen einer grundherrlichen Kirche in Mürlenbach bereits im 11. Jh. wurde vermutet.

Es gibt mehrere Schriftquellen zur mittelalterlichen Geschichte der Burg, dazu gehören die große Sühneurkunde von 1339 sowie einige Urkunden, die Lehen betreffen (1438; 1514; 1534). Im Staatsarchiv Koblenz liegt die *Prümer Urkunde* von 1545, ebenso die den Hof Mürlenbach betreffenden *Spezialakten* (1675 ff.). Aus der 1. Hälfte des 17. Jh. stammt die handschriftliche Prümer Chronik des Servatius Ottler (Otler) in der Stadtbibliothek von Trier.

Die Burg Mürlenbach entstand innerhalb eines Gebietes, das der zu Beginn des 8. Jh. vom fränkischen Königshaus gegründeten Benediktinerabtei Prüm gehörte und durch jene im Sinne des mittelalterlichen Landesausbaus strukturiert worden war. Spätestens ab dem 14. Jh. versuchte das Erzbistum Trier, das Territorium der reichsunmittelbaren Abtei zu okkupieren. Nach militärischen Konflikten zwischen Kurtrier und der Abtei in der 1. Hälfte des 16. Jh., die auch Burg Mürlenbach betrafen, bestätige Kaiser Maximilian II. 1575 in Wien die Union der Abtei mit dem Erzstift; 1576 ging das Gebiet der Abtei endgültig im kurtrierischen Staat auf.

Wann sich die Abtei Prüm als Ortsherrschaft in Mürlenbach etabliert hatte, ist ebenso wenig bekannt wie die konkrete Gründungszeit der Burg. Eine ab dem 1. Viertel des 17. Jh. greifbare Sage führt deren Gründung auf das 8. Jh. zurück. Ottler vermerkte

Mürlenbach, Bertradaburg. Hauptburg mit Doppelturmtor (links) und Nebeneingang

1623: „Die ältesten Leute in Mürlenbach erzählten, sie hätten von ihren Vorfahren gehört", die Burg „sei von einer berühmten Fürstentochter erbaut worden, die vor ihrem Freier dorthin in die Einsamkeit geflüchtet sei. [...] Nach den Berichten alter Schriftsteller sei Berta, die Mutter Karls des Großen, die Enkelin jener Berta, eine Ungarin gewesen." So soll auf Burg Mürlenbach Berta, sie erscheint häufig auch unter dem Namen Bertrada, die Gattin des fränkischen Königs Pippin, gelebt haben, die 721 mit ihrem Sohn Charibert die Abtei Prüm stiftete. Bertrada war die Großmutter von Berta, der Mutter Karls d. Gr., der nach einer weiteren Überlieferung auf der Burg geboren sein soll.

Erst von 1331 stammt die erste urkundliche Erwähnung der Burg. Nach gängiger Meinung soll sie Ende des 13. Jh. erbaut worden sein. Demnach wäre der seit 1291 amtierende Prümer Abt Heinrich v. von Schönecken der Bauherr der Burg, doch bleibt dies vorerst offen, zumal Bauforschung auf Burg Mürlenbach noch nicht stattfand. Im Staatsarchiv Koblenz vorhandene Urkunden des 14. Jh. bezeugen den Kampf der Abtei Prüm um ihre Unabhängigkeit von Kurtrier. Besonders deutlich wird das in der Urkunde von 1331: Damals wurde Matthias v. Gunnenbrecht von Abt Heinrich zum Burggrafen ernannt; der Konvent der Abtei Prüm sowie der Trierer Erzbischof Balduin v. Luxemburg (reg. 1307–54) hatten zugestimmt. Im Vertrag zwischen Prüm und Trier heißt es, der Burggraf solle bis zur Wahl eines neuen Abtes nach Erzbischof Balduins Befehl „die Feste bewahren". 1334 räumte Abt Heinrich für Erzbischof Balduin „die Türme seines Klosters [= die Burg der Abtei] solange er will, um sich daraus gegen jedermann zu helfen"; er versprach, ihn nicht zu hintergehen und behielt sich den Eigengebrauch für den Notfall vor. Es sollten aber alle, die zur Besetzung gehörten, zuvor dem Erzbischof schwören.

Abt Heinrich übertrug kurz darauf wegen schwerer Krankheit die Burg dem Konventsbruder Edmund v. Ulmen. Dieser trat nach der Genesung des Abtes nicht von der Verwaltung der Burg zurück; gelobte aber 1337 gemeinsam mit seinem Bruder Nikolaus gen. Brabant, wenn die Burg an sie käme, dem Erzbischof daraus keinen Schaden zu tun; zudem räumten ihm die Brüder das Öffnungsrecht ein. Ebenfalls 1337 erklärte der Abt, er würde keine Handlung Edmunds als gültig anerkennen. Gleichzeitig ernannte er seinen Vetter Gerard v. Ham zum Burggrafen/Amtmann der Burg „unter besonderen Verwahrungen und Sicherheiten." 1339 gab der Erzbischof die Burg dem Abt „zur eigenen Bewachung zurück", nachdem Edmund einen Revers unterschrieben hatte und zudem der Abt sich gegenüber dem Erzbischof verpflichtete. Der Wäpeling Wirich v. Odingen wurde Burggraf von Mürlenbach, und der Erzbischof erhielt das Öffnungsrecht. Es wurde auch vereinbart, dass das Amt Mürlenbach nicht ohne Zustimmung des Erzbischofs besetzt werden könne; Gleiches galt für die Wahl des Abtes von Prüm. Kurz nach dem Vertragsabschluss musste die Abtei den Erzbischof als Beschützer akzeptieren, und 1355 ließ sich der Erzbischof die Unterstützung des Abtes in Fehdesachen bestätigen.
Aufgrund seiner Bestellung zum Amtmann der Burgen Prüm und Mürlenbach musste Abt Dietrich v. Gommersbach 1413 auch Erzbischof Werner v. Falkenstein einen Revers unterzeichnen. Dass der Abt Lehensherr blieb, geht aus den die Lehensvergabe betreffenden Urkunden 1438, 1514 und 1534 hervor. Doch 1511 kam es offenbar zu bewaffneten Auseinandersetzungen unter Abt Robert v. Virneburg (1476–1513) und Erzbischof Richard v. Greiffenclau zu Vollrads (reg. 1511–31). Nach dem Tod des Abtes Robert 1513 versuchte der Erzbischof erneut, seine Macht über die Abtei Prüm auszudehnen und ließ Truppen gegen Mürlenbach ziehen. Der von den Konventualen zum Abt bestimmte Wilhelm Graf v. Manderscheid, Abt von Stablo (1518–46) und Malmedy, hatte die Burg jedoch mit Geschütz versehen sowie „Hülfsmannschaften von Malmedy herangezogen und die Trierer mußten abziehen." Wilhelms Wahl zum Abt bestätigte bald darauf der Papst. Nachdem er Abt geworden war, ließ er (ab?) 1519 die Burg zur Festung ausbauen. Eine damals angebrachte Inschrift drückte Wilhelms Vertrauen in die Burg aus; der Hexameter lautete: *MORLEBACH, LAUS CHRISTI, MULTOS COLLAPSA PER ANNOS, MANSIO SIT FORTIS REFUGISQUE DOMUS*. Bei den erwähnten Kämpfen soll die Burg zuvor zerstört worden sein; die Inschrift bezieht sich wahrscheinlich darauf. Wilhelm weilte anscheinend häufiger auf Burg Mürlenbach. Nachdem er 1541 dort noch einen erneuten Vertrag mit dem Erzbistum Trier, damals unter der Herrschaft von Kurfürst Johann Ludwig v. Hagen, geschlossen hatte, gelangte die Burg schließlich 1576 mit den übrigen Besitzungen der Abtei an den Kurfürsten von Trier. Um 1598 ließ der Trierer Kurfürst und Erzbischof Johann VII. v. Schönberg (1581–99) die Burg erneut ausbauen und verstärken. Ein 1598 datierter, vom Ausbau stammender Schlussstein eines Torbogens mit dem Wappen Johanns v. Schönberg ist in die neuaufgebaute Nordfront des „Palas" eingesetzt.
1683 soll die Burg schon verfallen gewesen sein, doch war noch 1685 ein Kelch in der Burg, den der Pfarrer als Eigentum der Pfarrkirche ansah; zu jener Zeit wurden also noch Messen in der Burg gehalten. Im 18. Jh. wurde Burg Mürlenbach „mit ihren Gefällen" verpachtet; Pastor Vischer war längere Zeit *Admodiator* der Burg, die 1804 von der französischen Besatzungsregierung zum Nationaleigentum erklärt und verkauft wurde. Um 1825 war Landgerichtsrat Veling aus Aachen der Besitzer der zur Burg gehörigen Güter. Sein örtlicher Verwalter hatte „in den Trümmern der Burg" sein Wohnhaus. In den 1870er-Jahren wurde dann eine neue Fahrstraße zur Burg angelegt und dazu ein „dicker Turm" (der im 16. Jh. zweifach verstärkte, zum Rondell umgebaute Schalenturm an der Westseite) gesprengt, um die Talrinne an seinem Fuß mit dem Abbruchmaterial aufzufüllen. Der größere Teil des Burggeländes gehörte damals dem Brauereibesitzer Kersten, der den Besitz um/nach 1870 erworben und die Ruine des „Palas" zum Brauhaus ausgebaut hatte; als solches diente es noch 1938. Kersten ließ Lagerschuppen im Hof errichten; es kam zur Aufsiedlung fast des gesamten Burgareals; verschiedene Gebäude der Burg dienten als Wohnungen bzw. Werkstätten. Die Umnutzung war z. T. mit großen Eingriffen in die Bausubstanz verbunden.
1977 erwarb das Ehepaar Tiepelmann die Burg mit Ausnahme des Torbaus (Eigentum des Landes

Mürlenbach, Bertradaburg. Hauptburg, Doppelturmtor, Feldseite

Mürlenbach, Bertradaburg. Hauptburg, Doppelturmtor, Innenseite

Rheinland-Pfalz). Prof. Klaus Tiepelmann bemühte sich von Anfang an um den Erhalt und die Teilrekonstruktion der Burg und hinterließ bei seinem Auszug aus der Burg 2008 zusammen mit dem Land Rheinland-Pfalz ein bemerkenswertes Beispiel für einen angemessenen Umgang mit Burgen bzw. Burgruinen in der heutigen Zeit.

Seit 1889 gehörte „das östliche Drittel des Burghofes nebst der Mauer und der Torbau auf der Ostseite" dem Fiskus, der 1906 kleinere Ausbesserungen durchführen ließ. Kurz vor dem 9. Juli 1934 (?) kam es zum Einsturz des nördlichen Schalenturmes. 1963 wurde beschlossen, die Ruine zu sichern und zur Besichtigung freizugeben. 1965/67 erhielt das Wohnhaus einen neuen Dachstuhl und wurde mit Schiefer eingedeckt. Gleichzeitig erfolgte mit der Bebauung des Hanggeländes westlich der Burg gegen den Willen der Denkmalpflege ein das Erscheinungsbild der Burg beeinträchtigender Eingriff.

Seit den 1980er-Jahren wurde die Burg dann umfänglich instandgesetzt. Die Arbeiten bezuschusste das Landesamt für Denkmalpflege (LAD) Rheinland-Pfalz. Im Rahmen der Restaurierung wurden das Mauerwerk des Nordturmes und des Zwischenbaus am Doppelturmtor brüstungshoch aufgemauert sowie die Plattformen abgedichtet. Das in der Substanz weitgehend erhaltene Doppelturmtor wurde in seiner ungedeckten Form durch Witterungseinflüsse stark beeinträchtigt, deshalb erfolgte der Entschluss zur Aufmauerung des südlichen Turmes und des Zwischenbaues, in den ein Gewölbe neu eingezogen wurde. Die Türme erhielten Kegeldächer; die Fertigstellung des Zwischendaches sowie die Ausführung der Schieferung erfolgten 1992. Alle Dächer stellen keine Rekonstruktionen dar; sie sind Dachformen anderer Burgen gleicher Entstehungszeit nachempfunden. Der Burghof war noch bis 1990 in einer Höhe von bis zu 1,60 m mit Erdreich und Versturz aufgefüllt. Vereinzelte Keramikfunde im Burgbereich stammen meist von spätmittelalterlichem Steinzeug. Geringe Reste grober Keramik konnten nicht eindeutig als Pingsdorfer Ware, diese kam in der Region bis ins 12. Jh. vor, benannt werden.

Beschreibung: Die Burg steht auf einem Sporn über dem Kylltal, der von umgebenden Höhen z. T. stark überhöht ist, doch gewährt der Standort der Burg einen guten Einblick ins Flusstal, das von hier oben zu beherrschen war, wie der Blick aus Schießkammern des Doppelturmtores beweist.

Das Baumaterial der Burg Mürlenbach ist ein roter bis rotbrauner Buntsandstein. Eine Lokalisierung des Steinbruchs bzw. der Steinbrüche liegt nicht vor, doch soll das Baumaterial vor Ort, z. B. im Braunebachtal gebrochen worden sein.

Werner Bornheim gen. Schilling (1964) schloss aus dem überkommenen Bestand, der Bauherr von Mürlenbach habe „ein Sechseck (oder Achteck?) mit gerundeten Halbtürmen an den Knickstellen der Umfassungsmauern" angestrebt und verweist auf Vergleichsbeispiele im Rheinland. Bereits im Inventar der Kunstdenkmäler des Kreises Prüm (1927) wurde angemerkt, die „im Grundriß klare Anlage" der Burg habe „die angestrebte Form eines Sechsecks mit Halbtürmen auf den Ecken." Auf dieser unterstellten Grundstruktur basieren interpretierende Vergleiche, wie der von Bornheim gen. Schilling mit Castel del Monte, der Burg Kaiser Friedrichs II.; demnach schuf der Abt von Prüm mit der Burg Mürlenbach „einen Nachklang solcher Idealität." Zwar fehlen Urkunden, welche die These Bornheims gen. Schilling belegen könnten, doch ist ihm zumindest beizupflichten, wenn er feststellt, dass sich „das Außerordentliche für diese Burg als Vorbild und Deutung anbietet" (s. u.).

Mürlenbach, Bertradaburg. Hauptburg, Doppelturmtor, Innenseite, Einschusslöcher

Mürlenbach gehört zu den Burgen des sogenannten Französischen Kastelltypus. Zwar fehlt ihr, bedingt durch die Topographie, eine klare geometrische Grundrissform, wie sie etwa die rechteckige Burg Welschbillig besitzt, doch findet sich die Anpassung des Kastellschemas an die jeweiligen topographischen Gegebenheiten öfter im Rheinland, in der Eifel oder in der Pfalz. Die Burgen Neuleiningen (Kr. Bad Dürkheim; 1238/41), Montabaur (Ausbau Anfang 13. Jh.), Mayen (1280/1311) und Münstereifel (1. Hälfte 14. Jh.) seien hier genannt. Letztlich stellt der Grundriss eine Synthese aus den Polygonalanlagen der staufischen Zeit und den im 13. Jh. aufkommenden Kastellburgen des Französischen Typus dar.

Die wohl im Rahmen der Ausbauten unter Abt Wilhelm um 1519 neu angelegte **Vorburg** auf der Nordseite, die sich ausgehend vom nordwestlichen Schalenturm offenbar im weiten Bogen herumzog, ist in ihrem Verlauf und ihrer Struktur weitgehend unbekannt, nicht zuletzt weil noch vorhandene Reste an der Nordwestseite in neuerer Zeit beidseitig mit Häusern besetzt wurden.

Die Hauptburg: Das unregelmäßige Sechseck der Burg umfasst eine Grundfläche mit diagonalen Längen von etwa 50 bzw. 40 m. Den Burghof erschließen heute insgesamt drei Zugänge: Den Haupteingang bildete das im Osten gelegene Doppelturmtor. An der Nordseite öffnet sich ein einfaches Mauertor, das vermutlich erst im 16. Jh. entstand. Der dritte Zugang liegt im Westen, gegenüber dem Doppelturmtor; er entstand durch die Beseitigung des ehemals hier stehenden Schalenturmes, der in den 1870er-Jahren gesprengt wurde.

Das fast 30 m hohe **Doppelturmtor** ist der markanteste Bau der Burg. Durch die Rekonstruktion seines Abschlusses und der Dächer hat es wieder an Dominanz gewonnen, doch darf nicht übersehen werden, dass der nur im Kellergeschoss und in Teilen des Erdgeschosses erhaltene „Palas“ mit einer lichten Länge von über 35 m bei entsprechender Höhe, die sich an den Anschlüssen zum Torbau erkennen lässt, eine weitere Dominante darstellte, die den Torbau in seiner Wirkung reduzierte, mit diesem zusammen aber eine eindrucksvolle Baugruppe dargestellt haben muss. (Die Kombination von Doppelturmtor/ Zweiturmgruppe und Wohnbau erscheint wieder an der um 1330 entstandenen Kölner Burg innerhalb der Burg Bürresheim.)

Das Doppelturmtor ist letztlich eine Dreiturmgruppe, bestehend aus dem eigentlichen, im Grundriss annähernd quadratischen Torturm und zwei um je ein Geschoss höheren, den Torturm feldseitig flankierenden Rundtürmen. Diese zeigen jeweils ausgeprägte Sockelzonen, die in der Umlaufhöhe einen Versprung aufweisen (Westturm). Das glatte Quadermauerwerk endet bei den Flankierungstürmen im 1. OG, beim Torhaus in Höhe des 2. OG, darüber ist der Bau in Bruchstein aufgeführt. Die Flankentürme zeigen in ihren Erdgeschossräumen Schlitzscharten, die sich nach innen in hohe Nischen öffnen. Mürlenbach weist damit Schießkammern/ -scharten auf, die wohl zu den frühesten im Rheinland gehören, denn insgesamt waren Schießscharten im deutschen Burgenbau des 13./14. Jh. noch eine Ausnahme. Weitere Scharten finden sich an den neuralgischen Punkten der Verteidigung über den Bau verteilt. Als weitere Öffnungen gibt es unregelmäßig platzierte, meist mit Kleeblattbogenblenden überfangene Fenster, wie sie in der Eifel-Mosel-Region seit der Mitte des 13. Jh. häufig vorkommen (sogenannte Trierer Fenster). Die Fenster des Torbaus wurden aufgrund von Stilvergleichen in die Zeit „um 1300“ datiert, eine Zeitstellung, die bisherige Datierungsvorschläge stützt.

Die an der Feldseite segmentbogig überfangene, 3 m breite Toröffnung sitzt in einer flachen Blende und weist keinen datierbaren Relief- oder Skulpturenschmuck auf. Sie führt in eine 6 m lange Torfahrt, die auf der Hofseite in ein spitzbogiges Tor mündet. Feldseitig befand sich über dem Torbogen das „Gringbötschel“-Relief, das in jüngster Zeit durch eine Kopie ersetzt wurde. Hofseitig sitzt, etwas aus der Achse des Torbogens gerückt, das Fragment eines

Mürlenbach, Bertradaburg. Hauptburg, Doppelturmtor, rekonstruiertes Fallgatter und Riegelloch

stark verwitterten Sandsteinreliefs, das wahrscheinlich eine sitzende Madonna mit Kind darstellte. Auffällig ist der große, leicht zugespitzte (ergänzte) Bogen, auf dem das 3. OG des Mittelturmes um etwa 1 m vorkragt. Es entstand so eine Wurföffnung im Boden, welche die Bekämpfung eines das Tor angreifenden Gegners von oben ermöglichte.

Der Torbau hat in den unteren Geschossen an der Außenseite Wandstärken von bis zu 2 m. Er enthält einschließlich der Torhalle 14 Räume, von denen sich je fünf in den Flankentürmen befinden. Die Torhalle sowie die beiden darüberliegenden Räume sind gewölbt, die Halle mit einem Tonnengewölbe, die Innenräume mit vierteiligen Kreuzgratgewölben, die sogenannte Pförtnerstube im UG mit einem fünfteiligen Gewölbe. Das oberste (neu aufgemauerte) Wehrgeschoss besitzt – und besaß wohl auch zuvor – eine flache Decke. Die beiden gewölbten Untergeschossräume der Flankentürme sind mit Schießkammern ausgestattet, die für den Einsatz von Bogen und Armbrust gleichermaßen zu nutzen waren. Bemerkenswerterweise besitzen beide Räume Rauchabzüge über je einer der Schießkammern, d.h. diese waren als Feuerstellen zu nutzen, wahrscheinlich indem man die Scharten nach außen hin mit Lehm verschloss.

Das 1. OG, von dem Klaus Tiepelmann vermutet, dass es dem Abt vorbehalten war, enthält zwei repräsentative Räume und, im Südturm, die **Kapelle**, einen annähernd quadratischen Raum von knapp 5 m Seitenlänge. Wenn die Kapelle auch nicht, wie im Hochmittelalter teils üblich, direkt über der Tordurchfahrt errichtet wurde, ist sie doch den sogenannten Torkapellen zuzurechnen. Ihr Rippengewölbe zeigt Birnstäbe mit durch ausgeprägte Hohlkehlen abgesetztem Stab mit aufgesetzten Plättchen. Das Gewölbe ruht auf Ecksäulen mit attischen Basen, glatten Säulenschäften und Kelchkapitellen. Im Gewölbescheitel sitzt ein Schlussstein in Form einer doppelten Rosette, die innen sieben, außen zwölf Blütenblätter zeigt. Die Öffnung des Ostfensters ist als Chor ausgebildet: Die Altar-Mensa füllt als Block die gesamte Fensternische; rechts daneben ist eine spitzbogige, durch eine querliegende Steinplatte unterteilte Nische mit einer Piscina in die Wand eingelassen. In der Westwand gibt es eine ursprünglich als Wandschrank genutzte Nische. Daneben findet sich eine Verbindungstür zum Wohnbau. Über eine im Mauerzug zwischen Kapellenturm und Wohnbau befindliche gerade Treppe waren ein Aborterker und eine Scharte in der Südostwand des Wohnbaus zu erreichen. – Vor der Rekonstruktion des Torbaus konnten in der Kapelle Reste historischen Putzes festgestellt werden. Sie wurde daher im gesamten Inneren wieder verputzt und ihre Farbigkeit „frei rekonstruiert“ (Backes [4]1993). Ob diese Kapelle der einzige Sakralraum innerhalb der Burg oder ob sie lediglich ein Oratorium (des Abtes?) war, ist unbekannt. Bemerkenswert ist, dass der Kapellenraum als einziger außen spitzbogige Fensteröffnungen aufweist.

Mürlenbach, Bertradaburg. Hauptburg, Saalbau, Treppenturm

Das 2. OG enthält drei durch zwei große Bogenöffnungen miteinander verbundene Räume. Diese saalartige Raumstruktur gibt es auch im typologisch vergleichbaren Tor-/Wohnturm der Kasselburg bei > Pelm. Im 3. OG des Mittelbaus wurde anhand eines vorgefundenen Mauerschlitzes im Südturm, einer Balkenauflage, eine hier wohl ursprünglich den Raum unterteilende Fachwerkwand rekonstruiert. Hinter ihr befand sich feldseitig der Bedienungsmechanismus für ein hölzernes (gleichfalls rekonstruiertes) Fallgatter.

Bereits in der älteren Literatur wurde der Mürlenbacher Torbau vereinzelt mit ähnlichen Bauten verglichen, ohne historische oder rezeptionsgeschichtliche Bezüge herzustellen. Viele vergleichbare Objekte stehen im Rheinland und in der Eifel. So verwies Anton v. Behr (1910) im Kontext seiner Darstellung der Kasselburg (> Pelm) auf die Ähnlichkeit zwischen deren Doppelturmtor und dem der Burg Mürlenbach; er vermutete gar, dass dort derselbe Baumeister „angenommen“ werden könne, doch ist dies bloße Spekulation. Walter Hotz bemerkte in seiner „Kleinen Kunstgeschichte der deutschen Burg“ (1975), ausgehend von der Betrachtung des Wohnturmes der Burg Lichtenberg/Elsass, dass jener „um die Mitte des 13. Jh.“ erbaute Turm eine „formale Vorstufe zu jener Sonderform“ darstellt, die im 14. Jh. „geschaffen wurde und in Gestalt eines hohen Doppelturmtors auf der Kasselburg [...] und der Ehrenburg an der Mosel begegnet“. Für Hotz stellt diese „Sonderform“

Mürlenbach, Bertradaburg. Hauptburg, Hof

eine „Verbindung von Tor, Schildmauer, Bergfried und Wohnbau dar", die er als typologisch verwandt mit „turmflankierten rheinischen Schildmauerburgen" sieht; er schließt die Betrachtung mit dem Hinweis: „Man darf auch an das mit Wohnräumen und Kapelle ausgestattete Doppelturmtor der Eifelburg Mürlenbach erinnern."

Das Doppelturmtor war im Mittelalter ein repräsentatives, herrschaftliches Element. So erscheint das von Türmen flankierte Tor auf mittelalterlichen Siegeln, auf Münzen und in Buchmalereien oft als Abbreviatur für Stadt und Burg.

Beim „**Palas**" handelt es sich um die Reste eines stattlichen Saalbaues oder Palas, der eine starke Abknickung aufweist und eine lichte Länge von etwa 35–40 m aufweist. Ob es ein Palas war, lässt sich aus dem Befund nicht mehr erkennen. Das fast vollständig vorhandene zweischiffige Kellergeschoss zeigt Kreuzgratgewölbe auf kräftigen, recht kurzen Pfeilern über quadratischem Grundriss. Die einzelnen, meist quadratischen Gewölbefelder sind durch breite, kräftige, rundbogige Gurte voneinander geschieden. An den Wänden sitzen glatte Vorlagen; die Konsolen sind viertelkreisförmig profiliert. Die Form der Wölbung und der Pfeiler gibt es häufiger im Burgenbau der 2. Hälfte des 13. Jh. und der 1. Hälfte des 14. Jh. Der Westteil des Gebäudes springt zum Hof stark vor, so dass sich hier ein fast quadratischer Grundriss ergibt. Die Gewölbe- und Pfeilersituation ist in diesem Bereich des Kellergeschosses identisch mit der zuvor beschriebenen, doch ist dieser Gebäudeteil stärker zerstört; die Gewölbe sind teils eingestürzt. Ein Pfeiler, der hier im 19. Jh. eingesetzt

Mürlenbach, Bertradaburg. Nördliche Schießkammer im Westrondell

wurde, diente dazu, den Bau zu sichern. In den hofseitigen Versprung ist ein im Grundriss quadratischer Treppenturm eingestellt, der im Zuge des Ausbaues der 1980er/90er-Jahre neuaufgebaut wurde. Er war zuvor in das Stallgebäude eines später in den Burghof eingebauten Hauses integriert. Reste der Keller- und der Wendeltreppe (Ø 3,50 m) sind vorhanden, ebenso Ansätze einer „das Treppenhaus abschließenden Rippenkuppel". Auch Reste verschiedener großer Fensteröffnungen konnten während der Restaurierung freigelegt werden.

Mittelalterlicher Bering und Schalentürme: Die weitgehend ungegliederte Ringmauer erreichte ursprünglich wohl eine Höhe von über 10 m. Über die Form des aus noch vorhandenen Zugängen zu erschließenden Wehrganges kann nichts gesagt werden, da keine Reste erhalten blieben.

Von den Flankierungstürmen steht, außer jenen des Torbaus, nur noch der nach dem Teileinsturz 1934 neuerrichtete Nordturm, ein halbrunder Schalenturm. Beim Neuaufbau wurden viele Details nicht rekonstruiert, so dass die Zeichnung Antons v. Behr (1904?) die Hauptquelle für diesen Turm ist: Er war dreigeschossig, das untere Geschoss mit einer Balkendecke, das 1. OG mit einem (Bandrippen-?)Gewölbe überfangen. Flankierende Scharten schützten scheinbar die anschließenden Kurtinen. Alle Geschosse waren mit Kaminen und Fenstern ausgestattet, was auf eine Nutzung als Burgmannensitze (?) deuten könnte. Der nordwestliche Schalenturm wurde bei den Ausbauten 1519 und um 1598 durch die angesetzte Vorburgmauer und das Westrondell z.T. verdeckt, doch ist der Turmstumpf noch erkennbar. Einen weiteren Schalenturm gab es anstelle des heutigen Westeingangs.

Spätmittelalterlicher/frühneuzeitlicher Bering und Rondelle: Durch die unmittelbare Anfügung der Werke für den Geschützkampf an die Hauptburgringmauer 1519 und den erneuten Ausbau der Werke um 1598 überlagern sich teils Mauerschichten verschiedener Zeiten. Zuerst scheinen im Rahmen der Neubefestigung von 1519 die Ringmauer an der Westseite und einem Teil der Südseite sowie der westliche Schalenturm feldseitig um 2 m verstärkt worden zu sein. Damals mag der erwähnte Schalenturm bereits zum Geschützturm/Rondell ausgebaut worden sein, doch gehört die eigentliche Rondellbefestigung wohl erst dem zweiten Ausbau des 16. Jh. an, bei dem der Westturm abermals verstärkt wurde, seine Mauerstärke muss seit dieser Zeit bei etwa 5 m gelegen haben. Auch die beiden heute noch als Ruinen vorhandenen Rondelle entstanden wohl um 1598. Das verzogen hufeisenförmige **Südrondell**, das den „Palas" zur Hälfte umschließt und 2010 in seiner Substanz gesichert wurde, springt um 16 m über die Ringmauer der Hauptburg vor. Die Mauerstärke dieses Rondells liegt bei 5 m. Auf zwei Etagen waren hier Geschützkammern eingerichtet. Die heutige große Öffnung im UG dürfte einer Umbaumaßnahme des 19. Jh. entstammen. Das etwa 30 m breite Rondell wurde nördlich vom erwähnten umgestalteten Schalenturm begrenzt. Auf diesen und eine anschließende kurze Kurtine folgt das kleinere hufeisenförmige **Westrondell**, das die Burg zur Bergseite hin deckte. Es springt um etwa 19 m aus und hat eine mittlere Breite von 15 m bei starker Verjüngung in Richtung der Feldseite. Der nur durch einen Einstieg von oben zugängliche Raum im unteren Geschoss könnte ein Pulvermagazin oder eine Zisterne gewesen sein. Für die vermutete Nutzung als Gefängnis gibt es keine Anhaltspunkte.

Die verschiedenen Schießschartenformen beider Rondelle zeigen, dass zur Zeit ihrer Entstehung sehr unterschiedliche Feuerwaffen und Geschütze vorhanden gewesen sein müssen, da die Schartenformen jeweils auf bestimmte Geschützformen Rücksicht zu nehmen hatten. Interessant ist der Rest einer Hosenscharte am Südrondell. Mehrere Scharten, die meisten dürften Maulscharten gewesen sein, sind stark zerstört, teils sind die Gewände nicht mehr vorhanden. Über die oberen Abschlüsse der Rondelle (ungedeckte Plattformen oder Dächer) gibt es keine Informationen.

Überlegungen zur Baugeschichte: Die Gründungsgeschichte der Burg kann bis heute nicht dargestellt werden, weil dazu notwendige Forschungen ausstehen. Nur die Auswertung historischer Quellen und kunstgeschichtliche Vergleichsmethoden mit anderen Objekten liefern Ansatzpunkte. So sind für die bisherige Zuschreibung der Burg an Abt Heinrich und den daraus geschlossenen Baubeginn gegen Ende des 13. Jh. u.a. Vergleiche mit verschiedenen anderen Burgen, insbesondere Welschbillig (vgl. Stadtsiegel von 1364) und Neudahn/Pfalz (?) heran-

Mürlenbach, Bertradaburg. Südrondell, Blick über den Halsgraben

gezogen worden; doch auch das Mauerwerk der Burg Mürlenbach wurde auf das Ende des 13. Jh. datiert und spräche so für den ab 1291 amtierenden Abt Heinrich als Bauherrn.

Der Bau des mutmaßlich späten 13. Jh. wurde als Synthese aus stauferzeitlichen polygonalen Burgen und dem Französischen Kastelltypus bezeichnet (s. Losse 2002). Wenn der Abt von Prüm als Bauherr der Burg Mürlenbach Elemente des Kastelltyps aufnahm und diese mit innovativen Momenten (Treppen in der Mauerstärke; konsequent eingesetzte Schießscharten) verband, ist der Wunsch nach einer militärisch starken und höchst repräsentativen Burg zu unterstellen; es ist an die mögliche Rezeption der trierischen Burg Welschbillig zu denken, zumal das Doppelturmtor die These stützt.

Die Zahl der Doppelturmtore im Rheinland und in der Eifel ist hoch; einige sind im Kontext der Interpretation des Mürlenbacher Torbaus besonders interessant. So zeigt das Marschiertor der Stadtbefestigung von Aachen eine vergleichbare Struktur; v.a. der große Überfangbogen sei erwähnt. Auch das Kölntor in Aachen besaß einen solchen Bogen. Das Motiv findet sich gleichfalls am Ahrtor der Stadtbefestigung von Ahrweiler; die Abtei Prüm hatte dort Besitz. Im 13./14. Jh. entstanden in der Eifel und im Rheinland zahlreiche Doppelturmtore: an den Stadtbefestigungen von Bergheim (Aachener Tor), Neuss, Nideggen und Reifferscheid und an den Burgen Monschau, Bürresheim (Kölner Burg), Heimbach und Reifferscheid. Ein spätes Beispiel ist das Tor der Abteibefestigung in Kornelimünster. An dem ab 1530 errichteten Schloss in Zell/Mosel erscheint das Motiv erneut. Da die (Kunst-)Geschichte des Doppelturmtores noch nicht geschrieben ist, müssen diese Beobachtungen vorerst für sich stehen, doch ist die Einstufung dieser Architekturform als hoheitliches Motiv und Bedeutungsträger unstrittig. Die assoziative Ähnlichkeit mit Westwerken einiger mittelalterlicher Kirchen liegt nahe. Auffallend ist die Verwendung des großen Bogens an der Feldseite, der – auch wehrtechnisch bedingt durch den dahinterliegenden Wurfschacht – als Motiv vielleicht auf die Aachener Stadttore und, von daher zitiert, auf den Westbau der Pfalzkapelle Kaiser Karls d. Gr. in Aachen verweist, womit ein karolingerzeitliches Motiv präsent wäre.

Die Ausbauten zur Verteidigung mit und gegen Feuerwaffen 1519 und erneut um 1598 machten aus Burg

Mürlenbach eine unregelmäßig rondellierte Festung, die zu den wichtigsten Beispielen spätmittelalterlichen und frühneuzeitlichen Wehrbaus in der Eifel und im Rheinland gehört und im Zusammenhang mit den Ausbauten der Befestigungen von Pfalzel/Mosel unter dem Trierer Erzbischof Johann v. Metzenhausen (reg. 1531–40) und dem etwa zeitgleichen Ausbau der Stadtbefestigung von Trier gesehen werden muss. Eine Mürlenbach vergleichbare Anlage ist die wohl 1513/40 mit verschiedenartigen Rondellen ausgebaute, damals im Besitz der Grafen v. Manderscheid(-Schleiden) befindliche Neuerburg (Kr. Bitburg-Prüm). Ob es familiäre Zusammenhänge zwischen beiden Ausbauten gibt – Abt Wilhelm, der 1519 den ersten Ausbau von Mürlenbach veranlasste, stammte aus dem Hause Manderscheid –, bleibt vorerst ungeklärt. Vielleicht hat auch die Burg Gerhardstein über > Gerolstein, seit 1540 im Besitz der v. Manderscheid-Blankenheim, einen ähnlichen Ausbau erfahren.

Mürlenbach, Bertradaburg. Hauptburg, Doppelturmtor, Feldseite, „Gringbötschel"

„Gringbötschel" wird die ehemals als Relief feldseitig über der Tordurchfahrt angebrachte Gestalt eines kauernden Mannes genannt. Die 1,16 x 0,81 m große, ca. 12 cm starke Rotsandsteinplatte zeigt Kopf, Oberkörper und die hochgezogenen, angewinkelten Arme eines unbekleideten bärtigen Mannes. Sowohl die Finger des Mannes, die zuvor in den Rand der Platte hineinragten und eine annähernd quadratische, 10 cm große Öffnung rahmten, als auch der Bart sind stark beschädigt. Markant sind seine großen mandelförmigen Augen. In den beiden oberen Ecken der Reliefplatte sitzen, in Höhe der Oberarme des Mannes, die Köpfe über seinen Schultern, zwei vogelartige Fabelwesen. Viele Spekulationen über die Entstehung des seltsamen Bildes kursieren: Die dargestellte Gestalt wurde als der germanische Wotan (Odin) in Begleitung der zwei Raben Hugin und Munin gedeutet; Adalbert Rudolf (1892) sah in dem Relief sogar den Beweis dafür, dass der Standort der Burg zuvor „eine ehrwürdige heidnische Götterstätte" gewesen sei; später sei der Reliefstein beim Bau der Bertradaburg, „die ja heute noch sichtbar auf alten Fundamenten ruht, als Altertum mit eingemauert worden." Aus kunsthistorischer Sicht dürfte der Stein, mit dem Vorbehalt, dass sich Objekte dieser Art nur sehr schwer datieren lassen, in den Entstehungszeitraum Ende 13. Jh./Anfang 14. Jh. zu setzen sein. Noch in heidnische Zeit zurückreichend findet sich figürlicher Schmuck jener Art seit dem 10./11. Jh. an Sakral- und Profanbauten. Neben dekorativen Zwecken diente er nach wie vor der Abwehr böser und der Bindung guter Kräfte. Aus diesem Grunde sind insbesondere im Eingangsbereich, oft über Toren und Türen, Schreckgesichter, „Neidköpfe" oder „Wärterfiguren" angebracht. Das „Gringbötschel" gehört in den Zusammenhang solcher Darstellungen.

Das heute über dem Tor angebrachte Relief ist eine Kopie, in der die am Original nicht mehr erhaltenen Hände des „Gringbötschels" ergänzt sind. Das Original befindet sich seit mehr als 100 Jahren im Magazin des Landesmuseums in Trier (ehemals Provinzial-Museum).

Information: 54570 Mürlenbach, VG Gerolstein. – Die Burg ist mit Ausnahme des Doppelturmtores in Privatbesitz. Der Torbau ist zu bestimmten Zeiten zu besichtigen. Kleiner P an der Burg.

Neroth

(Hinweis: Die Burg Freudenkoppe „bei Neroth“ steht eigentlich in der Gemarkung Neukirchen, die seit der Eingemeindung zur Stadt Daun gehört.)

61 | Burg Freudenkoppe (Burg Kopp)

Auf dem Nerother Kopf (647 m), über dem zwischen Daun und Gerolstein gelegenen Dorf Neroth, erheben sich, im Wald verborgen, die Ruinen der um 1340 vom römisch-deutschen König Johann v. Böhmen, Graf v. Luxemburg, erbauten Burg Freudenkoppe und eines unmittelbar neben dieser stehenden Burghauses aus dem 14. oder 15. Jh. Der auch „(Nerother) Kopp“ genannte Berg ist vulkanischen Ursprungs; er war in der Silvesternacht 1919/20 die Gründungsstätte des für die Jugendbewegung so bedeutenden „Nerother Wandervogels“ (s.u.).

Geschichte: Die Grafen v. Luxemburg dehnten ihr Einflussgebiet ab den 1270er-Jahren in die Nordwest-Eifel aus. Unter Johann v. Luxemburg, seit 1311 König von Böhmen, erreichte ihre Territorialpolitik den Höhepunkt. Die Luxemburger gerieten dabei in Konflikt mit Interessen Kurtriers, v.a. des Trierer Erzbischofs Balduin v. Luxemburg (reg. 1307–54). König Johann baute um 1340 zur Sicherung der Luxemburger Ansprüche mehrere Burgen, darunter die Freudenburg/Saar und in der Eifel die Burgen Freudenstein bei Brockscheid sowie Freudenkoppe. Der politische Anspruch wird aus der Namensähnlichkeit deutlich. Für die Burg Freudenkoppe finden sich in Urkunden verschiedene Schreibweisen, darunter 1324 *Froudenkube*, 1343 *Vreudencoup*, 1344 *Cup*, 1345 *burg Freudenkoppe by Dune in der Eyfelen*, 1346 *Freudenkaube* (und *koppin*), 1347 *Froydenkop* (s. Janssen II 1975, 230).

Viele Adelige, die ihre Eigenständigkeit durch die Expansionspolitik Erzbischof Balduins gefährdet sahen, glaubten in König Johann ein Gegengewicht zu Trier zu finden. So kam es, dass auf Burg Freudenkoppe namhafte Adelige aus der Eifel Burgmannen waren (u.a. v. Reifferscheid, v. Wolteringen, v. Daun, v. Gymnich, v. Eltz zu Rübenach). Aus dem Jahre 1344 findet sich ein urkundlicher Beleg, wonach Konrad v. Schleiden und dessen Bruder Dietrich v. Schleiden, Herr zu Jünkerath, dem König Johann v. Böhmen u.a. *das halbe teil des perges der da heißt Cup, da uf* [...] *unser Herre nu hat ein hus gesatzt* (= „die Hälfte des Berges, der Koppe heißt, auf dem [...] unser Herr [gemeint ist der König] nun ein Haus [synonym für Burg] gesetzt hat) verkauften. Erzbischof Balduin fühlte sich durch das Vordringen Luxemburgs und den Burgenbau bedroht. 1346 starb König Johann v. Böhmen; sein Sohn Karl IV. wurde mit Förderung des Erzbischofs Balduin römisch-deutscher Kaiser und überließ diesem, seinem Großonkel, die genannten Burgen (vgl. > Brockscheid, Burg Freudenstein). Darüber hinaus erhielt Balduin die Zusicherung, dass der König auf kurtrierischem

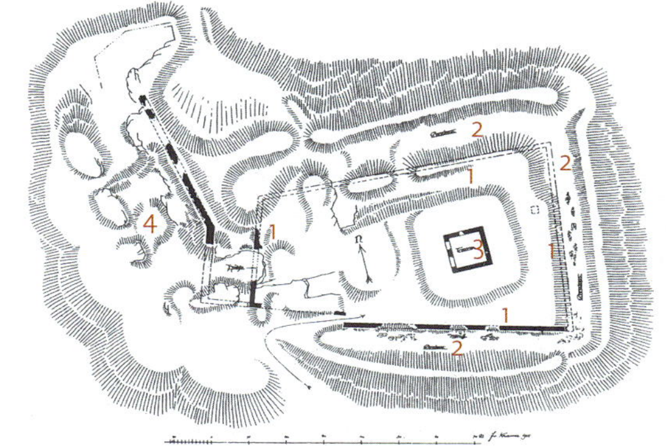

Neroth, Burg Freudenkoppe. Grundriss (aus: KD 1928); 1: Hauptburg-Ringmauer; 2: Wall-Graben-Befestigung; 3: Wohnturm; 4: ehemalige Vorburg.

Neroth, Burg Freudenkoppe. Ruinengelände

Gebiet keine Burgen mehr errichten werde. Der nunmehrigen trierischen Landesburg Freudenkoppe kam in der Folge eine wichtige Rolle bei der Übernahme der nahegelegenen Grafschaft Daun durch das Erzbistum Trier zu. Nachdem dann 1352 die befestigte Stadt > Hillesheim, die sich ehemals in Luxemburger Lehensbesitz befand, von Trier als nördlichster Stützpunkt übernommen werden konnte, waren die Machtbereiche in der Region endgültig abgesteckt.

1439 überließ der Trierer Erzbischof Jakob v. Sirk (Sierck) seinem Cousin Arnold v. Sirk die Burg und Herrschaft Freudenburg sowie die Burg Freudenkoppe mit luxemburgischer Zustimmung und setzte ihn in das erbliche Burggrafenamt ein. Arnolds Sohn Philipp wurde der Besitz beider Burgen 1460 bestätigt. Damit erfolgte die letzte bisher bekannte urkundliche Erwähnung der Burg.

Über das Ende der Freudenkoppe liegen bisher keine Nachrichten vor. Im 19. Jh. wurde sie durch den auf dem Nerother Kopf betriebenen Mühlsteinbruch – auf diesen geht auch die Höhle unter der Burg in der heutigen Form zurück – stark beschädigt. Zu Steinraub in der Ruine dürfte es spätestens im 19. Jh. gekommen sein. In der 1809 entstandenen Tranchot-Karte (NA Blatt 155 Dockweiler) werden auf der bewaldeten Höhe der Freudenkoppe mit dem Eintrag *Ruines* die Reste der Burg bezeichnet. Wann der Mühlsteinbruch auf dem Berg begann, ist unbekannt. 1788 waren hier vier Mühlsteinbrüche in Betrieb.

Eine bedeutende Rolle spielte die Burg Freudenkoppe in der Geschichte der Jugendbewegung: In ihr wurde der „Nerother Wandervogel" gegründet. Am 31.12.1919 trafen sich in der Höhle unter der Burg „acht dunkle Gestalten" unter der Leitung der Zwillinge Robert und Karl Oelbermann und beschlossen in der Silvesternacht, den „Wandervogel" und die Jugendbewegung zu reformieren. „Wir müssen eine unbedingte Adelsherrschaft, eine Herrschaft der Besten erkämpfen", hieß es in Oelbermanns Rede. „Romantische Fahrten und Taten, nicht Worte, müssen uns jung erhalten. Die Bewegung der Mäuler muss in Bewegungen der Füße und Hände umgesetzt werden. Die erste Aufgabe, die uns beschäftigen wird, ist der Bau einer Jugendburg als Zentrum für den Rheinischen Wandervogel. Damit wir unsere Ziele durchsetzen können, gründen wir jetzt den geheimen Bund der Nerommen. Niemand darf von diesem Bund wissen und sprechen." Das damalige Führerprinzip und das Geheimbündlerische dieser Bewegung werden aus Oelbermanns Worten deutlich. „Als Zeichen gegenseitiger Verbundenheit und Treue" trugen die Mitglieder des „Nerommenbundes ein rotes Samtbarett".

Die Neubegründung des „Nerother Wandervogels" ist vor dem Hintergrund der damaligen Situation Deutschlands zu sehen: 1919/20 war die Stimmung

Neroth, Burg Freudenkoppe. Wohnturmruine, Außenansicht

Neroth, Burg Freudenkoppe. Wohnturmruine, Inneres

im Land schlecht, die Perspektivlosigkeit groß: „Der Krieg verloren" – „Revolution im Lande" – „Der Feind im Rheinland" – „Chaos ringsum", so lauteten die Schlagworte der Zeit. „Bittere Not und Hunger wüteten, alle Ideale waren erloschen, ehrlos und wehrlos war unser Vaterland. [...] der Wandervogelgedanke war unter das Fußvolk geraten, Masseninstinkte bestimmten eine Form ohne Inhalt. Eine neue Empörung entstand", so fasste „Der Herold", die Bundesschrift der Nerother, 1959 die Gründe für die Entstehung des „Nerother Wandervogels" zusammen, der in den Kontext der Jugendbewegung gehört. Diese entstand bereits um 1900 mit dem Bestreben, gegenüber den erstarrten Lebensformen der „Bürgerlichen Gesellschaft" bei selbstständiger Gestaltung neue, mehr „jugendgemäße" (Lebens-)Formen zu finden. Neben der gesellschaftskritischen Haltung war die starke Naturverbundenheit prägend für die Jugendbewegung, die sich früh in verschiedene Bünde aufteilte. Zu diesen gehörte der „Wandervogel" (1901), den die Oelbermanns und ihre Mitstreiter erneuern wollten.

Die Jugendbewegung wurde durch den Nationalsozialismus aus-, z.T. auch gleichgeschaltet. Zu ihren Verdiensten gehörte die Teilhabe an der Wandlung des gesellschaftlichen Lebens und den Entwicklungen in der Jugenderziehung, doch bleibt anzumerken, dass sich Teile der Jugendbewegung in einseitig negativer Kulturkritik, andere in Sektierertum verloren. Der „Nerother Wandervogel" löste sich auf massiven Druck der Machthaber hin 1933 „freiwillig" auf. Silvester 1933 fand das letzte Treffen des Bundes in der Nerother Höhle statt.

1978 wurde der Nerother Kopf Teil eines Naturschutzgebiets. Er gehört nach der Eingemeindung des Dorfes Neunkirchen zur Stadt Daun, die auch Eigentümerin der Burgruine wurde. Seit 1981 bestand die Absicht, die Ruine zu sichern, und 1984/85 wurde die Sanierung der Burg und des Burghauses durchgeführt (s. Trierischer Volksfreund Nr. 233, 5.10.1984).

Beschreibung: Die starke Zerstörung der Burg erschwert eine Beschreibung. Das erhaltene Mauerwerk besteht aus Lava und Basalt. Der verzogen viereckige Bering der Hauptburg (ca. 80 auf 30–50 m) ist auf drei Seiten mit Wall und Graben gesichert. Der Nord- und der Ostteil der Ringmauer sind fast völlig verschwunden.

Neroth, Burg Freudenkoppe. Gedenktafel für den „Nerother Wandervogel"

Inmitten des Beringes erhebt sich, leicht erhöht, der etwa quadratische Stumpf eines Wohnbaus bzw. -turmes (?) mit gut 1 m Mauerstärke und Innenraummaßen von 8,4 x 8,6 m. Sein Mauerwerk besteht aus Bruchsteinen von Lavaschlacke, „die z.T. rechteckig bearbeitet und sorgfältig mit Mörtel aus Lavasand verfugt sind" (Stahnke 1983, 50); im Mauerwerk dieses Gebäudes blieben viele Rüstlöcher erhalten.

An der Westseite der Hauptburg liegt die durch den Mühlsteinbruch noch stärker als jene zerstörte Vorburg, unter deren Südteil sich die erwähnte Höhle erstreckt. Es wurde angenommen, die Höhle als Mühlsteinbruch habe schon vor dem Bau der Burg bestanden und das Baumaterial der Burg sei hier entnommen worden (Stahnke 1983, 51). Nach der Aufgabe der Burg sei der Betrieb der Mühlsteinbrüche dann wieder aufgenommen worden.

Nur geringe Reste einer Zwingeranlage lassen sich erkennen: Nach Nordwesten hin schließt sich an den Bering eine Zwingermauer an, „die den zur Burg führenden Hohlweg umfaßt" (Janssen II 1975, 230). Archäologische Untersuchungen würden sicherlich weiteres Mauerwerk außerhalb des Beringes nachweisen können (s.u.: Burghaus).

Sagen von der Burg Freudenkoppe

Die Verbindung von Burgruine und Höhle und die dadurch „romantisch" überhöhte Wirkung des Nerother Kopfes führte zur Entstehung mehrerer Sagen. Auch wurde von „unterirdischen Gängen" zur Kaselburg bei > Pelm und zur Altburg bei > Schalkenmehren berichtet, die es selbstverständlich nicht gab!

Der römische Kaiser Nero als Erbauer der Burg

Eine sagenhafte Überlieferung tradiert, der römische Kaiser Nero (reg. 54–68 n. Chr.), „der Feind der Christen", habe die Burg erbauen lassen, die daher im Volksmund auch „Neroburg" genannt wurde (Steffens F. 4). Im Zusammenhang damit ist aus Neroth der Spruch überliefert: „Auf dem Nerother Kopp, da sitzt der Teufel drob, fährt unter der Erde durch bis zur Altburg" (im Dialekt sprich „Altburch"; gemeint ist die Altburg bei > Schalkenmehren).

Die Burg Freudenkoppe ist nicht die einzige im Volksmund als „Neroburg" bezeichnete Burg in der Eifel: Auch die Burg in Breidscheid (Stadt Adenau) soll seit der Zeit der Romantik (spätes 18./frühes 19. Jh.) so genannt worden sein. Ob dort ein etymologischer Zusammenhang mit dem Namen Nürburg (*mons nore* – Schwarzer Berg) bestand, ist unklar (s. Losse 2008, 167). Im Falle der Burg bei Neroth könnte möglicherweise auch die Farbe des Baumaterials zur volkstümlichen Namensgebung beigetragen haben. Wahrscheinlicher ist jedoch die sprachliche Verschleifung des Ortsnamens Niederroth zu Neroth (nahebei gab es einen Hof Oberroth).

Die drei Kreuze auf der Nerother Burg

Auch die Burg Freudenkoppe hat, wie so viele Burgen, ihre von einem verborgenen Gewölbe mit Schätzen handelnde Sage (nach Alois Mayer: Die drei Kreuze auf der Nerother Burg. In: Eifelverein [Daun] [7]1990, 102 f.):

„Der letzte Ritter, der [...] die Burg [...] bewohnte, soll Kuno v. Steinborn mit seiner Schwester Mathilde gewesen sein. Er erbte im Alter von 18 Jahren die gänzlich verfallene Burg von seinem Vater, der in jahrelangen Fehden mit den Blankenheimern seine Gesundheit und sein ganzes Vermögen verloren hatte. Bedingt durch die große Armut mußte Kuno im kaiserlichen Heer Dienst als Junker tun, und seine Schwester gab er in Obhut und zur Erziehung der Gräfin v. Daun. Im Dienste des Kaisers gelang[te] Kuno recht bald zu hohem Ansehen und zu großer Beliebtheit. Nach dem Tode des Kaisers kehrte er reich belehnt und beschenkt mit Gold und Silber zu seiner Burg zurück, holte seine Schwester in Daun ab, und damit beide nicht so allein auf der Burg sein sollten, nahmen sie noch als entfernte Verwandte die elternlose Hedwig v. Nudingen mit auf die Burg [...]. Im Laufe der nächsten Jahre ging jedoch eine sichtbare Wandlung mit Kuno vor. Aus dem heiteren, lebenslustigen Mann wurde ein stiller Grübler und Brüter. Meinte die Schwester noch, es sei aufkeimende heimliche Liebe zu Hedwig, so war die Ursache doch eine andere. Eines Abends ließ Kuno Hedwig ewiges Schweigen geloben, denn er wollte ihr ein Geheimnis anvertrauen, den Grund seines Bedrücktseins. Er ging mit ihr zur Burgkapelle, drückte dort eine verborgene Feder, und als sich dann eine Geheimtür öffnete, traten sie in ein unterirdisches Gewölbe, in dem eine mächtige eisenbeschlagene Truhe stand, in der sich sechs große mit Gold und Silber gefüllte Säcke befanden. Nun offenbarte er Hedwig seine Absicht, nämlich mit diesem Geld Söldner zu dingen, um an den Feinden seines Vaters Rache zu nehmen. Während des Krieges werde er, wenn er Geld brauche, seinen besten Freund, den Ritter Hans v. Hartelstein/Schwirzheim, zur Burg schicken, und Hedwig solle diesem dann so viele Säcke mit Geld aushändigen, wie dieser Kreuze in die große Linde vor dem Burghof schnitze. Drei querliegende Kreuze würden aber bedeuten, daß er, Kuno, nicht mehr am Leben sei. Dann möge Hedwig sich seiner Schwester Mathilde annehmen. Wie Kuno gesprochen, so geschah es auch. [Nach der

Neroth, Burghaus

von Steffens F.4 überlieferten Version soll Kuno 1352 seine Truppen gegen die Stadt und Burg Daun geführt haben; von der Burg Freudenkoppe sollen jedoch 1352 die Truppen des Erzbischofs gegen Daun gerückt sein. Doch zurück zum sagenhaften Ritter Kuno:] Lange währte bereits der unglückselige Krieg, und vier Säcke mit Geld waren schon abgeholt worden, als es den Blankenheimer Feinden [Kunos] gelang, ihr Heer zu verstärken und damit Kunos kleine Soldatenschar zu vernichten. Ritter Kuno selbst wurde von einem feindlichen Speer in den Hals getroffen und verblutete elend neben seinen Mannen auf dem Schlachtfeld. Tags darauf fand Hedwig in der Linde drei querliegende Kreuze eingeritzt. Groß war der Schmerz für die Schwester Mathilde. Später teilte sie mit ihrer Freundin Hedwig, die nach einer gewissen Zeit den Ritter Hans v. Hartelstein heiratete, den Rest des Geldes und ging dann als Nonne in ein Kloster. Die Burg Kunos wurde [...] von den Blankenheimern gänzlich zerstört, die Bewohner des Ortes Neroth vertrieben und in alle Welt zerstreut. Erst nach Jahrzehnten langen Wanderns [...] kehrten sie an die Stätte ihres zerstörten Ortes zurück und bauten ihn schöner wieder auf."

Information: 54570 Neroth. – Die Burgruine Freudenkoppe ist über Wald- und Wanderwege frei zugänglich.

Neroth, Burghaus

Neroth, Burghaus. Inneres

62 | Burghaus unterhalb der Burg Freudenkoppe

Außerhalb des Beringes der Burg steht, etwas unterhalb, auf deren Südseite, die Ruine „eines freistehenden und nur durch die Nähe der Burg geschützten jüngeren Burghauses" (KD Daun 1928, 174). Das noch bis in Giebelhöhe erhaltene, 1984/85 zusammen mit der Burg sanierte Haus, das vom Trierer Erzbischof oder vom Burggrafen v. Sirk im 15. Jh. erbaut worden sein soll (ebd.), hat einen auffallend gestreckten rechteckigen Grundriss (ca. 4 x 13,8 m). Sein noch bis zu 12 m hohes Mauerwerk besteht – wie an der Burg – aus Bruchsteinen von Lavaschlacke, hier jedoch recht grob in ungleichen Schichthöhen ausgeführt; an den Gebäudeecken finden sich Buntsandsteinquader. Bemerkenswert ist die Tatsache, dass der Außenputz in größeren Partien bis ins 20. Jh. erhalten blieb. Fast die gesamte Südwand des Hauses ist hingegen zerstört, und fast alle Hausteine wurden bei der Ausschlachtung der Ruine zur Wiedervendung ausgebrochen. An der Südseite war die Außenmauer in Höhe des 1. OG 1,40 m dick, die anderen Wände haben im EG eine Stärke von 1,60 m.

Im Inneren des Hauses zeigen Balkenlöcher die ehemalige Aufteilung in drei Geschosse mit hölzernen Decken. Die wenigen Fenster sind unsymmetrisch gesetzt. Am südlichen Ende der Ostwand liegt zwi-

schen zwei schmucklosen Strebepfeilern ein Kellerzugang, und an der der Burg zugewandten Nordwand liegt ein großer, flachschließender Eingang zum EG, welcher Wohnräume erschloss. An der Westwand des 1. OG und der Ostwand des 2. OG blieben Reste von Kaminen erhalten.
Über eine mögliche eigene Befestigung des Burghauses (Palisaden?) liegen keine Erkenntnisse vor.

Information: Das Burghaus ist über Wald- und Wanderwege frei zugänglich.

Niederbettingen an der Kyll

63 | Burg

Der kleine Ort Niederbettingen, seit 1974 Stadtteil von > Hillesheim, liegt neben der Burg auf einer Terrasse über dem Tal der Kyll, durch das hier seit 1871 die Eisenbahnlinie Köln-Trier verläuft. Gut 1 km von der Burg Bettingen entfernt steht, in südöstlicher Richtung, die Burg > Dohm. Der Flurname „Bettingen" erscheint, bezogen auf eine mögliche Wüstung, auch südwestlich des Ortes Flerlingen im Altkreis Prüm (s. Janssen II 1975, 192). Es kam in der Literatur verschiedentlich zu Verwechslungen zwischen Bettingen an der Kyll und Bettingen an der Prüm. Niederbettingen wurde in Unterscheidung zu Oberbettingen auch „Burg-Bettingen" genannt.

Niederbettingen an der Kyll, Burg. Ringmauer

In Niederbettingen gab es im frühen Mittelalter Königsgut, denn in einer von Kaiser Lothar I. 844/um 845 dem Adeligen Fulcrad, einem seiner „Getreuen", ausgestellten Schenkungsurkunde über Besitz an Land und Rechte im Eifelgau, wird für das Dorf Bettingen eine Kirche genannt, „die bis dahin als königliche Eigenkirche in einer königlichen Besitzung, dann als Pfarrkirche im Eifeldekanat anzusehen ist" (KD Daun 1928). Der Aussteller der Urkunde, Kaiser Lothar (* 795, Kaiser 823–855), war ein Enkel Kaiser Karls d. Gr.; er wurde in der Salvatorbasilika des Klosters Prüm bestattet. Die heutige große, prächtige neuromanische Pfarrkirche Herz-Jesu in Bettingen, sie steht südlich der Burg, entstand erst ab 1897 anstelle mehrerer, dem hl. Petrus geweihter Vorgängerbauten. Am Chor ihres letzten Vorgängerbaues sah Johann Ost (1854) zwei verwitterte Wappen, die aber sicher nicht, wie vor Ort bisweilen zu hören, mit der frühmittelalterlichen Geschichte des Ortes in Verbindung gebracht werden können. Vielmehr war um 1749 ein Neu- oder weitgehender Umbau der Pfarrkirche erfolgt, als der Graf v. Manderscheid-Blankenheim Burgherr in Bettingen und Inhaber des Kollationsrechts – d.h. er berief den Pfarrer – war.
Im Jahre 1285 erklärte ein Kuno v. Bettingen, seine Burg Bettingen dem Gerhard v. Blankenheim zu Lehen aufgetragen zu haben (KD Daun 1928). Ob es sich bei dem 1327 von dem Ritter Paul v. Eich, 1324/25 trierischer Burggraf bzw. Amtmann zu Neuerburg bei Wittlich, als *avunculus* (Oheim, Bruder der Mutter) bezeichneten Cono v. Bettingen (s. Berns 1980, 40) um dieselbe Person oder einen anderen, namensgleichen Angehörigen der Ortsadelsfamilie handelte, bleibt unbekannt. Paul v. Eich beerbte seinen Oheim Cono v. Bettingen, „Wäpeling, zu Clotten wohnend. Dieser gehört zur Familie der v. Schonenberg, die sich auch v. Pirmont nennen" (KD Daun 1928). Die v. Eich/v. Eych waren eine alte Trierer Ministerialenfamilie, „die besonders in der Eifel über Besitz und Einfluß verfügte und mit bedeutenden Familien versippt war" (Berns 1980, 40).

Niederbettingen an der Kyll, Burg. Teilansicht

Im 14. Jh. scheint die Burg Bettingen eine Ganerbenburg gewesen zu sein; zumindest war sie in den Händen mehrerer Anteilseigner, denn der Ritter Dietrich v. Daun, ein Burgmann des Trierer Erzbischofs Balduin v. Luxemburg, räumte diesem 1338 das Öffnungsrecht an seinen jeweiligen Anteilen an den Burgen > Daun und Bettingen ein (Berns 1980, 100). Neun Jahre später, 1347, verpfändeten zwei Herren zu Bettingen, Paul v. Eich, Vogt zu *Cissen* (Zissen), und dessen Bruder Heinrich, ihren Anteil an der Burg Bettingen an Gerhard v. Blankenheim. Und 1396 verpfändeten Diederich v. Daun, Herr zu Bruch, und Diederich v. Daun d.J. ihren Anteil an *der Burg gelegen uff der Kyelle*, d.h. über der Kyll, an Gerhard v. Blankenheim, Herrn zu Kasselburg und Gerhardstein. Im Jahre 1445 war Arnold v. Densbur (Densborn?) Inhaber der Burg, die er als Pfand von der Adelsfamilie v. Drachenfels genommen hatte.

Zu Beginn des 16. Jh. kam es infolge einer Fehde zu Zerstörungen in Niederbettingen: Aus zwei 1505 geschriebenen Briefen des Pfarrers Lorenz Godesberch zu *Bettingen uff der Kylle* geht hervor, dass die Pfarrkirche *durch veede* [Fehde] *und gewalt ausgebrannt und zerstört* worden war. Ob – und wenn ja: wie stark – auch der Ort selbst und die Burg von den Zerstörungen betroffen waren, ließ sich nicht ermitteln.

Bei der Gerolsteiner Besitzteilung 1545 war Bettingen noch eine selbstständige, zur Grafschaft Manderscheid-Gerolstein gehörige Herrschaft, welche das Schloss Bettingen sowie die Dörfer Nieder- und Oberbettingen umfasste. Nach einem 1611 geschlossenen Vertrag kam der Besitz an den Grafen von der Marck; er gelangte später wieder an die Grafen v. Manderscheid-Gerolstein und gehörte wie Burg Bettingen an der Prüm (s. KD Prüm 1927, 30) noch 1794 den Grafen v. Manderscheid. Zwischenzeitlich, um die Mitte des 18. Jh., war der Graf v. Manderscheid-Blankenheim Burgherr auf Burg Bettingen. Im 19. Jh. kam die Burg in das Eigentum der Zivilgemeinde; sie wurde offenbar aufgesiedelt.

Die Burg steht als Höhenburg – nicht, wie in der Literatur öfter behauptet, als „unmittelbar am rechten Ufer der Kyll gelegene Wasserburg“ (KD Daun 1928) – auf einer Terrasse über dem Ufer der Kyll. Zum Kylltall hin ist das durch die Anlage von Gärten seit dem Mittelalter stark überformte Hanggelände recht steil. Unklar bleibt vorläufig, ob der Standort der Burg mit dem des um 845 genannten Herrenhofes des Fulcrad identisch ist.

Teile der Ringmauer (?) der mutmaßlichen Hauptburg blieben in Höhen von 5–7 m erhalten; sie weist durchschnittlich 1,25 m Mauerstärke auf und besteht aus überwiegend lagerrechtem Bruchsteinmauerwerk aus Rotsandstein und in den unteren Lagen auch aus Basalt. Während in den unteren Bereichen meist gröberes Material Verwendung fand, ist etwa die obere Hälfte aus kleinen Steinen aufgeführt. Es fällt auf, dass alle Werkstücke fehlen; sie fielen sicher Steinraub zum Opfer, wenn Anwohner Baumaterial benötigten. Über den mittelalterlichen Baubestand lassen sich ohne wissenschaftliche Untersuchungen (Bauforschung, Archäologie etc.) kaum Aussagen treffen. So ließ sich ein „im Rechteck flach vorspringender Halbturm“, er ist „z.T. verbaut“, wegen der privaten Aufsiedlung des Burggeländes nicht befunden, und dorfseitig wird ein Teil der mittelalterlichen Bausubstanz durch ein 1907 angebautes, heute als Wohnhaus dienendes Gasthaus verdeckt. Dessen Scheune, in der sich Giebelansätze eines vielleicht zur Burg gehörigen Gebäudes erkennen lassen, wurde in den 1950er-Jahren umgebaut.

Information: 54576 Hillesheim-Niederbettingen. – Der dorfseitige Bereich des Burgberinges ist von außen her weitgehend frei zugänglich, der hangseitige Teil von Wegen und Straßen aus zu überblicken.

Nohn

64 | Burg Nohn

Die Gemarkung Nohn liegt im Überlappungsbereich zwischen Vulkan- und Kalkeifel, nahe der Landesgrenze zwischen Rheinland-Pfalz und Nordrhein-Westfalen. Der Ortsname soll auf die lateinische Bezeichnung *ad nonum lapidem* (d.h. „am neunten Meilenstein“ [der römischen Straße von Trier nach Köln]) zurückzuführen sein, doch bleibt dies eine bloße Vermutung, da der Ort über seine Kapelle erst für den Zeitraum um 970 in einer Urkunde belegt ist. Vermutlich handelt es sich bei der Namensableitung um eine Übertragung dieses Faktums von Nohn bei Mettlach/Saar auf Nohn in der Eifel, doch ist sie auch nicht völlig auszuschließen (s. Reuter 1979, 81). In der auf 970 datierten sogenannten Üxheimer Urkunde (MRUB I Nr. 233) handelt es sich um ein tatsächlich jedoch erst in der ersten Hälfte des 12. Jh. entstandenes Dokument. Die Nohner Kapelle gehörte demnach der Abtei St. Maximin in Trier.

Nohn, Burg Nohn. Hoftor

Die Burg Nohn wurde als möglicher Stammsitz des 1367 mit Johann v. Nohn *(None)* urkundlich erwähnten (Nieder-)Adelsgeschlechts bezeichnet (KD Ahrweiler 1938, 451). Im Jahre 1387 veräußerte Franke v. Schmittheim „sein Recht mit der Mannschaft des Gutes zu Nohn“ dem „Edelknecht“ Johann v. Nohn. Später war Burg Nohn im Besitz der Herren v. Kesselstatt. Friedrich v. Kesselstadt verpachtete 1468 „den Hof bei der Kirche zu Nohn“, und 1497 erhielt – im Rahmen eines Erbstreites – Metze v. Kesselstadt, die Ehefrau Jakobs v. Kaldenborn, *das burgliche Haus zu Nohn* (Staatsarchiv Koblenz, Abt. 54, 31, Urkunden Nr. 56, 92, 242, 318). Gegen Ende des 18. Jh. waren die Grafen v. Metternich Besitzer der Burg.
Im Laufe der Zeit wandelte sich die Burg, über deren Aussehen im Spätmittelalter und in der Frühen Neuzeit wir keine Informationen haben, zu einem Guts- bzw. später zu einem einfachen Bauernhof. Eine Bildquelle zum solcherart veränderten Burggut ist der „Grundriß des hochgräflichen Metternichschen Hofguts zu Nohn“ von 1792, d.h. eine Karte des zum Hofe gehörenden Landes, im Staatsarchiv Koblenz (Abt. 702, 734/35).“ Von einem barocken Ausbau des Gutes stammt der erhaltene Torbogen der Hofeinfahrt, ein schlichter, sattelförmig mit Ziegeln gedeckter Einfahrtsbogen in Basaltmauerwerk mit barocken Kämpferkapitellen. In den 1930er-Jahren war am Eingang des Wohnhauses noch eine rocailleverzierte Kartusche mit der Jahreszahl *1816* und den Buchstaben *E. W. F.* vorhanden, und im Hof waren „spärliche Reste von altem Bruchsteinmauerwerk“ zu sehen (KD Ahrweiler 1938).

Information: 54578 Nohn, VG Hillesheim. – Privatbesitz (Lage an der L 70), keine Besichtigung, doch von beiden Straßen aus ist das ehemalige Burggelände gut zu überblicken.

Oberehe

65 | Burg Oberehe

Unmittelbar an der durch Oberehe führenden Bundesstraße B 421 steht, innerorts, auf der Ostseite der Straße, das in der Region als „Burg Oberehe“ bekannte barocke Schloss. Noch heute strahlt es die Wirkung aus, die Hirschfeld und Heusgen (1910) beschrieben: „Die ganze Anlage des Hofes mit Torhaus, Schloß und Garten trägt den Charakter eines vornehmen, aber sehr bescheidenen Landsitzes".

Geschichte: Die Ursprünge des Adelssitzes in Oberehe sind bislang ungeklärt. 1333 wird ein Herr v. *Over E* als Burgmann des Gerhard v. Blankenheim genannt. Beziehungen zu den Herren v. Blankenheim und v. Kasselburg bestanden unter seinem Sohn Baldewyn v. *Overee* (1354–92) und seinem Enkel Dederich. Über Dederichs Tochter, die Wilhelm v. Heyer ehelichte, kam Burg Oberehe an jenen. 1492 verlehnte „Junggraf" Johann v. Manderscheid-Blankenheim die Burg mit *gude und gerechtigkeit zo Overee* dem Thomas Print v. Horchheim gen. Broel, der zudem ein Burghaus zu *Geirhartstein* (= Burg Gerhardstein über > Gerolstein) vom Grafen zu Lehen nahm und jenem so wohl auf dessen Burg dienstpflichtig war.

Weiter sind die Geschlechter Orsbeck und Kolff (?) als Inhaber der Burg Oberehe zu nennen, zudem die Familie v. Gymnich. Das Erbe Richards v. d. Broel traten 1643 Johann Bertram Freiherr v. Sinzig und Wilhelm v. Spieß, Herr zu Schweinheim, als Erbgrundherren an. Der Anteil der Familie v. Sinzig gelangte 1673 durch Heirat in v. Pallandtschen Besitz. Die v. Pallandtsche Erbschaft wurde 1692 geteilt. Die verwitwete Freifrau Johanna Lambertina verpfändete 1693 ihren „Halbteil", der ihr in der „Sommersberg-Sinzig-Pallandtschen Erbteilung" zugefallen war, an Johann Christoph v. Veyder, Herrn zu Malberg (an der Kyll). 1694 erwarb dieser auch den noch bei den Freiherren Spieß v. Büllesheim befindlichen Teil von Oberehe. Nach der Übernahme der Burg ließ der neue Besitzer ein Baugutachten durch zwei Maurer und einen Zimmermann erstellen. Die Beurteilung über das *freyadeliche Hauß und Burg Oberehe* fiel so aus, dass sich Johann Christoph v. Veyder zum Neubau entschloss; er wurde 1696–98 ausgeführt. Die Gutachter hatten nämlich festgestellt, *daß neben klaren und vor Augen stehenden äußerlichen Mängeln ahn den Mauern*, das Gebäude *in allen 4 Ecken faul undt ohne Gefahr nit zu besseren* sei. Sie nannten den vorgefundenen Altbau gar *anders nit alß eine schlechte Barrich* [Baracke?] *gleich ein desert und baulоßes Gebäu.*

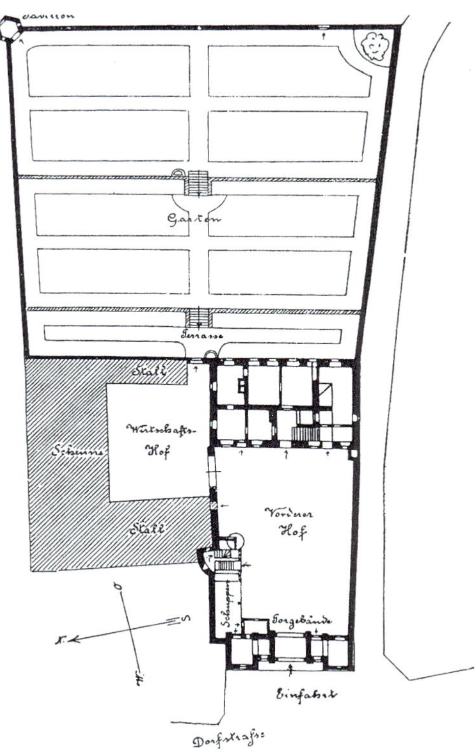

Oberehe, Burg Oberehe. Grundriss

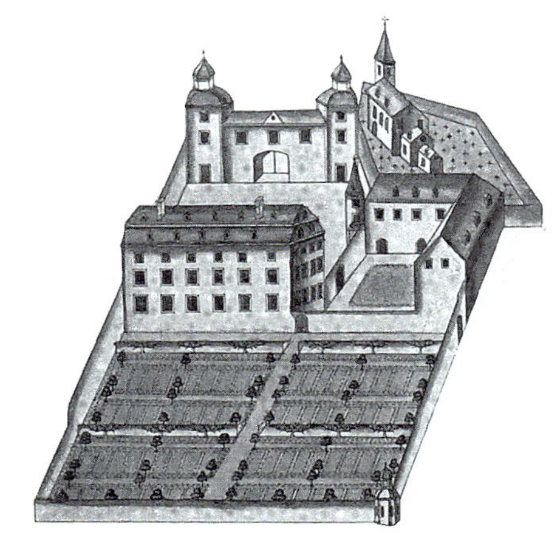

Oberehe, Burg Oberehe. Historische Ansicht von Osten 1789/92

Ernst v. Veyder veräußerte das Anwesen zu Beginn des 18. Jh. an den Freiherrn Hugo v. Metternich. Im Besitz dieser Familie verblieb das Schloss bis zur Versteigerung durch die französische Besatzungsverwaltung 1811. Es gelangte nun für 970 Franken (frs) an die „alteingesessene Bauernfamilie“ Becker, die es bis ins 20. Jh. hinein besaß: „Ankäufer der Burg war Heinrich Becker aus Rockeskyll, dessen Nachkommen heute noch die Bewohner des Burghauses sind und hier eine Gaststätte haben“, berichtete der Heimatforscher Willi Steffens (2, 6) in den 1970er-Jahren. Zuvor, in den 1920er-Jahren, war der doppeltürmige Torbau, der zuvor einmal als „Jägerhaus“ gedient hatte, eine Jugendherberge. Durch einen Brand entstand 1959 größerer Schaden an einem Ökonomiegebäude. Sanierungen von Teilbereichen der Burg fanden 1913 (Gartenpavillon), 1924 (Torbau), in den 1930er- (hölzerne Galerie im Hof; Torbau) und in den 1980er-Jahren statt.

Beschreibung: Der in einer Zeichnung auf der im Zeitraum 1789/92 entstandenen Flurkarte von Oberehe aus der Vogelperspektive wiedergegebene Bestand des Schlosses blieb bis heute im Wesentlichen erhalten, doch wurde die nordwestlich stehende Kirche abgebrochen.

Die 85 m lange, 40–50 m breite Hauptburg begrenzen der Torbau im Westen und das **Herrenhaus** im Osten. Das Fertigstellungsjahr (?) des Herrenhauses zeigen die Ankerzahlen: *1696*. Es ist ein schlichter dreistöckiger, verputzter, an der Hauptfassade sechsachsiger Bruchsteinbau mit rechteckigen Fenstern in Rahmungen aus Rotsandstein. Das breite Säulenportal besaß anstelle des Oberlichtes im Segmentbogengiebel einen Wappenstein. Zu diesem Wappenstein gehörte eine Inschrifttafel mit dem Namen des Erbauers Johann Christoph v. Veyder und seinen Titeln: „Herr von Malberg, Oberehe, Hohenfels, Rockeskyll (?) und als Herzogl. Arenbergischer Oberamtmann zu Kerpen“. Die Wohnräume, im EG mit Stuckdecken, liegen angeordnet um eine breite Steintreppe unter Rundbögen auf einem Mittelpfeiler.

Da das Innere des Herrenhauses wegen des Privatbesitzes nicht zugänglich ist und zudem in Teilen seither verändert wurde, sei hier die inzwischen über 100 Jahre alte Beschreibung von Hirschfeld/Heusgen (1910, 230) zitiert: „Die sehr große Küche mit riesigem Rauchfang nimmt den südlichen Teil des Hauses ein. Die übrigen Räume gruppieren sich um das Treppenhaus, das zugleich den Eintrittsflur bildet. Bemerkenswert sind die reichen Stuckdecken, mit denen alle Räume des Erdgeschosses, selbst die Küche, ausgestattet sind. Sie sind alle verschieden und der Grundform der Zimmer geschickt angepaßt. Die zwei mittleren Zimmer an der Hinterfront haben – nach der Teilung der Decken zu schließen – früher einen Saal gebildet. Über der Tür vom Flur zu dem

Oberehe, Burg Oberehe. Herrenhaus, Hofseite

Oberehe, Burg Oberehe. Torbau

Saal befindt sich ein kunstlos geschnitztes und bemaltes Holzbild des heiligen Georg, das sehr in Ehren gehalten wird. Denn nach einer Familienüberlieferung der jetzigen Besitzerin [...] wären rußische Truppen, die im Anfang des vorigen [19.] Jahrhunderts in der Absicht zu plündern in das Schloß eindrangen, beim Anblick des Heiligen in die Knie gesunken und hätten, sich bekreuzigend, still das Schloß verlassen, ohne ihre bösen Absichten ausgeführt zu haben."

Ein Wappen v. Veyder mit Inschrift befand sich auch am **Torbau**; es wurde während der Rheinland-Besetzung französischer Revolutionstruppen um 1800 beseitigt (Hirschfeld/Heusgen 1910, 229). Das Tor flankieren feldseitig zwei quadratische, von Ecklisenen gerahmte Türme, deren quadratische Dächer geschweifte Hauben bekrönen – „Zwiebelhauben", die ähnlich auch in manchen Regionen Belgiens vorkamen. Das Portal rahmen Pilaster; sie tragen einen flachen Segmentbogengiebel. Im EG gibt es sechs ovale Öffnungen mit je vier ausspringenden Schlusssteinen; es handelt sich hierbei um nur sehr eingeschränkt nutzbare „Schießscharten" im Sinne von Bedeutungsträgern bzw. Herrschaftssymbolen.

Ein Fachwerkbau (19. Jh.?) schließt an die Nordostecke des Torbaues an. Er war der Verbindungsbau zum **Wirtschaftshof**, der nördlich der Hauptburg liegt. Als spätmittelalterlich gilt das auf der Flurkarte (1789/92?) dargestellte spitzgiebelige Gebäude, ursprünglich ein Wohnbau, der vielleicht nach dem Bau des neuen Herrenhauses 1696 umgenutzt wurde. Ob der Bau einer neuen Stallung 1827 und der Abbruch eines runden Turmes im selben Jahr in einem Zusammenhang standen – vielleicht wurde das Abbruchmaterial für den Neubau genutzt (?) – konnte nicht festgestellt werden.

Östlich hinter der Burg erstreckt sich der im Grundriss trapezförmige barocke **Garten** abfallend auf drei Terrassen. Die Nordostecke der Gartenmauer besetzt ein sechseckiger, turmartiger Pavillon, den ein Haubendach mit Laterne krönt. Im Inneren (im Lichten 2 m weit) gibt es eine Stuckdecke. Auffällig ist, dass sich das Mauerwerk des Pavillons von dem der Gartenmauer unterscheidet.

Prägend für den Obereher Schlossbau des späten 17. Jh. sind die als **Bedeutungsträger** eingesetzten Wehrbauelemente: Der von quadratischen Türmen flankierten Torbau, in dessen UG Oval-„Scharten"

Oberehe, Burg Oberehe. Barocker Pavillon an der Nordecke der Gartenmauer, Feldseite

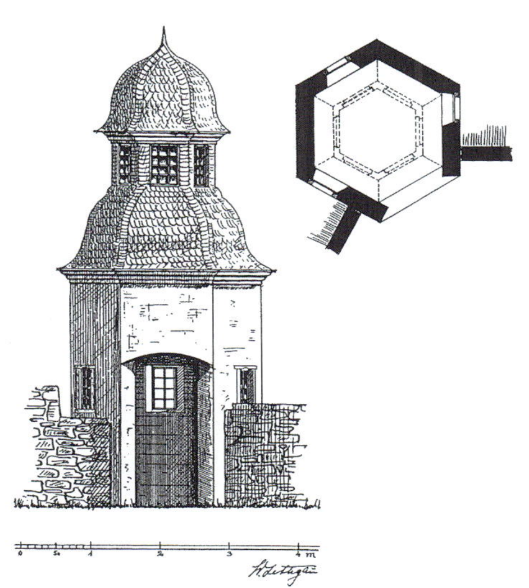

Oberehe, Burg Oberehe. Barocker Pavillon an der Nordecke der Gartenmauer, Grundriss und Ansicht der Gartenseite

sitzen, tradiert letztlich noch die im Rheinland und in der Eifel v.a. im 13./14. Jh. öfter auftretenden sogenannten Doppelturmtore (z.B. > Mürlenbach: Bertradaburg; > Pelm: Kasselburg), in Oberehe jedoch weniger in Form eines realen Wehrbaues als vielmehr im ideellen Sinn mit herrschaftlich-repräsentativem Charakter. Der sechseckige turmartige Pavillon an der Nordostecke der Ring- bzw. Gartenmauer zitiert zudem, obwohl ihn ein Haubendach mit Laterne krönt, spätmittelalterliche Flankierungstürme. Eine bauliche Synthese von Wehrbau (Turm, Rondell) und Lusthaus/Gartenpavillon war in der Renaissance und im Barock (17./18. Jh.) nicht selten, wie es folgende Beispiele stellvertretend für viele andere belegen: So hatten die ehemals vier Ecktürme der Ringmauer von „Burg“ Schmitthof bei Lehrbach (Hessen) aus dem 16. Jh. ebenfalls primär Symbolwert. Dies gilt gleichermaßen für das sogenannte Lusthäuschen, den Gartenpavillon an der nordwestlichen Ringmauerecke des Schlosses Amönau (Hessen), das 1615/16 erbaut wurde. Es sollte, trotz seiner „friedlichen“ Nutzung, ganz im Sinne adeligen Selbstverständnisses, einen Wehrturm assoziieren. Auf der Festung Königstein an der Elbe (Sachsen) entstand 1589/91 die oktogonale zweigeschossige, später „Friedrichsburg“ genannte „Christiansburg“ als flankierender Geschützturm am elbseitigen Ringmauerabschnitt. 1731 wurde das Gebäude für August den Starken zu einem barocken Lustschloss ausgebaut. Die genannten Beispiele umreißen den Kontext, vor dessen Hintergrund der im 17. Jh. auf der Ring-/Gartenmauer der damals weitgehend neugebauten Burg Oberehe errichtete Turmpavillon zu verstehen ist: Die Funktion dieses „Turmes“ war zwar die eines Gartenpavillons, doch kam ihm darüber hinaus symbolische Bedeutung zu, indem er einen flankierenden Wehrturm einer Burgringmauer assoziiert; er war somit ein Bedeutungsträger, wie auch der dem Obereher Pavillon vergleichbare, „Justitiaturm“ genannte, wohl nach 1676 erbaute barocke Gartenpavillon der Burg Dreiborn (EU) in der Eifel.

Information: 54578 Oberehe-Stroheich, Ortsteil Oberehe. – Die Burg steht an der Bundesstraße B 421. Privatbesitz, keine Besichtigung, von zwei am Burggrundstück entlangführenden Straßen aus jedoch gut zu überblicken.

66 | Nellenburg

Eine ältere Burg, angeblich urkundlich „Nellenburg“ genannt (Ost 1854) und 1680 zerstört, soll gegenüber der Burg Oberehe, links der Straße von Dreis nach Hillesheim „in der jetzigen Gartenanlage“, gestanden haben (KD Daun 1928, 197). Nach anderer Ansicht soll der Name der Burg Oberehe „Nellenburg“ gewesen sein (Schannat/Bärsch III, 2, 1854, 90). Ihr letzter Besitzer soll 1811 zwei Güter in Oberehe ersteigert haben, das eine mit der Burg für 970 frs, das andere für 6325 frs (ebd., 92). Hirschfeld und Heusgen (1910) schließlich meinten, die Burg Oberehe „scheint ganz neu, ohne Benutzung älterer Bauteile errichtet zu sein, so daß die örtliche Überlieferung, die sog. Nellenburg, habe auf der anderen Seite der Ortsstraße gestanden, glaubwürdig erscheint“.
Der Name Nellenburg kommt auch anderenorts vor: Eine Nellenburg gab es auch nahe Neustadt (Hessen). Von ihr blieben nur wenige Reste, ebenso wie von der Nellenburg über Stockach (Kr. Konstanz), welche der Mittelpunkt der Landgrafschaft Nellenburg war. Eine weitere Nellenburg gab es in Bayern. Mögliche historische Bezüge zwischen der Nellenburg in Oberehe und den genannten anderen Nellenburgen oder gar zu den Grafen v. Nellenburg im Hegau sind aber nicht bekannt.

Pelm

67 | Kasselburg

Etwa 750 m nordwestlich von Pelm ragt auf einem teils steilen Basaltfelsen am Rande des Kalkgebietes westlich über dem Kylltal – weithin zu sehen – die Kasselburg auf. Sie gehört zu den architektonisch eindrucksvollsten und burgenkundlich bedeutendsten Burgen der Eifel bzw. des gesamten Rheinlandes und sogar weit darüber hinaus.
Über die Gründungszeit und die Ersterwähnung der Burg gibt es verschiedene Meinungen bzw. Ungewissheit. So soll schon 1115 die Ersterwähnung der Kasselburg erfolgt sein (s. Dahn o. J., 1). Die Burg könnte im 12. Jh. – vermutlich von den 1181–1225 bezeugten Herren v. Castel – gegründet worden sein. Eine Mathilde v. Castell war die erste Gattin Friedrichs v. Blankenheim. 1291 erscheint die Burg urkundlich unter dem Namen *Castilburg* (von lat. *castellum*: Burg? – dann wäre es eine Tautologie) und 1314 als *Castelberch*. Zwischen 1240 und 1330 findet sich die Nennung *Kastelberch* (s. Janssen II 1975, 232). Als mit der Burg verbundener Personenname ist für 1280 *Rei-*

Pelm, Kasselburg mit Torturm, Doppelturmtor/Wohnturm, Bergfried und Kapellenturm

ner Schurl v. Castelberch bezeugt. Bis zum 15. Jh. finden sich verschiedene Schreibweisen: *Kastilberg castrum* (1291), Burglehen *zu Castilburch* (1291), *Burg Kastilberg* (1291), *apud Casteleberg castrum* (1299), *dem juncherren von Castilberg* (1373/74), *zu Kastelberch inde zu Gerartzsteyn* [zu Kasselburg und zu Gerhardstein, d.h. > Gerolstein] (1387), *sloß zu Kastelburgh* (1483) und *Castelberg* (1493) (ebd., mit Hinweisen auf die jeweiligen Urkunden).

Wegen des Burgnamens wurde von Heimatforschern verschiedentlich auf einen römischen Vorgängerbau der Kasselburg geschlossen, und der Heimatkundler Willi Steffens (F. 77) behauptete in den 1970er-Jahren gar kühn: „Da man hier römische Münzen von [Kaiser] Konstantin III. fand, haben wir hier ein römisches Kastell vor uns." Ein solches lässt sich jedoch nicht nachweisen.

Als sichere Erstnennung der Kasselburg gilt eine Urkunde von 1291, mit der Gerhard v. Blankenheim einen Rententausch im Dorf Essingen bei der Kasselburg *(villa Essingen prope Kastilberg castrum)* regelte. Wohl von der urkundlichen Erstnennung 1291 bis 1406 waren die Herren v. Blankenheim(-Kasselburg) bzw. v. Blankenheim-Gerolstein (> Gerolstein) die Besitzer der Kasselburg. Über die vorherigen Besitzer und Bauherren kann nach derzeitigem Forschungsstand nur spekuliert werden. Friedrich v. Blankenheim erklärte sich in einer 1314 auf *Castelberch* ausgestellten Urkunde als Lehnsmann König Johanns von Böhmen, der aus dem Hause Luxemburg stammte, und zugleich als Lehnsmann des Hauses Luxemburg und des Trierer Erzbischofs Balduin v. Luxemburg. Die Edelfreien v. Blankenheim wurden 1380 vom König in den Reichsgrafenstand erhoben. Mit Graf Gerhard VII. starb 1406 die ältere Linie der v. Blankenheim aus. Als Burgmannen der v. Blankenheim sollen die Herren v. Castelberg/Castilberg den Namen der Burg angenommen haben, doch bleibt dies vorerst eine Vermutung.

Im Kontext eines Erbvergleiches war die Kasselburg 1335 an Gerhard V. v. Blankenheim gelangt, der 1337 ein Bündnis mit dem Trierer Erzbischof Balduin ein-

Pelm, Kasselburg. Rekonstruktionsversuch, Südansicht, Zeichnung von A. Zengeler

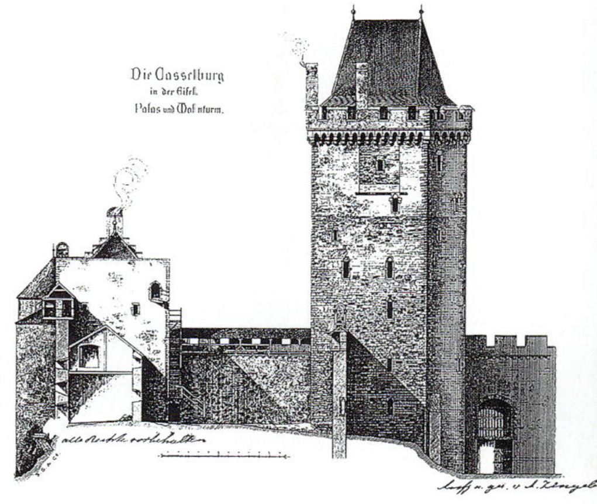

Pelm, Kasselburg. Rekonstruktionsversuch, Palas und Wohnturm, Zeichnung von A. Zengeler

ging. Gerhards gleichnamiger Sohn war 1354 Herr zu Kasselburg; zusammen mit seinem Bruder Johann war er in den 1370er- und -80er-Jahren Mitbesitzer der Burg, und in Akten der Stadt Köln fand er 1385,

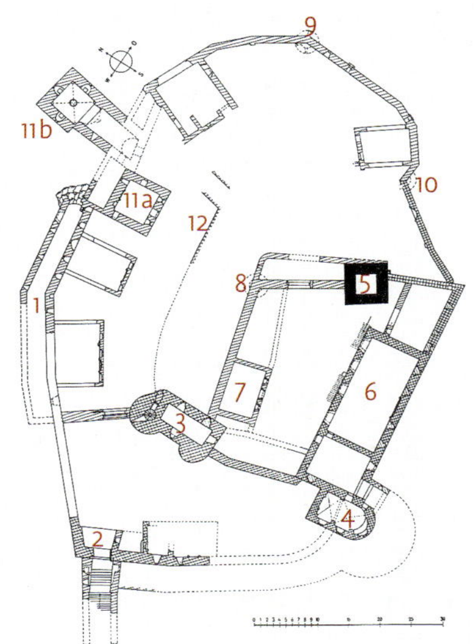

Pelm, Kasselburg. Grundriss (aus: KD Daun 1928); A: Hauptburg; B: Vorburg; 1: nördlicher Zwinger; 2: Torturm; 3: „Doppelturm"; 4: Kapellenturm; 5: Bergfried; 6: Palas; 7: Wohnbautrakt (?); 8–10: Scharwachttürmchen, „Pfefferbüchsen"; 11a–b: Wohntürme (Burgmannensitze); 12: Reste einer älteren Ringmauer.

1392 und 1402 als Herr zu Kastelberg und Gerhardstein Erwähnung. Gerhard V. und Gerhard VI. v. Blankenheim gelten als die Bauherren „des mächtigen Doppelturmes und des Palas mit Kapelle", doch sind diese jeweils das Ergebnis mehrerer Bauphasen (s. u.). Gerhards VI. Sohn, Graf Gerhard VII., starb 1406, woraufhin dessen Bruder Friedrich, der Bischof von Utrecht, die Burg verwaltete. Wilhelm I. v. Loen zu Heinsberg kam dann infolge seiner Heirat mit Elisabeth, einer Tochter Gerhards VII. v. Blankenheim, in den Besitz der Grafschaft. Nach bisheriger Meinung verpfändete er 1426 die Burgen Neublankenheim und Kasselburg an Eberhard v. der Marck-Arenberg, der seinerseits die Pfandschaft 1440 Clais v. Nattenheim hinterließ. In diesem Kontext gibt es bis heute viele Unklarheiten: So erhielt 1440 Johann Hurt v. Schönecken – nicht Clais v. Nattenheim – zumindest die Kasselburg für 2200 Gulden Pfandsumme vom Trierer Erzbischof. Entweder übergab zuvor Wilhelm I. v. Loen zu Heinsberg die Kasselburg dem Erzbischof als Pfand oder Eberhard v. d. Marck-Arenberg hatte sie nach 1426 dem Erzbischof überlassen.

Infolge einer Fehde des Johann Hurt v. Schönecken mit dem Trierer Erzbischof – dieser zog mit seinen Truppen und denen des Grafen Ruprecht v. Virneburg vor Hillesheim und die Kasselburg – fiel die Burg 1452 an das Erzstift Trier, das sie bis 1514 behielt und

an verschiedene kurtrierische Amtmänner vergab. 1541 kam es zum sogenannten Manderscheidschen Vergleich zwischen Erzbischof Richard v. Greiffenclau und Graf Dietrich v. Manderscheid, der die Ablösung der Burg und Herrschaft Kasselburg sowie deren Übergang an Schleiden regelte. Graf Dietrich v. Manderscheid-Blankenheim einigte sich mit dem Pfandherrn Eberhard von der Marck und zahlte dem Erzbischof eine Ablösesumme von 2000 fl. Er musste sich zudem verpflichten, innerhalb eines Jahres „das Schloß zu demolieren und wehrlos zu machen" (Dahn).
1426–52 und dann wieder ab 1611 war die Kasselburg im Besitz derer von der Marck; 1452–1514 gehörte sie dem Erzbistum Trier. Nachdem sich Hans-Gerhard v. Manderscheid-Blankenheim noch 1593 als Landesherr in der Kasselburg hatte huldigen lassen, bemächtigte sich 1611 Philipp von der Marck-Lumain der Burgen und Herrschaften Kasselburg, Kerpen und Neublankenheim. Aufgrund von Erbstreitigkeiten ließ dann 1674 der Bischof von Münster/Westfalen als Bevollmächtigter auch die Kasselburg besetzen. Infolge eines Urteils des Reichskammergerichtes gelangte sie 1674 an die Herzöge v. Arenberg. Sie diente nun als Kaserne der herzoglichen Artillerie. Im 18. Jh. war die Kasselburg Sitz eines arenbergischen Försters, doch 1744 wird sie als in *modo verdallen* erwähnt. Immerhin zeigt die Tranchot-Karte (NA Blatt 155 Dockweiler) noch zahlreiche Einzelheiten der Burg.
Nach der Beschlagnahme durch französische Truppen 1794 kam die Kasselburg schließlich 1815 in preußischen Besitz. 1838 besuchte König Friedrich Wilhelm IV. von Preußen sie und schlug eine Instandsetzung vor. In den 1860er/70er-Jahren entstand die Eisenbahnlinie zwischen Köln und Trier, die nahe der Burg vorbeiführte; in diesem Zusammenhang investierte die Rheinische Eisenbahngesellschaft 1 000 Taler in die Sanierung der Burg, „um den Reisenden etwas zu bieten"! Damals erfolgte auch die Erschließung des Wohn-/Torturmes, des sogenannten Doppelturmes, der eine neue Aussichtsplattform über preußischen Kappen erhielt. 1902 und 1913 nahm dann die staatliche Denkmalpflege Restaurierungen vor; die Burg war zu jener Zeit Teil einer Staatsdomäne. Die Arbeiten 1913 leitete der Architekt Gustav Krause.
Nachdem die Kasselburg 1946 an das Bundesland Rheinland-Pfalz gekommen war, ließ die staatliche Schlösserverwaltung 1976/77 u.a. den Palas sanieren

Pelm, Kasselburg. Torturm, Feldseite; der Turm entstand durch die Aufhöhung eines Vortores, dessen vermauerte Zinnen noch erkennbar sind.

sowie den Kapellenturm mit einem Dach versehen und 1984–86 Mauersanierungen an der Hauptburg und am Wohn-/Torturm vornehmen. Schon 1971 hatte die Kreisverwaltung in der Burg und in deren Umfeld ein Adler- und Wolfsgehege eingerichtet. Die Burg selbst dient seitdem als Greifvogelgehege und ist somit nur eingeschränkt zu besichtigen. Seit 1988 untersteht die Burg der Organisation Burgen, Schlösser, Altertümer Rheinland-Pfalz, der Nachfolgeorganisation der staatlichen Burgen- und Schlösserverwaltung Rheinland-Pfalz.
Die umfänglichen Ausbauten der Kasselburg im 14./frühen 15. Jh. machen sie zu einer der bedeutendsten Burgen jener Zeit in der Eifel und im gesamten Rheinland. Burgenkundlich ist sie durchaus im europäischen Rahmen von großem Interesse. Die Hauptburg (ca. 30 x 40 m) umgibt dreiseitig eine weitläufige Vorburg (ca. 70 x 90 m). Mit ihren Burgmannenhäusern und Wirtschaftsbauten entstand sie in dieser Form und Größe während der trierischen Herrschaftszeit. Einem Teil der Nordseite ist ein Zwinger vorgelegt. An der West- und Nordseite der Burg sind Teile von Wall und Graben erhalten. Ob es sich bei den im Wald zwischen Parkplatz und

Kassenbereich sichtbaren, von einem Fahrweg tangierten Mauerfundamenten auf einem kleinen Hügel vielleicht um Reste eines Vorwerks handelt, bleibt vorerst offen.

Da nach 1500 offenbar keine größeren (Neu-)Baumaßnahmen mehr auf der Kasselburg stattfanden und die 1514 vertraglich vereinbarte Niederlegung der Wehranlagen unterblieben war, bietet die Burg trotz aller baulichen Verluste noch heute das anschauliche Bild einer spätgotischen Landesburg. Allgemein gelten die Grafen Gerhard V. und Gerhard VI. v. Blankenheim im 2. und 3. Drittel des 14. Jh. und das Erzstift Trier in der 2. Hälfte des 15. Jh. als Schöpfer dieser großartigen Anlage. Sie setzt sich aus der verzogen viereckigen Hauptburg und der weitläufigen, sie auf der West-, Nord- und Ostseite umgebenden polygonalen, ursprünglich kleineren Vorburg zusammen. Eine Analyse oder gar Baubefundung gestaltet sich wegen der Nutzung der Burg als „Adler- und Wolfspark" äußerst schwierig; so grenzt das Wolfsgehege an die nördliche Feldseite der Vorburg, und vor die Innenseiten der Burgmauern sind große Käfige für Greifvögel gesetzt worden. Die Burg besteht größtenteils aus Bruchsteinmauerwerk; an den Gebäudeecken finden sich vielfach Eckquader, auch Buckelquader, aus Sandstein.

Pelm, Kasselburg. Hauptburg, Teilansicht mit Bergfried

Der Zugang zur Burg erfolgt heute von Südwesten: Der Vorburg vorgelagert sind deutlich erkennbare Reste einer **Wall-Graben-Befestigung**. Man betritt die **Vorburg** durch einen Torturm, der durch die Aufhöhung eines dem in der Nordwestecke der Ringmauer eingesetzten, niedrigen rundbogigen Vortores entstand. Dessen vermauerte Zinnen lassen sich noch in der Fassade erkennen. In ihrer Höhe findet sich eine auf den Zugang ausgerichtete Schlitzscharte. Das Tor erschließt einen durch eine Mauer im Nordosten vom größeren Teil der Vorburg abgetrennten Vorhof, den östlich die Hauptburg begrenzt und mit dem „Doppelturm" und dem Kapellenturm überragt. Südöstlich neben dem Schalentor blieben Reste eines an die Ringmauer angefügten zweigeschossigen Gebäudes erhalten.

Da der **„Doppelturm"** nur mit seiner Südostecke in die Hauptburg einbindet und er anscheinend ursprünglich als Haupttor der (damals noch kleineren?) Burg diente – und da sich seine imposante Wirkung zur Vorhofseite (Westseite) am eindrucksvollsten entfaltet –, erfolgt seine Beschreibung an dieser Stelle. Einschließlich der später als Durchgang aufgegebenen Torhalle umfasst das 37 m hohe Bauwerk acht Geschosse. Typologisch gehört es zu den im Rheinland und in der Eifel im 13./14. Jh. häufigen Doppelturmtoren (s. Kapitel II.4). Wie die vergleichbaren Tortürme der Burgen Welschbillig (Kr. Trier-Saarburg) und > Mürlenbach diente er zugleich als Tor- und Wohnturm, ähnlich den Keep-Gate-Halls walisischer (Kastell-)Burgen. Der „Doppelturm" der Kasselburg ist das Produkt mehrerer Bauphasen, d. h. er war sicher nicht ursprünglich so hoch geplant. Eine Baufuge legt nahe, dass lediglich die unteren drei Geschosse den Ursprungsbau darstellen, der im 2. Drittel des 14. Jh. entstanden sein könnte, wahrscheinlich unter Graf Gerhard V. v. Blankenheim nach der 1355 vorgenommenen Erbteilung. Magnus

Backes ([4]1993, 92) nannte ihn einen „der kühnsten Wehrbauten überhaupt, die das Mittelalter schuf. In ihm sind Funktion und Bedeutung von Torbau, Wohnturm und Bergfried (Wehrturm und Herrschaftssymbol) architektonisch verschmolzen – Ausdruck der Selbstsicherheit, Machtfülle und auch Wirtschaftskraft dieses [...] Geschlechts". Doppelturmtore waren repräsentative Herrschaftszeichen; als solche standen sie auf Siegeln, Münzen und in Buchmalereien als Abbreviatur für Stadt und Burg.
Das EG des Turmes der Kasselburg enthielt ursprünglich den Durchgang des Torweges zum Burghof; die feldseitige Portalrahmung könnte sogar noch dem 13. Jh. angehören. Seine Obergeschosse enthalten mit Sitznischen in den Fenstern und meist mit Kaminen ausgestattete, mit Balkendecken versehene Wohnräume, die eine Wendeltreppe im nordwestlichen Turmkörper miteinander verbindet. Aus einem Rechteck ist der Grundriss entwickelt, dem im rechten Drittel der Westfassade ein halbrunder, unten massiver (?) und im Nordwesten ein auf hufeisenförmig-gestelztem Grundriss ausspringender Turmkörper vorgesetzt ist, an den nordöstlich einst eine Wehrmauer anschloss. Vereinzelte Schießscharten (hohe Schlitzscharten) sind auf bestimmte Punkte im Vorfeld des Turmes ausgerichtet. Die Fenster, die dem Typus der sogenannten Trierer Fenster angehören, sind mit Blendmaßwerk in verschiedenen Ausformungen gerahmt. Es scheint, der Turm wurde in einer zweiten Bauphase um zwei oder drei (?) Etagen aufgestockt, bevor dann die obersten Geschosse mit ihren Eckbuckelquadern hinzugefügt wurden. Über den oberen Abschluss kann bisher nur spekuliert werden; möglicherweise wurde der Mittelbau von zwei Turmkörpern überragt, ähnlich wie beim Doppelturmtor der Betradaburg in > Mürlenbach. In der heutigen Form umgibt ein über einem von Doppelkonsolen getragenen Spitzbogenfries auskragender (großenteils rekonstruierter) Wehrgang mit Zinnen, die Krampen zur Aufnahme hölzerner Klappläden aufweisen, die Turmplattform. An den Konsolen finden sich Darstellungen hockender männlicher Figuren bzw. ein „Grinkopf" (vgl. > Mürlenbach: Bertradaburg), welche in die Zeit um 1400 datiert wurden. Den Turm deckte mutmaßlich ein hinter den Zinnen ansetzendes steiles gotisches Dach.

Pelm, Kasselburg. Doppelturmtor, Feldseite

Pelm, Kasselburg. Doppelturmtor, Rückseite; deutlich lassen sich mehrere Bauphasen erkennen

Vielfach spekuliert wurde über die Nutzung des Turmes. „Dies beginnt schon bei der Frage, ob der Turm tatsächlich den Zugang zur inneren Burg bildetet oder nur ein ‚Renommiertor' war [vgl. KD Daun 1928, 214]" (Herrmann 1995, 152). „Tatsächlich fällt auf, daß sich die Durchfahrt im Vergleich mit der gesamten Dimension des Turmes äußerst bescheiden ausnimmt. Die Torfunktion bildete wahrscheinlich nur einen Nebenaspekt"; dieser Feststellung Christopher Herrmanns ist zuzustimmen, doch geht er, wie die meisten Burgenforscher bisher, offenbar davon aus, dass der Turm in einer Bauphase entstanden ist. Nach den Aufstockungen, und insbesondere nach der Aufgabe des Torweges, wirkt das ehemalige Portal in der Tat „äußerst bescheiden". Dass der Turm funktional im letzten Bauzustand ein aufwendiger Wohnturm war, ist unbestritten. „Wer im Torturm wohnte, ist unbekannt. Mit Sicherheit handelte es sich nicht um die Familie des Burgherrn, denn für diesen war der gleichzeitig entstandene große Palas bestimmt. Eher dürften hier Teile der Besatzung oder Gäste Unterkunft gefunden haben" (ebd.). Dieser Einschätzung ist entgegenzuhalten, dass auch andere architektonisch aufwendige Burgen des

Pelm, Kasselburg. Scharwachttürmchen

Spätmittelalters, etwa die schon erwähnte Bertradaburg, einen Wohn-(Tor-)Turm und einen Palas bzw. Saal-/Wohnbau nebeneinander besaßen. Im 3. OG des Turmes war vielleicht eine Küche untergebracht, Bornheim gen. Schilling (1964, 109) beobachtete am Kamin noch Aufhängevorrichtungen für Küchengeräte. Ob das oberste Geschoss tatsächlich als repräsentativer Saal diente (ebd.) – auch im Doppelturmtor der Bertradaburg gibt es einen solchen durch alle drei Baukörper reichenden (sekundären?) Saal –, muss offen bleiben.

Abschließend bleibt festzustellen, dass die Anfänge des Doppelturmtores/Wohnturmes der Kasselburg – mit Vorbehalt –, entgegen bisheriger Meinung, noch ins 13. Jh. reichen könnten. Christopher Herrmann meinte in seiner Untersuchung „Wohntürme des späten Mittelalters auf Burgen im Rhein-Mosel-Gebiet" (1995), nach „Ausweis der Einzelformen (besonders der Fensterbekrönungen) kann man den Turm in die 2. H. d. 14. Jh. datieren", doch fand in jener Zeit m. E. lediglich ein Um- und Ausbau des Turmes statt. Krampen für Schlagläden vor den Fenstern gibt es lediglich in den obersten Geschossen. Voll und ganz ist Herrmanns Fazit zuzustimmen: „Der Torturm der Kasselburg gehört zu den beeindruckendsten Beispielen seiner Art im deutschen Burgenbau. Durch Höhe, reiche Bauzier und den Doppelturmtypus erscheint er dem Betrachter in einer sehr repräsentativen und imponierenden Gestalt und löste den alten Kasselbuger Bergfried als Statussymbol ab" (ebd.).

Den Hauptbereich der **Vorburg** betritt man durch ein nordwestlich an den „Doppelturm" angefügtes einfaches Mauertor. In der Verlängerung des Mauerzuges, in dem sich dieses Tor öffnet, setzt ein hier der Vorburgmauer über eine Strecke von gut 40 m vorgelegter schmaler Zwinger an. Hinter der Wehrmauer der Vorburg, an diese angebaut, erhoben sich mehrere Bauten, Burgmannenhäuser und Wirtschaftsgebäude, die vermutlich während der kurtrierischen Herrschaftszeit 1452/1514 in der damals erweiterten Vorburg entstanden. Ein fast quadratischer Turm springt, durch einen Zwischenbau mit dieser verbunden, nördlich vor die Ringmauer aus.

Auf der Ringmauer der Vorburg erheben sich, wie auch auf jener der Hauptburg, hohe, schmale zwei-

geschossige **Scharwachttürmchen**, an denen sich Krampen für Klappläden finden. Sie kragen über teils aufwendig ausgearbeiteten doppelten gotischen Konsolenreihen aus.
An der Ostseite der **Hauptburg** steht der im Kern wohl romanische, im Grundriss quadratische **Bergfried** (Seitenlängen 6,75 m) mit 1,80 m, auf der Hofseite 1,60 m Mauerstärke. Magnus Backes ([4]1993) vermutet, der Bergfried habe einst frei gestanden, doch spricht die zum Hof geringere Wandstärke eventuell dagegen. Im spätmittelalterlichen Ausbau stoßen sowohl das nordöstliche Teilstück der Hauptburgringmauer als auch der nach Ausweis der gerundeten Ecke im 14./frühen 15. Jh. entstandene Torzwinger an den Bergfried. In (spät-)gotischer Zeit wurde der Turm mindestens einmal aufgestockt und in Höhe des 3. OG durch eine hölzerne Brücke mit dem Palas verbunden. Im 2. OG weist der Turm Reste einer Abortanlage auf. Kamine in den oberen Etagen zeigen, dass auch dieser Turm im Spätmittelalter als Wohnturm genutzt wurde.
Südwestlich des Bergfrieds erstreckt sich der gotische **Palas**, der möglicherweise älteres Mauerwerk enthält. Zusammen mit dem angefügten Kapellenturm hat er eine Länge von 32,50 m. Die gotischen Fensterformen, die jenen des „Doppelturmes" gleichen, verweisen auf einen (Aus-)Bau im 14./15. Jh. Von dem dreigeschossigen Bauwerk blieben nur die Außenmauern, diese jedoch mit wichtigen Details (umfängliche Außenputzreste; Stockfenster mit Maßwerkblenden; Hocheingang mit Treppenabdruck im Putz; bis zu 3,80 m breite Kamine), erhalten. Im EG lag ein 16,80 x 8,30 m großer Saal nebst anschließendem Wohnraum. Feldseitige Fenster im EG wurden wegen der Gefahr des Eindringens von außen später stark verkleinert. Hölzerne Decken trennten die Geschosse voneinander.
Im Winkel zwischen Palas und Bergfried steht ein kleineres, ehemals offenbar als Wohnbau dienendes und später umgenutztes Gebäude, das als **älterer Palas** bezeichnet wurde.
An den Palas westlich anstoßend steht der **Kapellenturm**, der die Südwestecke der Burg betont und zusammen mit „Doppelturm", Bergfried und Torturm die Silhouette der Burg prägt. Die Kapelle (8,50 x 4,50 m) befand sich im EG des im Grundriss hufeisenförmigen Turmes. Sie überfingen ursprünglich zwei ungleich große Kreuzgewölbe. Die Turmräume enthalten Reste großer Kamine.
Für 1291 ist ein Burgkaplan namens Bertholf bezeugt. 1374 stiftete Gerhard v. Blankenheim den Zehnten von Lissendorf und Pelm zur Bezahlung des Priesters auf der Burg. Der Altar war den hl. vier Marschällen des Heiligen Römischen Reiches (Deutscher Nation) geweiht, d.h. Johannes dem Täufer, Johannes dem Evangelisten, St. Georg und St. Antonius. 1485 erfolgte die Beseitigung des Altares *us nothwendiger Ursachen*; danach findet sich keine Erwähnung der Burgkapelle mehr.

Adler- und Wolfspark: Mit einer Fläche von 20 ha umfasst der Tierpark rund um die Burg und in deren Innerem dichtes Waldgelände und Wiesen, aber auch Gehege im direkten Vorfeld der Ruine. Innerhalb der Burg werden Adler, Milane, Falken, Uhus, Geier und Eulen in Volieren gehalten. Freiflugvorführungen mit Steinadlern, Falken, Milanen und Geiern finden auf der „großen Flugwiese" vor der Burg statt. In der sogenannten Wolfsschlucht, in dem an die Kasselburg angrenzenden Wald, lebt das größte Wolfsrudel Westeuropas, dessen tägliche Fütterung als besondere Besucherattraktion gilt.

Information: 54570 Pelm, Stadt und VG Gerolstein. – Adler- und Wolfspark Kasselburg, Tel. 06591-4213, Fax 06591-980819, info@adler-wolfspark.de. Zugang zur Burg nur mit Besuch des Adler- und Wolfsparkes (Eintritt); Öffnungszeiten: 1. März–31. Okt.: 10–18 Uhr, 1. Nov.–23. Dez. Sa & So: 11–16 Uhr, 26. Dez.–14. Jan.: tägl. 11–16 Uhr, 15. Jan.–28. Febr.: Sa & So 11–16 Uhr. Gastronomie im und beim Park.

Salm an der Lieser

68 | Burg

Das im Prümer Urbar 893 genannte Salm gehörte im 12. Jh. der Linie der Adelsfamilie v. Salm, die Graf Heinrich v. Salm (1125–53) im Oisling/Ardennen gründete (KD Daun 1928, 233). Ein Johann v. Salm war 1238 vom Grafen v. Manderscheid u.a. mit der Burgwiese zu Salm und dem unteren Hof belehnt (ebd.). Aus dieser Quelle geht das Bestehen einer Burg zu jener

Zeit hervor. Über deren Gründung, Baugeschichte und Abgang gibt es bisher keine Informationen; bekannte Baureste sind nicht erhalten.
Das Geschlecht v. Salm ist mit Siegfried († 998), Graf im Moselgau, zuerst bezeugt. Seit 963 waren die v. Salm aus dem Haus des Pfalzgrafen Wigerich († 919) Grafen v. Luxemburg und 1035 Grafen zu Salm in Osning bei Vieil-Salm/Ardennen. Hermann I. († 1088) war 1081–84 Gegenkönig Heinrichs IV. Friedrich v. Salm († 1214) begründete das Haus Nieder-Salm, das 1416 im Mannesstamm erlosch und von den v. Reifferscheid beerbt wurde. Die v. Salm waren später Fürsten (Reichsfürsten 1623 bzw. 1743, preußische Fürsten 1816).

Information: 54570 Salm an der Lieser.

Schalkenmehren

69 | Alte Burg (Aldenburg; Altburg; Alteburg; Alt-Dune)

Etwa 1,5 km westsüdwestlich des Dorfes Schalkenmehren und 4 km südsüdöstlich von Daun stand die Burg (Alt-)Dune auf dem Altburg (Varianten: Aldenburg, Alteburg, Alte Burg) genannten Berg, einem Basaltlava-Schlot. Die in Urkunden auch unter den Namen *Alt-Daun*, *Aldendune*, *Aldeburch* und *Dauner Kopp* erscheinende Burg war der ursprüngliche Sitz der Dynastenfamilie v. Daun (> Daun).
Nach einem Bericht im Familienarchiv der Adelsfamilie v. Daun wird die Gründung der Burg ins Jahr 731 verlegt, doch sei hier ausdrücklich erwähnt, dass es sich um eine historisch nicht belegte, sagenhafte Überlieferung handelt: Demnach gehörte Sigumbert I., der sagenhafte Gründer der Burg, zu denjenigen Adeligen, die an den Kriegen der Franken gegen die Sachsen und die den fränkischen Reichsteil Austrasien bedrohenden Moslems unter Karl Martell teilgenommen hatte. „Jenseits der Mosel" soll Sigumbert zum Dank für seine Dienste Land erhalten haben. „Dort baute derselbe 731 ein Schloß, welches er nach der alten keltischen Sprache den *Dunne*, d.h. Zaun, wider den Anfall fremder Völker nannte. Von diesem Schloße hat die Herrschaft und die Nachkommenschaft Sigumberts den Namen Dunne, Dune, Dyn, später Daun erhalten" (zitiert nach Jung/ Weber 1981, 11).

Die Ergebnisse der 1979 erfolgten Ausgrabungen stützten die Vermutung, dass schon zu Beginn des 10. Jh. – und damit vielleicht zur Zeit Theoderichs II., eines Sohnes Heinrichs I. – die Verlagerung des Dynastensitzes auf den Burgberg im heutigen Daun erfolgte; dort entstand die Burg *Nannstein*, deren Name als „Neuenstein" interpretiert wurde. Im Zusammenhang mit der Burgverlagerung stand die Bestattung Theoderichs v. Dune, des zweiten Sohnes Heinrichs I., in der damals errichteten ersten Pfarrkirche St. Nikolaus in Daun. Zuvor war die Weinfelder Kirche das erste Gotteshaus der Herren v. Daun. Aus einem am 11.11.1341 zwischen Gilles, Herr v. Daun (d.i. eigentlich Aegidius, in Urkunden kurz bzw. mundartlich auch Gilz, Gyls, Gilys oder Schilles genannt), und dem Trierer Erzbischof Balduin v. Luxemburg geschlossenen Vertrag geht hervor, dass dem Gilles die noch von diesem zu bauende Burg auf dem Berg Alten-Daun *(daz nuwe hus daz ich begrifen und buwen sal)* anschließend vom Erzbischof zu Lehen gegeben werden sollte. Gilles sicherte dem Erzbischof zu, „mit seiner ganzen Macht wider Jedermann beholfen zu sein" (Dominicus 1862, 411) und erneuerte seine übrigen Lehen, auch das als Burgmann auf der Neuerburg. Für 1353 ist das Öffnungsrecht des Erzbischofs an dieser Burg in einer Urkunde belegt.
Im Rahmen der Manderscheidischen Güterteilung erhielt Dietrich v. Manderscheid 1421 auch *Aldendune, die Aldeburch* und *ein Teil zu Dune nebst Zubehör*. „Nach dieser Formulierung darf angenommen werden, daß zu Füßen der Alteburg eine Burgsiedlung namens *Aldendune* gelegen hat", vermutete Janssen (II 1975, 236), doch ist es m.E. wahrscheinlicher, dass die Bezeichnungen *Aldeburch* und *Aldendune* beide auf die Burg zu beziehen sind. In einem Vergleich des Dietrich v. Manderscheid und seiner beiden Söhne mit dem Trierer Erzbischof Johann heißt es 1472: *Was die Alteburg anbetrifft, gebühret dem Erzbischofe der Theil nebst Zubehör, welcher seinen Vorfahren von den Herren von Daun verkauft wurde* (zitiert nach ebd.).
Reste der Burg waren noch 1683 erhalten, und selbst im 19. Jh. waren noch Relikte eines Hauses – angeblich eines Festen Hauses – „von 35 x 13 Schritt lichter Weite" vorhanden; 1914 soll noch ein Graben erkennbar gewesen sein. Und bei Neubaumaßnahmen fand man anscheinend Reste eines Torbaues.

Zwar ist nur wenig über das Aussehen der Altburg bekannt, doch finden sich in Urkunden einige Hinweise auf den Baubestand des Spätmittelalters, so in einem von 1354 stammenden Teilungsvertrag der Herren v. Daun, in dem einige Gebäude der Burg benannt, wenn auch nicht beschrieben werden: zwei Türme, ein Tor, das Haus darüber und eine zur Burg führende Brücke. Die Hauptburg stand wohl auf der Felskuppe, und eine Vorburg ist im Bereich des ehemaligen historistischen Gasthauses und der modernen Klinikbauten anzunehmen. Schon 1346 wurde der zur Burg gehörige Sankweiher erwähnt, den der Trierer Erzbischof Otto v. Ziegenhain wiederherstellen ließ. Auch gehörte der Hof Sankweiher mit (Fisch-)Teichen, der heute zur Gemarkung Udler gehört, zur Altburg.

Interessant im Kontext der allgemeinen Burgenrezeption ist die Tatsache, dass das Gasthaus „Burg Altburg" – es folgt als an allen vier Ecken mit Rundtürmen besetztes stattliches Haus einem v. a. in Süddeutschland verbreiteten Schlosstypus des 15./16. Jh. – noch in den 1950er-Jahren mit der einstigen historischen Bedeutung der Burg warb; so heißt es in einem Inserat, welches auch ein Foto des historistischen Gebäudes zeigt: „Burg Altburg / ursprünglich / Sitz des Dauner Dynasten-Geschlechts. / Höhenlage 540 M. ü. d. M. / Empfehlenswerter Spaziergang, in 20 Minuten / Fußwanderung vom Weinfelder Maar auf bequemem Weg / – auch mit Auto – erreichbar. / Herrliche Aussicht Sehr lohnend / Alkoholfreie Kaffee-Wirtschaft." (s. Heimatjahrbuch Landkreis Vulkaneifel 2011, 179). Heute gehört das ehemalige Gasthaus zu den AHG Kliniken Daun, die sich auf Suchtmedizin und die Behandlung von psychischen und psychosomatischen Erkrankungen, Alkohol- und Medikamentenabhängigkeit sowie Depressionen spezialisiert haben.

Die Altburg ist Objekt mehrerer **Sagen**; nach einer Sage war sie ein „Raubritterschloß", nach einer anderen war sie mit der Burg Freudenkoppe bei > Neroth angeblich durch einen unterirdischen Gang verbunden. „Auch geht die Meinung dahin, die Alteburg, die Burg auf dem Nerother Kopf und die auf dem Schützer Kopf [> Schutz] bildeten ein Dreieck und seien gleich weit voneinander entfernt. Die drei Burgen hätten als Signalstationen gedient" (Janssen, a.a.O.).

Schalkenmehren, Altburg. Hauptburghügel

Information: 54552 Schalkenmehren, VG Daun. – Das Gelände der Burg ist wegen der Klinik-Nutzung nicht zu besichtigen.

Schutz

70 | Burberg (Burgberg, Berens-Kopf), römische Höhenbefestigung

Der auch unter den Namen Burgberg, Buer-Berg, Burrberg (so in der Tranchot-Karte 167: Wallenborn), Berens-Kopf und Schutzer-Kopf bekannte Burberg (528,5 m) erhebt sich 0,7 km nordöstlich des Dorfes Schutz. Vor etwa 11 000 Jahren entstand der teilweise sehr steile Berg aus Tuffen und Schlacken durch vulkanische Tätigkeit. Im südöstlichen Gipfelbereich finden sich Reste einer römischen Befestigung, von der wenig erhalten blieb, doch lohnt allein schon der weite Ausblick den Aufstieg.

Die Geschichte der Befestigung lässt sich nur anhand der hier gemachten archäologischen Funde in

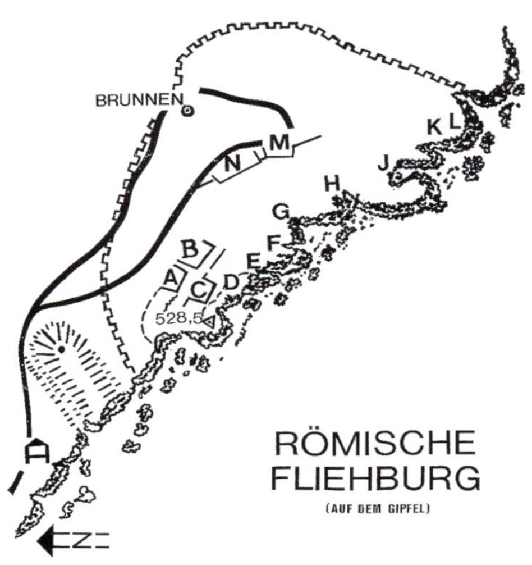

Schutz, Burberg. Grundriss (nach der Informationstafel vor Ort)

Teilen rekonstruieren. Dazu gilt es, auch Beschreibungen aus dem 19. Jh. heranzuziehen, etwa die des Pfarrers und Heimatforschers Johann Ost (1854), der die Benennungen Berens-Kopf, Burberg sowie Burgberg überlieferte und ausführlich seine Eindrücke schilderte, die heute bei fortgeschrittener Zerstörung eine gute Orientierungshilfe bieten: „Von West nach Ost zog sich teils ein Graben, wie an einigen Punkten sehr kenntlich ist, im Halbkreis herum. Vielleicht umgab auch das Ganze eine Mauer und ein vorliegender Graben, der durch das Herausbrechen der Mauersteine verschwunden ist, besonders da der innere Raum keine Ebene, sondern einen Abhang bildet. Den sprechendsten Beweis für einstmalige Wohnplätze geben die mehreren, hier und da in den Felsen eingehauenen Gemächer, wie Zimmerchen. Sie sind gar interessante Spuren der frühesten menschlichen Tätigkeit. Gegen 6 sind deren noch deutlich wahrzunehmen. Die Hinterwand und Seitenwände, in den Felsen eingehauen, sind am sichtbarsten, die nun offenen ehemals gewiß verschlossenen Seiten standen gegen Norden und die Fußböden sind jetzt meistens mit Erde überschüttet." Es folgte eine genaue Beschreibung der einzelnen Räume; 13 solcher Felsnischen und -kammern hat Karl-Josef Gilles (1985) aufgefunden und beschrieben. „Dann ist ein Brunnen [...] nahe an der Nordseite des Grabens noch gut erhalten und sehenswert. Er ist ganz rund in den Felsen eingehauen und hat im Durchmesser 6 Fuß [etwa 1,8 m]. Seine ursprüngliche Tiefe hat er nicht mehr, nur bis circa 8 Fuß [etwa 2,4 m] ist er noch offen." Dieser von Ost erwähnte Schacht wurde in jüngerer Zeit offenbar von Raubgräbern weiter ausgeräumt.

Vom Burberg sind einige **Sagen** überliefert. So erwähnt Ost (1854, 247), Einwohner des Dorfes Schutz hätten berichtet, auf dem Berg hätten Räuber gehaust, welche die umliegenden Dörfer drangsalierten. Und der Zeitungsartikel „Der Burgberg in Sage und Wirklichkeit", den ein anonymer Autor 1897 publizierte, enthält Schilderungen von Tempelrittern und deren Schätzen, die Gespenster bewachen. Nicht zuletzt solche Überlieferungen führen immer wieder unbedarfte Zeitgenossen als selbsternannte „Schatzgräber" auf den Burberg und andere archäologische Stätten, wo sie häufig große Schäden anrichten. Der unbekannte Verfasser berichtet weiter: „In der Kammer und über den ganzen Berghang zerstreut sammelte ich zahllose Scherben, die alle römischen Ursprungs sind. Stücke von gläsernen, thönernen und bronzenen Gefäßen der mannigfachen Art kamen zum Vorschein, Gefäße, die sofort an Graburnen, Trinkbecher, Trinkkannen und Zierflaschen erinnern. In der Kammer selbst fand ich eine römische Münze aus später Kaiserzeit." Im Rahmen spä-

Schutz, Burberg. Lagebild

Schutz, Burberg. Gipfel

terer wissenschaftlicher Untersuchungen des Berges, der 1976 vermessen wurde (Koch) und der Funde, die Wolfgang Binsfeld 1976/77 inventarisiert hatte (s. Gilles 1985), ergab sich ein genaueres Bild der Befestigung, ihrer Erbauer und Bewohner.

Es handelt sich, das belegen römische Keramik und Münzen, um eine (spät-)römische Befestigung des Typus Abschnittsbefestigung, genauer: um eine Höhenrandburg mit doppeltem Abschnittswall. Über eine mögliche Vorgängeranlage ist bislang nichts bekannt. Die Größe der durch die Wall-Graben-Befestigung geschützten Innenfläche lag bei 2 270 m². An der Südwestseite bot eine fast senkrecht abfallende Lavawand natürlichen Schutz. Die leichter zugängliche und somit gefährdetere Nordseite sicherte ein 2 m breiter, etwa 1 m tiefer Graben mit einem dicht dahinter verlaufenden, 1,6 m hohen und 8–9 m breiten Abschnittswall. Das Wall-Graben-System setzt an der südwestlichen Felskante an und endet knapp 20 m weiter am nordöstlichen Steilhang. Dicht hinter dem Wall verläuft der zweite, 0,8 m tiefe, 2,5–6,5 m breite Graben. Auch hinter diesem Graben ragt ein Wall auf; er ist 1 m breit und in seinem leicht gebogenen Verlauf noch über eine Länge von 20 m zu verfolgen. Seine weitere Entwicklung an der Nordostseite ist über eine Länge von 45 m nur noch teilweise als Böschung erhalten. An der äußeren Nordostecke ist der Erhaltungszustand des Walles besser; in seinem wiederum gebogenen Verlauf ist er an der Südostseite über 40 m noch sichtbar. Eine Lücke im Wall, etwa 8 m vor der Felslinie, entstand vielleicht durch einen gezielten Abbruch bzw. Abbau von Baumaterial. Die Zugangssituation bleibt unklar. Die von der Befestigung umgebene Innenfläche fällt stark in Richtung Südosten ab; der Höhenunterschied zwischen der höchsten und niedrigsten Stelle beträgt ca. 20 m.

Information: 54570 Schutz. – Der Burberg ist über Wanderwege von Schutz aus zu erreichen.

Stadtkyll

71–72 | Burg und Stadtbefestigung

Der „Touristenort" Stadtkyll liegt im oberen Kylltal. Ursprünglich wurde er nur Kyll genannt. In Urkunden um 1100 hieß er *Kila* bzw. *Kyle*: Im Jahre 1098 bestätigte Kaiser Heinrich IV. dem Trierer St. Simeonsstift seinen Grundbesitz in *Kila*, und 1138 überließ der Trierer Erzbischof Albero dem Stift das diesem zwischenzeitlich entzogene Gut zu *Kyle* wieder und bestätigte diesen Besitz. Später im 12. Jh. werden Beziehungen zum Erzbistum Köln aus der urkundlichen Überlieferung deutlich: 1197 bestätigte der Kölner Erzbischof Adolf in *Kile* gelegene Schenkungen der Herren v. Kerpen, und dann wird das Dorf Kyll *(villa, quae dicitur Kyle)* in einer Stiftungsurkunde des Erzbi-

Stadtkyll, Stadtbefestigung. Rekonstruktion des Mauerverlaufs

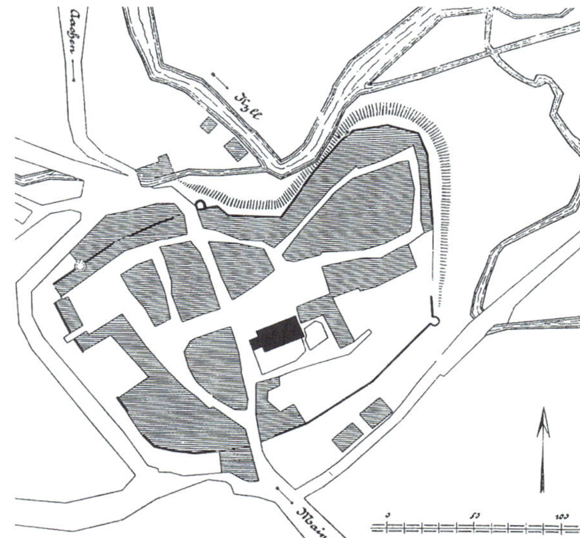

schofs Engelbert von Köln genannt (KD Prüm 1927). Wahrscheinlich ließen die Herren v. Blankenheim eine **Burg** bei der bereits zuvor bestehenden Siedlung Kyll erbauen. Ihren Standort bezeichnet die in Stadtkyll so benannte Stelle „auf der Burg". Obertägig sind fast keine sichtbaren Reste mehr vorhanden, doch sind ihre Ausdehnung und Form noch in der Bebauung ablesbar. In manchen Häusern wird mittelalterliche Bausubstanz der Burg erhalten sein. In Schriftquellen ist für 1279 ein Burgmann in Kyll erwähnt, dessen Burgmannensitz mit der Burg gleichgesetzt wurde (Pitzen 2000, 27).

Im *liber valoris* (Vermögensbuch) der Kölner Erzbischöfe findet sich aus dem Jahre 1308 – zur Herrschaftszeit des Erzbischofs Heinrich v. Virneburg – der Hinweis auf *Kile-oppid* (*oppidum* = Stadt, auch Befestigung); der Eintrag geht jedoch schon auf eine ältere, spätestens 1250 entstandene Liste zurück (ebd.). In späteren Urkunden erscheint der Ort als *statt Kyle*, doch ist keine explizite Stadtrechtsverleihung aus dem Mittelalter überliefert. Volle Stadtrechte erlangte Stadtkyll erst 1611.

1345 trugen die Brüder Arnold I. und Gerhard V. v. Blankenheim die *statt zu Kyle mit burglichem baw* (Burggebäude), Gericht und zugehörigen Dörfern dem böhmischen König Johann v. Luxemburg in seiner Funktion als Graf v. Luxemburg zu Lehen auf. (Zur Geschichte der Burg und der Stadt seit 1345 s. Schannat-Bärsch.) Die Grafen erhielten den Besitz vom König als Lehen zurück und gestanden diesem das Öffnungsrecht an der Burg zu. In den Jahren 1357, 1374 und 1378 wurde das Lehen jeweils bestätigt. Die Burg blieb offenbar der Verwaltungssitz in Kyll; spätestens zur Zeit Graf Johann/Hans Gerhards (1536–1611) traten Schultheißen bzw. Bürgermeister an die Stelle der Burgvögte (Pitzen 2000, 27).

1380 erhob der König die Herren v. Blankenheim mit Gerhard VII. (1376–1406) in den Reichsgrafenstand, und mit Graf Wilhelm II. (reg. 1460–68) starb die zweite Linie der Blankenheimer Grafen aus. Wilhelm hatte erst in seinem Todesjahr geheiratet und keine Nachkommen. Sein Erbe gelangte an Dietrich v. Manderscheid. Stadtkyll, Burg und Stadt, kamen 1468 an die Grafen v. Manderscheid. Graf Hans Gerhard v. Manderscheid-Gerolstein (1536–1611) hat dann, dies geht aus einer undatierten Urkunde hervor, die *alte statt Kill genandt, von newem mit mauren umbringet auch mit pforten und thörnen* [Türmen] *befestiget*; er brachte dem Ort zudem Privilegien und veranlasste „Verkehrserleichterungen" (KD Prüm 1927). Bis zum Aussterben der Linie v. Manderscheid-Gerolstein 1697 wurden die Privilegien von deren Angehörigen mehrmals erneuert. Besonders interessant ist hier die Bestätigung, welche Graf Ferdinand Ludwig am 24.3.1661 ausstellte; aus ihr geht noch einmal hervor, dass *weylandt der wollgeborner, in gott abgestorbener, unser freundtlicher geliebter herr vatter* [Vater] *bey ihrer liebden lebzeiten die statt Kill wiederumb von newem mit thürmen und mauren umbringet, wie auch mit fortzen* [Pforten] *zue einer statt beschaffen*". D.h. der neuerliche Ausbau der Ortsbefestigung mit Türmen, Mauern und Pforten/Toren unter seinem Vater Graf Karl (*Carll, grave zue Manderscheidt, Blanckenheim und Gerholtstein, herr zue Bettingen und Dhaun)* machte Kyll zu einer Stadt.

Nachdem während des 30-jährigen Krieges (1618–48) Soldaten des kaiserlichen *Kayl'schen* Regiments unter Oberstleutnant Paulus Donal, die zuvor in der Stadt einquartiert worden waren, nach erfolgter Plünderung Stadtkyll niedergebrannt hatten, bestätigte Graf Ferdinand Ludwig also am 24.3.1661 die *Freiheit* des Fleckens Kyll – nun ist nicht mehr von einer Stadt die Rede!

Zu den zahlreichen 1678 von französischen Soldaten geplünderten und zerstörten Ortschaften gehörte auch Stadtkyll (*Kyll*), das, ebenso wie Kronenburg, „in Asche gelegt" wurde (Ennen I 1855, 349). Nach den häufigen Zerstörungen wurden wohl wiederholt Steine der Stadtbefestigung für den jeweiligen Neuaufbau genutzt, die auf diese Weise – wohl ebenso wie die Burg – nach und nach abgetragen wurde: Der Brand der Stadt im Jahre 1632 „mag Veranlassung gewesen sein, Mauer und Türme als Steinbruch zu benutzen", wie später auch der 1814 durch einquartierte preußische Soldaten ausgelöste Brand, „nachdem schon [...] 1794 die französische [Besatzungs-]Regierung die damals seit [...] 1780 im Besitze des Grafen Christian v. Sternberg befindlichen Baulichkeiten hatte versteigern lassen" (KD Prüm 1927). Den Brand des Jahres 1814 überstanden lediglich die gräfliche Mühle und das Haus Anton Roß (später Gasthaus „En d'r Burg"), denn die Dächer beider Gebäude waren mit Schiefer gedeckt. Zu einem weiteren verheerenden Brand kam es 1854, und wieder überstand ihn das Haus Anton Roß. Weitere Großbrände ereigneten sich in den Jahren 1880 und 1884; der Letztere ging vom Haus des Peter Mies auf dem Burgberg aus. Noch verheerender als alle vorausgegangenen Brände und Zerstörungen der Stadt in der Frühen Neuzeit waren jedoch die Schäden, die der Zweite Weltkrieg für Stadtkyll brachte: Im Dezember 1944 und zur Jahreswende 1944/45 wurde der Ort zu 75 Prozent zerstört.

Heute ist der ungefähre Verlauf der Stadtmauer obertägig nur noch an einigen Häuserzeilen (z. B. Burgbergstraße) erkennbar. Im Kunstdenkmäler-Inventar (KD Prüm 1927, 192) ist zu lesen: „Von der in der 2. Hälfte des 16. Jh. wiederhergestellten Stadtbefestigung sind so viel Mauerreste nebst einem kleinen Turmrest auf der Ostseite erhalten, daß wir über den Verlauf der Mauern nicht im Zweifel sein können." Der Mauerbering der Befestigung hatte einen im Grundriss etwa nierenförmigen Verlauf, wie er häufiger bei (spät-)mittelalterlichen Stadt- und Ortsbefestigungen vorkam (z. B. Ahrweiler). Den Bering schnitt die Fernstraße Aachen-Mainz, welche hier die Fernstraße Köln-Trier kreuzte. Die Stadtmauer bestand überwiegend aus nicht lagerrechtem Bruchsteinmauerwerk.

Im 1. Viertel des 20. Jh. stellte sich der Baubestand der Stadtbefestigung wie folgt dar (nach KD Prüm 1927, 192 f.): „Ein Rest des nördlichen Stadttores dürfte der Pfeilerrest am Hause Nr. 20 (Masson) sein. Hier auf der Nordseite begleitet die Mauer den Lauf der Kyll, die sich hier um eine flache, aber steil abfallende Erhebung herumzieht. Die auf das Haus Nr. 20 folgenden Häuser Nr. 22 bis 32, von denen das letztere als ehemalige Zehntscheune der Grafen v. Blankenheim angesehen wird, haben die Stadtmauern als ihre Außenmauer benutzt und mit Fenstern durchbrochen. Das von ihnen umschlossene Halbrund heißt ‚auf der Burg'. Unterhalb dieses, auf der Nordseite senkrecht abfallenden kleinen Hügels folgt dann auf dem Gartengrundstück der Witwe Baumgarten ein kleiner Rest eines Halbturmes, der mit einem Stück Mauer wieder den weiteren Verlauf angibt und an den Häusern Nr. 75a und 74 vorbei zum Südtor führt, dessen Rest in einem Sockelstück am Hause Nr. 77 noch erkennbar ist. Die Mauer zeigt sich dann wieder auf der Rückseite der zu Nr. 86 gehörigen Stallungen, und hinter den Häusern Nr. 80 und 81 finden wir sie bis zu 1,60 m hoch freistehend. Nahe der Nordwestecke stand ein kleiner Turm auf dem Grundstück Nr. 16; dort ist man dann wieder in der Nähe des Nordtores. Ein Wirtschaftsgebäude des Herrn Karl Dick wird ebenfalls als Zehntscheuer bezeichnet. Über der Stalltür ein bürgerliches Wappen mit der Zahl 1695."

Stadtkyll, Burg. Die Wohnhausbebauung folgt dem ehemaligen Burgbering

Information: 54589 Stadtkyll, VG Obere Kyll. – Auskunft: Verkehrsverein Oberes Kylltal, Burgberg 22, 54589 Stadtkyll, Tel. 06597-2878, Fax 06597-4871, touristinfo.obereskylltal@t-online.de.

73 | Sogenannte Wallburg

Auf einer die umgebende Landschaft optisch dominierenden Höhe südöstlich des Ortes finden sich – nahe der Wochenendhaus-Siedlung Kleenerich – bauliche Relikte einer als ovale Ringwallanlage unbestimmter Zeitstellung beschriebenen Befestigung (s. Krausse 2006), die eine Ausdehnung von etwa 200 x 100 m aufweist. Erkennbar sind Wall- und Grabenreste, wobei vorerst offen bleibt, ob der Wall durch Mauerversturz entstanden ist. Möglicherweise handelt es sich um eine eisenzeitliche Anlage.

Steffeln

Steffeln liegt im nordwestlichen Teil des Landkreises Vulkaneifel. In der Gemarkung wurden viele Funde aus römischer Zeit gemacht, darunter eine *villa rustica* (s.u.). Im 9./10. Jh. war die Benediktiner-Abtei Prüm hier begütert. Aus dem Jahre 943 stammt die erste urkundliche Erwähnung des Dorfes Steffeln *(villa stephelin/stephilines)*, das 1222 als *steffele* in einem Güterverzeichnis der Abtei Prüm aufgeführt ist: Der Graf v. Hochstaden hatte Steffeln zu Lehen. Von den v. Hochstaden gelangte der Ort an die Herren v. Jünkerath und von diesen infolge Heirat an die v. Schleiden. 1282 veräußerte Konrad v. Schleiden Steffeln an Gerhard v. Blankenheim. 1489, 1501 und 1562 waren die Grafen v. Nassau und v. Vianden Lehnsherren. Ab dem 16. Jh. bis 1794 war Steffeln eine Unterherrschaft der Herrschaft Kronenburg unter luxemburgischer Landeshoheit. 1488–1593 hatten die Grafen v. Manderscheid-Schleiden Steffeln zu Lehen; 1617 wurde es an Manderscheid-Gerolstein veräußert, und nach dem Aussterben dieser Linie war es 1693/1719 im Besitz der v. Manderscheid-Blankenheim.

74 | Burg/Festes Haus

Für 1282 ist eine Burg in Steffeln urkundlich erwähnt; sie wird auf dem Tuffsteinfelsen, auf dem auch die Kirche steht, lokalisiert. An diesem Felsen wurde spätestens in römischer Zeit Tuff abgebaut; Reste des Steinbruches lassen sich noch erkennen. Im 15./16. Jh. soll aus der Burg ein Zollhof der gräflich-manderscheidischen Zollstation an der Fernhandelsstraße Lüttich-Malmedy-Koblenz hervorgegangen sein, der auch gleichzeitg der Sitz des gräflichen Schultheißen war. Der rückseitige Teil des heutigen Pfarrhauses, die sogenannte Burg, soll auf diesen Bau zurückgehen (Mitteilung der Gemeinde). Im Haus ist ein gotischer Kamin nachgewiesen, ebenso spätgotische Fensterformen des 16. Jh. Vor/um 1737 erfolgte ein Umbau, von dem das barocke Portal stammt.

75–77 | Weitere angebliche Befestigungen („Ringmauer“; „Kupp“; angebliche „Bauernburg“ auf dem Steffelner Kopf)

Verschiedentlich gab es Vermutungen, bei Steffeln habe es weitere Befestigungen gegeben, so in der dorfnahen Flur **„Ringmauer“** neben dem heutigen Römerhof, doch handelte es sich bei den hier aufgefundenen Mauerresten um solche einer römischen *villa rustica*. Die Anlage des 2./3. Jh. n. Chr. könnte um 275 während der Germaneneinfälle zerstört worden sein. Auch bei der angeblichen Befestigung auf der **„Kupp“** handelt es sich um römische Siedlungsreste. Als **„Bauernburg“ auf dem Steffelner Kopf** fanden die Höhlen auf jenem Berg Erwähnung (s. z. B. Fridolin Hörter: Die Schwedenfeste bei Hohenfels. In:

Steffeln, Burg. Kirchberg mit Mauerrest

Steffeln, Burg. Pfarrhaus, Hauptfassade, Portal

Steffeln, Burg. Der Kirchberg mit dem aus der Burg hervorgegangenen Pfarrhaus

Eifeljahrbuch 1978, 40–45). Lokale Überlieferungen tradieren, dass in den Höhlen zu Kriegszeiten Vieh versteckt wurde. Wie die Schwedenfeste bei > Hohenfels, sie liegt ca. 13 km südöstlich von Steffeln, gingen die Höhlen auf dem Steffelner Kopf auf unterirdische (römische oder mittelalterliche?) Mühlsteinbrüche zurück. Jakob Schneider (1843) benannte sie als Zufluchtsorte der Bevölkerung im 30-jährigen Krieg. In Aufzeichnungen des Rheinischen Landesmuseums Trier finden sich Hinweise auf eine Begehung 1913, bei der „neben römischen Gebäudetrümmern auf dem Steffelner Kopf auch mehrere Höhlen" aufgefunden wurden. „Dort heißt es: ‚Man nennt irgendeine Stelle des SO Hanges zu den sieben Kammern'. Einige Schritte abwärts von der Spitze im Süden liegt ein dick bemooster runder Stein, wie ein unfertiger Mühlstein im Aussehen, rundum zerbrochene Steine, etwas weiter tief einschneidende Mulden (wie Steinbruch). Steile Wand mit Höhlen. Als Abschluß stehengebliebene Brücke soll ‚Kälberstall' heißen, wohin in Kriegsgefahr Vieh geflüchtet wurde. Leider sind die Steffelner Höhlen vor einigen Jahren zur Lavasand-Gewinnung abgetragen worden. Lediglich einige der dabei gefundenen Mühlsteine wurden von Steffelner Bürgern gesichert. Die Bergkupppe ist ohne wissenschaftliche Untersuchung der Höhlen und der auf der Höhe befindlichen vorrömischen und römischen Anlagen abgbaut worden. Nach einem [...] Bericht sollen beim Abbau der Höhlen, die in einer 3–4 m hohen festen Schweißschlackenschicht angelegt waren, auch Schächte angetroffen worden sein, die mit menschlichen Gebeinen und Erde verfüllt gewesen seien. Eine Fundmeldung ist unterblieben, da befürchtet wurde, daß der Lavaabbau dadurch hätte vorübergehend etwas verlagert werden müssen!" (Hörter 1978). So muss offen bleiben, ob die Höhlen – zumindest zeitweise – als Wehranlage genutzt worden sind.

Information: 54597 Steffeln, VG Obere Kyll.

Steineberg
Mehren

78 | Angeblicher „Ringwall“ (sogenannter „Keltenring“) auf der Steineberger Ley

Westlich von Demerath und südöstlich von Steineberg liegt die Steineberger Ley, die häufig als Standort eines „Ringwalles“ oder gar dezidiert als eines „Keltenringes“ (die Bezeichnung existiert in der Fachterminologie nicht!) benannt wurde. Die Vielzahl von Funden aus der älteren Eisenzeit, insbesondere jedoch das schon von Johann Ost (1854) beschriebene weitläufige Gräberfeld an der Südseite der Steineberger Ley, im Distrikt „Rotläufer“ östlich von Mehren, gaben jener Kulturphase – nach dem Ort Mehren – den Namen „Mehrener Kultur“; heute wird sie als die „Hunsrück-Eifel-Kultur“ bezeichnet. Man versteht darunter eine keltische Kulturphase des 6.–4. Jh. v. Chr., am Ende der „Hallstattzeit“, deren Einfluss von der Kölner Bucht bis nach Rheinhessen und von Luxemburg bis zur unteren Lahn reichte (s. Kapitel II.1). Das genannte Hügelgräberfeld umfasst 91 bislang bekannte Grabhügel (6./5. Jh. v. Chr.) und drei damit im Zusammenhang stehende „Dämme“ (Nortmann 2006, 487). Viele dieser Gräber sind im Wald- und Wiesengelände ca. 1,5 km westlich von Demerath, nördlich der Straße, selbst für das ungeübte Auge noch zu erkennen. Die einzelnen Hügelgräbergruppen wurden in den 1920er-Jahren „nach den Funden einer ärmlichen Bevölkerung der späten Hallstattzeit“ zugeordnet (KD Daun 1928, 167).
Ungefähr 260 m nördlich des Hügelgräberfeldes erhebt sich, um ca. 20 m erhöht, die von Norden nach Süden sich erstreckende Steineberger Ley, eine 500 m lange, aus Basalt bestehende Anhöhe (561 m) mit nur wenig steilen Flanken. Im südlichen Bereich ist sie 30–50 m breit. In ihr sahen mehrere Heimatforscher den Standort einer als „Keltenring“ bezeichneten „Vorzeitburg“ und beschrieben diese gar als in *murus-gallicus*-Technik errichtete Wehranlage (Steffens 1, 4). Die „Hangabsätze und wallähnliche Steinhalden und wohl auch die Nähe zum Hügelgräberfeld“ hatten „schon früh Vermutungen über eine ringwallartige Befestigung besonders auf dem Südende der Kuppe genährt“ (Nortmann 2006, 487). So heißt es im Kunstdenkmäler-Inventar (KD Daun 1928, 167): „Der Ringwall, der wohl dem Ort Steineberg den Namen gegeben hat, [...] ist eine mittelgroße Festung [!] in Form einer kreisförmigen Umwallung der Kuppe mit Befestigung der anschließenden Bergteile; davon ist die südliche Erweiterung die größte mit 158 x 135 m Durchmesser [...]. Beim trigonometrischen Punkt ‚ein großer rundlicher Schutthaufen, der wie der Zusammenbruch eines Turmes wirkt‘; die Wälle selbst [bestehen] aus roh gebrochenen Steinen.“ Inzwischen wurden jedoch „erhebliche Zweifel“ am Bestehen einer vorgeschichtlichen Befestigung auf der Steineberger Ley geäußert, wie Hans Nortmann (2006, 487) aus dem „örtliche[n] Befund“ feststellte: „Es fehlen nämlich gerade auf der möglichen Zugangsseite im ebenen Mittelteil des Rückens die zu erwartenden Spuren eines unzweideutig künstlichen Befestigungsriegels. Vereinzelte Funde von der Höhe sind kaum einzuschätzen, weisen aber in keinem Fall auf ein Siedlungsgeschehen im zeitlichen Zusammenhang mit dem nahen Hügelgräberfeld.“

Information: 54552 Steineberg (Eifel), VG Daun.

Strohn

Das Dorf Strohn liegt im südlichen Zipfel der Vulkaneifel im von den Landkreisen Daun, Wittlich und Cochem-Zell gebildeten „Dreiländereck“ am Flüsschen Alf. Urkundliche Erwähnungen erfuhr der Ort im Mittelalter u.a. 1193 *(Struna)*, 1297 *(Stroim)* und 1366 *(strone uf der alben*, d.h. Strohn an der Alf).

79–80 | Wartgesberg, Wartes (Warteshaus)

Bemerkenswerte Funde aus römischer Zeit wurden in/bei Strohn innerhalb der vergangenen Jahre gemacht, doch schon im 19. Jh. waren bauliche Reste jener Epoche auf dem Wartgesberg südöstlich des Ortes bekannt, der zurzeit zum Zwecke der Steingewinnung abgetragen wird. Von seinem Gipfel reichte der Blick bis zur Altburg (> Schalkenmehren) und sogar bis zum Hunsrück. Südöstlich von Strohn, auf dem Wartgesberg, an der von Johann Ost (1854, 259) als „Wartes, auch Warteshaus", bezeichneten Stelle, vermutete der provinzialrömische Archäologe Siegfried Loeschcke (1883–1956) die Standorte zweier spätrömischer Wachttürme. „Die Reste sind 150 Schritt voneinander entfernt und messen etwa 12 Schritt im Durchmesser" (Bonner Jb. 130, 1925, 351).

81 | Burg/Festes Haus

In einer von Kaiser Heinrich VI. 1193 dem Kloster Springiersbach ausgestellten Bestätigungsurkunde wird auch Besitz in/bei Strohn *(Struna)* genannt. 1297 belehnte Graf Heinrich v. Luxemburg den Ritter Richard v. Daun zuerst mit dem Zehnten von Strohn *(Stroim)* und 1299 dann mit dem gesamten Dorf, das bisher Richards Allod gewesen war.

Um 1336 erbaute Ägidius v. Daun ein Festes Haus in Strohn; er musste jedoch 1336 in einem als *Promissio* (Versprechen) bezeichneten Vertrag ausdrücklich erwähnen, dass seine im Bau befindliche Burg ein ligisches und offenes Lehen des Erzbistums Trier sei: *als von dem nuwen hus* [dem neuen Haus, d. h. der neuen Burg] *daz ich mache und buwe* [baue] *bie Strone uf der alben und daz ich zu eyme ufgevegem* [ufgegeven?] *ledegem hus zu lene han von mime herren von Trire* (Urkunde im LHAK: 1336 StAKO 1 A 4896). Mit dem „Herren von *Trire*/Trier" ist der Trierer Erzbischof Balduin v. Luxemburg gemeint.

Von der Burg, deren Standort (innerhalb des Dorfes?) offenbar nicht mehr bekannt ist, blieben keine sichtbaren Reste erhalten. Möglicherweise wurden ihre Gebäude beim großen Ortsbrand 1760 zerstört, dem die meisten Gebäude im Dorf zum Opfer fielen.

Information: 54558 Strohn, VG Daun. – Der Wartgesberg ist wegen des schon großenteils durchgeführten Steinabbaues nicht mehr zugänglich.

Strotzbüsch

82 | *Strouadesburch*

Wegen der als *Strouadesburch* (neben *Strouadesbusch)* wiedergegebenen Schreibweise des 1097 zuerst genannten Ortes Strotzbüsch wurde auf das Bestehen einer Burg geschlossen, doch ist eine solche bisher nicht bezeugt. Die Erstnennung erfolgte in einer Schenkungsurkunde vom 11. Juni 1097, mit der der Trierer Erzbischof Egilbert dem Simeonstift in Trier Besitz in Strotzbüsch und Lutzerath bestätigte. Spätere Schreibweisen des Ortsnamens waren *Struwertzbusch* (1360) und *Stroßbusch* (1476). Bis 1794 gehörte Strotzbüsch zum kurtrierischen Amt Cochem. Zehntherren waren der Dompropst von Trier, das Kloster Echternach und der Graf Waldbott v. Bassenheim.

Strotzbüsch, angeblicher Wehrkirchhof. Kirche

83 | Angeblicher Wehrkirchhof

Im Eifelführer ([28]2000, 450) findet sich der Hinweis, der Kirchhof von Strotzbüsch könne ein Wehrkirchhof gewesen sein. Dafür sind jedoch am Objekt keine Indizien vorhanden. Auch an der Kirche selbst, deren Turm um 1435 entstanden sein soll und die in der Frühen Neuzeit sowie der Neuzeit mehrfach verändert wurde, finden sich keinerlei Hinweise auf eine ehemalige Wehrhaftigkeit.

84 | Burglay (Burgley)

Auf dem Burglay genannten, das Ueßbachtal überragenden gratartigen Bergrücken ostsüdöstlich von Strotzbüsch finden sich die Reste einer spätrömischen Befestigung, die vor Ort auch unter dem Namen Wallburg bekannt ist. Von dieser Abschnittswallanlage blieben Graben- und Wallreste erhalten (s. Krausse 2006).

Information: 54552 Strotzbüsch, VG Daun.

Udler

85 | Burg Saxler

Nicht eindeutig geklärt ist die Lage der aus spätmittelalterlichen Urkunden bekannten Burg Saxler, die an der Alf bzw. am Alf-Bach zwischen den Orten Saxler und Udler gestanden haben soll (Janssen II 1975, 240) und Sitz eines gleichnamigen ritterlichen Geschlechts war. Ein Ritter Albero v. Saxler *(Sacslar)* war 1235 unter den Zeugen einer Urkunde, die einen Rechtsakt zwischen dem Zisterzienser-Kloster Himmerod und Heinrich v. Kerpen betraf. Die Burg *Sackeslar* – sie fand 1286 zusammen mit einem Fischweiher urkundliche Erwähnung – war offenbar der Sitz einer gleichnamigen Herrschaft. Viele Vermutungen kursieren in der Heimatforschung über die Adelsfamilie v. Saxler und ihre Burg. Der Pfarrer und Altertumsforscher Johann Ost (1854) erwähnt gar ein Grafenhaus v. Saxler, das zur Altburg (> Schalkenmehren) und damit zu Daun gehört haben soll. Und Willi Steffens (F. 96) berichtete in den 1970er-Jahren, der oben genannte Albero v. Saxler „war wohl der Verwalter der Dauner Güter in Saxler, denn 1286 hören wir von Heinrich von Daun als Besitzer der Burg Saxler. Er machte diese Burg nebst einem Fischweiher zum Lehen des Kölner Erzbischofs Siegfried."
Im Jahre 1356 kaufte der Trierer Erzbischof Boemund die halbe Herrschaft *Sacler* und die Hälfte des Weihers *Saxler*, und 1362 erwarb der Erzbischof auch die zweite Hälfte des Weihers *Saxler* mit der dazugehörigen Mühle; ein am Altbau der Mühle angebrachtes Wappen des Trierer Erzbischofs Johann V. v. Isenburg, datiert 1550, deutet auf einen Um- oder Neubau unter Johann. Die Fischweiher sollen in der Flur „Torewiese", heute „Dörrewiese" genannt, unterhalb des Ortes Saxler an der Alf gelegen haben. Aus den aufgezählten Fakten wurde geschlossen, die Burg *Sackeslar* könne „nur eine Niederungsburg im Tal der Alf gewesen sein" (Janssen II 1975, 240).

Umgebung
Nicht weit von der Burg Saxler entfernt gab es anscheinend ein weiteres Festes Haus: Ca. 1 500 m nordnordwestlich des Dorfes Udler, auf der Gemarkungsgrenze zu Schalkenmehren, stand der daraus hervorgegangene Hof Sankweiher. Als Hofgut gehörte er 1472 zur Burg Alt-Daun (> Schalkenmehren). Nahebei lagen mehrere Fischweiher.

Information: 54558 Saxler, Gemeinde Gillenfeld, VG Daun.

Waldkönigen

86 | „Auf der Wacht"

Archäologische Funde aus keltischer und römischer Zeit verweisen auf das Bestehen einer frühgeschichtlichen Siedlung bei Waldkönigen, die – so Vermutungen vor Ort – befestigt gewesen sein könnte, doch gibt es dafür bislang keine Beweise: Hügelgräber in der Flur „Rengenernetzt" entstanden zur Zeit der keltischen Hunsrück-Eifel-Kultur, d. h. im Zeitraum um 475/225 v. Chr. Damit kann auf das Bestehen einer Siedlung geschlossen werden. Und Gräber römischer Soldaten nahe der „Römischen Suer" am Pützbach deuten auf Kampfhandlung im Gebiet von Waldkönigen, die 21 oder 69/70 n. Chr. stattgefunden haben sollen, als der keltische Stamm der Treverer sich gegen die römischen Besatzer erhoben hatte. Unweit von Waldkönigen verlief eine wichtige Römerstraße, die über Jünkerath und Dreis nach Andernach führte. (Zu den römischen Münzfunden am Ernstberg s. > Hinterweiler.)
Die erste bekannte urkundliche Nennung von Waldkönigen *(Waltkuning)* stammt vom 20. April 1368: Aus der Urkunde des Trierer Erzbischofs Kuno II. v. Falkenstein geht hervor, dass die Besitzerin des Dorfes, Elisabeth zu Winneburg, aus finanziellen Grün-

den gezwungen war, dem Erzbischof den Ort zu verpfänden, den sie als Wittum innehatte. Erzbischof Kuno überließ Waldkönigen dem Burggrafen von Cochem; dieser Vorgang stand offenbar in einem Kontext mit dem Ausbau des kurtrierischen Amtes Daun. Der Burggraf war so Grundherr, und damit auch Gerichts- und Zehntherr in Waldkönigen geworden. Zu unbekannter Zeit gelangte das Dorf wieder an die Adelsfamilie v. Winneburg, denn aus einer Urkunde von 1482 geht hervor, dass Waldkönigen nun von Kuno v. Winneburg an Wilhelm v. Braunsberg verpfändet wurde. 1522 kaufte Graf Johann v. Manderscheid(-Gerolstein) den Ort für 500 Gulden von Kuno IV. v. Winneburg und erwarb damit Besitz in einem von Kurtrier beanspruchten Gebiet. Aus den folgenden Jahrhunderten ist nur wenig über die Geschichte des Ortes bekannt.

Etwa 1 km westnordwestlich von Waldkönigen erhebt sich der **„Auf der Wacht"** genannte Basaltlavakopf (623,5 m), der als Naturdenkmal ausgewiesen ist. Allerdings ist die geschützte Fläche nur ca. 70 x 40 m groß. Der Name des Berges legt eine frühere militärische Nutzung nahe (ähnlich der Flurname „Auf der Schildwacht" bei Kelberg), doch ist darüber nichts bekannt. Insbesondere in den 1970er-Jahren wurde das Gelände „Auf der Wacht" durch Geländefahrzeuge stark gestört und überformt, wie Fotos im Internet belegen. Mögliche Spuren einer Befestigung – sei es aus vor-/frühgeschichtlicher Zeit, sei es aus der Frühen Neuzeit – auf dem Berg wurden so von unbedarften Zeitgenossen vernichtet.

In der lokalen Überlieferung wurde der Ortsname Waldkönigen teils dahingehend gedeutet, dass im Wald beim Ort ein König lebte bzw. ein **Schloss** stand. Der Standort eines angeblichen Jagdschlosses wurde in der Flur „Pintegarten"/„Pentegarten" vermutet. (Zwischen den Fluren „Pentegarten" und „Lebensband" befand sich, das geht aus einer 1658 gefertigten Karte des kurtrierischen Amtes Daun hervor, eine Richtstätte.) Tatsächlich fanden sich in dieser Flur Mauerreste, doch gehen diese kaum auf ein Schloss zurück. Und auch die vom *geometram juratum* Johann Peter Dilbecker im Oktober 1790 gefertigte detailreiche Karte Waldkönigens verzeichnet kein Schloss.

Information: 54550 Daun-Waldkönigen.

Waldkönigen, „Auf der Wacht" mit Blick zum Nerother Kopf, Standort der Burg Freudenkoppe

Walsdorf

87 | Burg Spiegelberg und Kirche auf dem Arnolfusberg (Arnsberg)

Der etwa 1,5 km nordöstlich vom heutigen Ortsrand von Walsdorf aufragende einstige Basaltkegel (ehemals 589 m), durch Steinbruch im Bereich der Kuppe jedoch großenteils abgetragene Arnulfsberg (auch Arnolfsberg, Arnulfusberg, Arensberg) war der Standort einer mittelalterlichen Burg der Adelsfamilie v. Spiegelberg. Am Hang des Berges stand die Kirche St. Arnulph (auch St. Arnolfus, St. Arnolt).

Es wurde vermutet, der Name Spiegelberg für den Berg und die Adelsfamilie könne vom lateinischen Wort *specula* (Warte) abgeleitet und „etwaiges" römisches Mauerwerk bei der Erbauung der Burg beseitigt worden sein (KD Daun 1928). Belege für diese Annahme gibt es nicht.

Aus einer Urkunde vom 30.11.1023 geht hervor, dass Kaiser Heinrich II. von der begüterten Benediktiner-Abtei St. Maximin in Trier 6 656 Hufen Land erhielt und damit den Herzog Heinrich v. Bayern belehnte. Unter den aufgeführten Gütern findet sich auch *Arnolfesberc*. Doch wurde diese Urkunde bereits vor langer Zeit als eine Fälschung erkannt, ebenso wie eine weitere, angeblich am 10.12.1023 ausgestellte Bestätigung der ersten Urkunde durch Heinrich II., in der wiederum *Arnolfesberc* genannt ist (Janssen II

Walsdorf, Arnsberg, Standort der Burg Spiegelberg, mit der ehemaligen Pfarrkirche; Ansicht um 1700

1975, 243). Als echt gilt hingegen die Urkunde vom 11.1.1026, mit welcher König Konrad II. der Abtei St. Maximin „die verbliebenen Güter, unter denen sich auch ‚Arnolfesberch' befindet" bestätigte (ebd.). Auch in einer Urkunde vom 31.5.1182 wird *Arnolfesberc* wieder erwähnt. Mit der Nennung des Walther v. Spiegelberg im Jahre 1259 tritt dann die Familie v. Spiegelberg zuerst in der urkundlichen Überlieferung auf. Es folgen Nennungen aus den Jahren 1262, 1266, 1302 und 1307. Die beiden letzteren Erwähnungen standen im Zusammenhang mit dem Verkauf von Teilen des Waldes *Ockemerhart* (heute: Hochheimer Hardt; etwa 3,5 km ostnordöstlich des Arnulfsberges) an das Kloster Niederehe.

Anscheinend wurde der Name des Adelsgeschlechts später auf den Berg übertragen: Denn 1328 soll Herr Heinrich, Herr v. Ulmen, einen *Spegelberch* genannten Berg in der Eifel „an 13 genannte Herren der Eifel" verkauft haben, unter der Bedingung, darauf weder ein steinernes noch ein hölzernes Gebäude zu errichten (KD Daun 1928). Kurz zuvor, 1327, hatte ein Philipp v. Spiegelberg dem Trierer Erzbischof Balduin v. Luxemburg (reg. 1307–54) seine Eigengüter *(bona allodialia)* in Manderscheid sowie sonstigen dortigen Besitz überlassen und nahm diesen vom Erzbischof zu Lehen zurück (Berns 1980, 71, 175). Und ein *Mattis Spigelberg* gen. von Rile (Reil/Mosel?), ein „wohlgeborener Knecht (anscheinend der Herren v. Kerpen)" fand 1357 und 1360 urkundliche Erwähnung (KD Daun 1928).

Walsdorf, Arnsberg. Grundriss der Kirchenruine

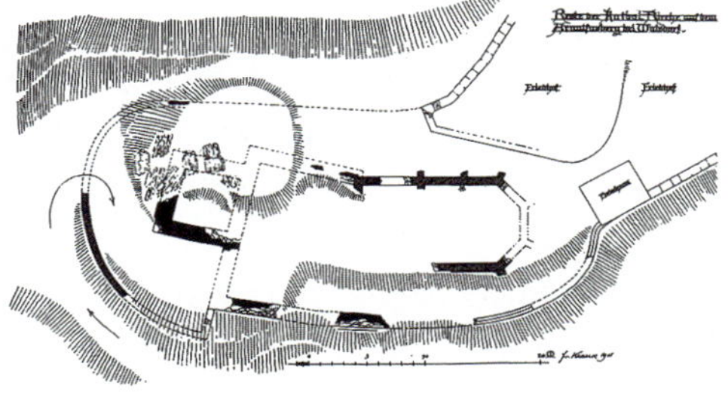

Zum Ende des 14. Jh. gehörte Spiegelberg dann den v. Daun; sie veräußerten den Burgberg 1395 dem Trierer Erzbischof Werner v. Falkenstein „unter Belehnung" und trugen ihm zudem „ihre Gerechtsame, u.a. an der Burg Kerpen, genannt Spiegelberg" auf; es könnte sich hierbei um das andere, 1259, 1262 und 1266 genannte Geschlecht v. Spiegelberg gehandelt haben, das ältere, mit den Herren v. Daun verwandte und ein anderes Wappen führende Geschlecht (ebd.).

Wann die Burg aufgelassen wurde, ist nicht bekannt. In einem aus dem Jahre 1587 stammenden Amtsbericht wird ein *Pastor auf S. Arnolfsberg oder Spiegelberg* genannt und zudem erwähnt, auf dem Berg *von alters ist ein Schloß gewesen* (KD Daun 1928). Wegen der Zerstörung des Gipfels ab 1927 bleiben die

Walsdorf, Arnsberg. Ansicht des großenteils abgetragenen Burgberges

Kenntnisse über die Bebauung des Berges recht spärlich: Ruinen sind auf einer um 1700 erstellten Flurkarte von Oberehe auf der Spitze des Berges sichtbar, indem sie „sich anscheinend gegen die heller getuschten Bäume abheben" (ebd.). Die Landkarten von Dankers (1680) und Lotter (1750) zeigen beide noch bestehende Gebäude auf dem nun „Arensberg" genannten Arnulfsberg. „Arensberg" lautet auch der Eintrag neben dem nun nur noch einzigen verzeichneten Gebäude auf dem Berg in der Tranchot-Karte (NA Blatt 143 Nohn) von 1809/10. Der Heimatforscher und Pfarrer Johann Ost (1845, 212) hat „auf dem eigentlichen Gipfel" – die Spitze des Berges wurde „auf der Spiegelburg" genannt – noch Mauerreste vorgefunden und zudem „von einem Brunnen und Umfassungsmauern gehört" (KD Daun 1928). Verwilderte Obstbäume erinnerten hingegen angeblich an einen einst hier lebenden Klausner, d.h. Einsiedler (ebd.).

Mit dem Jahr 1927 kam das endgültige Ende der Burgreste auf dem Berg: Bei Sprengungen und deren Vorbereitung auf dem seit jenem Jahr von der „Vereinigten Grauwacken-Aktien-Gesellschaft Bonn" als Steinbruch ausgebeuteten Gipfel wurden viele spätrömische Keramikscherben gefunden (KD Daun 1928), doch war Keramik des 14./15. Jh. am häufigsten vorhanden (Janssen II 1975). Zu den weiteren Funden vom Burgberg gehörten u.a. eine Münze Karls des Kühnen v. Burgund (1433–77), einige eiserne gotische, d.h. spätmittelalterliche Schlüssel, eine eiserne Armbrustbolzenspitze und eine Schaftspitze. „In Besitz von Herrn Jak. Wirz [wohl der Trierer Dombaumeister Jacob Wirtz?; d. Verf.] gelangte ein bronzeverkleideter Steigbügel der einfachen halbrunden Form, 12,5 cm hoch, wie auch heute üblich. Der oval geschnittene Boden von vier Schlitzen durchbrochen, der Bügel selbst in schmale und breite, geriffelte Felder aufgeteilt" (KD Daun 1928).

Auch umfängliche mittelalterliche Architekturreste wurden 1927 aufgedeckt: Auf der höchsten Spitze des Berges fand sich ein auf den Fels gegründetes quadratisches Turmfundament mit Seitenlängen von 5,75 m und einer Mauerstärke von 1,50 m, das nur noch in einer Höhe von 0,50–1,20 m erhalten war. Zwar spricht die Lage für einen möglichen Bergfried, doch stehen dieser Vermutung die doch recht geringen Maße des Gebäudes entgegen. Der Turmrest stand „inmitten weiterer, schwer in Zusammenhang zu bringender Mauerfundamente" (KD Daun 1928); eine von Jovy angefertigte Bauaufnahme gelangte ins damalige Provinzial-Museum in Trier.

Sagen berichten von einem Burgkeller, der „reiche Schätze an Wein und Gold bergen" soll (Zender 1847, Nr. 92); selbstverständlich wurde ein solcher beim Abbau des Burgberges nicht gefunden. Am Fuß des Burgberges „finden sich zahlreiche isohypsenparallele Terrassenäcker, die alte zugehörige Feldflur zur Siedlung Arensberg" (Janssen II 1975).

Ebenso wie die Burg existiert auch die einst auf halber Höhe am Berghang stehende **St. Arnolfuskirche** nicht mehr, die nach örtlicher Überlieferung als „wahrscheinlich eine der ältesten Kirchen" in der Eifel gilt. Dies basiert aber lediglich auf einer Sage, die ihren Bau im 7. Jh. schildert. Als „Mutterkirche" war sie ursprünglich die Pfarrkirche für Walsdorf, Zilsdorf und Stroheich. Später sollen die Herren v. Spiegelberg sie auch als „Burgkirche" genutzt haben, doch bleibt dies vorläufig eine bloße Vermutung. Für 1182 und den Beginn des 13. Jh. ist belegt, dass die Trierer Abtei St. Maximin, die am Berg über Grundbesitz verfügte, das Patronatsrecht der Kirche innehatte. 1385 erklärte der Kaplan von Niederehe, dass er dem Marschall von Denshorn jährlich *funfzien paycht maider even als von der kirchen und pastorien wegin zu Spigilberg* schulde. Für die Kirche, die 1719 vier Altäre besaß (Hll. Arnulphus, Maria, Sebastian, Rochus) und für die 1744 Reliquien des hl. Arnulfus Erwähnung fanden, erteilte Papst Clemens XII. 1737 „für Allerseelen einen vollkommenen Ablaß"; wegen der zahlreichen Pilger vergrößerte sich das Kirchenvermögen (Mayer), doch schon 1824 stürzte der Kirchturm ein, und die Kirche verfiel in der Folge. Sie wurde 1822 abgetragen und das Baumaterial zur Errichtung der neuen St. Arnolfuskirche in Walsdorf genutzt.

Da das Bestehen der Kirche spätestens für das 12. Jh. bezeugt ist, muss von einem romanischen Bauwerk ausgegangen werden, dessen Langhaus nach gotischen Um- und Neubauten zur Zeit des Abbruchs vielleicht ein über einer Mittelsäule gewölbter zweischiffiger Raum war, wie er im Eifel-Mosel-Gebiet häufiger vorkam (> Kerpen: Burgkapelle). Das im Grundriss verzogene, nach Osten verjüngte Langhaus war im Westen im Lichten ca. 12 m breit; zusammen mit dem dreiseitig geschlossenen Chor erreichte es eine Länge von etwa 23,80 m. Die Nordwand des 6,85 m breiten Chores stand in den frühen 1920er-Jahren noch teilweise aufrecht (KD Daun 1928). Die Kirche besaß einen Westturm.

Bis 1870 wurde der Friedhof am Arnsberg noch genutzt, doch wegen der Erweiterung des Basaltsteinbruches wurden im Dezember 1928 die Gebeine exhumiert und auf dem neuen Friedhof in Walsdorf beigesetzt. Wie die Burg wurden auch die Kirche und der Friedhof abgetragen.

Information: 54578 Walsdorf, VG Hillesheim. – Die Reste des Arnolfusberges sind frei zugänglich und durch Informationstafeln zur Geologie erschlossen.

88 | Angeblicher Wehrkirchhof

Angeblich bestand in Walsdorf ein Wehrkirchhof, doch lassen sich bauliche Reste einer solchen Anlage nicht erkennen. Da das Bestehen von Wehrkirchen und -kirchhöfen in der Eifel nur ausnahmsweise nachzuweisen ist, ist die Existenz einer solchen Wehranlage in Walsdorf äußerst fraglich.

Weinfelden

89 | Burgensage: „Das versunkene Schloss (im Totenmaar)"

Dort, wo sich heute das auch Totenmaar genannt Weinfelder Maar erstreckt, soll das Schloss eines reichen, mildherzigen Grafen gestanden haben, dessen Gattin hingegen als äußerst hartherzig galt. „Lieber trat sie das Brot mit Füßen, als daß sie es einem Hungrigen reichte. Das bereitete dem Grafen großen Kummer. Doch still duldend ertrug er sein Leid. Er fand nur Trost in der Liebe zu seinem einzigen Kinde"

Weinfeldener Maar, sogenanntes Totenmaar

Weinfelden, ehemalige Dorfkirche mit Friedhof

(Antz 1961). Mehrere, leicht variierende Versionen dieser Sage sind überliefert.

In den 1970er-Jahren präsentierte der aus Dreis stammende Heimatforscher Willi Steffens den Lesern der von ihm publizierten Reihe „Heimatgeschichte, Volkskunde und Sagen unserer Heimat" (F. 15) die folgende Fassung der Sage vom versunkenen Schloss im Totenmaar: „Dort, wo jetzt das Weinfelder Maar zu sehen ist, soll einst ein schönes Schloß gestanden haben. Die Gräfin des Schlosses war hartherzig. Sie hetzte die Hunde hinter den Armen her, wenn diese um eine Gabe bettelten. Da kam eines Tages das Strafgericht. Der Himmel verfinsterte sich. Es donnerte und blitzte, die Erde bebte, und plötzlich versank das Schloß in die Tiefe. An seiner Stelle war ein dunkler See zu sehen. Ein Diener ritt in den Wald zum Grafen, der auf der Jagd war. Er sprach: ‚Herr Graf, euer Schloß ist von der Erde verschwunden, und an seiner Stelle ist ein dunkler See.' Der Graf erwiderte: ‚Das glaub ich nicht, eher glaube ich, daß mein Pferd eine Quelle zutage scharrt.' Das Pferd fing an zu scharren, und es sprudelte ein munterer Quell hervor. Noch heute sieht man an jener Stelle eine Quelle, die man Falschertsborn nennt, denn das Pferd hieß Falschert [auch: Falchert]. Der Graf ritt zurück und fand alles so, wie der Diener berichtet hatte. Auf dem See schwamm eine Wiege mit seinem einzigen Kinde. Er nahm das Kind aufs Pferd und ritt mit ihm in die weite Welt. Totenmaar heißt das Maar auch, weil rundum nicht viel wächst, meist nur Ginstersträucher. Es hat aber auch diesen Namen, weil hier bei der Kapelle der Friedhof von Schalkenmehren ist, wo heute noch die Toten aus dem Dorf begraben werden."

Es gibt Versionen der Sage, in denen es heißt, „bei ganz klarem Himmel könne man die Mauern des Schlosses in der Tiefe sehen" (Guthausen 1996, 205). Auch am Laacher See berichtet man von einem versunkenen Schloss (ebd., 211 f.), doch war dort der Burgherr selbst der Frevler, der nach einem Mord und weiteren Untaten ebenso wie sein Schloss in den Fluten des Maares versank.

Wiesbaum

90–91 | Burg (Mirbacher Hof, Turmhof), Burgmannensitze und -höfe

Im Jahre 2004 feierte Wiesbaum sein 1200-jähriges Bestehen. Man bezog sich dabei auf die Nennung des Ortes *uuisibanio* in einem Tauschvertrag des Abtes Tancrad von Prüm mit Beringar v. Wich, die Besitzungen und Güter untereinander austauschten. Im Rahmen dieses Tausches übergab der „ehrwürdige Abt Tankrad von Seiten des Klosters Güter in Wiesbaum im Eifelgau", welche die Benediktiner-Abtei Prüm von einem gewissen Gunthar erhalten hatte, an Beringar, wie die Urkunde berichtet. Beringar seinerseits überließ der Abtei Güter in Sefferweich im Bitgau. Der Text der Urkunde wurde „verhandelt am 25. Juli im 30. Regierungsjahr unseres Herrn und Königs Karl [d. Gr.] und im 4. Jahre seines Kaisertums“, d. h. im Jahre 804.

In Wiesbaum verfügte die Adelsfamilie v. Mirbach (> Mirbach) dann im späteren Mittelalter über mehrere Höfe: den Turmhof, den Meiers- oder Moritzenhof und den Kruderhof, welche die v. Mirbach als Ministeriale der Grafen v. Blankenheim besaßen. Bis zur Rheinlandbesetzung durch französische Truppen gehörte die Schultheißerei Wiesbaum innerhalb der Herrschaft Jünkerath zur Grafschaft Blankenheim, die 1469 an die Grafen v. Manderscheid gekommen war. Theoderich v. Mirbach und seine Gattin Judith überließen im 13. Jh. „zum Heile ihrer Seelen“ ihr Allod, also ihren ererbten Eigenbesitz, bei Wiesbaum *(Weseme)* dem Zisterzienserinnen-Kloster St. Thomas an der Kyll.

Über die **Burghäuser und Adelshöfe** in Wiesbaum berichtete vor gut 100 Jahren Ernst Freiherr v. Mirbach (1844–1925): „Wiesbaum war angefüllt mit zum Theil noch in einigen Bauernhäusern erhaltenen Burghäusern und Höfen kleiner Adelsgeschlechter.“ Der größte dieser Höfe war der Turmhof, an dem die v. Mirbach Anteile besaßen (s. u.). „Außerdem hatten die Mirbachs noch andere Höfe in Wiesbaum“ (v. Mirbach 1903, 34).

Der historisch und baulich offenbar bedeutendste der Adelshöfe, der **Turmhof (Burg)** – dessen Name auf das Bestehen eines Wohnturmes zurückgehen könnte – entstand an der Nordostseite des Ortes. Wohl seit dem 13. bis zum 16. Jh. besaß die Adelsfamilie v. Mirbach in Wiesbaum den befestigten Hof. Die Flur, in der dieser Hof stand, trägt noch den Namen „Thurhof“, und die Flur südlich des früheren Grabens heißt „Thurpesch“ (Turmwiese). Eine Beschreibung des Hofes hinterließ Ernst v. Mirbach: „Der größte, durch [Wasser-]Gräben und hohe, fensterlose Außenmauern geschützte Hof mit vielen dazu gehörigen Nebengebäuden, war der ‚Thurmhof‘, jetzt ‚Thurhof‘ von seinem großen, dicken Thurme genannt. Die Ueberreste des letzteren standen noch vor ca. 30 Jahren und seine Fundamente liegen heute unter der Erde, und es sollen, wie man erzählt, unterirdische Gänge sich darananschließen [eine in lokalen Überlieferungen mit vielen Burgen fälschlich verbundene Aussage; d. Verf.]. Das ganze war ein großer Komplex von mehreren Höfen am Nordausgange des Dorfes, wo der Denkstein für den ermordeten Ritter Mohr von Walde steht. Noch jetzt umfassen die Reste des Thurmhofes vier oder fünf Bau-

Wiesbaum, Kirche. Lagebild des Kirchhügels

ernhöfe, deren größter, mit starken Mauern versehen, die alte innere Einrichtung, namentlich die Küche mit großem Kamin und Rauchfang enthält. An dem Thurmhofe hatten, soweit man seine Geschichte verfolgen kann – d. h. bis ca. 1300 –, stets mehrere Ritterfamilien Antheil, unter ihnen auch besonders die Mirbach und Wiesbaum, dann die Stein, Mohr vom Walde, von Spieß etc. etc." (ebd.).
Der Burghügel, auf dem sich der Wohnturm erhob, wurde um 1870 eingeebnet (KD Daun 1928, 264). Über einer Haustür der Burg sah der Pfarrer und Heimatforscher Johann Ost (1854) „ein Wappen mit fünf Ringen im Schild, für das er den Ritter Wilhelm v. *Weyssebem* [Wiesbaum] anführt, jedenfalls nach Urkunde v. J. 1439, genannt i. J. 1441" (KD Daun 1928). Noch um 1900 ließ die Familie v. Mirbach an einem erhaltenen Gebäude einen Stein mit ihrem Wappen anbringen. Die Gesamtgröße der Burg soll „in Nordsüdrichtung 250 m, in Ostwestrichtung 150 m" betragen haben (ebd.). Heute können die meisten Bewohner/-innen des Ortes den Standort der Burg nicht mehr benennen.

Zu den befestigten Höfen der v. Mirbach gehörte auch der **Hof an der Südseite des Dorfes**, an der Straße nach Hillesheim. Über diese mit einem niedrigen Wall und Doppelgraben befestigte Anlage berichtet Ernst v. Mirbach (1903, 34 f.), er sei zu seiner Zeit noch „theilweise erhalten" gewesen. Und weiter: „Derselbe ist charakteristisch für die Bauart der meisten dieser kleinen Burghäuser in der Eifel. Um einen inneren fast quadratischen Hofraum von ca. 16–18 m Breite und Länge steht an der Südseite nach außen das starke, massive Wohnhaus, an den drei anderen Seiten liegen die ebenfalls theilweise erhaltenen Ställe, Scheunen, Unterkunftsräume. Zu der dem Wohnhause gegenüberliegenden Seite, die fast ganz niedergelegt ist, befand sich das Eingangsthor, zu welchem noch vor wenigen Jahren eine Brücke über den jetzt ausgefüllten Außengraben führte. Das Wohnhaus ist unterkellert und zweistöckig, an der Außenseite hat es einige kleine, stark vergitterte hochliegende Fenster. Im Erdgeschoß tritt man von einer hohen Steintreppe direkt in die große Küche mit einem riesigen Kamin ein, daneben und im ersten Stock liegen mehrere meist kleine Stuben. Die ringsum anschließenden Stall- und an-

Wiesbaum, Kirche und Kirchhof

deren Gebäude haben nach außen in der Regel keine Fenster, höchstens einige Schlitze, und sind selten oder nur theilweise, und dann in der Regel nach der Außenseite massiv gebaut.
Rings um die ganze Anlage zog sich ein an einzelnen Stellen noch erhaltener Graben, in den man, da kein Bach in der Nähe war, das Regenwasser und das Schmutzwasser aus dem Hofe hineinlaufen ließ. Hier in Wiesbaum umgaben, was selten vorkommt, das Wohnhaus nach außen, jenseits des Grabens, ein niedriger Wall und ein zweiter Graben, die beide durch den Bau der Landstraße größtentheils entfernt sind. Ganz ähnlich der Anlage dieses Hofes ist der ebenfalls erhaltene ‚untere oder Clusen-Hof' in Mirbach" (ebd.). Es handelt sich hierbei um den verschiedentlich unter > Mirbach benannten und beschriebenen Unteren Hof bzw. Clusenhof, der „mit niedrigem Wall und Doppelgraben befestigt war" (Janssen II 1975, 245).
„Derartige Anlagen befinden sich in den verschiedensten, oft recht bedeutenden Abmessungen, besonders in den niedrigeren Theilen und noch mehr in der nördlichen und westlichen Vorebene der Eifel, so zum Beispiel die den Mirbachs einst gehörenden und erhaltene Burghöfe von Leuterath, Enzen, Schwerffen, Irnich, Juntersdorf u. a. Letztere beiden haben einen sehr bedeutenden Umfang und waren mit Mauern, Thürmen und Wassergräben stark befestigt" (v. Mirbach 1903).

92 | Angeblicher Wehrkirchhof

Die Kirche in Wiesbaum fand ihre urkundliche Ersterwähnung in einer vom 31.3.1131 stammenden Bestätigungsbulle des Papstes Innozenz II. für das Stift St. Cassius in Bonn. Verschiedentlich wurde der Kirchhof als möglicher Wehrkirchhof bezeichnet. Defensiveinrichtungen lassen sich an der mehrfach veränderten Kirchhofsmauer nicht erkennen. Auch die vielfach umgebaute und erneuerte, im Erscheinungsbild (spät-)gotische Kirche weist solche nicht auf. Vermutlich bedingte die isolierte Lage der Kirche inmitten des ummauerten Friedhofes auf einem fast rundum recht steil abfallenden Hügel die Assoziation zu einem Wehrkirchhof.

Information: 54578 Wiesbaum, VG Hillesheim.

Winkel

93 | Waltersburg

In der Nähe des Dorfes Winkel, gut 1 km in nordnordwestlicher Richtung von Oberwinkel entfernt, an einer Wegespinne in der Flur „Die Waltersburg", stand der gleichnamige Hof, der aus einer Burg oder einem Adelsitz hervorgegangen sein könnte und bis vor nicht allzu langer Zeit mit Geschichten und Sagen von „Blutschande", „Hexerei" und Geistern in Verbindung gebracht wurde. Zwar blieb von „der Waltersburg" obertägig nichts erhalten, doch haben Johann Ost (1854) und Walter Janssen (II 1975) im Rahmen ihrer Forschungen einige interessante Details über dieses abgegangene Bauwerk und seine letzten Bewohner zusammentragen können.

Auf das Jahr 1300 geht die erstmalige Erwähnung des Hofes zurück, der 1410 zur Herrschaft Wollmerath gehörte und zwei Hofhäuser nebst Wirtschaftsgebäuden und einer Schäferwohnung umfasste. Für den Zeitraum 1590–1608 ist als Besitzer ein „Hofmann" namens Mathias Lage – vor Ort wird auch die Namensvariante „Loge" (Steffens, F. 16) genannt – bezeugt; er stammte aus Daun. In die Zeit kurz danach fallen die Ereignisse, die zur Sagenbildung um „die Waltersburg" beigetragen haben, und die nicht mehr eindeutig nachvollziehbar sind: Es heißt, einer der Bewohner des Hofes sei der Hexerei angeklagt und 1612 verbrannt worden. Der Heimatforscher Willi Steffens (F. 16), der seine Quellen leider nicht benennt, berichtete in den 1970er-Jahren: „Zu nächtlicher Stunde soll er", der später verbrannte „Hexenmeister", „den Leuten an Gut und Leben geschadet haben. Auch nach der Verbrennung des Zauberers fand seine Seele noch keine Ruhe. Noch heute soll der Hexenmeister in der Heide sein verruchtes Spiel treiben." Doch was wurde diesem Mann vorgeworfen? Auch hierzu weiß Steffens etwas zu berichten: „Im Jahre 1612 erzählte man von dem damaligen Besitzer, dem Hofmann Loge, furchtbare Geschichten, und eines Tages erschien der Gerichtsbote mit den Schöffen auf dem Hof. Man führte den Hofmann und seine Schwiegertochter ab nach Wollmerath. Dann standen beide vor dem Hochgericht, bestehend aus dem Gerichtsherrn Ludwig Zandt von Merl, dem Schulheis und sieben Schöffen. Nach dreitägigen Verhandlungen brach der Gerichtsherr den Stab. Wegen Blutschande [!] hatte man die beiden Unglücklichen zum Feuertode verurteilt. Zur Hinrichtung auf dem Scheiterhaufen war viel Volk aus der ganzen Gegend herbeigeeilt. Auf der Waltersburg blieb der Mann der hingerichteten Frau allein zurück. Das war der Sohn des Hofmannes Loge."

Nachdem also 1617 der Sohn des als „Hexenmeister" verbrannten Hofmannes der Besitzer des Hofes gewesen sein soll, stand der Hof Waltersburg 1653 verlassen. Dazu noch einmal Ausführungen von Steffens: „Das Volk mied den Hof. Keiner wollte noch als Magd oder Knecht auf diesen Hof. Nach und nach ging dann das Anwesen zugrunde, aber die Sage von den Geistern auf der Waltersburg blieb erhalten. Mit diesen beiden Hingerichteten ist dann eben die Sage von dem Zauberer entstanden." Da man 1838 bei Arbeiten im Bereich der ehemaligen Hofanlage bzw. Burg an „Ziegeln und Mauern [...] starke Brandspuren" feststellte (s. u.), sollte man m. E. auch die Möglichkeit des Unterganges der Waltersburg durch einen Brand – vielleicht während des 30-jährigen Krieges (?) – in Erwägung ziehen.

Im Zeitraum 1707/10 fand die Waltersburg im *Heberegister* der Herrschaft Wollmerath Erwähnung, und die 1810/11 angefertigte Tranchot-Karte (NA Blatt 168

Gillenfeld) zeigt inmitten eines Heidegeländes den Eintrag „Walterburg" als Flurnamen. Als dann 1838 die damaligen, in Wollmerath ansässigen Eigentümer des Grundstückes die Mauern der Gebäude der Waltersburg „ausbrechen und den ganzen Platz zu Acker umgestalten" ließen, waren noch deutlich sichtbare Reste „des festen Hofhauses" und „die Umrisse sämtlicher Gebäude der Anlage an den Grundmauern" erkennbar (Janssen II 1975, 246). Ein Arbeiter, der am Abbruch beteiligt war, berichtet, man hätte u. a. „ein großes Wohngebäude von 69 Schritt L[änge]. und 39 Schritt Br[eite]. Seine Mauer war auf der S[üd]-Seite 4 Fuß dick" (ebd.). Die Angaben zur Länge und Breite des Gebäudes klingen unglaubwürdig; selbst wenn man eine Verwechslung der Maßangaben „Schritt" und „Fuß" unterstellt, hätte es sich um ein sehr stattliches Gebäude (von ca. 23 x 13 m!) gehandelt. Hier könnten nur archäologische Untersuchungen Aufschluss geben.

Vor Beginn der Beseitigung der Baureste 1838 war das Gelände der Waltersburg mit Sträuchern dicht bewachsen. Südlich des mutmaßlichen Wohngebäudes, ca. 100 Schritt (?) von diesem entfernt, fand sich angeblich ein Brunnen. Nahebei verlief ein Hohlweg. Im Garten neben dem Wohngebäude wurde „ein starkes Fundament" aufgefunden, „welches zu einem Turm gehört haben könnte" (Janssen II 1975, 246) und damit für eine Burg oder einen Adelssitz als Vorgänger des späteren Hofes spräche. Bei der Freilegung der Fundamente wurde viel Keramik, „darunter eine zweihenklige Amphora", und zudem drei Eisenkeile, Eisenketten, Bohrer, Kupfergeräte und viele Ziegel gefunden (ebd.; s. a. Ost 1854, 225).

Information: 54558 Winkel, VG Daun

Zermüllen
Kelberg

94 | Angebliches Burghaus

Bei dem verschiedentlich in der Literatur (Gondorf 1984, 101) und im Netz erwähnten „Rittersitz Zermüllen" in Kelberg-Zermüllen handelt es sich um eine Verwechslung mit dem Adelssitz Zur Mühlen in Adenau, Kreis Ahrweiler (hierzu Losse 2008).

Literatur

Einige häufig genannte Reihen wurden abgekürzt:

BJb Bonner Jahrbücher
BuS Burgen und Schlösser. Zeitschrift der Deutschen Burgenvereinigung für Burgenkunde und Denkmalpflege
EBI Archiv des Europäischen Burgeninstitutes
DRP Denkmalpflege in Rheinland-Pfalz
DTop Denkmaltopographie
FzBS Forschungen zu Burgen und Schlössern. Hg. Wartburg-Gesellschaft zur Erforschung von Burgen und Schlössen
HHS Handbuch der historischen Städten, 5. Bd.: Rheinland-Pfalz und Saarland, hg. von Ludwig PETRY, 3. neubearb. Aufl. Stuttgart 1988.
KD Ahrweiler 1938 Die Kunstdenkmäler des Kreises Ahrweiler. 1938 > GERHARDT et al. 1938.
KD Daun 1928 Die Kunstdenkmäler des Kreises Daun. 1928 > WACKENRODER 1928.
KD Mayen I 1941 Die Kunstdenkmäler des Kreises Mayen, I. Halbbd. 1941 > ADENAUER et al. 1941.
KD Prüm 1927 Die Kunstdenkmäler des Kreises Prüm. 1927 > WACKENRODER 1927.
KD RhProv Die Kunstdenkmäler der Rheinprovinz. Im Auftrage des Provinzialverbandes der Rheinprovinz von Paul Clemen (1866–1947) hg.
Mitt. RVDH Mitteilungen des Rheinischen Vereins für Denkmalpflege und Heimatschutz
RH Rheinische Heimatpflege
RK Rheinische Kunststätten
S+S Schnell & Steiner, Kunstführer
ThBf Theiss Burgenführer

ADENAUER, Hanna/BUSLEY, Josef/NEU, Heinrich/SCHIPPERS, Adalbert: Die Kunstdenkmäler des Kreises Mayen, I. Halbbd. (KD RProv 17, II), Düsseldorf 1941.

ANTZ, August: Rheinlandsagen für Jugend und Volk. Neu erzählt von August Antz. Bonn 1961.

BACKES, Magnus: Burgen und Stadtwehren der Eifel. Neuwied [2]1963.

BACKES, Magnus: Staatliche Burgen, Schlösser und Altertümer in Rheinland-Pfalz (Landesamt für Denkmalpflege Rheinland-Pfalz. Verwaltung der staatlichen Schlösser, Führungsheft 7). 4. überarb. und erweiterte Aufl., Mainz 1993.

BANDMANN, Günter: Mittelalterliche Architektur als Bedeutungsträger. Berlin 1951.

BAUR, Otto/BIERENDE, Edgar: Lessing als Zeichner der Vulkaneifel. In: Martina SITT (Hg.): Carl Friedrich Lessing. Romantiker und Rebell. Bremen 2000, S. 113–122.

BEHR, Anton von et al.: Eifelburgen. In: Mitt. RVDH, Jg. 4, Nr. 3, 1910, S. 161–257.

BERNS, Wolf-Rüdiger: Burgenpolitik und Herrschaft des Erzbischofs Balduin von Trier (1307–1354) (Vorträge und Forschungen, hg. vom Konstanzer Arbeitskreis für mittelalterliche Geschichte, Sonderbd. 27). Sigmaringen 1980.

BEYER, Heinrich: Urkundenbuch zur Geschichte der jetzt die Preussischen Regierungsbezirke Coblenz und Trier bildenden mittelrheinischen Territorien, 1. Bd.: Von den ältesten Zeiten bis zum Jahre 1169. Koblenz 1860.

BEYER, H./ELTESTER, Leopold von/GOERZ, A.: Urkundenbuch zur Geschichte der jetzt die preußischen Regierungsbezirke Coblenz und Trier bildenden mittelrheinischen Territorien. 3 Bde., Koblenz 1860–74 [zitiert MRUB].

BILLER, Thomas: Die Adelsburg in Deutschland. Berlin und München 1993.

BODSCH, Ingrid: Burg und Herrschaft. Zur Territorial- und Burgenpolitik der Erzbischöfe von Trier im Hochmittelalter bis zum Tod Dieters von Nassau († 1307). Boppard 1989.

BÖHME, Horst Wolfgang (Hg.): Burgen der Salierzeit, Teil 2: In den südlichen Landschaften des Reiches (Römisch-Germanisches Zentralmuseum, Forschungsinstitut für Vor- und Frühgeschichte, Monographien, Bd. 26). Sigmaringen 1992.

BÖHME, Horst Wolfgang: Burgen der Salierzeit in Hessen, in Rheinland-Pfalz und im Saarland. In: BÖHME 1992, S. 7–80.

BORNHEIM GEN. SCHILLING, Werner: Rheinische Höhenburgen. 3 Bde. Neuss 1964.

BURGGRAAFF, Peter: Die preußische Uraufnahme im Rheinland (1843–1850) und ihre Bedeutung für die Kulturlandschaftsforschung im Kreis Daun. In: Kreis Daun Vulkaneifel, Heimatjahrbuch 1998, S. 196–202.

BURGGRAAFF, Peter/KLEEFELD, Klaus-Dieter/MERTES, Erich: Geschichte erwandern und erleben. Erster Abschnitt der Geschichtsstraße der VG Kelberg. In: Kreis Daun Vulkaneifel, Heimatjahrbuch 1997, S. 183–191.

BURGGRAAFF, Peter/MERTES, Erich/KLEEFELD, Klaus-Dieter: Die Geschichtsstraße „Rund um den Hochkelberg". Spurensuche auf alten Wanderpfaden. Bonn 2002.

CZERANNOWSKI, Barbara: Eifel-Bilder. Die Eifel in graphischen Darstellungen 1600–1870. Köln 1988.

DERU, Xavier/DELMAIRE, Roland: Die Römer an Maas und Mosel. Darmstadt 2010.

DETTMANN, Rolf/WEBER, Matthias: Das Kylltal in der Eifel und seine Umgebung. Köln 1997.

DOMINICUS, Al[exander].: Baldewin von Lützelburg, Erzbischof und Kurfürst von Trier, ein Zeitbild aus der ersten Hälfte des vierzehnten Jahrhunderts. Koblenz 1862.

Eifel-Verein (Hg.): Eifelführer. Trier [24]1926.

Eifelverein (Hg.): Hillesheim. Ein Führer durch Hillesheim und Umgebung. [...]. Düren [7]1990.

Eifelverein (Hg.): Daun im Herzen der Vulkaneifel. Führer durch Daun und seine nähere Umgebung. [...]. Düren [7]1990.

Eifelverein (Hg.): Gerolstein. Führer durch Gerolstein und das Gerolsteiner Land. [...]. Düren 1993.

ENNEN, L.: Frankreich und der Niederrhein. 2 Bde. Köln 1855–56.

FAAS, Franz Josef: Prüm. Aus der Geschichte einer Landschaft und einer Stadt im Eifel-Ardennen-Raum. Festschrift zu den Eifel-Ardennen-Tagen in Prüm (6.–9.9.1957). Prüm 1957.

FATH, M.: Die Baukunst der frühen Gotik im Mittelrheingebiet. In: MZ 63/64, 1968/69, S. 1–38 und 65, 1970, S. 43–92.

FERBER, Franz-Josef/MERTES, Erich/STEFFENS, Reinhard: Kreis Daun. Bilder aus vergangenen Tagen. Bildband. Daun 1985.

FORST, Hermann: Erläuterungen zum geschichtlichen Atlas der Rheinprovinz. IV. Bd.: Das Fürstentum Prüm. Bonn 1903.

FRIDERICHS, A./GILLES, K. J.: Zell an der Mosel (RK). Neuss 1976.

GEITH, Karl Ernst: Carolus Magnus. Studien zur Darstellung Karls des Großen in der deutschen Literatur des 12. und 13. Jahrhunderts. Bern und München 1977.

GERHARDT, Joachim/NEU, Heinrich/RENARD, Edmund/VERBEEK, Albert: Die Kunstdenkmäler des Kreises Ahrweiler (KD Rheinprov., 17/I). Düsseldorf 1938.

GILLES, Karl-Josef: Spätrömische Höhensiedlungen in Eifel und Hunsrück (Trierer Zeitschrift, Beiheft 7). Trier 1985.

GILLES, Karl-Josef: Befestigte spätrömische Höhensiedlungen in Eifel und Hunsrück. In: STEUER/BIERBRAUER 2008, S. 117–132.

GOERZ, Ad.: Mittelrheinische Regesten oder chronologische Zusammenstellung des Quellen-Materials für die Geschichte der Territorien der beiden Regierungsbezirke Coblenz und Trier in kurzen Auszügen. IV. Theil, vom Jahre 1273 bis 1300, Coblenz 1886 [zitiert MRR].

GONDORF, Bernhard: Die Burgen der Eifel und ihrer Randgebiete. Ein Lexikon der „festen Häuser". Köln 1984.

GROTE, H.: Stammtafeln. Leipzig 1877.

GÜNTHER, W.: Codex Diplomaticus Rheno-Moselanus, II. Koblenz 1823.

GUTHAUSEN, Karl: Sagen und Legenden aus Eifel und Ardennen. Bd. 3. Gesammelt und bearb. von Karl Guthausen. Aachen 1996 [mit einem Verzeichnis der wichtigsten Sagen-Publikationen zur Eifel].

HAGEN, J.: Die Römerstraßen der Rheinprovinz. Bonn 1931.

HAMMES, Alois: Beiträge zur Orts- und Pfarrgeschichte der alten Pfarrei Steinborn. 1936.

HERRMANN, Christofer: Fensterbekrönungen an Profanbauten von 1250 bis zum Ende des 16. Jh. im Trierer Raum. In: Barbara

SCHOCK-WERNER/Klaus BINGENHEIMER (Hg.): Fenster und Türen in historischen Wehr- und Wohnbauten (Veröffentlichungen der Deutschen Burgenvereinigung. Reihe B: Schriften, Bd. 4). Stuttgart 1995, S. 65–73.

HERRMANN, Christofer: Wohntürme des späten Mittelalters auf Burgen im Rhein-Mosel-Gebiet (Veröffentlichungen der Deutschen Burgenvereinigung. Reihe A: Forschungen, Bd. 2). Espelkamp 1995.

HERZOG, Harald: Rheinische Schloßbauten im 19. Jh. Köln 1981.

HERZOG, Harald: Burgen und Schlösser. Geschichte und Typologie der Adelssitze im Kreis Euskirchen (Veröffentlichungen des Vereins der Geschichts- und Heimatfreunde des Kreises Euskirchen e.V., A-Reihe, Bd. 17). Köln 1989.

HEYEN, Franz-Josef (Hg.): Die Arenberger – Geschichte einer europäischen Dynastie. Bd. 1: Die Arenberger in der Eifel. Koblenz 1987.

HEYEN, Franz-Josef: Der Mittelrhein im Mittelalter. Koblenz 1988.

HONTHEIM, Johann Nikolaus von: Historia Trevirensis diplomatica et pragmatica inde a translata Treveri praefectura praetorio Galliarum ad haec usque tempora: e genuinis scripturis eruta atque ita digesta, ut non solum jus publicum particulare archiepiscopatus et electoratus Trevirensis in suis fontibus plenissime exhibeat, sed et historiam civilem et ecclesiasticam Germaniae ejusque singularia jura publica ac privata illustret. 3 Bde. Augsburg und Würzburg (bei Martin Veith) 1750.

HOTZ, Walter: Kleine Kunstgeschichte der deutschen Burg. Darmstadt 1975.

HUPPERTZ, B.: Zur Wüstungsforschung im Rheinlande. In: Rheinische Vierteljahresblätter, 7, 1937, S. 373–377.

JANSSEN, W.: Burg und Territorium am Niederrhein im späten Mittelalter. In: PATZE 1974, I, S. 283–324.

JANSSEN, Walter: Studien zur Wüstungsfrage im fränkischen Altsiedelland zwischen Rhein, Mosel und Eifelnordrand (Beihefte der BJb., Bd. 35, T. I u. II). 2 Bde. Bonn 1975.

JUNGANDREAS, Wolfgang: Historisches Ortslexikon der Siedlungs- und Flurnamen des Mosellandes. Trier 1962.

KAUFMANN, Karl Leopold.: Aus Geschichte und Kultur der Eifel. Köln [2]1927.

KINKEL, Gottfried: Die Ahr. Eine romantische Wanderung vom Rheintal in die hohe Eifel. Eingeleitet und hg. von H. Kochs. Neubearbeitung der 2. Aufl. von 1849. Köln 1976.

KLEEMANN, Otto: Vor- und Frühgeschichte des Kreises Ahrweiler. Bonn 1971.

KOCH, Karl-Heinz/SCHINDLER, Reinhard: Vor- und frühgeschichtliche Burgwälle des Regierungsbezirkes Trier und des Kreises Birkenfeld (Trierer Grabungen und Forschungen, 13,2). Trier 1994.

KRÄMER, Karl Emerich: Von Burg zu Burg durch die Eifel. Duisburg 1976.

KRAUSSE, Dirk L.: Eisenzeitlicher Kulturwandel und Romanisierung im Mosel-Eifel-Raum. Fundstellenkatalog. Esslingen 2006.

KUBACH, Hans Erich/ VERBEEK, Albert: Romanische Baukunst an Rhein und Maas. 4 Bde. Berlin 1976–80.

KUNOW, Jürgen/WEGNER, Hans-Helmut (Hg.): Urgeschichte im Rheinland. Jahrbuch 2005 des Rheinischen Vereins für Denkmalpflege und Landschaftsschutz. Köln 2006.

LEHFELDT, Paul: Die Bau- und Kunstdenkmäler des Regierungsbezirks Coblenz. Düsseldorf 1886.

LIESSEM, Udo: Bemerkungen zu einigen Burgen der Salierzeit im Mittelrheingebiet. In: BÖHME 1992, S. 81–112.

LOSSE, Michael: Bürgerliche Burgen. Beispiele bürgerlicher Herrschaftsarchitekturen des Rheinlandes, dargestellt unter besonderer Berücksichtigung des Wiederaufbaus mittelalterlicher Burgen (Magisterarbeit). Marburg/Lahn 1991.

LOSSE, Michael: Festungen und Feste Schlösser in der Eifel. Beobachtungen an spätmittelalterlichen und neuzeitlichen Wehrbauten, vor allem in der Hocheifel (15.–20. Jh.). In: Die Eifel. Zeitschrift des Eifelvereins, Jg. 90, 1/1995, S. 4–18.

LOSSE, Michael: Der „Börsenritter" im „lauschigen Butzenscheiben-Erker". Anmerkungen zur realen und ideellen Inbesitznahme mittelalterlicher Burgen durch Bürgerliche im Eifel-Mosel-Gebiet (1815–1918). In: Eifeljahrbuch 1996, Düren 1995, S. 16–33.

LOSSE, Michael: „Bürgerliche Burgen" im 19. und 20. Jahrhundert. In: Burgen in Mitteleuropa. Ein Handbuch, hg. von der Deutschen Burgenvereinigung. Bd. 1, Stuttgart 1999, S. 174–176.

LOSSE, Michael: Burgenlandschaften: Nordrhein-Westfalen: Nordeifel und Eifelvorland. In: Burgen in Mitteleuropa. Ein Handbuch, hg. von der Deutschen Burgenvereinigung. Bd. 2, Stuttgart 1999, S. 141–143; Rheinland-Pfalz: Eifel. In: ebd., S. 167–170.

LOSSE, Michael: Theiss Burgenführer Hohe Eifel und Ahr. Stuttgart 2003.

LOSSE, Michael: Die Mosel. Burgen, Schlösser, Adelssitze und Befestigungen von Trier bis Koblenz. Petersberg 2007.

LOSSE, Michael: *„Keck und fest, mit senkrechten Mauertürmen ... wie eine Krone"*. Burgen, Schlösser und Festungen an der Ahr und im Adenauer Land. Regensburg 2008.

LOSSE, Michael: Kleine Burgenkunde. Euskirchen 2011.

LOTZKES, Erna: Die Städte der Eifel – eine vergleichende Städtebiographie (Phil. Diss.). Bonn 1946.

LÜCKERATH, Carl August: Burgen des Kölner Erzstiftes als Herrschaftsinstrumente (um 1200). In: SCHOCK-WERNER/HOFRICHTER 2001, S. 65–72.

MAINZER, Udo: Stadttore im Rheinland. Neuss 1976.

MARX, Jakob/SCHULER, Matthias: Geschichte der Pfarreien der Diözese Trier. Begründet von Jakob Marx d.J., fortgesetzt und hg. von Matthias Schuler, III. Bd.: Die Dekanate Prüm-Waxweiler, bearb. von Peter OSTER. Trier 1927.

MAYER, Alois: Hochgerichts- und Grundrechte im Amte Daun. Ein Weistum aus dem Jahre 1466. In: Kreis Daun Vulkaneifel, Heimatjahrbuch 1984, S. 241–250.

MAYER, Alois/MERTES, Erich: Geschichte, Kultur und Literatur der Verbandsgemeinde Kelberg. Adenau 1993.

MECKSEPER, Cord: Ausstrahlungen des französischen Burgenbaues nach Mitteleuropa im 13. Jh. In: Beiträge zur Kunst des Mittelalters. Festschrift für H. Wentzel zum 60. Geburtstag. Berlin 1975, S. 135–144.

MEHRING, F. E. von: Geschichte der Burgen, Ritter Güter, Abteien und Klöster des Rheinlandes. Köln 1831–61.

MENKE, Heinrich: Gartenflüchtlinge aus Burggärten. In: RH, 11. Jg., Heft 1/2, 1939, 102–104.

MERTES, Erich: Archäologische Fundstellen in der Verbandsgemeinde Kelberg. In: Trierer Zeitschrift für Geschichte und Kunst des Trierer Landes und seiner Nachbargebiete, 43/44, 1980/81, S. 405–438.

MERTES, Erich: Die Dörfer der Verbandsgemeinde Kelberg, ihre erste Erwähnung und Nennung in der Literatur. In: Landeskundliche Vierteljahresblätter, 32, 1986, Heft 3.

MERTES, Erich: Das Gericht Kelberg im kurtrierischen Amt Daun. In: Landeskundliche Vierteljahrsblätter 47, 2001, S. 73–76.

METTERNICH, Wolfgang: Der Torbau und die regelmäßige Burganlage des 13. Jh. im anglofranzösischen Raum. In: BuS 1990/II, S. 58–74.

MOLITOR, Hermann: Aus der Geschichte Kelbergs und seiner Ortsteile Hünerbach, Köttelbach, Rothenbach, Meisenthal und Zermüllen. Festschrift 1970.

MOLITOR, Hermann: Das Kelberger Land. Aus alten Zeiten und jungen Tagen. 2. erw. Aufl. Daun 2000.

MOLITOR, Stefan: Die besondere politische Grenzlagensituation des Kelberglandes von der Römerzeit bis heute. Kelberg 1989.

MÜLLER, Heinz: Die Wüstungen des Kreises Mayen. Volkskundliche Beiträge zur Wüstungsforschung (Diss. Phil., Ms.). Bonn 1952.

MÜLLER, Max: Die Ortsnamen im Regierungsbezirk Trier (Jahresbericht der Gesellschaft für nützliche Forschungen). Trier 1906/10.

NEU, Heinrich: Das Herzogtum Aremberg. Euskirchen 1938.

NEU, Peter: Geschichte und Struktur der Eifelterritorien des Hauses Manderscheid vornehmlich im 15. und 16. Jh. Bonn 1972.

NEU, Peter: Die Arenberger Burgen der Eifel – Zentren der Wirtschaft und des überregionalen Handels, vornehmlich im 16. bis 18. Jh. In: SCHOCK-WERNER 2001, S. 78–86.

NEUMANN, Hartwig. Festungsbaukunst und Festungsbautechnik. Koblenz 1988.
NOLDEN, Reiner (Hg.): „Anno verbi incarnati DCCCXCIII conseriptum". Im Jahre des Herrn 983 geschrieben. 1100 Jahre Prümer Urbar. Trier 1993.
NORTMANN, Hans: Burgen der Hunsrück-Eifel-Kultur. In: A. JOCKENHÖVEL (Hg.): Ältereisenzeitliches Befestigungswesen zwischen Maas/Mosel und Elbe (Veröffentlichungen der Altertumskomission Westfalen, 11). Münster 1999, S. 69–80.
NORTMANN, Hans: Voreisenzeitliche Höhensiedlungen im Trierer Land. In: Studia Antiquaria. Festschrift für N. Bantelmann. Bonn 2000, S. 59–66.
NORTMANN, Hans: Die ältere Eisenzeit im südlichen Rheinland: neuer Rohstoff – neue Bestattungsart – neues Zeitalter? In: KUNOW/WEGNER 2006, S. 225–240.
OPPERMANN, Otto: Rheinische Urkundenstudien, Teil 2: Die trierisch-moselländischen Urkunden, hg. von F. Ketner. Groningen 1951.
OST, Johann: Die Altertümer in dem Kreise Daun und den angrenzenden Teilen der Kreise Adenau, Cochem, Wittlich und Prüm mit historischen Nachrichten, Zeichnungen und einer Karte. Trier 1854.
PAULY, Ferdinand: Siedlungs- und Pfarrorganisation im alten Erzstift Trier. Trier 1961.
PIPER, Otto: Burgenkunde. Bauwesen und Geschichte der Burgen (Nachdruck der verbesserten und erweiterten 3. Aufl. von 1912). Frankfurt und München 1967.
POSS, Alfons: Archäologische Fundstellen in der Verbandsgemeinde Kelberg. In: Kreis Daun Vulkaneifel, Heimatjahrbuch 1983.
POSS, Alfons: Der Turm der Uesser Pfarrkirche. In: Kreis Daun Vulkaneifel, Heimatjahrbuch 1983.
Reclam – Wörterbuch der Burgen, Schlösser und Festungen. Hg. Horst Wolfgang BÖHME, Reinhard FRIEDRICH und Barbara SCHOCK-WERNER in Verbindung mit dem Europäischen Burgeninstitut der Deutschen Burgenvereinigung e.V. Stuttgart 2004:
RENN, Heinz: Die Eifel. Wanderung durch 2000 Jahre Geschichte, Wirtschaft und Kultur. Trier o. J.
RESCH, Aloys: Die Edelfreien des Erzbistums Trier im linksrheinischen deutschen Sprachgebiet (Trierisches Archiv, H. 17/18). Trier 1911 [Diss. Bonn 1911].
REUTER, Matthias: Beiträge zur Geschichte der Hocheifel. Land zwischen Adenau und Daun. Schleiden 1979.
SCHANNAT/BÄRSCH: Eiflia illustrata, oder geographische und historische Beschreibung der Eifel. Von Johann Friedrich Schannat. Aus dem lateinischen Manuscripte übersetzt und mit Anmerkungen und Zusätzen bereichert von Georg Bärsch. Aachen und Leipzig, I. Bd., 2. Abt., 1825; II. Bd., 1844; III. Bd., 2. Abt., 1854.
SCHANNAT, Johann Friedrich: Eiflia illustrata. Bd. 2: Kreis Daun. Erweitert und neu bearbeitet von Franz Josef Ferber und Erich Mertes. Osnabrück 1982.
SCHAUS, Emil: Stadtrechtsorte und Flecken im Regierungsbezirk Trier und im Landkreis Birkenfeld. Trier 1958.
SCHLÜTER, O.: Die französische Landesaufnahme im linksrheinischen Gebiet 1810–1814. In: Westdeutsche Zeitschrift für Geschichte und Kunst, 1910, S. 182–193.
SCHMITZ, J. H.: Sitten und Legenden des Eifeler Volkes. Trier 1958.
SCHNEIDER, Jakob: Das Kylltal mit seinen nächsten Umgebungen. Trier 1843.
SCHOCK-WERNER, Barbara/HOFRICHTER, Hartmut (Hg.): Zentrale Funktionen der Burg (Veröffentlichungen der Deutschen Burgenvereinigung. Hg. vom Europäischen Burgeninstitut, Reihe B: Schriften, Bd. 6). Braubach 2001, S. 78–86.
SCHORN, C.: Eiflia Sacra. Geschichte der Klöster und geistlichen Stiftungen in der Eifel. I, Bonn 1888.
SCHÜTTE, Ulrich: Das Schloß als Wehranlage. Darmstadt 1994.
SCHUG, Peter: Geschichte der Pfarreien der Diözese Trier. Bd. V. und VI. Pfarreien der Dekanate Daun, Gerolstein, Kelberg. Trier 1961.
SCHULER, Matthias: Geschichte der zum ehemaligen Eifeldekanat gehörenden Pfarreien der Dekanate Adenau, Daun, Gerolstein, Kelberg. Trier 1956.
SEEL, Karl August: Orts- und Flurwüstungen der Eifel. Ein Arbeitsbericht für das Jahr 1962 zum Forschungsauftrag: ‚Die Altfelder der Eifel'. In: BJb., Bd. 162, 1962, S. 455–479.
STEFFENS, Willi: Heimatgeschichte, Volkskunde und Sagen unserer Heimat [Serie 1]; Heimatgeschichte, Anekdoten, Humor [Serie 2]. Beilage zur Firmenzeitschrift der Firma Slabik in den 1970er-Jahren.
STEINHAUSEN, Josef: Archäologische Siedlungskunde des Trierer Landes. Hg. vom Rheinischen Landesmuseum Trier. Trier 1936.
STEINICKE, Esther [Text]/STEINICKE, Bernd und Gabriele [Fotos]: Eifel. Würzburg 2000.
STEUER, Heiko/BIERBRAUER, Volker, unter Mitarbeit von Michael HOEPER (Hg.): Höhensiedlungen zwischen Antike und Mittelalter von den Ardennen bis zur Adria (Reallexikon der Germanischen Altertumskunde. Ergänzungsbde., 58). Berlin 2008.
STEVENS, Ulrich: Burgkapellen im deutschen Sprachraum. Köln 1978.
STRAMBERG, Johann Christian von: Denkwürdiger und nützlicher rheinischer Antiquarius, Koblenz 1867.
TEXTOR, Fritz: Entfestigungen und Zerstörungen im Rheingebiet während des 17. Jh. als Mittel der französischen Rheinpolitik, Bonn 1937.
TILLMANN, Curt: Lexikon der deutschen Burgen und Schlösser. 4. Bde. Stuttgart 1958–61.
TRIER, Eduard/WEYRES, Willy: Kunst des 19. Jh. im Rheinland. 2 Bände. Düsseldorf 1980/81.
TUCKERMANN, W.: Die Wandlungen im Landschaftsbilde der Eifel seit der unter dem Obersten Tranchot ausgeführten französischen Landesaufnahme (1801–1814). In: Eifel-Festschrift, 1913, S. 76–91.
USLAR, Rafael von: Verzeichnis der Ringwälle in der ehemaligen Rheinprovinz. In: BJB, 153, 1953, S. 128–140.
VANNÉRUS, Jules: Freudenburg, Freudenstein, Freudenkoppe. Episode de la politique féodale suivie par Jean l'Aveugle dans son comté de Luxembourg. Mélanges d'histoire offerts à Henri Pirenne. Brüssel 1926, S. 616–634.
VON DER DOLLEN, Busso/SCHOCK-WERNER, Barbara (Hg.): Burgenromantik und Burgenrestaurierung um 1900. Der Architekt und Burgenforscher Bodo Ebhardt in seiner Zeit. Ausstellungskatalog (Veröffentlichungen der Deutschen Burgenvereinigung, Reihe B: Schriften, Bd. 7). Braubach 1999.
WACHENHUSEN, Hans: Die Mosel. In: Karl STIELER/Hans WACHENHUSEN/F. W. HACKLÄNDER: Rheinfahrt. Von den Quellen des Rheins bis zum Meere, Stuttgart 1875 (wiederhg. Hannover 1978, 6. Aufl. 1985), S. 308–322.
WACKENRODER, Ernst: Die Kunstdenkmäler des Kreises Prüm (KD Rheinprov. 12, II). Düsseldorf 1927.
WACKENRODER, Ernst: Die Kunstdenkmäler des Kreises Daun (KD Rheinprov. 12, III). Düsseldorf 1928.
WACKENRODER, Ernst: Die Kunstdenkmäler von Rheinland-Pfalz, Bd. 3: Kreis Cochem (2 Teile). München 1959.
WAGNER, Herbert: Zur Siedlungsgeschichte der Orte des ehemaligen kurtrierischen Amtes Hillesheim/Eifel. In: RH 1973, S. 301–306.
ZENDER, Matthias: Die Sage als Spiegelbild von Volksart und Volksleben im westdeutschen Grenzland (Diss. 1938). Bonn 1940.
ZEUNE, Joachim: Burgen – Symbole der Macht. Regensburg 1996.
ZIMMER, John: Die Burgen des Luxemburger Landes. 2 Bde. Luxemburg 1996.

Literatur zu den einzelnen Objekten

Ahütte (Üxheim)
Burg Dreimühlen: DOHM: Die Tragik des Hauses Dreimühlen. In: Die Eifel, Jg. 53, 1958, 95. – JANSSEN II 1975, 241 f. – KD Daun 1928, 247 f. – LEHFELDT 1886, 31. – MANNHEIM, P.: Die Hexe auf der Burg Dreimühlen. In: Jahrbuch des Kreises Ahrweiler, 1958, S. 25. – REUTER 1979, 48 f. – SCHANNAT/BÄRSCH (Eiflia illustrata) I, 1825, 264; II, 1, 11.

Berndorf
Angebliche Wehrkirche und Wehrkirchhof: ADRIAN, Hans-Gregor: Berndorf (Hohe Eifel) (RK 304). Neuss 1985. – KD Daun 1928, 26–30. – OST 1854, 96.

Birgel
Burg: JANSSEN II 1975, 214. – KD Daun 1928, 151 f. – OST 1854, 99.
Burgberg: JANSSEN II 1975, 214. – KD Daun 1928, 151 f.
Adelshöfe/befestigte Höfe (Claishof; Thelenhof): KD Daun 1928, 151 f.

Bodenbach
Römischer Burgus: HENRICH, Peter/MISCHKA, Carsten: Der römische Burgus Bodenbach, Kreis Daun. In: Funde und Ausgrabungen im Bezirk Trier 35, 2003, S. 53–59.

Bongard
MERTES, Erich: Chronik von Bongard. Niederprüm 2003.
Befestigung („Ringwall") auf dem Barsberg: KOCH/SCHINDLER 1994, 78 f, Pl. 56. – NORTMANN, Hans: Bongard, Kreis Daun, Eisenzeitliches Hügelgräberfeld und Befestigung „Barsberg". In: Kunow/Wegner 2006, 309 f. – REUTER 1979, 112. – SCHÖNHOFEN, Werner: Der Ringwall auf dem Barsberg. In: Kreis Daun, Heimatjahrbuch 1980.

Borler (Üxheim)
REUTER, Heinz: Borler, Verbandsgemeinde Kelberg. 1987.
Haus Heyer: HAUBRICH, P. [Pfarrer]: Haus, Hof und Kapelle Heyer. Paderborn 1878. – HÖRTER, Fridolin: Heyerberg, Heyerkapelle, Heyerburg. In: Beilage der Rhein-Zeitung, Februar 1962. – JANSSEN II 1975, 220. – KD Mayen I 1941, 203 f. – LEHFELDT 1886, 31. – MÜLLER 1952, 43–47. – REUTER 1979, 49–51.

Brockscheid
Burg Freudenstein (Geisenburg): BERNS 1980, 85. – Eifelhaus, 1920, Nr. 18 (FENGER); 1926, Nr. 39 u. Nr. 40. – HETTNER, H., in: Westdeutsche Zeitschrift, Museographie 1888, 299. – JANSSEN II 1975, 215; s.a. 240 (Tettscheid). – KD Daun 1928, 34 f. – OST 1854, 101. – VANNÉRUS 1926, 616–634.

Daun
EBI. – BOSL 1950. – Daun, Stadt (Hg.): 1250 Jahre Daun. Daun 1981. – Eifelverein (Hg.): Daun im Herzen der Vulkaneifel. Führer durch Daun und seine nähere Umgebung. [...]. Düren ^{7}1990. – HARTMANN, Waldemar: Stadtgestalt und alte Stadthäuser. In: Stadt Daun 1981, 71–75. – JUNG, Ludwig/WEBER, Holdwill: Aus der Geschichte der Stadt Daun. In: Stadt Daun 1981, 10–22. – STEFFENS F. 42: Kleine Wappenkunde des Dauner Grafenhauses; F. 45: Generalfeldmarschall Graf Leopold von Daun; F. 110: Ägidius oder Gilles von Daun [...]; F. 165 (dto.).
Burg: BERNS 1980, 93, 100, 204, 209, 210. – JANSSEN II 1975, 215 f. – KD Daun 1928, 37 ff., 50 f. – LOSSE 2003 (ThBf), 52 f. – MAYER, Alois: Sehenswürdigkeiten in der Stadt Daun. In: Eifelverein (Daun) ^{7}1990, 24–46, hier 25–28. – MEYER, August: Augustin Knoodt – Amtmann Schultheiß Kellner. In: Stadt Daun 1981, 23–29. – RESCH 1911. – SCHANK, Hans Jürgen: Die Kapelle auf dem Burgberg. In: Stadt Daun 1981, 103–106. – STEFFENS F. 15 (Sage).
Burghäuser: HARTMANN 1981, 71, 74. – KD Daun 1928, 57, 263.

Densborn
Burg: EBI. – JANSSEN II 1975, 192. – KD Prüm 1927, 64–68.– OST 1854, 119. – STEFFENS F. 53: Auch Burg Densborn gehörte einst zu Daun.

Deudesfeld
Möglicher Adelssitz: KD Daun 1928, 59 f.

Dohm (Niederbettingen an der Kyll)
Burg: KD Daun 1928, 181. – OST 1854.

Dreis
Dreiser Burg: KD Daun 1928, 65. – SCHEWE, Dieter: Burg Dreis in der Mitte der Eifel. 700 Jahre Wacht an Weiher und Ahbach. Sinzig 2004.

Gerolstein
Eifelverein (Hg.): Gerolstein. Führer durch Gerolstein und das Gerolsteiner Land. [...]. Düren 1993. – STEFFENS F. 90.
„Ringwall" Dietzenley: KOCH/SCHINDLER 1994, 84–87, Plan 60. – NELLESSEN, H., in: Die Eifel, 1960, 243 f. – NORTMANN 1999. – NORTMANN 2000. – NORTMANN, Hans: Gerolstein, Kreis Daun, Bronzezeitliche Höhensiedlung und eisenzeitliche Befestigung „Dietzenley". In: Kunow/Wegner 2006, 350 f. – KD Daun 1928, 70 f. – THORMANN, Karl: Die Dietzenly – ein Bodendenkmal in der westlichen Vulkaneifel. In: Eifelverein 1993 (Gerolstein), 121–129. – v. USLAR 1953, 132.
Burg Gerhardstein: EBI. – BACKES 41993, 70 f. – JANSSEN II 1975, 217. – KD Daun 1928, 85–91. – HORSCH, Peter, jun.: Burg Gerhardstein – im Volksmund Löwenburg genannt. In: Eifelverein 1993 (Gerolstein), 138–144. – LOSSE 2003 (ThBf), 66 f. – WACHENHUSEN 1875, 313 (Abb. S. 308).
Stadtbefestigung: JANSSEN II 1975, 217. – KD Daun 1928, 91–93.

Hillesheim
DOMINICUS 1862, 540. – MEYER, Hermann: Hillesheim, die Geschichte eines Eifelstädtchens. Trier 1962. – SCHAUS 1958. – TEXTOR 1937. – WAGNER, Herbert: Hillesheim in der Eifel (RK 4/1976). Köln 1975. – WAGNER, Herbert u.a.: Hillesheim. Ein Führer durch Hillesheim und Umgebung. [...]. Hg. vom Eifelverein. Düren ^{2}1982.
Stadtbefestigung: Jahresbericht des Provinzial-Konservators XVII, 23). – KD Daun 1928, 109, 117–122. – WAGNER (RK) 1975, 8–10. – WAGNER 21982.
Burg: KD Daun 1928, S. 117. – WAGNER ^{2}1982.
Burgmannenhäuser und Adelshöfe: JANSSEN II 1975, 221. – KD Daun 1928, 122 f. – WAGNER ^{2}1982, 40.
Grevenhof: KD Daun 1928, 122.
Befestigtes Augustiner-Kloster: KD Daun 1928, 114 f. – WAGNER (RK) 1975. – WAGNER ^{2}1982.

Hinterweiler
Ernstberg: STEFFENS F. 16; F. 97 (Sage).

Hörschhausen
Kastelberg: BJb. 130, 1925, 349. – KD Daun 1928. – STEFFENS, Reinhard: Das Wahrzeichen von Berenbach – Kastelberg zwischen Berenbach und Horperath. In: Heimatjb. Kreis Daun 1999, 79–83. – v. USLAR 1953, 132.

Hohenfels
Bauernburg: HÖRTER, Fridolin: Die Schwedenfeste bei Hohenfels. In: Eifeljb. 1978, 40–45. – JANSSEN II 1975, 221 f. – KD Daun 1928, 147. – RAHM, Gilbert: Der Mühlenberg bei Hohenfels. In: Eifeljahrbuch 1960. – STEININGER, Johann: Geognostische Studien am Mittelrhein. Mainz 1819.

Horperath, Kastelberg > Hörschhausen, Kastelberg

Jünkerath
Römisches Kastell: KD Daun 1928, 99 f.
Burg (Glaadt): JANSSEN II 1975. – KD Daun 1928.
Schloss: EBI. – BORNHEIM GEN. SCHILLING 1964. – GUTHAUSEN 1996, 203 (Sage). – JANSSEN II 1975, 222. – KD Daun 1928, 104–108. – STEFFENS F. 15 (Sage); F. 158 (Sage).

Kalenborn-Scheuern
Burg und Burgheide: GONDORF 1984, 98 f. – JANSSEN II 1975, 381. – KD Rhl.-Pf. Cochem 1959, 414.

Kerpen
WAGENER, Olaf: Kerpen (Burg, Alte Burg, Burg auf dem Weinberg). In: LOSSE 2003

(ThBf), 82–85. – WAGNER, Herbert: Kerpen (Hohe Eifel) (RK 233). Neuss 1980.
Vorgeschichtliche Siedlung auf dem Weinberg: BÖHME 1992, 11. – BJb. 127, 1922, 304, 345. – JANSSEN II 1975, 226. – KD Daun 1928, 123, 145. – KOCH/SCHINDLER 1994, S. 49–51, Plan 35. – NORTMANN 1999. – NORTMANN 2000. – NORTMANN, Hans: Kerpen, Kreis Daun, Neolithische, bronzezeitliche und eisenzeitliche Höhensiedlung „Weinberg". In: Kunow/Wegner 2006, 386. – OST 1854, 189 f. – STEINER, P.: Untersuchungen an den alten Befestigungen auf dem „Weinberg" bei Kerpen (Kreis Daun). In: Trierer Heimatbuch 1925, 261–272. – Trierer Zeitschrift 14, 1939, 270–272. – v. USLAR 1953, 132.
Mittelalterliche Burg auf dem Weinberg: BÖHME 1992, 11. – KD Daun 1928, 123, 145. – NORTMANN 2000,
Alte Burg: JANSSEN II 1975, 225 f. – KD Daun 1928, 133. – WAGENER. In: LOSSE 2003 (ThBf), 82–85.
Burg Kerpen: EBI. – JANSSEN II 1975, 225 f. – KD Daun 1928, 124–143. – STEFFENS F. 2, 6. – WAGENER 2003.
Ortsbefestigung: KD Daun 1928, 144 f. – WAGNER 1980, 17.
Burgmannenhäuser: KD Daun 1928, 140. – WAGNER 1980, 18.

Kirchweiler
Burg: KD Daun 1928, 146.

Kolbenrath
Burg: JANSSEN II 1975, 233.

Kolverath
Hochkelberg: BURGGRAAFF/KLEEFELD/MERTES 1997. – BURGGRAAFF/MERTES/KLEEFELD 2002. – FERBER, Franz-Josef/MERTES, Erich: Damals um den Hochkelberg. Kelberg 1980. – KD Daun 1928. – MERTES, Erich: Der Münzfund vom Hochkelberg. In: Kreis Daun Heimatjahrbuch 1979.

Kopp
Zanderkirch: GONDORF 1984, 110. – KD Prüm 1927. – MARX III, 1927, 527. – MAYER 1984 (mit weiterer Lit.). – TILLMANN.

Leudersdorf
Ortsgemeinde Üxheim (Hg.): Heimatbuch Gemeinde Üxheim. Daun 1998.
Burg Neublankenheim: DREESEN, Josef/SIMON, Manfred: Burgruine Neublankenheim – Rückblick und Ausblick. In: RH 1/1993, 12–18. – HIRSCHFELD: Neublankenheim (Kreis Daun). In: Mitt. RVDH 3/4, 1910, 215–220. – JANSSEN II 1975, 242. – KD Daun 1928, 248–252. – LOSSE 2003 (ThBf), 102 f. – LOSSE 2008, 123–125. – OST 1854, 82. – STANZL, Günter: Text der Informationstafel vor der Burg. – STEFFENS F. 139.

Lissendorf
Burg/Burghaus: JANSSEN II 1975, 228. – KD Daun 1928, 147 f, 150. – OST 1854, 194. – RESCH 1911. – SCHANNAT/ BÄRSCH 1854 III 2, 1, 134.
Burgställe: KD Daun 1928, 147, 151 f.

Lissingen
Burg (Ober- und Unterburg): EBI. – GROMMES, Karl F.: Burg Lissingen. Kleiner Führer zur Geschichte. O.O. 1999. – HERRMANN 1995, 35, 38, 71, 74 f, 83, 161–163 (Oberburg); 80, 163 f. (Unterburg). – HIRSCHFELD/von BEHR: Lissingen (Kreis Daun). In: Mitt. RVDH 3/4, 1910, 194–202. – KD Daun 1928, 152, 156–167. – LOSSE 2003 (ThBf), 94 f. – STEFFENS F. 128; F. 138.

Meisburg
Burg oder Adelssitz: Die Eifel 1959, 20. – JANSSEN II 1975, 228. – OST 1854, 202. – STEFFENS F. 4, S. 9; F. 76; F. 117.

Mirbach
WAGNER, Herbert: Mirbach in der Eifel (RK 246). Neuss 1980.
Burg und Erlöserkapelle: EBI. – Kölnische Volksztg., 21.8.1903. – KD Daun 1928. – LOSSE 2003 (ThBf), S. 96. – LOSSE, Michael: Die „Burg Mirbach". Ein vergessenes Bauwerk der späten „Burgen Romantik" im Kontext seiner Entstehung. In: Landkreis Vulkaneifel Jahrbuch 2012. Daun 2011, S. 248–255. – MIRBACH, Ernst Freiherr von: Die Freiherren und Grafen von Mirbach. Berlin 1887. – Ders.: Geschichte des Geschlechtes Mirbach, Teil I, Potsdam 1911; Teil II: Die Erlöserkapelle zu Mirbach in der Eifel. Die Burg Mirbach. Berlin 1903; Teil III: Die Urkunden und Nachrichten über das Geschlecht Mirbach. Berlin 1914–18. – ROSSNER, Christiane: Spurensuche in „Preussisch-Sibirien". Die Erlöserkirche in Mirbach wird restaurert. In: Monumente 7/8-2010, 40 f. – SCHUN, Lothar: Unser Dorf und seine Geschichte. Hillesheim 1983. – STEFFENS F. F. 2, S. 6; F. 65 (Mirbach, Stammsitz eines alten Adelsgeschlechtes der Eifel); F. 90 (Die von Mirbach gehörten zu den ältesten und angesehensten Geschlechtern des Eifeler Adels). – WAGNER, Herbert: Mirbach in der Eifel. Hillesheim 1979. – Ders.: Mirbach in der Eifel (RK 246). Neuss 1980. – ZENS, Werner: Geschichte des Dorfes Mirbach. Wiesbaum 1974.

Mürlenbach
Bertradaburg: EBI. – BACKES 41993, 114 f. – BECKER, Ernst: Mürlenbach in Vergangenheit und Gegenwart. In: Die Eifel, Jg. 88, 5/1993, 284–286. – BOOS: Bertrada von Mürlenbach. In: Trierische Kronik, Jg. 1821. – GEIẞLER, Veit: Tätigkeitsbericht der Verwaltung der staatlichen Schlösser 1987/88. In: DRP 1987–88. Worms 1990, 277 ff., hier 283; Tätigkeitsbericht der Schlösserverwaltung. In: DRP 1989–91. Worms 1994, 315. – HERRMANN 1995, 34 f., 74, 176. – JANSSEN II 1975, 199 f. – KD Prüm 1927, 100–112. – KÜHN, Norbert: Die Bertradaburg zu Mürlenbach – Prümer Geschichte und Karolinger Tradition. In: Die Eifel 2/1994, 76–80. – KUHN: Erläuterungsbericht zur Instandsetzung der Burg Mürlenbach (aufgestellt: Staatsbauamt Trier-Nord). Trier 1989. – Landesamt für Denkmalpflege Rheinland-Pfalz in Mainz (Hg.): DRP. Jahresberichte, Jg. 18–19, 1963–64 (o.O. 1966), 140; Jg. 20–22, 1965–67 (Mainz 1970), 88; Jg. 42–43, 1987–88 (Worms 1990), 176, 283; Jg. 44–46, 1989–91 (Worms 1994), 264, 315. – LOSSE, Michael: Burgenporträt: Die Bertradaburg in Mürlenbach an der Kyll. In: BuS 1997/II, S. 74–89. – Ders.: Bertradaburg, Mürlenbach/Kyll (Edition Burgen, Schlösser, Altertümer Rheinland-Pfalz, Führungsheft 18). Hg.: Burgen, Schlösser, Altertümer Rheinland-Pfalz und Landesmedienzentrum Rheinland-Pfalz, Koblenz. Regensburg 2002. – LOSSE 2003 (ThBf), 36–39. – MÜLLER, Hubert J.: Aus dem Lande der Karösen. Eine Heimatgeschichte von Mürlenbach. Louisenthal/Saar 1993. – N.N.: Eine alte Eifelburg stürzt ein. Der Zahn der Zeit an der Bertradaburg im Kylltal. Ein 1200 Jahre alter Turm zur Hälfte eingestürzt. In: Echo der Gegenwart (Aachen), Abendausgabe, 9. Juli 1934 [?/Zeitungs-Ausschnitt im Archiv der DBV, Braubach]. – N.N.: Alte Eifel-Burg soll wieder instandgesetzt werden. In: Rhein-Zeitung (Koblenz), 16. Oktober 1963. – STANZL, Günter: Referat für Mittelalterarchäologie und Bauforschung. Bauuntersuchungen, Grabungen. In: DRP 1989-91. Worms 1994. 264 ff., hier 265. – STEFFENS F. 129. – TIEPELMANN, Klaus: Die Mürlenbacher Bertrada-Burg an der Schwelle zur durchgreifenden Restaurierung. In: Der Prümer Landbote, Zeitschrift des Geschichtsvereins Prümer Land, 14/1986, 3–11. – Ders.: Das Gringbötschel von Mürlenbach. In: Festschrift Musikverein „Bertrada" e.V. Mürlenbach, 15. Burgfest, 8. und 9. August 1987. – Ders.: Burg Mürlenbach zugänglich für Besucher und Gäste. In: BuS 1988/I, 45. – TIEPELMANN, Klaus: Zum Wiederaufbau und zur Geschichte der Bertradaburg in Mürlenbach. In: Die Eifel 5/1993, 287–290. – Ders.: Mürlenbach, der Geburtsort Karls des Großen? In: 25 Jahre Musikverein „Bertrada" e.V. Mürlenbach. Festschrift zum 22. Burgfest, 12.–14.8.1994, 15, 17, 19. – ZIMMERMANN, Erich: Mürlenbach und die Bertrada-Burg. Zum 1200. Todestag der Mutter Karls des Grossen, Bertrada d. Jüngere, am 12. Juli 783, hg. von der Gemeinde-Verwaltung Mürlenbach. Trier 1983.

Neroth
Burg Freudenkoppe: EBI. – BECKER, Gerhard/MATHAR, Jürgen: Sanierung der Burg Freudenkoppe – Die Ruinen auf dem Nerother Kopf gesichert. In: Kreis Daun, Heimatjahrbuch 1984. – FENGER [Pfarrer in

Ulmen]: Die Burgruine auf dem Nerother Kopp. In: Das Eifelhaus (Eiflia) 1920, Nr. 18 (Wochenbeilage zur Eifel-Zeitung, Daun), 69. – Die Eifel 1954, 86 f. – GOETZE, Martin: Nerother Wandervogel und Bund zur Errichtung der Rheinischen Jugendburg. 50 Jahre Nerother Bund. Dorweiler 1970 (Selbstverlag), 14. – JANSSEN II 1975, 230. – KD Daun 1928, 172–174. – LOSSE 2003 (ThBf), 58 f. – MAYER, Alois: Die drei Kreuze auf der Nerother Burg [Sage]. In: Eifelverein (Daun) [7]1990, 102 f. – OST 1854, 215–217. – STAHNKE, Siegfried: Nerother Burg – Vergessene Burg? In: Kreis Daun, Heimatjahrbuch 1983, 47–53. – STEFFENS, Willi: Der Nerother Kopf. In: Jb. des Kreises Daun, 1974, 40. – STEFFENS F. 4, S. 9; F. 105. – VANNÉRUS 1926, 616–634.
Burghaus: KD Daun 1928, 174 f. – JANSSEN II 1975, 230. – STAHNKE 1983.

Niederbettingen an der Kyll
Burg: JANSSEN II 1975, 231. – KD Daun 1928, 178 f. – OST 1854, 224. – WEBER, Matthias: Katholische Pfarrkirche Herz Jesu in Hillesheim-Niederbettingen und ihre Kapellen (NK 431). Neuss 1998. – WEBER, Matthias: Hillesheim-Niederbettingen. Heimatbuch. Hillesheim 2003. – Mitt. Heiner Adolphs, Niederbettingen.

Nohn
Burg Nohn: JANSSEN II 1975. – KD Ahrweiler 1938, 451. – REUTER 1979.

Oberehe
Burg Oberehe: EBI. – HIRSCHFELD/HEUSGEN: Oberehe (Kreis Daun). In: Mitt. RVDH 3/4, 1910, 227–230. – KD Daun 1928, 193, 196-199. – LOSSE 2003 (ThBf), 110 f. – SCHANNAT/BÄRSCH III, 2. Abt., 1854, 90. – STEFFENS, W.: Zur Geschichte von Oberehe. In: Die Eifel, Jg. 60, 1965, 268. – STEFFENS F. 2, S. 6.
Nellenburg: KD Daun 1928, 197. – LOSSE 2003 (ThBf), 111. – OST 1854. – SCHANNAT/BÄRSCH III, 2. Abt., 1854, 90–92.

Pelm
Kasselburg: EBI. – BACKES [4]1993, 92 f. – BEHR, Anton von: Kasselburg (Kreis Daun). In: Mitt. RVDH 3/4, 1910, 184–194. – DAHN, Alfred: Die Kasselburg. Geschichte und heutige Verwendung. In: Eifelverein (Hg.): Jahrbuch des Kreises Daun 1976. Monschau 1977, S. 19 ff. – DAHN, Alfred: Die Kasselburg – Geschichte und heutige Verwendung. O.O. und o.J. (weitgehend nach KD Daun 1928). – JANSSEN II 1975, 232 f. – KD Daun 1928, 200, 202–225. – HERRMANN 1995, 34 f., 38, 64, 71 f., 74 f., 152, 163. – LOSSE 2003 (ThBf), 74–77. – PIPER [3]1912 (1967), 75, 270. – SCHUG 1961. – SPRUTE, Wilhelm: Die Kasselburg früher und heute. In: Eifelverein 1993 (Gerolstein), 145–148. – STEFFENS F. 137. – ZENGLER, A. (Reg.-Baumeister): Die Kasselburg in der Eifel. In: Die Rheinlande, Mai 1902.

Salm an der Lieser
Burg: KD Daun 1928, 233. – RESCH 1911.

Saxler, Burg > Udler

Schalkenmehren
Alte Burg: BERNS 1980, 93, 157. – JANSSEN II 1975, 234, 236, Karte 239. – KD Daun 1928, 235 f. – JUNG, Ludwig/WEBER, Holdwill: Aus der Geschichte der Stadt Daun. In: Daun, Stadt (Hg.): 1250 Jahre Daun. Daun 1981, 10–22, hier 11 f. – MAYER, Alois: Stadtteile und Sehenswürdigkeiten in der näheren Umgebung von Daun. In: Eifelverein (Daun) 71990, 47–74, hier 56 f. – OST 1854, 83, 87. – SCHANNAT/BÄRSCH III 1854, 2, 13. – STEFFENS F. 78; F. 125 (Sage); F. 164 (Die Altburg bei Daun).

Schutz
Burberg/Berenskopf: BORNHEIM GEN. SCHILLING 1964. – GILLES, Karl-Josef: Der Burberg bei Schutz. In: Heimatjb. Kreis Daun 1984, 211. – GONDORF 1984, 42. – KD Daun 1928, 31. – KOCH/SCHINDLER 1994. – Kölnische Zeitung, 17.10.1897. – OST 1854.

Stadtkyll
BRANDT-LEUWER, Margit/HARTEL, Ernst/KANDELS, Christian/LINDEN, Fritz-Peter/PITZEN, Hubert/SEIBERTS, Anton/WALDORF, Joachim: 1100 – 1250 – 1675 – Stadtkyll – 2000. Das Heft zum vierfachen Jubiläum. Stadtkyll o.J. (2000). – PITZEN, Hubert: Die Stadt an der Kyll. In: Brandt-Leuwer u.a. 2000, 27–29.
Burg: KD Prüm 1927, 191 f. – PITZEN 2000.
Stadtbefestigung: KD Prüm 1927, 189–193. – PITZEN 2000.

Steffeln
Burg: KD Daun 1928, 21. – KD Prüm 1927, 196 f.
Angebliche Bauernburg: HÖRTER, Fridolin: Die Schwedenfeste bei Hohenfels. In: Eifeljb. 1978, 40–45. – Trierer Jahresb. VI, 20.

Strohn
Wartes/Warteshaus: BJ 130, 1925, 351. – HENRICH, Peter/MISCHKA, Carsten: Die römische Axialvillenanlage von Gillenfeld/Strohn am „Römerberg", Kreis Daun. In: Funde und Ausgrabungen im Bezirk Trier 38, 2006, 18–24. – KD Daun 1928, 239. – OST 1854, 259.
Burg/Festes Haus: BERNS 1980, 157. – KD Daun 1928, 239 f. – STEFFENS F. 121.

Strotzbüsch
Strouadesburch: KD Daun 1928, 241. – OST 1854.
Angeblicher Wehrkirchhof: Eifelführer [38]2000, 450.
Burglay: KRAUSSE 2006.

Udler
Burg Saxler: Die Eifel 1950, 37. – JANSSEN 1975 II, 234, 240 (unter Udler). – KD Daun 1928, 98 f. – STEFFENS F. 96 (Eine Burg in Saxler).
Festes Haus/Hof Sankweiher: Die Eifel 1950, 37. – JANSSEN 1975 II, 241. – OST 1854, 276.

Walsdorf
Burg Spiegelberg und Kirche auf dem Arnolfusberg: BJb 1927, 132, 311. – JANSSEN II 1975, 243 f. – KD Daun 1928, 252–256. – OST 1854, 286. – SCHANNAT/BÄRSCH 1825, I, 2, 1073. – SCHUG 1961, 558. – STEFFENS F. 102. – Trierer Zeitschrift 2, 1927, S. 191.

Weinfelden
Sage „Das versunkene Schloss": ANTZ 1961, 102–104. – GUTHAUSEN 1996, 203–205. – KD Daun 1928, 257 f. – STEFFENS F. 15.

Wiesbaum
Burg (Mirbacher Hof) und befestigte Höfe: JANSSEN II 1975, 245. – KD Daun 1928, 264. – MIRBACH, Ernst Freiherr von: s. Mirbach. – ZENS, Werner: s. Mirbach.

Winkel
Waltersburg: Die Eifel 1958, 124, 136. – Eifelkalender 1935, 108–111. – JANSSEN II 1975, 245 f. – KD Daun 1928. – OST 1854, 225. – STEFFENS F. 16.

Tourist-Informationen und Verkehrsämter im Landkreis Vulkaneifel und im Gerolsteiner Land

Daun
Kur- und Verkehrsamt Daun, Leopoldstr. 5, 54550 Daun, Tel. 06592-9513-0, Fax 06592-9513-20, touristinfo@daun.de. www.daun.de.

Deudesfeld
Tourist-Information Deudesfeld, Blumengasse 1, 54570 Deudesfeld, Tel. 06599-344, Fax 06599-920222, ortsgemeinde.deudesfeld@vgdaun.de. www.deudesfeld.de.

Gerolstein und Gerolsteiner Land
Tourist-Information – TW Gerolsteiner Land GmbH, Brunnenstr. 10, 54568 Gerolstein, Tel. 06591-9499-10, Fax 06591-9499-119, touristinfo@gerolsteiner-land.de. www.gerolsteiner-land.de.
Öffnungszeiten: 1. Mai bis 30. September: Mo–Fr 9–17 Uhr, Sa 9–13 Uhr, So und feiertags 10–13 Uhr; 1. Oktober bis 30. April: Mo–Fr 9–16 Uhr.

Gillenfeld
Verkehrsbüro Gillenfeld, Am Markt 5, 54558 Gillenfeld, Tel. & Fax 06573-996426, touristinfo@gillenfeld.de.

Hillesheim
Verkehrsverein Hillesheim, Graf-Mirbach-Str. 2, 54576 Hillesheim, Tel. 06593-809200, Fax 06593-809201, touristik@hillesheim.de. www.hillesheim.de.

Kelberg
Tourist-Information Kelberg, Dauner Str. 22, 53539 Kelberg, Tel. 02692-87218, touristinfo@vgv-kelberg.de

Oberes Kylltal
Tourist-Information Oberes Kylltal, Burgberg 22, 54589 Stadtkyll, Tel. 06597-2878, Fax 06597-4871, touristinfo.obereskylltal@t-online.de. www.obereskylltal.de.

Schalkenmehren
Tourist-Information Schalkenmehren, Maarstr. 2, 54552 Schalkenmehren, Tel. 06592-173939, Fax 06592-173940. www.schalkenmehren.de.

Uersfeld
Gewerbe- und Fremdenverkehrsverein Uersfeld und Umgebung e.V., Hauptstr. 7, 56767 Uersfeld. www.oberes-elztal.de.

Bildnachweis

Dr. Michael Losse (Marburg): Titelbild, 12, 13, 17, 18, 19, 20, 21, 23, 28, 29 (beide), 32 (beide), 33, 35 (u.), 37, 39 (beide), 40 (u.), 41, 43, 44, 47 (beide), 48, 49, 50, 51, 53 (beide), 54, 55 (u.), 56, 57, 58, 59 (beide), 60, 61 (beide), 62, 63, 65 (u.), 66 (beide), 68 (beide), 69, 73, 74, 75, 77, 78, 79 (beide), 81 (beide), 82 (u., beide), 83, 84 (o.), 87, 88 (beide), 89 (beide), 90, 92 (o.), 94, 96, 97, 99, 100, 101 (beide), 102, 103, 104, 107 (beide), 109 (beide), 111 (o.), 112 (u., beide), 113 (beide), 116, 117 (beide), 118, 119, 121, 123 (beide), 124, 125, 126, 127 (beide), 129, 130, 131 (u.), 132 (beide), 133, 135 (beide), 136, 137, 138, 143, 145, 146, 147 (beide), 148, 151, 152 (u.), 153 (o.), 155, 156 (beide), 157, 159, 161, 163, 165 (beide), 166, 167.

Wolfgang Bogensberger (Frankfurt/M.): 140 (beide), 141 (o.).
Hotel "Kurfürstliches Amtshaus", Daun: 45.
Mabol! (de.wikipedia.org, Benutzer Mabol!): 80.
Verkehrsverein Hillesheim: 35 (o.), 72 (o.), 93 (u.), 95 (o. re.).

Aus Literatur:
Böhme (1992): 92 (u.). – Hörter (1978): 82 (o.). – KD Daun (1928): 31, 42, 55 (o.), 64, 67, 71, 72 (u.), 84 (u.), 85, 86 (beide), 91, 93 (o.), 95 (li.), 98, 110, 111 (u.), 112 (o.), 131, 139 (beide), 141 (u.), 114 (alle drei), 153 (u.), 162 (beide). – KD Prüm (1927): 120 (beide). – Mirbach (1903): 115 (beide). – Reuter (1979): 38, 40 (o.).

Von Informationstafeln:
Hillesheim, Stadt: 76. – Leudersdorf, Burg Neublankenheim: 106. – Schutz, Burberg: 152 (o.).